JN409985

東洋古典譯註叢書 83

譯註 貞觀政要集論 2

撰 吳兢 集論 戈直 책임번역 李忠九
공동번역 金奎璇 黃鳳德 李承容

전통문화연구회

東洋古典譯註叢書를 발간하면서

우리의 古典國譯事業은 민족문화 진흥의 기초사업으로 1960년대부터 政府 支援으로 古文獻 現代化 작업을 추진하여 많은 成果를 거두었다. 당시 이 사업 추진의 先行課題로 東洋古典이라 일컬어지는 중국의 基本古典을 먼저 飜譯하여야 한다는 學界의 주장이 있었음에도 불구하고 우리 고전이 아니라는 일부의 偏狹한 視角과 財政 事情 등으로 인하여 배제되어 왔다.

전통적으로 중국의 기본고전은 우리 歷史와 함께 숨쉬며 각종 교육기관의 敎科書로 활용됨은 물론이고 지식인들의 必讀書가 되어 왔으며, 우리 文化의 基底에 자리잡고 거의 모든 방면의 體系와 根幹을 형성하여 왔다. 그래서 학문연구의 기본서 역할을 해 왔을 뿐만 아니라 오늘날에도 우리의 國學徒 및 東洋學 研究者들에게 같은 역할을 하고 있음은 주지의 사실이다. 그럼에도 불구하고 中國古典은 우리 것이 아니라 하여 專門機關의 飜譯對象에 포함하지 않음으로써, 대부분 原典에서의 직접 번역이 아닌 重譯이나 拔萃譯의 방식이 주를 이루면서 敎養水準으로 出版되어 왔다.

오늘날 東洋 三國 중에서 우리의 東洋學 연구가 가장 부진한 이유는, 東洋基本古典에 대한 폭넓은 이해의 부족과 漢文古典 讀解力의 저하에 기인함을 우리는 솔직히 인정하여야 한다. 따라서 이들 중국고전에 대한 신뢰할 만한 國譯이 이루어지는 것이 한국학 연구를 촉진시키는 시급한 先行課題라 할 수 있다.

이에 韓國學 및 東洋學의 연구와 古典現代化의 基盤構築을 위해서는, 전문기관으로 하여금 동양고전을 단기간에 각 분야의 專門 研究者와 漢學者가 상호 협동하여 연구번역하여 飜譯의 傳統性과 效率性, 研究의 專門性을 높일 수 있도록 政策的 配慮가 있어야 한다.

이에 本會에서는 元老 및 中堅 漢學者와 斯界의 專攻者로 하여금 協同研究飜譯하여 공부하는 사람들이 믿고 引用하거나 깊이 있는 註釋 등을 활용할 수 있게 하고, 知識人들의 敎養을 증진시켜 줄 수 있는 東洋古典의 國譯書 간행을 지속적으로 추진해 왔다. 근래에 다행히 이 사업에 대하여 각계 지도층의 폭넓은 이해와 지원에 힘입어 2001년도부터 國庫補助를 받아 東洋古典譯註叢書를 간행하게 되었다. 이를 계기로 우리 先學의 註釋과 見解를 반영하는 등 국역사업의 內實을 기하게 되었음을 이 자리를 빌려 衷心으로 감사드리며, 아울러 國譯에 參與하신 관계자 여러분의 勞苦에 깊은 謝意를 표한다.

끝으로 우리의 이러한 작업은 오랜 역사 위에 축적된 先賢들의 業績과 現代學問을 이어주는 튼튼한 架橋와 礎石이 되어 진정한 韓國學과 東洋學 발전에 기여할 것을 굳게 믿으며, 21세기를 우리 文化의 世紀로 열어 가는 밑거름이 되도록 우리의 力量을 本 事業에 경주하고자 한다. 江湖諸賢의 부단한 관심과 지원을 기대해 마지않는다.

社團法人 傳統文化硏究會 會長 李啓晃

凡 例

1. 본서는 ≪貞觀政要集論≫(吳兢(唐) 撰, 戈直(元) 集論)을 飜譯한 ≪譯註 貞觀政要集論≫ 제2책이다.

2. 본서의 底本은 국립중앙도서관 소장본인 戊申字本(古朝31-37, 朝鮮 英祖)이며, 규장각 소장본인 肅宗(朝鮮) 때 판본(古5130, 戊申字)과 英祖(朝鮮) 때 懸吐本(奎中 1471 · 1817 · 1821, 戊申字本), 중국 宏業書局에서 標點한 ≪貞觀政要≫(戈直 集論本, 1999), 謝保成의 ≪貞觀政要集校≫(中華書局, 2003), 일본 原田種成의 ≪貞觀政要≫(明治書院, 1983) 등을 참고하여 교감하였다.

3. 본서는 원전의 傳統性과 번역의 現代性을 구현하기 위해 노력하였다.

4. 原文 중 吳兢의 本文과 戈直의 集論은 우리나라 전통 방식으로 懸吐하고, 註는 標點하였다.

5. 原文이 길 경우 의미 단락에 따라 분절하였다. 吳兢의 본문은 篇, 章의 연계성을 고려하여 大文 위에 連番을 표시하였다.

   ㉱ 6-1-1 : ≪정관정요집론≫ 제6편 1장의 첫 번째 나오는 대문
   8-2-5 : ≪정관정요집론≫ 제8편 2장의 다섯 번째 나오는 대문

6. 原文의 글자의 讀音이 특수하거나 僻字인 경우 원문의 해당 글자 뒤 ( ) 속에 한글로 音을 달아주었다.

7. 飜譯은 原義에 충실하게 하되, 이해가 어려운 부분은 意譯 또는 補充譯을 하였다.

8. 飜譯文은 한글과 漢字를 混用하였으며, 맞춤법과 띄어쓰기는 한글 맞춤법과 표준어 규정을 따르는 것을 원칙으로 하였다.

9. 원문이나 번역문의 한자 중에 僻字나 讀音이 특수한 글자는 한글로 音을 달아주었다.

10. 譯註는 校勘, 人物, 制度, 官職, 역사적 사건, 인용문의 出典, 異說, 故事, 전문용어, 難解語 등에 관한 사항을 밝혔다.

11. 校勘은 원문의 誤字, 脫字, 衍文, 倒文 등을 대상으로 하였다.

12. 圖版은 人物, 故事, 地圖, 器物 등을 수록하였으며, ≪凌煙閣功臣圖≫, ≪歷代帝王圖≫, ≪帝鑑圖說≫, ≪古聖賢像傳略≫ 등을 참고하였다.

13. 본서의 校勘에 사용된 符號는 다음과 같다.

( )〔 〕: (저본의 誤字)〔교감한 正字〕

〔 〕: 저본의 脫字 보충

( ) : 저본의 衍字 표시

14. 본서에 사용한 주요 부호는 다음과 같다.

“ ”: 對話, 각종 引用

‘ ’: “ ” 안에서 再引用, 强調

「 」: ‘ ’ 안에서 再引用, 强調

( ) : 원문의 讀音이 특수한 글자나 僻字의 音
번역문에서 간단한 譯註

〔 〕: 번역문과 뜻은 같으나 音이 다른 漢字나 句節, 역주에서 인용한 原文

≪ ≫: 書名, 典據

〈 〉: 篇章名, 作品名, 補充譯

【 】: 集論의 구분 표시

15. 본서의 原註에 사용한 標點은 한국에서 재래로 사용해오던 표점방식을 보완하여 文理의 이해를 돕는 정도로 간략히 하였다. 본서에 사용된 표점은 다음과 같다.

. : 문장의 종결

, : 한 문장 안에서 句나 節의 구분이 필요한 곳

· : 대등한 명사나 구절의 병렬

“ ”: 1차 인용, 대화

‘ ’: 2차 인용, 대화, 강조

「 」: 3차 인용, 2차 인용 안에서 대화·강조

參考書目

◇ 底本

- ≪貞觀政要≫, 吳兢 撰, 戈直 集論, 국립중앙도서관 소장본.(한古朝31-37)

◇ 底本 관련자료

- ≪貞觀政要≫, 吳兢 撰, 戈直 集論, 규장각 소장본.(古5130)
- ≪貞觀政要≫, 吳兢 撰, 戈直 集論, 규장각 소장본.(奎中 1471・1817・1821, 懸吐本)
- ≪貞觀政要≫, 吳兢 撰, 戈直 集論, 宏業書局, 1999.
- ≪貞觀政要集校≫, 謝保成 集校, 中華書局, 2003.
- ≪貞觀政要 上・下≫, 原田種成 譯, 新釋漢文大系, 明治書院, 1983.

◇ 經 部

- ≪論語集註大全≫, 朱熹(宋) 集註, 胡廣(明) 等 編, 朝鮮 內閣本, 影印本, 學民文化社.
- ≪大戴禮記≫, 戴德(漢) 撰, 文淵閣四庫全書 제128책 經部122, 臺灣商務印書館, 1983~1986.
- ≪大學章句大全≫, 朱熹(宋) 集註, 胡廣(明) 等 編, 朝鮮 內閣本, 影印本, 學民文化社.
- ≪孟子集註大全≫, 朱熹(宋) 集註, 胡廣(明) 等 編, 朝鮮 內閣本, 影印本, 學民文化社.
- ≪尙書詳解≫, 夏僎(宋) 撰, 文淵閣四庫全書 제56책 經部50, 臺灣商務印書館, 1983~1986.
- ≪書傳大全≫, 蔡沈(宋) 集傳, 胡廣(明) 等 編, 朝鮮 內閣本, 影印本, 學民文化社.
- ≪詩傳大全≫, 朱熹(宋) 集傳, 胡廣(明) 等 編, 朝鮮 內閣本, 影印本, 學民文化社.
- ≪禮記集說大全≫, 陳澔(元) 集說, 胡廣(明) 等 編, 朝鮮 內閣本, 影印本, 學民文化社.
- ≪伊川易傳≫, 程頤(宋) 撰, 文淵閣四庫全書 제9책 經部3, 臺灣商務印書館, 1983~1986.
- ≪周禮注疏≫, 十三經注疏整理委員會 整理, 北京大學出版社, 2000.
- ≪周易傳義大全≫, 程頤(宋) 傳, 朱熹(宋) 本義, 胡廣(明) 等 編, 朝鮮 內閣本, 影印本, 學民文化社.

- ≪中庸章句大全≫, 朱熹(宋) 集註, 胡廣(明) 等 編, 朝鮮 內閣本, 影印本, 學民文化社.
- ≪春秋經傳集解≫, 左丘明(周) 傳, 杜預(晉) 註, 林堯叟(宋)・朱申(宋・元) 附註, 朝鮮 金屬活字本(戊申字), 影印本, 保景文化社.
- ≪春秋公羊傳≫, 十三經注疏整理委員會 整理, 北京大學出版社, 2000.
- ≪春秋集義≫, 李明復(宋) 撰, 文淵閣四庫全書 제155책 經部149, 臺灣商務印書館, 1983~1986.
- ≪胡氏春秋傳≫, 胡安國(宋) 傳, 文淵閣四庫全書 제151책 經部145, 臺灣商務印書館, 1983~1986.
- ≪韓詩外傳集釋≫, 韓嬰(漢) 撰, 許維遹 校, 中華書局, 1980.
- ≪孝經注疏≫, 十三經注疏整理委員會 整理, 北京大學出版社, 2000.

◇ 史 部

- ≪古列女傳≫, 劉向(漢) 撰, 叢書集成初編 3400, 臺灣商務印書館, 1936.
- ≪舊唐書≫, 劉昫(後晉) 撰, 中華書局, 1975.
- ≪國語≫, 左丘明(周) 撰, 文淵閣四庫全書 제406책 史部64, 臺灣商務印書館, 1983~1986.
- ≪唐會要≫, 王溥(宋) 撰 國學基本叢書四百種 83, 臺灣商務印書館, 1983~1986.
- ≪史記≫, 司馬遷(漢) 撰, 中華書局, 1959.
- ≪三國志≫, 陳壽(晉) 撰, 裴松之(宋) 注, 中華書局, 1959.
- ≪三國志補注≫, 杭世駿(淸) 撰, 商務印書館, 1937.
- ≪宋名臣言行錄≫, 朱熹(宋) 撰, 文淵閣四庫全書 제449책 史部207, 臺灣商務印書館, 1983~1986.
- ≪隋書≫, 魏徵(唐) 等 撰, 中華書局, 1997.
- ≪新唐書≫, 歐陽脩・宋祁(宋) 撰, 中華書局, 1975.
- ≪晏子春秋≫, 晏嬰(周) 撰, 文淵閣四庫全書 제446책 史部203, 臺灣商務印書館, 1983~1986.
- ≪御批歷代通鑑輯覽≫, 文淵閣四庫全書 제335~339책 史部93~97, 臺灣商務印書館, 1983~1986.
- ≪元史≫, 宋濂(明) 撰, 中華書局, 1976.

- ≪越絶書≫, 袁康(漢), 樂祖謀 點校, 上海古籍出版社, 1985.
- ≪資治通鑑≫, 司馬光(宋) 撰, 胡三省(元) 音註, 中華書局, 1956.
- ≪資治通鑑考異≫, 司馬光(宋) 撰, 文淵閣四庫全書 제311책 史部69, 臺灣商務印書館, 1983~1986.
- ≪貞觀政要≫, 吳兢(唐) 撰, 王貴 標點, 岳麓書社, 2002.
- ≪諸葛忠武書≫, 楊時偉(明) 編, 文淵閣四庫全書 제447책 史部205, 臺灣商務印書館, 1983~1986.
- ≪帝王世紀≫, 皇甫謐(晋) 撰, 叢書集成初編 3701, 臺灣商務印書館, 1936.
- ≪晉書≫, 房玄齡(唐) 等 撰, 中華書局, 1976.
- ≪通志≫, 鄭樵(宋) 撰, 文淵閣四庫全書 제372책~381책 史部130~139, 臺灣商務印書館, 1983~1986.
- ≪漢書≫, 班固(後漢) 撰, 中華書局, 1962.
- ≪後漢書≫, 范曄(南朝 宋) 撰, 中華書局, 1965.

◇ 子 部

- ≪孔子家語≫, 文淵閣四庫全書 제695책 子部1, 臺灣商務印書館, 1983~1986.
- ≪孔叢子≫, 孔鮒(漢) 撰, 國學基本叢書四百種 32, 臺灣商務印書館, 1968.
- ≪近思錄集解≫, 朱熹・呂祖謙(宋) 編, 葉采(宋) 集解, 上海古籍出版社, 2010.
- ≪老子道德經注≫, 王弼(魏) 注, 樓宇烈 校, 中華書局, 2011.
- ≪邵氏聞見後錄≫, 邵博(宋), 劉德權, 李劍雄 點校, 中華書局, 1997.
- ≪傅子≫, 傅玄(晉) 撰, 文淵閣四庫全書 제696책 子部2, 臺灣商務印書館, 1983~1986.
- ≪說郛≫, 陶宗儀(明) 編, 文淵閣四庫全書 제876책~882책, 子部182~188, 臺灣商務印書館, 1983~1986.
- ≪小學諸家集註增解≫, 朱熹(宋) 編, 李溎浩(朝鮮) 增解, 影印本, 學民文化社.
- ≪荀子集解≫, 荀況(周) 撰, 王先謙(淸) 集解, 中華書局, 1988.
- ≪新書≫, 賈誼(漢) 撰, 掃葉山房, 1925.
- ≪揚子法言≫ 揚雄(漢) 撰, 李軌 註, 世界書局, 1955.
- ≪呂氏春秋≫, 呂不韋(秦) 撰, 國學基本叢書四百種 76, 臺灣商務印書館, 1968
- ≪列子≫, 列禦寇(周) 撰, 葉蓓卿 註, 中華書局, 2011.
- ≪二程遺書≫, 程頤・程顥(宋) 撰, 文淵閣四庫全書 제698책 子部4, 臺灣商務印書館,

1983～1986.

- ≪莊子集釋≫, 莊周(周) 著, 郭象(晉) 注, 陸德明(唐) 釋文, 成玄英(唐) 疏, 郭慶藩(淸) 輯, 王孝魚 點校, 中華書局, 1961.
- ≪中說≫, 王通(隋) 撰, 文淵閣四庫全書 제696책 子部2, 臺灣商務印書館, 1983～1986.
- ≪太平御覽≫, 李昉(宋) 等 撰, 上海古籍出版社, 2008.
- ≪漢武帝內傳≫, 班固(漢) 撰, 文淵閣四庫全書 제1042책 子部348, 臺灣商務印書館, 1983～1986.
- ≪韓非子≫, 韓非(周) 撰, 文淵閣四庫全書 제729책 子部35, 臺灣商務印書館, 1983～1986.
- ≪淮南子≫, 劉安(漢) 撰, 臺灣商務印書館, 1975.

◇ 集 部

- ≪文選註≫, 蕭統(梁) 編, 李善(唐) 註, 文淵閣四庫全書 제1329책 集部268, 臺灣商務印書館, 1983～1986.
- ≪柳河東集≫, 柳宗元(唐) 撰, 臺灣商務印書館, 1968.
- ≪御選古文淵鑒≫, 文淵閣四庫全書 제1417책～1418책 集部356～357, 臺灣商務印書館, 1983～1986.
- ≪御定全唐詩≫, 文淵閣四庫全書 제1421책～1431책 集部360～370, 臺灣商務印書館, 1983～1986.
- ≪二程文集≫, 程頤・程顥(宋) 撰, 文淵閣四庫全書 제1345책 集部284, 臺灣商務印書館, 1983～1986.
- ≪楚辭集註≫, 朱熹(宋) 集註, 文淵閣四庫全書 제1062책 集部1, 臺灣商務印書館, 1983～1986.

◇ 硏究論著 및 飜譯書

- 加藤繁・公田連太, ≪國譯 資治通鑑≫, 景仁文化社, 1996.
- 權重達, ≪資治通鑑≫ 전1-32책, 삼화, 2007～2010.
- 金元中, ≪貞觀政要≫, 글항아리, 2010.
- 林東錫, ≪貞觀政要≫, 동서문화사, 2009.
- 裴汝誠 等 譯注, ≪貞觀政要≫, 上海古籍出版社, 2007.

- 신동준, ≪貞觀政要≫, 을유문화사, 2013.
- 葉光大・李萬壽・黃滌明・袁華忠 譯注, ≪貞觀政要全譯≫, 貴州人民出版社, 1995.
- 王利器, ≪史記註譯≫, 三秦, 1997.
- 原田種成, ≪貞觀政要 上・下≫(新釋漢文大系), 明治書院, 1983.
- 劉配書・劉波・談蔚 譯, ≪貞觀政要≫, 新華出版社, 2006.
- 李國祥 等, ≪資治通鑑全譯≫, 貴州人民出版社, 1994.
- 정애리시, ≪貞觀政要≫, 새물결, 1998.
- 정재훈 外, ≪舊唐書 外國傳 譯註 上・下≫, 동북아역사재단, 2011.
- ―――――, ≪新唐書 外國傳 譯註 上・中・下≫, 동북아역사재단, 2011.
- 布目潮風, ≪貞觀政要の政治學≫, 岩波書店, 1997.
- 許道勳 譯注, ≪新譯貞觀政要≫, 三民書局, 2008.

◇ 사전 등 공구서

- 山腰敏寬, ≪中國歷史公文書讀解辭典≫, 汲古書院, 2004.
- 徐連達 主編, ≪中國歷代官制大詞典≫, 廣東敎育出版社, 2009.
- 施丁・沈志華 共譯, ≪資治通鑑大辭典≫ 上・下, 吉林人民出版社, 1994.
- 呂宗力 主編, ≪中國歷代官制大辭典≫, 北京出版社, 1994.
- 兪鹿年, ≪中國官制大辭典≫, 黑龍江人民出版社, 1998.
- 張萬起 編, ≪新舊唐書人名索引≫, 上海古籍出版社, 1986.
- 中國歷史大辭典編纂委員會, ≪中國歷史大辭典≫, 上海辭書出版社, 2000.
- 倉修良 主編, ≪史記辭典≫, 山東敎育出版社, 1991.
- ―――――, ≪漢書辭典≫, 山東敎育出版社, 1996.
- 賀旭志 外, ≪中國歷代職官辭典≫, 中國社會出版社, 2003.
- 洪業 等 編纂, ≪漢書及補注綜合引得≫, 上海古籍出版社, 1988.

◇ 데이터베이스(DB) 자료

- 한국고전종합DB(http://db.itkc.or.kr)
- 동양고전종합DB(http://db.cyberseodang.or.kr)
- 電子版 文淵閣四庫全書, 上海古籍出版社.
- 상우천고(http://www.s-sangwoo.kr)

目 次

제6편 論君臣鑑戒　임금과 신하의 鑑戒를 논하다

이 편에서는 임금과 신하의 警戒에 대해 논하였다.

太宗은 스스로 隋 煬帝를 거울로 삼아 경계하였고, 여러 신하들에게 虞世基의 예로 경계하게 하여 임금과 신하가 각각의 도리를 다할 수 있는 綱領을 설정하였다. 또 隋나라 시대에 형벌을 함부로 시행했음을 비판하면서, 魏徵은 과실의 원인을 수나라 임금에게서 찾은 반면, 太宗은 신하에게 책임을 돌렸다. 이어서 위징은 鮑叔牙가 齊 桓公에게 간언한 일화를 들어 간언하였는데, 이에 태종은 스스로 평민이었을 때를 잊지 않겠다 다짐하면서 위징에게는 포숙아의 사람됨을 잊지 말 것을 요구하였다. 이는, 위징은 정성껏 경계하는 뜻을 가지고 간언한 것이고, 太宗은 삼가고 두려워하며 다스려 보존해야 함을 말한 것이다.

위징은 또 임금은 신하를 임용하는 요점을 깨달아 군자에게 임무를 맡기고 소인을 버리며 충성스런 간언을 받아들여 간사한 말을 살펴야 한다고 진술하였다. 위징은 태종의 治世가 오래 지속되어 國政 초기의 마음을 상실할 것을 우려하여, 마지막까지 국정에 신중히 임할 것을 간곡하게 권하였다. 또 임금과 신하가 같은 마음과 한 몸이라는 것을 자세히 비유하여 군신간의 바람직한 관계에 대해 간언하였다.

凡七章.

모두 7章이다.

6-1-1

貞觀三年에 **太宗**이 **謂侍臣曰 君臣**은 **本同治亂**하고 **共安危**라 **若主納忠諫**하면 **臣進直言**하리니 **斯故君臣合契**는 **古來所重**이라 **若君自賢**하고 **臣不匡正**이면 **欲不危亡**이나 **不可得也**라 **君失其國**이면 **臣亦不能獨全其家**라 **至如隋煬帝暴虐**에 **臣下鉗口**하여 **卒令不聞其過**①하여 **遂至滅亡**하고 **虞世基等**이 **尋亦誅死**하니 **前事不遠**이라 **朕與卿等**으로 **可得不愼**가 **無爲後所嗤**하라

① 卒令不聞其過 : 卒, 子聿切. 令, 平聲.

卒(마침내)은 子와 聿의 반절이다. 令(하여금)은 平聲이다.

貞觀 3년(629)에 太宗이 근신에게 말하였다.

"임금과 신하는 본래 다스림과 어지러움을 같이하고, 편안함과 위태로움을 함께하오. 만일 임금이 충직한 간언을 받아들이면 신하는 바른말을 올릴 것이니, 이런 까닭으로 임금과 신하가 뜻을 맞추는 것은 예로부터 중시되었소. 만약 임금이 스스로 어질다고 하고 신하가 바로잡지 못하면 위태로우며 망하지 않으려고 하나 불가능한 것이요. 임금이 나라를 잃으면 신하 또한 홀로 그 집안을 온전히 할 수가 없소. 隋 煬帝의 포학함과 같은 경우에는 신하가 입을 다물어서 결국 제 과실을 들을 수 없게 하여 드디어 멸망에 이르게 되었고, 虞世基 등도 얼마 만에 또한 주살되었으니, 이전 사실이 멀지 않소. 짐이 경들과 더불어 신중하지 않을 수 있겠소. 후세에 비웃음거리가 되지 않게 해야 할 것이오."

【集論】

愚按 大宗常以隋煬帝爲戒하고 而欲其臣以虞世基爲戒하여 形之於言者數(삭)矣라 夫人雖至愚라도 未有不愛其身者也라 煬帝之縱欲肆志나 未必不曰吾知愛吾身而已니 不暇憂吾民也라하고 世基之緘默保位나 未必不曰吾知愛吾身而已니 不暇憂吾君也라하리니 豈知江都西閣之變[1]을 君臣俱不免也哉아 故君以煬帝爲戒하면 則凡吾之容受直言이 非以愛其臣也라 所以爲吾身計也요 臣以世基爲戒하면 則凡吾之盡忠無隱이 非以愛其君也라 所以爲吾身計也라 君臣各爲其身計면 則炎涼寒燠에 無一時不愛吾身也니 寧可以須臾之不謹乎아 髮膚齒甲이 無一處之非吾身也니 寧可以細微之不謹乎아 然則君臣宵旰相與하여 嘉惠蒼生者는 非以利天下國家也라 各愛其身而已라 太宗斯言은 推其意하면 若出於一己之私로되 盡其義하면 乃所以成天下之公也라

내가 살펴보건대, 大宗은 항상 隋 煬帝로 경계를 삼았고 그의 신하들을 虞世基의 일로 경계하게 하려고 말에 그것을 드러내기를 자주하였다. 사람이 비록 지극히 어리석어도 제 몸을 아끼지 않는 자는 없다. 양제가 욕심을 방종하게 부리고 뜻을 방자하게 하였어도 반드시 "나는 내 몸만 아낄 줄을 알 뿐이니 내 백성을 근심할 겨를이

---

1) 江都西閣之變 : 隋 煬帝가 宇文化及에게 시해된 사건을 말한 것이다. ≪隋書≫ 권5 〈恭帝〉에 "右屯衛將軍 宇文化及이 太上皇(煬帝)을 江都宮에서 시해하였다.〔右屯衛將軍宇文化及殺太上皇於江都宮〕"라고 하였다.

없다."라고 하지는 않을 것이고, 우세기가 입을 다물고 자리를 보존하였어도 반드시 "나는 내 몸만 아낄 줄을 알 뿐이니 내 임금을 근심할 겨를이 없다."라고 하지는 않을 것이니, 어찌 江都 西閣의 변난을 임금과 신하가 모두 면하지 못한 것을 알겠는가. 그러므로 임금이 양제로 경계를 삼으면 내가 직언을 수용함이 그 신하를 아끼는 것이 아니라, 내 몸을 위한 계책이 되는 것이고, 신하가 우세기로 경계를 삼으면 나의 충성을 다해 숨김이 없는 것이 그 임금을 아끼는 것이 아니라, 내 몸을 위한 계책이 되는 것이다.

임금과 신하가 각각 제 몸을 위한 계책을 하면 盛衰貧富할 적에 한순간도 내 몸을 아끼지 않음이 없으니, 어찌 잠시라도 삼가지 않을 수 있겠는가. 머리털・피부・이・손톱이 한 곳도 내 몸이 아님이 없으니, 어찌 작은 것이라고 하여 삼가지 않을 수 있겠는가. 그렇다면 임금과 신하가 일찍 일어나 늦게 밥 먹기를 서로 함께하여 백성에게 아름다운 은혜를 베푸는 것은 천하 국가를 이롭게 하는 것이 아니라, 각각 제 몸을 아끼는 것일 뿐이다. 太宗의 이 말은 그 뜻을 미루어보면 마치 자기 한 사람의 사사로움에서 나온 것 같지만 그 뜻을 다하면 천하의 공평함을 이루게 되는 것이다.

6-2-1

貞觀四年에 **太宗**이 **論隋日**할새 **魏徵**이 **對曰 臣**이 **往在隋朝**에 **曾聞有盜發**①이어늘 **煬帝**가 **令於士澄**②으로 **捕逐**한대 **但有疑似**면 **苦加拷掠**하니 **枉承賊者**가 **二千餘人**이라 **竝令同日斬決**한대 **大理丞**③**張元濟**가 **怪之**하여 **試尋其狀**하니 **乃有六七人**이 **盜發之日**에 **先禁他所**하여 **被放纔出**이라가 **亦遭推勘**하여 **不勝苦痛**④하고 **自誣行盜**라 **元濟因此**하여 **更事究尋**하니 **二千人內**에 **惟九人**이 **逗遛不明**⑤이라 **官人有諳識者**하니 **就九人內**에 **四人非賊**이라 **有司**는 **以煬帝已令斬決**이라하여 **遂不執奏**하고 **竝殺之**하니이다 **太宗**이 **曰 非是煬帝無道**라 **臣下亦不盡心**이로다 **須相匡諫**하여 **不避誅戮**이니 **豈得惟行**(諂)〔諂〕[2] **佞**하여 **苟求悅譽**⑥리오 **君臣**이 **如此**하니 **何得不敗**아 **朕賴公等**의 **共相輔佐**하여 **遂令囹圄空虛**하니 **願公等**은 **善始克終**하여 **恒如今日**하라

① 曾聞有盜發：曾，音層．
曾(일찍이)은 음이 層이다.

② 令於士澄：令，平聲．後同．於，如字，姓也．士澄，名，爲隋將，以魏郡降唐．

2) (諂)〔諂〕: 저본에는 '諂'로 되어 있으나, '諂'으로 바로잡았다. 아래도 같다.

令(하여금)은 平聲이다. 뒤에도 같다. 於(오)는 본래 音義대로 독해하는 글자이니, 姓이다. 士澄은 이름이니, 隋나라 장군이 되어 魏郡을 가지고 唐나라에 항복하였다.

③ 大理丞 : 隋獄官之貳職.
隋나라 獄官의 부관이다.

④ 不勝苦痛 : 勝, 平聲.
勝(감당하다)은 平聲이다.

⑤ 逗遛不明 : 逗, 音豆. 遛, 音留, 遷延也.
逗는 음이 豆이고, 遛는 음이 留이니, 지연한다는 뜻이다.

⑥ 苟求悅譽 : 譽, 平聲.
譽(칭찬하다)는 平聲이다.

貞觀 4년(630)에 太宗이 隋나라 시대를 논의할 때에 魏徵이 대답하였다. "신이 지난 수 왕조에서 일찍이 도적이 발생한 일을 들었는데 隋 煬帝가 於士澄을 시켜 쫓아가서 잡으라고 하였습니다. 다만 의심되어 비슷하기만 하면 괴롭게 고문을 가하니 억울하게 시인하여 도적이 된 자가 2천여 명이었습니다. 모두 같은 날에 참수하게 하자 大理丞 張元濟가 괴이하게 생각하고 그 상황을 조사해보니, 6, 7명이 도적이 발생한 날에 먼저 다른 곳에 감금되어 있다가 풀려나 막 나갔는데 또 문초를 받게 되어 고문의 고통을 감당하지 못하고 스스로 도적질을 했다고 거짓 자백한 것이었습니다. 장원제가 이 일로 인하여 다시 사건을 조사하니, 2천 명 중에서 9명만이 조사가 지연되어 밝혀지지 못했습니다. 관리들도 알고 있는 사람이 있었는데 9명 중에 4명은 도적이 아니었습니다. 담당관은 양제가 이미 참수 처결을 명령했다고 하여 드디어 사건을 상주하지 않고 모두 죽였습니다."

태종이 말하였다.

"이는 양제가 무도할 뿐만 아니라, 신하도 마음을 다하지 않은 것이요. 반드시 바르게 간언하여 죽음을 피해서는 안 될 것이니 어찌 오직 아첨을 행하여 구차하게 임금을 기쁘게 하고 칭찬을 구할 것인가. 임금과 신하가 이와 같으니, 어찌 패하지 않을 수 있겠소. 짐은 공들이 서로 함께 보좌함에 힘입어 드디어 감옥이 비워졌으니, 원하건대 공들은 처음부터 끝까지 잘하여 항상 오늘과 같게 하시오."

【集論】

愚按 大學曰爲人君止於仁하고 爲人臣止於敬이라하니 此言君臣各盡其道也라 虞廷賡歌에 帝舜先言股肱하고 皐陶先言元首[3)]라하니 此言君臣更相責難也라 各盡其道는 所以明上下之分이요 更相責難은 所以明上下之交也라 今觀前章하면 太宗自以煬帝爲戒하고 欲群臣以世基爲戒하니 此君臣各盡其道者也라 此章論隋世濫刑에 則魏徵歸過於君하고 太宗歸過於臣하니 此君臣更相責難者也라 二章之旨는 實相爲用하니 史臣以此居鑑戒之首가 豈非貞觀致治之本歟아

내가 살펴보건대, ≪大學≫ 傳3章에 "임금이 되어서는 仁을 유지하고, 신하가 되어서는 敬을 유지한다."라고 하였으니, 이것은 임금과 신하가 각각 그 도를 다함을 말한 것이다. 순임금의 조정에서 이어 이루어 노래할 적에 帝舜은 먼저 股肱(신하)을 말하였고, 皐陶는 먼저 元首(임금)를 말하였으니 이것은 임금과 신하가 다시 서로 어려운 일을 권함을 말한 것이다. 각각 그 도를 다하는 것은 상하의 분수를 밝히는 것이고, 다시 서로 어려운 일을 권함은 상하의 사귐을 밝히는 것이다.

지금 앞 章을 살펴보면 太宗은 스스로 양제로 경계하였고, 여러 신하들에게 虞世基로 경계하게 하였으니, 이는 임금과 신하가 각각 그 도리를 다한 것이다. 이 장은 隋나라 시대에 형벌을 함부로 시행했음을 논의하면서 魏徵은 과실을 임금에게 돌렸고 太宗은 과실을 신하에게 돌렸으니, 이는 임금과 신하가 다시 서로 어려운 일을 권한 것이다. 두 장의 뜻은 실로 서로 쓰이니 史臣이 이것을 鑑戒의 맨 앞에 둔 것이 어찌 貞觀의 치적을 이룬 근본이 아니겠는가.

6-3-1

貞觀六年에 太宗이 謂侍臣曰 朕聞周秦이 初得天下에 其事不異나 然周則惟善是務하고 積功累德하니 所以能保八百之基[4)]어늘 秦乃恣其奢淫하고 好行刑罰①이라가 不

3) 帝舜先言股肱 皐陶先言元首 : ≪書經≫ 〈虞書 益稷〉에 "帝舜이……마침내 노래하기를 '신하가 기뻐하면 임금이 흥기되어 모든 관원이 공이 광대할 것이다.'〔帝……乃歌曰 股肱喜哉 元首起哉 百工熙哉〕"라고 하고, 또 "고요가……마침내 이어 이루어 노래하기를 "임금이 밝으면 신하가 어질어서 모든 일이 편안해질 것입니다.〔皐陶……乃賡載歌曰 元首明哉 股肱良哉 庶事康哉〕"라고 하였다.

4) 八百之基 : 周王朝는 B.C. 1122년 武王이 殷을 멸망시키고 건국하여 B.C. 256년 37대 赧王이 秦나라에 멸망될 때까지 867년간 이어졌다.

過二世而滅하니 豈非爲善者는 福祚延長하고 爲惡者는 降年不永[5)]가 朕이 又聞桀紂는 帝王也로되 以匹夫比之[6)]하니 則以爲辱이요 顔閔은 匹夫也②로되 以帝王比之[7)]하니 則以爲榮이니 此亦帝王深恥也라 朕이 每將此事하여 以爲鑑戒하고 常恐不逮하여 爲人所笑하노라 魏徵이 對曰 臣이 聞魯哀公③이 謂孔子曰 有人好忘者가 移宅이라가 乃忘其妻라한대 孔子曰 又有好忘이 甚於此者하니 丘見桀紂之君④은 乃忘其身[8)]이라하시니 願陛下는 每以此爲慮인댄 庶免後人笑爾리이다

① 好行刑罰 : 好, 去聲. 後同.
好(좋아하다)는 去聲이다. 뒤에도 같다.

② 顔閔 匹夫也 : 顔回, 字子淵. 閔損, 字子騫, 皆孔子弟子, 以德行稱.
顔回는 字가 子淵이고, 閔損은 字가 子騫이니, 모두 공자 제자이며 德行으로 일컬어졌다.

③ 聞魯哀公 : 哀公, 魯君, 名蔣.
哀公은 魯나라 임금이니, 이름이 蔣이다.

④ 丘見桀紂之君 : 丘, 孔子名.
丘는 孔子의 이름이다.

貞觀 6년(632)에 太宗이 근신에게 말하였다.

"짐이 듣기에 周나라와 秦나라가 처음 천하를 얻었을 때에 그 일이 다를 것이 없으나, 주나라는 선을 힘쓰고 공과 덕을 쌓으니 800년의 기틀을 보전할 수 있었소. 진나라는 사치와 음란을 방자하게 하고 형벌을 시행하기 좋아하다가 2世를 넘기지 못하고 멸망하였으니, 어찌 선을 행하는 자는 福祚가 연장되고 악을 행하는 자는 年數를 내려줌이 길지 않아서 그런 것이 아니겠소. 짐이 또한 듣기에 桀王·紂王은 제왕인데도 평범한 사람에 견주어졌으니 욕이 되는 것이고, 顔回·閔損은 평범한 사람인데도 제왕에 견주어졌으니 영예가 되는 것이요. 이것이 또한 제왕의 매우 수치스러운 일이오. 짐은 매번 이 일을 가지

---

5) 降年不永 : ≪書經≫ 〈商書 高宗肜日〉의 "年數를 내려줌이 길기도 하고 길지 않기도 하다.〔降年有永有不永〕"에서 유래한 것이다.

6) 又聞桀紂……以匹夫比之 : 이는 ≪書經≫ 〈商書 仲虺之誥〉의 "일개 평범한 사람 紂를 목 베었다는 것을 들었다.〔聞誅一夫紂矣〕"에 보인다.

7) 顔閔匹夫也 以帝王比之 : 이는 ≪論語≫ 〈衛靈公〉 '顔淵問爲邦'의 ≪集註≫에 "顔子는 왕을 보필할 인재이다.〔顔子王佐之才〕"에 보인다.

8) 魯哀公謂孔子曰……乃忘其身 : 이 내용은 ≪孔子家語≫ 卷下 〈賢君〉에서 축약한 것이다.

고 경계로 삼고 항상 못 미쳐 가서 사람들에게 비웃음거리가 될까 두려워하고 있소."

魏徵이 대답하였다.

"신이 듣기에 魯 哀公이 공자에게 말하기를 '잊기를 잘하는 사람이 이사를 하다가 그 아내를 잊어버리고 갔습니다.'라고 하자, 공자가 말하기를 '잊는 것을 잘함이 이보다 심한 자가 있으니, 제가 보기에 걸왕과 주왕은 자기 몸을 잊어버렸습니다.'라고 하였으니, 폐하께서는 매번 이것을 염려하시면 후인의 비웃음거리를 거의 면하실 것입니다."

【集論】

愚按 桀紂는 帝王也나 以匹夫比之하니 則以爲辱이라하니 何辱焉이리오 人心之惡惡也라 顔閔은 匹夫也나 以帝王比之하니 則以爲榮이라하니 何榮焉이리오 人心之善善也라 孜孜爲善은 顔閔之徒也니 以匹夫而天下後世所企敬하여 匹夫而帝王矣라 孜孜爲惡은 桀紂之徒也니 以帝王而天下後世所羞稱하여 帝王而匹夫矣라 太宗所論은 亦知言哉로다마는 而魏徵之對는 又明桀紂之所以爲桀紂也라 愚則曰 欲知桀紂顔閔之分인댄 善與惡之間也라

내가 살펴보건대, 桀王·紂王은 제왕인데도 평범한 사람으로 견주어졌기에 욕이 되는 것이라고 하니 무엇이 욕이겠는가. 사람 마음이 악을 싫어하는 것이다. 顔回·閔損은 평범한 사람인데도 제왕으로 견주어졌기에 영예가 되는 것이라고 하니 무엇이 영예이겠는가. 사람 마음이 선을 선하게 여기는 것이다. 부지런히 선을 행한 것은 안회·민손의 무리이니 평범한 사람으로서 천하 후세에 바라보는 공경을 받았기에, 평범한 사람이면서 제왕이다. 부지런히 악을 행한 것은 걸왕·주왕의 무리이니 제왕으로서 천하 후세에 부끄러운 호칭을 받았기에 제왕이면서 평범한 사람이다.

太宗이 논의한 것은 또한 식견이 있는 말이지만 魏徵의 대답은 또 걸왕·주왕이 걸왕·주왕이 되는 까닭을 밝힌 것이다. 나는 말하노니 "걸왕·주왕과 안회·민손의 구분을 알려고 할진댄 선과 악의 사이일 뿐이다."라고 하겠다.

6-4-1

貞觀十四年에 **太宗**이 **以高昌平**①으로 **召侍臣賜宴於兩儀殿**할새 **謂房玄齡曰 高昌**이 **若不失臣禮**면 **豈至滅亡**이리오 **朕**은 **平此一國**하여 **甚懷危懼**하노니 **惟當戒驕逸以自**

防하고 納忠謇以自正[②]하며 黜邪佞하고 用賢良하며 不以小人之言而議君子하여 以此愼守면 庶幾於獲安也[③]리라

① 以高昌平：高昌, 西域國名, 都交河城, 漢車師之地, 其王麴文泰. 是年, 文泰卒, 子智盛立. 平, 謂征討平定也.
高昌은 西域의 나라 이름인데 交河城에 도읍하였다. 漢나라 車師의 땅이고, 그 왕은 麴文泰이다. 이해에 국문태가 죽고 아들 智盛이 즉위하였다. 平은 정벌하여 평정함을 말한다.

② 納忠謇以自正：謇, 音蹇, 言也.
謇은 音이 蹇이니, 말한다는 뜻이다.

③ 庶幾於獲安也：幾, 平聲.
幾(거의)는 平聲이다.

貞觀 14년(640)에 太宗이 高昌國을 평정한 일로 근신들을 불러 兩儀殿에서 연회를 베풀 적에 房玄齡에게 말하였다.

"고창국이 만약 신하의 예를 잃지 않았다면 어찌 멸망에 이르렀겠소? 짐은 이 한 개 나라를 평정하고 매우 위태롭게 여기며 두려워하니, 오직 교만과 안일을 경계하여 스스로 예방하고, 충직한 말을 받아들여 자신을 바르게 하며, 사특하고 아첨하는 자를 물리치고, 현명하고 바른 자를 임용하며, 소인들의 말에 따라 군자를 논평하지 아니하여 이것을 신중하게 지키면 거의 편안함을 얻을 수 있을 것이오."

6-4-2

魏徵이 進曰 臣觀古來帝王이 撥亂創業에 必自戒愼하여 採芻蕘之議하고 從忠讜之言이라가 天下既安이면 則恣情肆欲하여 甘樂(락)諂諛[④]하고 惡(오)聞正諫[⑤]하니라 張子房은 漢王計畫之臣이러니 及高祖가 爲天子하여 將廢嫡立庶한대 子房이 曰 今日之事는 非口舌의 所能爭也[⑥]라하고 終不敢復有開說[⑦]이어늘 況陛下功德之盛은 以漢祖로 方之면 彼不足準이라 即位十有五年[⑧]에 聖德光被하시고 今又平殄高昌하사대 屢以安危繫意하여 方欲納用忠良하여 開直言之路하시니 天下幸甚이로소이다 昔齊桓公[⑨]이 與管仲鮑叔牙甯戚[⑩]四人飮할새 桓公謂叔牙曰 盍起爲寡人壽乎[⑪]아 叔牙奉觴而起曰[⑫] 願公은 無忘出在莒時[⑬]하시고 使管仲으로 無忘束縛於魯時[⑭]하고 使甯戚으로 無忘飯

牛車下時⑮하노이다 **桓公**이 **避席而謝曰 寡人與二大夫**가 **能無忘夫子之言**이면 **則社稷不危矣**[9]라하니이다 **太宗**이 **謂徵曰 朕**이 **必不敢忘布衣時**하리니 **公**은 **不得忘叔牙之爲人也**⑯하라

④ 甘樂諂諛 : 樂, 音洛.
樂(즐기다)은 音이 洛이다.

⑤ 惡聞正諫 : 惡, 烏去聲.
惡(싫어하다)는 烏의 去聲이다.

⑥ 子房曰……所能爭也 : 張子房, 名良, 漢封留侯. 高祖欲廢太子盈, 立趙王如意. 或謂呂后曰, "留侯善畫計, 上信用之." 后劫良曰, "君爲上謀臣, 今上欲易太子, 君安得高枕而臥." 良曰, "始上在急困中, 幸用臣策. 天下已定, 以愛欲易太子, 雖臣等百人何益." 后强要曰, "爲我畫計." 良曰, "此難以口舌爭." 遂爲太子請四皓[10]爲輔, 賴以不廢.[11]
張子房은 이름이 良이니, 漢나라에서 留侯에 봉해졌다. 高祖가 太子 劉盈을 폐하고 趙王 劉如意를 세우려고 하였다. 어떤 이가 呂后에게 말하기를 "留侯는 계책을 잘 세워서 황상이 그 계책을 믿고 씁니다."라고 하자, 여후가 장량을 겁주어 말하기를 "그대는 황상의 계책을 내는 신하가 되어 있는데, 지금 황상이 태자를 바꾸려고 하거늘 그대가 어찌 베개를 높이 베고 잠을 잘 수 있소?"라고 하니, 장량이 말하기를 "과거에 황상께서 위급한 상황에 처했을 때 다행히 저의 계책을 쓰셨습니다. 천하가 이미 안정되었고 사랑 때문에 태자를 바꾸려 하니, 비록 신과 같은 자가 백 명이나 있은들 무슨 도움이 되겠습니까."라고 하였다. 여후가 강요하기를 "나를 위해 계책을 세우시오."라고 하니, 장량이 말하기를 "이것은 말로 간쟁하기 어렵습니다."라고 하고, 마침내 태자를 위하여 商山四皓를 청하여 도움을 받아 그것을 힘입어서 폐하지 않았다.

⑦ 終不敢復有開說 : 復, 音缶.
復(다시)는 音이 缶이다.

⑧ 即位十有五年 : 太宗以武德九年卽帝位, 至是十有五年.
太宗이 武德 9년(626)에 황제에 즉위하여 지금 15년에 이르렀다.

⑨ 昔齊桓公 : 齊君, 名小白.
齊君이니 이름이 小白이다.

⑩ 管仲鮑叔牙甯戚 : 三人皆齊相.
세 사람은 모두 齊나라 재상이다.

---

9) 齊桓公……則社稷不危矣 : 이 내용은 ≪管子≫ 〈小稱〉에 보인다.

10) 四皓 : 商山에 은거해 사는 네 명의 머리 센 노인으로, 東園公・綺里季・夏黃公・甪里先生이다.

11) 張子房……賴以不廢 : 이 내용은 ≪史記≫ 권55 〈留侯世家〉에서 추출한 것이다. 본문 중의 '后强要'는 〈留侯世家〉에 '呂澤强要'로 되어 있다.

⑪ 爲寡人壽乎：爲, 去聲. 諸侯自稱曰寡人, 言寡德之人也.
爲(위하다)는 去聲이다. 諸侯가 스스로 일컫기를 寡人이라 하니, 덕이 적은 사람이라는 말이다.

⑫ 奉觴而起曰：奉, 音捧.
奉(두 손으로 받쳐 들다)은 音이 捧이다.

⑬ 無忘出在莒時：桓公初出奔於莒, 鮑叔爲之傅.
齊 桓公이 처음에 莒로 도망하여 나갔을 때에 鮑叔이 스승이 되었다.

⑭ 無忘束縛於魯時：桓公立, 謂魯曰, "管仲, 讐也, 請得甘心醢之." 管仲請囚, 叔牙迎受之, 及堂阜而脫桎梏.[12)]
齊 桓公이 즉위하고 魯나라에 말하기를 "管仲은 원수이니 속을 시원히 풀게 그를 젓 담도록 해주시기를 청합니다."라고 하였다. 管仲이 옥에 갇히기를 청하자 鮑叔牙가 그를 맞이해 받아들이고 堂阜(齊나라 땅 이름)에 이르자 차꼬와 수갑을 벗겨주었다.

⑮ 無忘飯牛車下時：甯戚嘗候桓公出, 扣牛角歌曰, "南山矸, 白石爛. 中有鯉魚長尺半, 生不遭堯與舜禪, 短布單衣纔至骭. 從昏飯牛至夜半." 公遂召之爲相.[13)]
甯戚이 일찍이 齊 桓公이 나오기를 기다렸다가 쇠뿔을 두드리며 노래하기를 "남산이 깨끗하고, 흰 돌이 번쩍이네. 그 가운데 길이가 한 자 반이 되는 잉어가 있는데, 살면서 堯임금이 舜임금에게 선양해주는 것을 못 만났네. 짧은 베 홑옷은 겨우 정강이만 가리고, 어둑한 새벽부터 깊은 밤까지 소를 먹이네."라고 하였다. 환공이 마침내 불러서 재상으로 삼았다.

⑯ 太宗謂徵曰……不得忘叔牙之爲人也：按, 通鑑 "十三年高昌王麴文泰遏絶西域朝貢. 伊吾旣內屬, 高昌又與西突厥共擊之. 上徵其臣阿史那矩, 文泰不遣. 中國人在突厥者, 或奔高昌, 詔使歸之, 亦不遣. 又與西突厥共破焉耆, 上遣使責之, 文泰語不遜. 於是詔侯君集等擊之, 遂降. 由此唐地東極于海, 西至焉耆, 南盡林邑, 北抵大漠, 皆爲州縣, 凡東西九千五百一十里, 南北一萬九百一十八里, 爲唐之極盛焉."[14)]
살펴보건대 ≪資治通鑑≫에 "13년(639) 高昌王 麴文泰가 西域에서 朝貢하는 것을 막아 끊었다. 伊吾(서역 땅 이름)가 이미 唐나라에 귀속되었는데 고창은 또 西突厥과 함께 이오를 공격하였다. 太宗은 그 신하 阿史那矩를 불렀으나 麴文泰는 보내지 않았다. 中國 사람으로서 突厥에 있는 자가 혹은 高昌으로 도망하니, 조서를 내려 돌려보내게 하였으나 또한 돌려보내지 않았다. 또 西突厥과 함께 焉耆를 격파하자 태종이 사신을 보내 문책하니, 국문태는 말이 공손하지 않았다. 이에 조서를 내려 侯君集 등에게 공격하게 하자 마침내 항복하였다. 이로 말미암아 唐나라 땅이 동쪽은 바다까지 다 갔고 서쪽은 焉耆에 이르고 남

---

12) 桓公立……及堂阜而脫桎梏：≪史記≫ 권32 〈齊太公世家〉에 보인다.
13) 甯戚嘗候桓公出……公遂召之爲相：≪史記≫ 권83 〈魯仲連鄒陽列傳〉 및 裴駰 〈集解〉에 보인다.
14) 通鑑……爲唐之極盛焉：≪資治通鑑≫ 권195 唐紀 11 〈太宗文武大聖大廣孝皇帝中之上〉 貞觀 13년에 보인다.

쪽은 林邑까지 다하고 북쪽은 大漠에 이르도록 모두 州縣을 삼으니, 모두 동서 9,510리, 남북 19,181리로, 唐나라가 지극히 성대하게 되었다."라고 하였다.

魏徵이 나서서 말하였다.

"신은 살펴보니 옛날부터 제왕이 난세를 다스려 창업할 적에 반드시 스스로 경계하여 꼴 베며 나무하는 자들의 의견도 받아들이고 충성스런 말을 따랐다가 천하가 안정되고 나면 감정과 욕심을 방자하게 부려서 아첨을 달갑게 즐기며 바른 간언을 듣기 싫어합니다.

張子房은 漢나라 고조의 참모 신하였는데 高祖가 천자가 되어 장차 적자인 太子(劉盈)를 폐하고 庶子(劉如意)를 태자로 세우려고 하자, 장자방이 말하기를 '오늘의 일은 말로 爭論할 수 있는 것이 아닙니다.'라고 하고 마침내 감히 다시 말하지 않았습니다. 더구나 폐하의 공덕의 성대함은 한나라 고조와 비교하면 상대방이 대등해질 수 없습니다. 폐하께서 즉위하신 지 15년에 성덕이 천하에 널리 퍼졌고 지금 또 高昌을 평정하여 소멸시키시고도 자주 국가의 안위에 마음을 쓰시고 바야흐로 충량한 신하를 등용하여 받아들이고자 신하가 직언하는 길을 열어놓으셨으니, 천하가 매우 다행입니다.

漢 高祖

옛날에 齊 桓公이 管仲·鮑叔牙·甯戚과 함께 네 사람이 술을 마실 적에 환공이 포숙아에게 말하기를 '어찌 일어나 과인을 위해 오래 살라고 빌지 않는가?'라고 하자, 포숙아가 술잔을 들고 일어나 말하기를 '원컨대 공께서는 망명하여 莒 땅에 살던 때를 잊지 말고, 관중은 魯나라에 갇혀 묶여 있던 때를 잊지 않게 하고, 영척은 수레 밑에서 소에게 여물을 먹이던 때를 잊지 않게 하십시오.'라고 하니, 환공은 자리를 피하고 사례하여 말하기를 '과인과 두 대부가

夫子(포숙아)의 말을 잊지 않는다면 사직이 위태롭지 않을 것이오.'라고 하였습니다."

太宗이 위징에게 말하였다.

"짐이 반드시 평민이었을 때의 일을 감히 잊지 않을 것이니, 공은 포숙아의 사람됨을 잊어서는 안 되오."

【集論】

愚按 唐虞之世는 雍熙泰和하여 帝治之極盛也라 聖君賢相이 都兪吁咈[15]於一堂之上하니 凜乎儆戒之言을 以聖君賢相으로 夫豈有是哉아 玆所以保雍熙泰和之盛也라 今觀高昌既平하고 土宇極盛하되 太宗有兢兢保治之言하고 魏徵有諄諄鑑戒之意니 玆所以成貞觀太平之盛也라 然古帝王傳心之學은 其要在於欽이요 而儆戒之際에 尤謹於欽之一辭라 蓋敬者는 萬化之本原이며 一心之妙用이니 聖神之能事와 學問之極功은 帝王授受之懿在此라 其發於言者는 皆由於心也라 故能無怠無荒[16]하여 謹終如始라 爲上人者는 佩太宗君臣鑑戒之言하여 體帝王心學之要하면 則豈惟貞觀가 可以進於三代之上矣리라

내가 살펴보니, 堯임금과 舜임금의 세상은 태평하고 화락하여 제왕의 다스림이 지극히 성대하였다. 성스러운 임금과 어진 재상이 모두 한 대청에서 찬성 불찬성의 토론을 하였으니, 경계하는 말을 두려워하기를 성스러운 임금과 어진 재상으로서 어찌 이런 것이 있겠는가. 이것이 태평하고 화락한 성대함을 보존하게 된 까닭이다. 지금 살펴보면 高昌을 평정하고 나서 나라가 지극히 성대하여도 太宗은 삼가고 두려워하며 다스려 보존하는 말을 하고, 魏徵은 정성껏 경계하는 뜻을 지녔으니, 이것이 貞觀 때에 태평의 성대함을 이루게 된 까닭이다.

그러나 옛 제왕의 마음을 전하는 학문은 그 요점이 '欽'에 있고 경계하는 때에는 더욱 '欽'이라는 한마디 말에 대해 더욱 신중히 하였다. 敬은 모든 변화의 본원이며 마음의 오묘한 쓰임이니, 聖神의 능한 일과 학문의 지극한 공은 제왕의 주고받는 아름다움이 여기에 있다. 그것이 말에 나타난 것은 모두 마음에 말미암은 것이다. 그러므로 태만함도 없고 황폐함도 없어서 끝을 신중히 하기를 처음과 같이 하였다. 윗

15) 都兪吁咈 : 모두 감탄사로, 都는 찬미하는 말, 兪는 동의하는 말, 吁는 동의하지 않는 말, 咈은 반대하는 말이다. 본디 堯, 舜, 禹 등의 임금들이 조정에서 정사할 때에 쓰던 말인데, 후대에는 군신간에 온화한 모습으로 조정의 정사를 논하는 것을 뜻하는 말로 쓰였다.

16) 無怠無荒 : ≪書經≫ 〈虞書 大禹謨〉에 보인다.

사람이 된 자는 太宗의 임금과 신하가 경계한 말을 가지고서 帝王의 마음을 전하는 학문의 요점을 체득하면 어찌 정관 정도일 뿐이겠는가. 三代의 경지에 나갈 수 있을 것이다.

6-5-1

貞觀十四年에 **特進魏徵**이 **上疏曰 臣聞君爲元首**하고 **臣作股肱**하여 **齊契同心**하여 **合而成體**하니 **體或不備**면 **未有成人**이니이다 **然則首雖尊高**나 **必資手足以成體**하고 **君雖明哲**이나 **必藉股肱以致理**니이다 **禮云人以君爲心**하고 **君以人爲體**하여 **心莊則體舒**하고 **心肅則容敬**①이라하고 **書云元首明哉**하시면 **股肱良哉**하여 **庶事康哉**요 **元首叢脞哉**하시면 **股肱惰哉**하여 **萬事墮**(휴)**哉**②라하니 **然則委棄股肱**하고 **獨任胸臆**하여 **具體成理**는 **非所聞也**니이다

① 禮云……心肅則容敬：禮緇衣篇之辭.
《禮記》〈緇衣〉의 말이다.
② 書云……萬事墮哉：墮, 音隳. 虞書皐陶賡歌之辭.
墮(무너지다)는 音이 隳이다. 《書經》〈虞書 皐陶謨〉의 賡歌의 말이다.

貞觀 14년(640)에 特進 魏徵이 상소를 올렸다.

"신은 들으니, 임금은 머리가 되고 신하는 팔다리가 되어서 뜻이 맞고 마음이 같아 결합하여 몸체를 이루니, 몸체가 혹 완비되지 않고도 완성된 사람은 없습니다. 그렇다면 머리가 비록 높으나 반드시 손과 발의 도움을 얻어서 몸체를 이루고 임금이 비록 밝고 명철하나 반드시 신하의 도움을 받아서 다스림을 이루는 것입니다. 《禮記》〈緇衣〉에 이르기를 '백성은 임금으로 자기 마음을 삼고 임금은 백성으로 자기 몸체를 삼아서, 마음이 장중하면 몸이 펴지고 마음이 엄숙하면 용모가 경건해진다.'라고 하고, 《書經》〈皐陶謨〉에 '머리(임금)가 현명하면 팔다리(신하)가 어질어서 모든 일이 편안할 것입니다. 머리가 좀스럽고 자질구레하면 팔다리가 태만해져서 모든 일이 무너질 것입니다.'라고 하였습니다. 그렇다면 팔다리를 버리고 홀로 가슴에만 맡겨서 몸체를 갖추고 다스림을 이루었다는 말은 듣지 못했습니다.

6-5-2

夫君臣相遇③는 自古爲難이라 以石投水는 千載一合이요 以水投石[17]은 無時不有하니 其能開至公之道하고 申天下之用하여 內盡心膂④하고 外竭股肱하여 和若鹽梅⑤하고 固同金石者는 非惟高位厚秩이라 在於禮之而已니이다 昔周文王이 遊於鳳凰之墟하실새 韈系解어늘 顧左右하니 莫可使者하여 乃自結之[18]하시니 豈周文之朝에 盡爲俊乂며 聖明之代에 獨無君子者哉아 但知與不知와 禮與不禮耳니이다 是以伊尹은 有莘之媵臣이요 韓信은 項氏之亡命이로대 殷湯이 致禮하여 定王業於南巢하고 漢祖가 登壇하여 成帝功於垓下하니 若夏桀이 不棄於伊尹하고 項羽가 垂恩於韓信이런들 寧肯敗已成之國하여 爲滅亡之虜乎⑥아 又微子는 骨肉也어늘 受茅土[19]於宋하고 箕子는 良臣也어늘 陳洪範於周한대 仲尼稱其仁하시니 莫有非之者⑦라 禮記稱魯穆公이 問於子思曰⑧爲舊君反服이 古歟⑨아 子思曰 古之君子는 進人以禮하고 退人以禮라 故有舊君反服之禮也어니와 今之君子는 進人에 若將加諸膝하고 退人에 若將隊(추)諸泉⑩하나니 毋爲戎首가 不亦善乎아 又何反服之禮之有⑪리오하고 齊景公이 問於晏子曰 忠臣之事君이 如之何오 晏子對曰 有難에 不死⑫하고 出亡에 不送이니이다 公曰 裂地以封之하고 疏爵而待之⑬어늘 有難에 不死하고 出亡에 不送은 何也오 晏子曰 言而見用하면 終身無難하리니 臣何死焉이리오 諫而見納이면 終身不亡하리니 臣何送焉이리오 若言不見用이어늘 有難而死면 是妄死也요 諫不見納이어늘 出亡而送이면 是詐忠也[20]니이다하고 春秋左氏傳에 曰⑭崔杼弑齊莊公⑮이어늘 晏子立於崔氏之門外러니 其人曰 死乎아 曰 獨吾君也乎哉아 吾死也아 曰 行乎아 曰 吾罪也乎哉아 吾亡也아 故君이 爲社稷死⑯면 則

---

17) 以石投水……以水投石 : 의견이 서로 맞아 상대방에게 수용되는 경우와 의견이 서로 맞지 않아 상대방에게 수용되지 않는 경우를 말한다. 三國 魏나라 李康의 ≪運命論≫에 "張良이 黃石의 符命을 얻어서 ≪三略≫의 말을 외워 여러 호걸들에게 유세하였으나 그 말이 물을 바위에 던져 붓는 것과 같아서 받아들이는 이가 없었으나, 漢 高祖를 만나게 되어서는 그 말이 바위를 물에 던져 넣는 것과 같아서 어기는 것이 없었다.〔張良受黃石之符 誦三略之說 以遊於群雄 其言也 如以水投石 莫之受也 及其遭漢祖 其言也 如以石投水 莫之逆也〕"라고 하였다.

18) 昔周文王遊於鳳凰之墟……乃自結之 : ≪韓非子≫ 〈外儲說 左下〉에 보인다.

19) 茅土 : 제후 봉작을 말한다. 천자가 제후를 봉할 때에는 그 방면의 色土, 즉 동방은 靑土, 서방은 白土, 남방은 赤土, 북방은 黑土를 꾸러미에 싸서 주어 社를 세우게 하였다.

20) 齊景公問於晏子曰……是詐忠也 : ≪晏子春秋≫ 〈內篇 問上〉에 보인다.

死之하고 爲社稷亡이면 則亡之어니와 若爲己死하고 爲己亡인댄 非其親暱이면 誰敢任之리오하고 門啓而入하여 枕尸股[21]而哭하고 興三踴而出⑰이라하고 孟子曰 君視臣을 如手足하면 臣視君을 如腹心하고 君視臣을 如犬馬하면 臣視君을 如國人하고 君視臣을 如糞土하면 臣視君을 如寇讎⑱라하니 雖臣之事君이 無二志나 至於去就之節하여는 當緣恩之厚薄이니 然則爲人主者⑲가 安可以無禮於下哉리잇고

③ 夫君臣相遇：夫, 音扶. 後同.
夫(발어사)는 音이 扶이다. 뒤에도 같다.

④ 內盡心膂：膂, 音旅.
膂(힘)는 音이 旅이다.

⑤ 和若鹽梅：商書, 高宗命傅說(열)曰 "若作和羹, 爾惟塩梅."
≪書經≫ 〈商書 說命 下〉에 高宗이 傅說에게 명하기를 "만약 간을 맞춘 국을 만들거든 네가 소금과 매실이 되어야 한다."라고 하였다.

⑥ 是以伊尹……爲滅亡之虜乎：媵, 音(胤)〔孕〕[22]. 垓, 音該. 伊, 姓, 尹, 字也. 伊尹, 名摯, 湯三聘之, 遂佐湯伐桀, 放桀於南巢之地. 有莘, 國名. 送女曰媵. 湯妃, 有莘氏之女也. 史記謂 "伊尹欲行道以致君而無由, 乃爲有莘氏之媵臣說(세)湯, 致於王道." 蓋戰國時有爲此說者. 韓, 姓, 信, 名也. 淮陰人. 數(삭)以策干項羽, 羽弗聽, 信亡歸漢. 高祖用蕭何言, 於是擇日齋戒, 設壇場, 拜信爲大將. 後圍羽於垓下之地.
媵(딸린 하인)은 音이 孕이다. 垓는 音이 該(땅 이름)이다. 伊는 姓이고 尹은 字이다. 伊尹은 이름이 摯이다. 湯王이 세 번 이윤을 찾아가 초빙하자 이윤이 마침내 湯王을 도와 桀王을 치고 걸왕을 南巢 지역으로 추방하였다. 有莘은 나라 이름이다. 딸에게 딸려 보내는 사람을 媵이라고 한다. 탕왕의 妃는 有莘氏의 딸이다. ≪史記≫ 권3 〈殷本紀〉에 "伊尹이 道를 행하여 훌륭한 임금을 만들고자 하였으나 방법이 없자, 마침내 有莘氏의 媵臣이 되어 탕왕을 설득하여 王道에 이르게 하였다."라고 하니, 아마도 전국시대에 이런 말을 하는 자들이 있었다. 韓은 姓이고 信은 이름이니, 淮陰 사람이다. 자주 계책을 내어 項羽에게 써 주기를 요구했지만 항우가 들어주지 않자, 한신은 도망하여 漢나라로 갔다. 高祖가 蕭何의 말을 써서 이에 날을 택하여 재계를 하고 마당에 壇을 설치하고 한신을 임명하여 대장군으로 삼았다. 뒤에 垓下 지역에서 항우를 포위하였다.

⑦ 又微子骨肉也……莫有非之者：微箕, 二國名, 子, 爵也. 微子, 紂之庶兄, 諫紂不聽, 遂去之. 武王克商, 封微子於宋. 箕子, 紂之諸父, 諫紂不聽, 被囚爲奴. 武王卽位, 訪之, 箕子爲陳洪範九疇. 論語曰 "微子去之. 箕子爲之奴, 比干諫而死. 子曰, '殷有三仁焉.'"

21) 枕尸股：≪春秋左氏傳≫ 襄公 25년의 杜預 註에 "莊公의 시체를 자기 다리에 베어놓았다.〔以公尸枕己股〕"라고 풀이하였다.

22) (胤)〔孕〕：저본에는 '胤'으로 되어 있으나, 字典에 의거하여 '孕'으로 바로잡았다.

微와 箕는 두 나라 이름이다, 子는 작위이다. 微子는 紂王의 庶兄인데 紂王에게 간언하였다가 듣지 않자 마침내 떠났다. 武王이 商나라를 이기고 微子를 宋나라에 봉하였다. 箕子는 紂王의 諸父(백숙부)인데 紂王에게 간언하였으나 받아들여지지 않고 감옥에 갇혀 노예가 되었다. 武王이 즉위하여 기자를 찾아가니, 기자가 洪範九疇를 진술하였다. ≪論語≫〈微子〉에 "微子는 떠나가고 箕子는 종이 되고 比干은 간언하다가 죽었다. 孔子가 말하기를 '殷나라에 세 명 仁者가 있었다.'라고 하였다."

⑧ 魯穆公問於子思曰：穆公, 魯君, 名顯. 子思, 孔子之孫, 名伋.
穆公은 魯나라 임금이니, 이름이 顯이다. 子思는 孔子의 손자이니, 이름이 伋이다.

⑨ 爲舊君反服：爲, 去聲.
爲(위하다)는 去聲이다.

⑩ 若將隊諸泉：隊, 音墜. 泉, 禮作淵, 蓋避高祖諱, 故以泉代淵.
隊(떨어지다)는 音이 墜이다. 泉은 ≪禮記≫〈檀弓 下〉에는 淵으로 되어 있다. 唐 高祖의 이름〔淵〕을 피한 것이므로 泉으로 淵을 대신한 것이다.

⑪ 魯穆公……又何反服之禮之有：禮檀弓篇之辭.
≪禮記≫〈檀弓 下〉편의 말이다.

⑫ 有難不死：難, 去聲. 後同.
難(변란)은 去聲이다. 뒤에도 같다.

⑬ 䟽爵而待之：䟽, 平聲.
䟽(나누어주다)는 平聲이다.

⑭ 春秋左氏傳曰：傳, 去聲. 春秋, 孔子所作而左氏爲傳.
傳(책)은 去聲이다. ≪春秋≫는 孔子가 지었고 左氏가 傳을 지었다.

⑮ 崔杼弑齊莊公：崔杼, 齊臣崔武子也. 莊公, 名光.
崔杼는 齊나라 신하 崔武子이다. 莊公은 이름이 光이다.

⑯ 爲社稷死：爲, 去聲. 後同.
爲(위하다)는 去聲이다. 뒤에도 같다.

⑰ 枕尸股而哭 興三踊而出：枕, 去聲. 踊, 音勇. 事見左傳襄公二十五年.
枕(베다)은 去聲이다. 踊(뛰다)은 音이 勇이다. 이 일은 ≪春秋左氏傳≫ 襄公 25년에 보인다.

⑱ 孟子曰……臣視君如寇讎：孟子告齊宣王之辭.
≪孟子≫〈離婁 上〉에 孟子가 齊 宣王에게 고한 말이다.

⑲ 然則爲人主者：爲, 如字. 後同.
爲(되다)는 본래 音義대로 독해한다. 뒤에도 같다.

군주와 신하가 서로 만남은 옛날부터 어려웠습니다. 바위를 물에 던져 넣는 의기투합의 형세는 천년에 한 번 만나고, 물을 바위에 던져 붓는 의기불투합의 형세는 어느 때나 없었던 적이 없습니다. 지극히 공정한 도를 열고 천하의 쓰임을 펴서 안으로 마음과 힘을 다하고 밖으로 팔다리의 힘을 다하여 소금과 매실처럼 간을 맞추고 쇠와 돌처럼 견고하게 되는 것은 높은 지위와 많은 봉급을 주기 때문일 뿐만 아니라 신하를 예우하는 데에 달려 있는 것입니다.

옛날에 周 文王이 鳳凰之墟에서 노닐 때 버선 끈이 풀어졌는데 좌우를 둘러보니 부릴 만한 사람이 없어 자신이 버선 끈을 맸습니다. 어찌 주나라 문왕의 조정에 뛰어난 인재가 다했으며 성스럽고 밝은 시대에 유독 군자가 없어서였겠습니까? 다만 알아주고 알아주지 못함과 예우하고 예우하지 못하는 것뿐입니다. 이 때문에 伊尹은 有莘氏의 媵臣이었고, 韓信은 項羽를 떠난 망명자였는데, 殷 湯王이 이윤에게 예의를 극진히 하여 왕업을 南巢에서 정하고 漢 高祖가 한신을 단에 올리는 예를 차려 대장군으로 삼아 황제의 공적을 垓下에서 이루었습니다. 만약 夏 桀王이 이윤을 버리지 않았고 항우가 한신에게 은혜를 베풀었다면 어찌 이미 이룬 나라를 패망시켜서 멸망한 포로가 되었겠습니까? 또 微子는 殷나라의 골육이었는데 주나라에서 주는 宋나라 제후 책봉을 받았고 箕子는 은나라의 어진 신하였는데 주나라에 洪範九疇를 진술하였으나 孔子가 그들을 仁이라고 말하였으니, 그것을 그르다고 한 자가 없었습니다.

≪禮記≫ 〈檀弓 下〉에 말하기를 '魯 穆公이 子思에게 묻기를 「옛 임금을 위하여 쫓겨난 신하가 돌아와 상복을 입는 일이 옛날 예입니까?」라고 하자, 자사가 「옛날의 군자는 사람을 등용할 때 예로 하고 내칠 때도 예로 하였으므로 옛 임금을 위하여 돌아와 服을 입는 예가 있었습니다. 지금의 군자는 사람을 등용할 때에 무릎에 올려놓듯이 환영하고 사람을 내칠 때에 연못에 떨어뜨리듯이 하니, 그들이 도적의 괴수가 되지 않는 것만도 착한 것이 아니겠습니까? 또 어찌 돌아와 복을 입는 예절이 있겠습니까?」라고 하였다.'라고 했습니다.

齊 景公이 晏子에게 묻기를 '충신이 임금을 섬기는 것이 어떻습니까?'라고 하자, 안자가 대답하기를 '변난에 임금을 위해 죽지 않고 임금의 망명에 송별하지 않습니다.'라고 했습니다. 경공이 말하기를 '땅을 분할하여 봉해주고 관직을 나누어 대우했거늘 변난에 죽지 않고 망명에 송별하지 않는 것은 왜 그런 것이오?'라고 하자, 안자가 대답하기를 '말이 쓰임을 받으면 평생 변난이 없으리니, 신하가 어찌 죽겠습니까? 간언이 받아들여지면 평생 망명하지 않으리

니, 신하가 어찌 송별하겠습니까? 만약 말이 쓰임을 받지 못하였는데 변난에 죽으면 이는 허망한 죽음이고 간언을 받아들이지 않았는데 망명에 송별하면 이는 거짓 충성입니다.'라고 했습니다.

≪春秋左氏傳≫ 襄公 25년에 '崔杼가 齊 莊公을 죽이자 晏子는 달려와 최자의 집 문 밖에 서 있었습니다. 안자의 從者가 말하기를 「임금을 위해 죽으시렵니까?」라고 하자, 안자가 말하기를 「홀로 나에게만 임금이냐! 내가 어찌 죽을 것이냐?」라고 하고, 종자가 말하기를 「도망하시렵니까?」라고 하자, 안자가 말하기를 「내가 죄를 지었느냐! 내가 어찌 망명할 것이냐? 그러므로 임금이 社稷을 위하여 죽으면 신하도 죽고 사직을 위하여 도망하면 신하도 도망한다. 만약 군주가 자신만을 위하여 죽고 자신만을 위하여 도망한다면 사사로이 총애한 사람이 아니라면 누가 죽거나 도망함을 감당하겠느냐?」라고 하고, 대문이 열리자 들어가서 장공의 시체를 자기 다리에 베어 올려놓아 곡하고 일어나서 세 번 발 구르는 예를 하고 나왔다.'라고 하였습니다.

≪孟子≫ 〈離婁 上〉에 이르기를 '임금이 신하 보기를 손과 발처럼 여기면 신하는 임금 보기를 배와 심장처럼 여기고, 임금이 신하 보기를 개와 돼지처럼 여기면 신하는 임금 보기를 나라 사람처럼 여기고, 임금이 신하 보기를 더러운 흙처럼 여기면 신하는 임금 보기를 원수처럼 여긴다.'라고 하니, 비록 신하가 임금을 섬기는 데 두 마음이 없으나 떠나감과 나아감의 절차에 있어서는 은혜의 후하고 박한 것에 기인할 것이니, 그렇다면 임금이 된 자가 어찌 아랫사람에게 예가 없을 수 있겠습니까?

6-5-3

竊觀在朝群臣하면 當主樞機之寄者가 或地鄰秦晉하고 或業與經綸⑳하여 竝立事立功하니 皆一時之選으로 處之衡軸㉑하여 爲任이 重矣라 任之雖重이나 信之未篤하면 則人或自疑하고 人或自疑하면 則心懷苟且하고 心懷苟且하면 則節義不立하고 節義不立하면 則名教不興하리니 名教不興하고 而可與固太平之基하며 保七百之祚는 未之有也라 又聞國家重惜功臣하여 不念舊惡[23]하니 方之前聖에 一無所間㉒이나 然但寬

---

23) 不念舊惡 : ≪論語≫ 〈公冶長〉에 보인다.

於大事하고 急於小罪하여 臨時責怒에 未免愛憎之心하면 不可以爲政하니이다 君嚴其禁이라도 臣或犯之어늘 況上啓其源하면 下必有甚이라 川壅而潰하면 其傷必多하리니 欲使凡百黎元으로 何所措其手足가 此則君開一源하여 下生百端之變이니 無不亂者也라 禮記에 曰 愛而知其惡하며 憎而知其善㉓이라하니 若憎而不知其善하면 則爲善者必懼요 愛而不知其惡이면 則爲惡者寔繁하니이다 詩曰 君子如怒면 亂庶遄沮㉔라하니 然則古人之震怒는 將以懲惡이어늘 當今之威罰은 所以長姦㉕이니 此非唐虞之心也요 非禹湯之事也라 書曰 撫我則后이요 虐我則讎㉖라하고 荀卿子㉗曰 君은 舟也요 人은 水也니 水는 所以載舟요 亦所以覆舟㉘라 故孔子曰 魚失水則死어니와 水失魚라도 猶爲水也[24]라하시니 故唐虞戰戰慄慄하여 日愼一日하니 安可不深思之乎며 安可不熟慮之乎아

⑳ 或業與經綸：與, 音預.
與(참여하다)는 음이 預이다.

㉑ 處之衡軸：處, 上聲.
處(처하다)는 上聲이다.

㉒ 一無所間：間, 去聲.
間(틈)은 去聲이다.

㉓ 禮記曰……憎而知其善：禮曲禮篇之辭.
≪禮記≫ 〈曲禮〉편의 말이다.

㉔ 詩曰……亂庶遄沮：詩小雅巧言篇之辭.
≪詩經≫ 〈小雅 巧言〉편의 말이다.

㉕ 所以長姦：長, 音掌. 後同.
長(기르다)은 음이 掌이다. 뒤에도 같다.

㉖ 書曰……虐我則讎：周書, 武王誓師之辭.
≪書經≫ 〈周書 泰誓 下〉에 武王이 군사들에게 맹서한 말이다.

㉗ 荀卿子：名況, 趙人. 卿者, 時人相尊之號. 著書曰荀子.
이름이 況이며 趙나라 사람이다. 卿은 당시 사람들이 서로 높이는 호칭이다. 著書를 ≪荀子≫라고 한다.

㉘ 荀卿子曰……亦所以覆舟：此本家語之辭, 而荀子述之也.
이는 본래 ≪孔子家語≫ 〈五儀解〉의 말인데 荀子가 서술하였다.

가만히 조정의 여러 신하들을 살펴보면 중요한 정무를 맡은 자들이 혹은 지

---

24) 孔子曰……猶爲水也：이는 ≪孔子集語≫ 〈易者〉에 보이는데 "子曰 商 汝知君之爲君乎 子夏曰 魚失水則死 水失魚 猶爲水也"라고 하여 '孔子曰'이 '子夏曰'로 되어 있다.

역이 秦나라나 晉나라에 이웃하기도 하고 혹은 업무가 경륜에 참여하기도 하여 함께 일을 세우고 공을 세우는데 모두 한 시대에 선발된 사람들로 중요한 직책에 처하여 임무가 소중합니다. 임무가 비록 소중하지만 믿음이 돈독하지 못하면 사람들이 스스로 의심하고 사람들이 스스로 의심하게 되면 마음이 구차해지고 마음이 구차해지면 절개와 의리가 세워지지 않고, 절개와 의리가 세워지지 않으면 名敎(儒學)가 일어나지 않습니다. 명교가 일어나지 않고서 함께 태평의 기초를 견고하게 하며 7백 년 國運을 보존할 수 있는 경우는 없습니다.

또 들으니, 국가는 공신을 중시하고 아껴서 과거의 악행을 생각하지 않는다고 하니, 이전의 성인에 견주어 조금도 차이가 없습니다. 그러나 다만 큰일에 관대하고 작은 죄에 급박하여 시기에 임하여 꾸짖으며 노할 적에 愛憎의 마음을 놓지 못하시면 정무를 다스릴 수 없습니다. 임금이 금법을 엄하게 해도 신하가 혹 범법하거늘 더구나 위에서 그 근원을 열어두면 아래에서는 반드시 더 심하게 됩니다. 시냇물이 막혀서 무너지면 훼손되는 일이 반드시 많아질 것이니, 모든 백성들에게 손과 발을 어디에 놓게 하려는 것입니까? 이는 임금이 한 가지 근원을 열어놓아서 아래에서 백 가지 단서의 변고가 발생하게 된 것이니, 어지럽지 않음이 없을 것입니다.

≪禮記≫ 〈曲禮 上〉에 '사랑하되 그의 나쁜 점을 알며, 미워하되 그의 좋은 점을 안다.'라고 하니, 만약 미워만 하고 그 좋은 점을 알지 못하면 좋은 일을 하는 자는 반드시 두려워할 것이고, 사랑하면서도 그 나쁜 점을 알지 못하면 나쁜 짓을 하는 사람이 많아질 것입니다. ≪詩經≫ 〈小雅 巧言〉에 '군자가 노하면 난이 빨리 그칠 것이다.'라고 했습니다. 그렇다면 옛사람들의 震怒는 장차 악을 징계하려 한 것이거늘, 지금의 위엄과 형벌은 간악함을 기르는 것이니, 이는 堯임금이나 舜임금의 마음도 아니고 禹임금이나 湯임금의 일도 아닙니다.

≪書經≫ 〈周書 泰誓 下〉에 '나를 어루만져주면 임금이요, 나를 학대하면 원수이다.'라고 하고, 荀卿子가 말하기를 '임금은 배이고 사람은 물이니, 물은 배를 띄울 수도 있는 것이고 또한 배를 전복시킬 수도 있는 것이다.'라고 하였으므로, 孔子가 '물고기는 물을 잃으면 죽거니와 물은 물고기를 잃어도 여전히 물이

다.'라고 하였습니다. 그러므로 요임금과 순임금이 전전긍긍하여 날마다 하루하루를 조심하니, 어찌 깊이 생각하지 않았겠으며 어찌 우려하지 않았겠습니까?

6-5-4

夫委大臣以大體하고 責小臣以小事는 爲國之常也요 爲理之道也어늘 今委之以職엔 則重大臣而輕小臣하고 至於有事엔 則信小臣而疑大臣하여 信其所輕하고 疑其所重하니 將求至理인들 豈可得乎아 又政貴有恒이요 不求屢易이어늘 今或責小臣以大體하고 或責大臣以小事하여 小臣이 乘非所據[29]하고 大臣이 失其所守하며 大臣이 或以小過로 獲罪하고 小臣이 或以大體로 受罰하니 職非其位요 罰非其辜라 欲其無私하여 求其盡力인들 不亦難乎[30]아 小臣은 不可委以大事요 大臣은 不可責以小罪어늘 任以大官하고 求其細過하니 刀筆之吏가 順旨承風하여 舞文弄法하여 曲成其罪하니이다 自陳也면 則以爲心不伏辜라하고 不言也면 則以爲所犯皆實이라하여 進退惟谷라 莫能自明일새 則苟求免禍하니 大臣苟免이면 則譎詐萌生하고 譎詐萌生하면 則矯僞成俗하고 矯僞成俗하면 則不可以臻至理矣니이다 又委任大臣은 欲其盡力이어늘 每官에 有所避忌不言이면 則爲不盡이니 若擧得其人이면 何嫌於故舊며 若擧非其任이면 何貴於踈遠이리오 待之를 不盡誠信하니 何以責其忠恕哉리오 臣雖或有失之나 君亦未爲得也이니이다

㉙ 乘非所據 : 乘, 平聲.
乘(타다)은 平聲이다.

㉚ 不亦難乎 : 難, 如字.
難(어렵다)은 본래 音義대로 독해한다.

大臣에게는 큰일을 맡기고 小臣에게는 작은 일을 맡기는 것은 국가를 운영하는 정상적인 일이고 다스리는 도리인데 지금에 직책을 맡기는 데에는 대신을 중시하며 소신을 경시하고 일이 있게 되어서는 소신을 신임하며 대신을 의심하여 경시할 자를 신임하고 중시할 자를 의심하니, 장차 지극한 다스림을 구하려고 한들 어떻게 얻을 수 있겠습니까?

또 정치에서 귀중하게 여기는 것은 항구적인 데에 있고 자주 바뀌는 것을 구

하지 않는 것인데 지금 혹 小臣에게 큰 일을 맡기고 혹 대신에게 작은 일을 맡겨서 소신이 차지할 것이 아닌 데에 오르고 대신이 지켜야 할 것을 잃으며, 대신이 혹 작은 과실 때문에 죄를 얻고 소신이 혹 큰 일 때문에 벌을 받으니 직책은 그의 자리가 아니고 벌은 그의 죄가 아닙니다. 그 사사로움을 없애서 힘을 다하기를 구하려 한들 또한 어렵지 않겠습니까?

소신은 큰일을 맡겨서는 안 되고 대신은 작은 죄를 문책해서는 안 되는데, 높은 관리로 임명하고 작은 과실을 따집니다. 문서 담당 관리들은 천자의 뜻에 따라 風操를 받들어 붓을 함부로 놀려서 법규를 농락하고 죄를 왜곡하여 성립시킵니다. 스스로 결백을 진술하면 마음으로 죄를 승복하지 않는다고 하고, 말하지 않으면 죄를 범한 것이 모두 사실이라고 하여 나가거나 물러나거나 오직 허물뿐입니다. 스스로 무죄를 밝힐 수가 없기 때문에 구차하게 화만 모면하기를 바라게 되니, 대신이 구차하게 화를 면하려고 하면 거짓이 싹트고, 거짓이 싹트면 허위가 풍속을 이루게 되고, 허위가 풍속을 이루게 되면 지극한 다스림에 이르지 못할 것입니다.

또 대신에게 위임하는 것은 힘을 다하기를 바라는 것인데 관직마다 말을 하지 않고 기피하는 것이 있다면 이는 다하지 못하는 것입니다. 만일 천거하여 온당한 사람을 얻게 된다면 어찌 친구를 꺼려 피할 것이며, 만약 천거하는 자가 적임자가 아니라면 어찌 소원한 이를 귀히 여기겠습니까? 대신을 대우하기를 誠信을 다하지 않으니, 무엇으로 忠恕를 요구하겠습니까? 신하가 비록 과실이 있으나 임금 또한 옳지 못합니다.

6-5-5

夫上之不信於下는 必以爲下無可信矣어니와 若必下無可信이면 則上亦有可疑矣라 禮에 曰 上人이 疑하면 則百姓이 惑하고 下難知하면 則君長勞[31]라하니 上下相疑하면 則不可以言至理矣라 當今群臣之內에 遠在一方하여 流言三至하면 而不投杼者[32]를 臣竊思度(탁)[33]하니 未見其人이라 夫以四海之廣과 士庶之衆으로 豈無一二可信之人哉아 蓋信之則無不可하고 疑之則無可信者니 豈獨臣之過乎아 夫以一介庸夫結爲交友라도 以身相許면 死且不渝어늘 況君臣契合하여 寄同魚水아 若君爲堯舜하고 臣

爲稷契(설)㉞하면 豈有遇小事則變志하고 見小利則易心哉아 此雖下之立忠이 未有明著나 亦由上懷不信하여 待之過薄之所致也니 豈君使臣以禮하고 臣事君以忠[25]乎리잇고 以陛下之聖明과 以當今之功業으로 誠能博求時俊하여 上下同心하시면 則三皇을 可追而四㉟하고 五帝를 可俯而六矣리니 夏殷周漢을 夫何足數㊱리잇고하니 太宗이 深嘉納之하다

㉛ 禮曰……則君長勞：禮緇衣篇之辭.
≪禮記≫〈緇衣〉편의 말이다.

㉜ 而不投杼者：秦甘茂告秦王曰"魯人有與曾參同姓名者殺人, 人告其母, 母織自若, 三人告之, 其母投杼下機, 踰墻而走. 臣之賢不及曾參, 王之信臣, 不如其母, 疑臣者非特三人, 臣恐大王之投杼也."
秦나라 甘茂가 秦王에게 고하기를 "魯나라 사람 중에 曾參과 성명이 같은 자가 사람을 죽이자 어떤 사람이 증삼의 어머니에게 고하였는데 어머니가 베 짜기를 태연자약하게 하다가 세 사람이 고해주자 증삼의 어머니가 북을 던지고 베틀에서 내려와 담을 넘어서 달려갔습니다. 신의 어짊은 증삼에 미치지 못하고 왕께서 신을 믿음도 증삼의 어머니만 못한데다 신을 의심하는 이들은 세 사람일 뿐만이 아니니, 신은 대왕께서 북을 던져버릴 지경이 될까 우려됩니다."라고 하였다.

㉝ 臣竊思度：度, 待洛切.
度(헤아리다)은 待와 洛의 반절이다.

㉞ 臣爲稷契：契, 音泄. 稷, 農官. 舜命棄曰"汝后稷, 播時百穀." 命契曰"汝作司徒, 敬敷五敎."
契은 音이 泄이다. 稷은 農官이다. 舜이 棄에게 명하기를 "너는 后稷이니 제때에 백곡을 파종하라."라고 하고, 설에게 명령하기를 "너는 司徒가 되어 공경히 다섯 가지 가르침을 펴도록 하라."라고 하였다.

㉟ 三皇：三皇, 史記謂庖犧氏女媧氏神農氏也. 孔安國書序以伏羲神農黃帝爲三皇. 一說謂天皇地皇人皇. 未詳孰是.
三皇은 ≪史記≫〈三皇本紀〉에 말하기를 庖犧氏・女媧氏・神農氏이다. 孔安國의〈書序〉에는 伏羲・神農・黃帝로 三皇을 삼았다. 일설에는 天皇・地皇・人皇이라고 한다. 어느 것이 옳은지 자세하지 않다.

㊱ 夫何足數：數, 上聲.
數(계산하다)는 上聲이다.

임금이 신하를 믿지 않는 것은 반드시 신하를 믿을 수 없다고 여기기 때문인데 만일 반드시 신하가 믿을 수 없다면 임금 또한 의심스러움이 있게 됩니다. ≪禮記≫〈緇衣〉에 말하기를 '윗사람이 의심하면 백성이 의혹하고 아랫사람이

---

25) 君使臣以禮 臣事君以忠：≪論語≫〈八佾〉에 보인다.

일을 알기 어려우면 군주는 오래 고생스럽다.'라고 하였으니, 위아래가 서로 의심한다면 지극한 다스림을 말할 수 없습니다. 지금 여러 신하들 중에 멀리한 지방에 있으면서 유언비어가 세 번이나 이르면 베 짜던 북을 던져버리고서 도주하지 않을 자를 신이 가만히 헤아려 생각해보니 그런 사람을 아직 보지 못하였습니다.

무릇 넓은 천하와 수많은 백성 중에 어찌 믿을 만한 한두 사람이 없겠습니까? 믿으면 옳지 않을 것이 없고 의심하면 믿을 수 있는 것이 없을 것이니, 어찌 신하의 잘못이기만 하겠습니까? 무릇 한 사람 평범한 사내가 교유를 맺더라도 몸을 함께하기로 서로 허락하였으면 죽도록 변하지 않거늘, 하물며 임금과 신하가 의기투합하여 물고기와 물처럼 기탁한 경우이겠습니까? 만일 임금이 堯임금과 舜임금이고 신하가 后稷이나 契인 경우라면 어찌 작은 일을 만나서 뜻을 달리하고 작은 이익을 보고서 마음을 바꾸겠습니까? 이는 비록 신하가 충성을 함이 선명하게 드러나지 않았더라도 또한 임금이 못 믿는 마음으로 말미암아 그를 대함이 지나치게 박하게 한 소치이니, 어찌 임금이 신하를 예로 부리고 신하가 임금을 충성으로 섬기는 것이겠습니까?

폐하의 聖明과 지금의 공적으로 진실로 이 시대의 인재를 널리 구하여 상하가 마음을 같게 하신다면 곧 三皇을 추가하여 四皇으로 할 수 있고 五帝를 머리 숙여 六帝로 할 수 있을 것이니, 夏나라·殷나라·周나라·漢나라를 어찌 따지겠습니까?"

太宗이 魏徵의 상소를 매우 아름답게 받아들였다.

【集論】

范氏祖禹曰 昔衛獻公[26]捨大臣而與小臣謀라 故失國出奔하다 且大臣之所任者大하고 小臣之所任者小어늘 而以小謀大하고 以遠謀近하면 此人君偏聽之蔽니 鮮有不敗事者也라

范祖禹가 말하였다.

"옛날에 衛 獻公이 大臣을 버려두고 小臣들과 도모하였으므로 나라를 잃고 망명하

---

26) 衛獻公 : 春秋시대 衛侯 衎이다. 신하 孫林父의 공격을 받아 쫓겨나서, 12년 동안 망명 생활을 하다가 복위하였으나 寧喜에게 죽임을 당하였다. ≪春秋左氏傳 襄公 14년·26년≫

게 되었다. 또 대신의 임무는 크고 소신의 임무는 작은 것이거늘 작은 것으로 큰 것을 도모하거나 원대한 것으로 비근한 것을 도모하면, 이는 임금이 정사를 치우치게 듣는 폐단이 되니 일을 실패하지 않는 자가 적다."

唐氏仲友曰 此魏徵論聽納任用之要하여 人君必先知此然後에 能任君子去小人하고 納忠諫察奸言하다 以太宗之聰明으로 惟其見道之淺하여 至於聽言任用之間에 數領鄭公之諫이나 而非諫之左挈右提면 則移於小人하여 惑於奸言多矣라 此徵最有功於貞觀者니 於格非[27]近之矣라

唐仲友가 말하였다.

"이는 魏徵이, 임금이 임용의 요점을 들어 받아들여서 반드시 먼저 이것을 안 후에 군자에게 맡기며 소인을 버리고 충성스런 간언을 받아들이며 간사한 말을 살펴야 한다고 논한 것이다. 太宗의 총명함으로 오직 도를 살펴봄이 천근하여 말을 듣고 임용하는 사이에 있어서 鄭公(위징)의 간언을 자주 채용하였으나 왼쪽에서 끌고 오른쪽에서 끌어 간언하지 않으면 소인에게 변화되어 간사한 말에 현혹됨이 많았다. 이것이 위징이 貞觀之治에 최고로 공이 있는 점이니, '그릇된 마음을 바로잡는다.'는 것에 가까운 것이다."

愚按 太宗於是臨御久矣라 魏徵竭誠進諫하여 惓惓於愼終如始[28]之言하고 至此䟽復以君臣同心一體를 詳譬而曲陳之하여 甚若致戒於庸君常主之前하니 其愛君亦云至矣라 且終之曰 三皇可追而四하고 五帝可俯而六하리니 夏殷周漢을 夫何足數리오하니 皇道尙矣하고 五帝之德蔑以加矣라 嘗觀典謨[29]所陳컨대 都兪吁咈於一堂之上할새 始而克艱之戒하고 終之明良之歌호대 而其要領은 則在欽哉之一言이니 君臣同心이 其在是也라 魏徵四三皇六五帝之說은 亦所謂責難於君[30]者歟인저

---

27) 格非 : 이는 ≪書經≫ 〈周書 冏命〉의 '格其非心'을 줄여 쓴 것이다.

28) 愼終如始 : ≪韓詩外傳≫ 권8에 보인다.

29) 典謨 : ≪尙書≫ 가운데 〈堯典〉·〈舜典〉과 〈大禹謨〉·〈皐陶謨〉 등 편을 일컫는 것이다. 이하의 말은 ≪書經≫ 〈虞書 益稷〉에 나오는 것으로, 都兪吁咈은 찬성과 불찬성을 나타내는 감탄사이고, 艱은 "모든 어렵게 얻은 음식과 날고기 음식을 먹게 했다.〔奏庶艱食鮮食〕"에 보이고, 明良은 "마침내 노래를 이어 이루기를 '임금이 현명하면 신하가 어질어서 모든 일이 편안할 것입니다.〔乃賡歌曰 元首明哉 股肱良哉〕'라고 했다."에 보이고, 欽은 "공경하라〔欽哉〕" 등으로 여러 곳에 보인다.

내가 살펴보니, 太宗이 지금에 천하를 다스린 지 오래되었다. 魏徵이 정성을 다하여 간언을 올려서, 마지막까지 신중하기를 처음과 같이 해야 한다는 말을 간곡하게 하고, 이 상소에 이르러 다시 임금과 신하가 같은 마음과 한 몸이라는 것을 자세히 비유하고 간곡히 진술하여 심지어 용렬한 임금과 평범한 임금의 앞에서 경계를 하듯이 하였으니, 위징이 임금을 사랑함이 또한 지극하다 하겠다.

또 끝에 말하기를 "三皇을 추가하여 四皇으로 할 수 있고 五帝를 머리 숙여 六帝로 할 수 있을 것이니, 夏나라·殷나라·周나라·漢나라를 어찌 따지겠습니까?"라고 하니, 三皇의 도는 오래되고 五帝의 덕도 더할 것이 없다. 일찍이 典謨에서 진술한 것을 살펴보았는데 함께 대청 위에서 찬성 불찬성의 토론〔都兪吁咈〕을 할 적에 처음에는 어려움을 이기는 것을 경계하였고 明良의 노래로 끝마쳤는데, 그 중요한 부분은 '공경하라.'라는 한마디 말에 있으니, 임금과 신하가 마음을 같이하는 것이 이것에 있다. 위징이 "三皇을 추가하여 四皇으로 할 수 있고 五帝를 머리 숙여 六帝로 할 수 있을 것이다."라고 한 말은 또한 임금에게 어려운 일을 권한다는 말일 것이다.

6-6-1

貞觀十六年에 **太宗**이 **問特進魏徵曰 朕**은 **克己爲政**하여 **仰企前烈**이라 **至於積德累仁豐功厚利**하여는 **四者**를 **常以爲稱首**하여 **朕皆庶幾**①**自勉**호대 **人苦不能自見**하니 **不知朕之所行**이 **何等優劣**고 **徵對曰 德仁功利**를 **陛下兼而行之**하시니 **然則內平禍亂**하며 **外除戎狄**은 **是陛下之功**이요 **安諸黎元**하여 **各有生業**은 **是陛下之利**니 **由此言之**면 **功利居多**나 **惟德與仁**을 **願陛下**는 **自彊不息**[31]하사 **必可致也**하노이다

① 朕皆庶幾 : 幾, 平聲.
幾(바라다)는 平聲이다.

貞觀 16년(642)에 太宗이 特進 魏徵에게 물었다.

"짐은 사욕을 이겨내고 정치하여 선대의 공적을 우러러 이루기 바라오. 德을 쌓고 仁을 보태고 功을 풍성하게 하고 利를 두텁게 하는 데에 있어서는 이 네 가지를 항상 제일로 생각하여 짐이 모두 스스로 힘쓰기를 바라오. 사람은 자신을 매우 알아보지 못하니, 짐이 행한 것이 무엇이 우수하고 열등한지 알지 못

30) 責難於君 : ≪孟子≫ 〈離婁 上〉에 보인다.
31) 自彊不息 : ≪周易≫ 乾卦에 보인다.

하겠소."

위징이 대답하였다.

"德·仁·功·利를 폐하께서 겸하여 행하시니, 그렇게 하면 안으로 禍亂이 평정되며 밖으로 오랑캐들이 제거되는 것은 폐하의 공로이고, 모든 백성을 편안하게 하여 각각 생업이 있게 하는 것은 폐하의 이익입니다. 이로 말미암아 말하면 공로와 이익이 대부분을 차지하지만 오직 德과 仁을 폐하께서는 스스로 노력하여 쉬지 않으시어 반드시 이룰 수 있기를 바랍니다."

【集論】

愚按 太宗以德仁功利를 岐而言之하되 而魏徵之對는 亦未得爲知言也라 蓋德仁은 本也요 功利는 用也라 有德與仁이면 則功利在其中하니 所謂不求利而未嘗不利也[32)]라 外德與仁而言功利하면 則非聖賢所謂功利矣라 昔孟子告梁惠王曰 王何必曰利잇고 亦有仁義而已矣니이다 正以仁義乃所以利之니 言仁義而利在其中也라 積德累仁하면 則豐功厚利莫大焉이니 政恐未之能爾니라

내가 살펴보건대, 太宗이 德·仁·功·利를 구분하여 말하였으나 魏徵의 대답은 또한 말을 안다고 할 수 없다. 덕과 인은 근본이고, 공로와 이익은 쓰임이다. 덕과 인이 있으면 공로와 이익은 그 가운데 있으니 이른바 이익을 구하지 않아도 이롭지 않은 적이 없다는 것이다. 덕과 인을 밖으로 하고 공로와 이익을 말한다면 성현이 말한 공로와 이익이 아니다.

옛날에 孟子가 梁惠王에게 고하기를 "왕은 하필 이익을 말씀하십니까. 또한 仁·義가 있을 뿐입니다."라고 하였으니, 바로 仁·義로 이로워하는 것이니, 仁·義를 행하면 그 가운데에 이익이 있음을 말한 것이다. 덕을 쌓고 仁을 보태면 풍성한 공로와 두터운 이익이 이것보다 큰 것은 없으니, 이를 잘하지 못할까 두려워할 뿐이다.

6-7-1

貞觀十七年에 太宗이 謂侍臣曰 自古草創之主가 至于子孫하여 多亂은 何也오 司空房玄齡이 曰 此爲幼主①가 生長深宮②하여 少居富貴③하여 未嘗識人間情僞와 理國

32) 不求利而未嘗不利也 : ≪孟子≫ 〈梁惠王 上〉 '何必曰利'章 ≪集註≫에 보인다. 아래 글의 '王何必曰利 亦有仁義而已矣'는 이 章의 본문이다.

安危하니 所以爲政多亂이니이다 太宗이 曰 公意推過於主어니와 朕則歸咎於臣하노라 夫功臣子弟④多無才行⑤이어늘 藉祖父資蔭하여 遂處大官⑥하여 德義를 不修하고 奢縱을 是好⑦라 主旣幼弱하고 臣又不才하여 顚而不扶하니 豈能無亂이리오 隋煬帝錄宇文述在藩之功하여 擢化及於高位하되 不思報效하고 翻行弑逆⑧하니 此非臣下之過歟아 朕發此言은 欲公等戒勖子弟하여 使無愆過하노니 卽家國之慶也니라 太宗이 又曰 化及與玄感은 卽隋大臣受恩深者子孫이로되 皆反하니 其故는 何也⑨오 岑文本이 對曰 君子는 乃能懷德荷恩⑩이나 玄感化及之徒는 竝小人也라 古人所以貴君子而賤小人이니이다 太宗曰 然하다

① 此爲幼主：爲, 去聲.
爲(위하다)는 去聲이다.

② 生長深宮：長, 音掌.
長(기르다)은 음이 掌이다.

③ 少居富貴：少, 去聲.
少(어리다)는 去聲이다.

④ 夫功臣子弟：夫, 音扶.
夫(발어사)는 음이 扶이다.

⑤ 多無才行：行, 去聲.
行(행실)은 去聲이다.

⑥ 遂處大官：處, 上聲.
處(처하다)는 上聲이다.

⑦ 是好：好, 去聲.
好(좋아하다)는 去聲이다.

⑧ 擢化及於高位……翻行弑逆：化及, 隋相宇文述之子, 爲右屯衛將軍. 武德初, 弑煬帝於江都, 立秦王浩, 復殺浩, 自立, 稱許帝. 二年, 竇建德破化及於聊城, 殺之.
宇文化及은 隋나라 재상 宇文述의 아들로, 右屯衛將軍이 되었다. 武德 초기에 煬帝를 강도에서 시해하고 秦王 楊浩를 세웠다가 다시 양호를 살해하고 스스로 즉위하여 許帝라고 일컬었다. 2년(619)에 竇建德이 聊城에서 우문화급을 격파하고 그를 죽였다.

⑨ 化及與玄感……其故何也：玄感, 隋相楊素之子, 爲大將. 大業九年, 起兵黎陽, 圍東都. 隋主命宇文述等討之, 遂敗死.
楊玄感은 隋나라 재상 楊素의 아들로, 대장이 되었다. 大業 9년(613)에 黎陽에서 병사를 일으켜 東都를 포위하였다. 隋 煬帝가 우문술 등에게 명령하여 토벌하게 하니 마침내 패하여 죽었다.

⑩ 乃能懷德荷恩 : 荷, 去聲.
荷(받다)는 去聲이다.

貞觀 17년(643)에 太宗이 근신에게 말하였다.

"예로부터 창업한 군주가 자손에 이르러서 대부분 어지러운 것은 무엇이오?"

司空 房玄齡이 말하였다.

"이는 어린 임금이 깊은 궁중에서 태어나 자라서, 어렸을 적에 부귀하게 살아 일찍이 민간의 실정・허위와 나라를 다스리는 안전・위험을 알지 못하니 정사를 행함에 대부분 어지럽게 되는 까닭입니다."

太宗이 말하였다.

"공의 뜻은 허물을 임금에게 미루는데 짐은 잘못을 신하에게 돌리겠소. 공신의 자제들은 대부분 재주와 행실이 없거늘 父祖의 음덕에 힘입어 마침내 높은 벼슬자리에 처하여 德과 義를 닦지 않고 사치와 방종을 좋아하오. 임금이 이미 어리며 약하고 신하는 또 재주가 없어서 임금이 넘어져도 부축하지 못하니, 어찌 어지러움이 없을 수 있겠소? 隋 煬帝는 宇文述이 변방에 있을 때의 공을 기록하여 宇文化及을 높은 지위에 발탁하였는데 우문화급은 공으로 보답할 생각은 하지 않고 도리어 시해하는 반역을 행하니, 이는 신하의 허물이 아니겠소? 짐이 이 말을 하는 것은 공들에게 자제를 훈계하기에 힘써서 그들이 과실이 없도록 하고자 하는 것이니, 곧 국가의 경사가 될 것이요."

太宗이 또 말하였다.

"우문화급과 楊玄感은 곧 隋나라 대신으로서 은혜를 깊이 받은 자의 자손인데 모두 배반하였으니, 그 까닭은 무엇이오?"

岑文本이 대답하였다.

"군자는 능히 덕을 생각하고 은혜를 받았다고 하지만 양현감과 우문화급의 무리들은 모두 소인들이기 때문입니다. 옛사람들은 그래서 군자를 귀하게 여기고 소인을 천하게 여겼던 것입니다."

太宗이 말하였다.

"그렇소."

【集論】

愚按 古者諸侯有世封이나 公卿大夫無世官[33)]은 何也아 蓋諸侯有大臣輔佐하고 自非甚無道者면 皆足繼其先世나 公卿大夫一非其人이면 民有受其害者矣라 有周盛世에 自諸侯入爲公卿하니 必若呂伋[34)]召虎[35)]而後에 可也라 自兩漢以來로 未聞宰相大臣有世官者러니 煬帝無道하여 事不師古[36)]하여 玄感化及之禍를 自取之耳라 太宗問守成之君이 何以多亂가하니 玄齡以爲幼主生長深宮하여 不識人間情僞하니 所以多亂이라하니 其說是矣라 太宗迺歸咎於功臣之子弟하니 則愚不知其何說也라 今觀太宗之後면 近而高宗中宗之昏庸하고 遠而穆敬懿僖之謬戾하여 馴致亂亡이 咸其自取하니 豈功臣子弟之罪乎아

내가 살펴보건대, 옛날에 제후는 대물려 봉해짐이 있었으나, 公·卿·大夫가 대물리는 관직이 없는 것은 무엇인가? 諸侯는 대신의 보좌함이 있고 스스로 심히 무도한 자가 아니면 모두 그 선조의 대를 이을 수 있었으나, 公·卿·大夫는 하나라도 온당한 사람이 아니면 백성이 그 해를 받는 것이다. 周나라의 성대한 시대에는 제후로부터 들어와 公·卿이 되었으니, 반드시 呂伋·召虎와 같은 이후에야 할 수 있었다. 兩漢 이래로 宰相·大臣이 대물리는 관직이 있었다는 것을 듣지 못하였는데, 煬帝가 무도하여 일을 옛것을 본받지 않아서 楊玄感과 宇文化及의 화를 스스로 취하였다.

太宗이 묻기를 "守成한 임금이 어찌하여 어려움이 많은가?"라고 하니, 房玄齡이 말하기를 "어린 임금이 깊은 궁중에서 태어나 자라, 사람들의 실정과 허위를 알지 못하니 대부분 어지럽게 되는 까닭입니다."라고 하니, 그 말이 옳다. 太宗이 마침내 공신의 자제들에게 허물을 돌렸으니 나는 무슨 말인지 모르겠다. 지금 太宗의 후손을 살펴보면 가깝게는 高宗·中宗이 우둔하였고, 멀리로는 穆宗·敬宗·懿宗·僖宗이 어긋나는 짓을 하여 점차 혼란과 멸망에 이르게 된 것이 모두 스스로 취한 것이니, 어찌 공신 자제의 죄이겠는가?

---

33) 公卿大夫無世官 : ≪孟子≫ 〈告子 下〉에는 "士無世官"이라 하여 '公卿大夫'가 '士'로 되어 있다.

34) 呂伋 : 姓은 呂이고 이름은 伋이고, 齊 丁公이다. 그의 아버지는 呂尙이다. 齊 太公 32년(B.C. 1015)에 齊 太公이 죽은 후에 여급이 이어 즉위하여 齊 丁公이 되어, 周나라 成王과 康王 때에 주나라의 중신이 되었다. ≪書經 周書 顧命≫, ≪春秋左氏傳 昭公 12년≫

35) 召虎 : 召伯虎라고도 부르고 역사에는 召穆公이라고 칭한다. 周 厲王이 포학하여 國人이 왕궁을 공격하여 포위하자 그는 太子 姬靖을 집에 숨기고 자기의 아들로 교체하여 죽였다. 厲王이 죽은 후에 太子 희정을 옹립하여 즉위시켰는데 곧 宣王이다. 이때에 淮夷가 복종하지 않자 召虎는 선왕의 명을 받아 출정하여 淮夷를 평정하였다. ≪詩經 大雅 江漢≫

36) 事不師古 : ≪書經≫ 〈商書 說命 下〉에 보인다.

제7편 論擇官　관리 선발을 논하다

이 편에서는 관리 선발에 대해 논하였다.

太宗은 관원의 수를 줄이고, 경쟁적으로 名譽와 利益을 추구하는 행태를 그치게 하였으며, 직책과 직분에 맞춰 관원을 임명하였다. 군주의 직무는 한 사람의 재상을 논의하여 정하는 데에 있고, 재상의 직무는 백관을 임용하는 데에 있다고 주장하며, 이것이 군주와 재상의 중요한 도리임을 역설하였다. 임금이 한결같이 백성을 판단의 기준으로 삼아 관리에게 책임을 묻고, 신하가 임금에게 보답하는 것도 모두 백성을 근본으로 해야 한다는 민본의식을 정치이념으로 구현하였다.

劉洎는 상소에서 관리 선발에 정밀함을 기해야 한다고 강력하게 주장하며, 功勳勢力과 천자의 친족세력들의 직무유기로 인한 폐단을 극론하였다. 太宗은 천하를 안정시키기 위해서는 인재 등용이 시급함을 인식하여, 사람들이 스스로를 천거할 수 있도록 하는 방안에 대한 견해를 물었다. 魏徵이 스스로 천거하게 한다면 훌륭한 인재를 얻을 수 없을 뿐더러 얄팍하게 경쟁만 하는 풍토를 조장할 가능성이 있다며 반대하자 태종이 위징의 의견을 수용하였다. 이후 위징은 인재 선발에 필요한 '6正'과 '6邪'의 기준을 건의하여 관리 선발의 공정성을 확립해야 함을 주장하였다.

凡十一章.

모두 11章이다.

7-1-1

貞觀元年에 **太宗**이 **謂房玄齡等曰 致理之本**은 **惟在於審**하니 **量才授職**①하고 **務省**(생) **官員**이라 **故書稱任官**호대 **惟賢才**[1]라하고 **又云 官不必備**요 **惟其人**②이라하니 **若得其善者**면 **雖少**라도 **亦足矣**니 **其不善者**는 **縱多**나 **亦奚爲**리오 **古人亦以官不得其才**로 **比於畫地作餠不可食也**[2]라 **詩曰 謀夫孔多**하니 **是用不就**③[3]라하고 **又孔子曰 官事不攝**하니

1) 任官……惟賢才 : ≪書經≫ 〈商書 咸有一德〉에 보인다.

2) 畫地作餠 不可食也 : ≪三國志≫ 〈魏志〉 권22 〈盧毓列傳〉에 "사람을 뽑는 것은 명예로 하지 말아야 하니 명예는 땅 위에 그린 떡을 먹을 수 없는 것과 같다.〔選擧莫取有名 名如畫地作餠

焉得儉④4)이리오하며 **且千羊之皮**가 **不如一狐之腋**⑤이라하니 **此皆載在經典**하여 **不能具道**라 **當須更併省官員**하여 **使得各當所任**⑥하면 **則無爲而理**5)**矣**리니 **卿宜詳思此理**하여 **量定庶官員位**하라 **玄齡等**이 **由是**로 **所置文武**가 **總六百四十員**이러니 **太宗**이 **從之**하고 **因謂玄齡曰 自此**로 **儻有樂工雜類**에 **假使術逾儕輩者**라도 **只可特賜錢帛**하여 **以賞其能**이요 **必不可超授官爵**하여 **與夫朝賢君子**⑦로 **比肩而立**⑧하고 **同坐而食**하여 **遣諸衣冠**으로 **以爲恥累**⑨하라

① 量才授職 : 量, 平聲. 後同.
量(헤아리다)은 平聲이다. 뒤에도 같다.

② 官不必備 惟其人 : 商周書之辭.
≪書經≫ 〈周書〉에 나오는 말이다.

③ 謀夫孔多 是用不就 : 詩小雅小旻篇之辭.
≪詩經≫ 〈小雅 小旻〉에 나오는 말이다.

④ 官事不攝 焉得儉 : 焉, 於虔切. 論語孔子言管仲之辭.
焉(의문사)은 於와 虔의 반절이다. ≪論語≫ 〈八佾〉에서 孔子가 管仲에 대해 한 말이다.

⑤ 且千羊之皮 不如一狐之腋 : 史記, 商君6)問趙良7)曰 "子觀我治秦也, 孰與五羖大夫賢." 良曰 "千羊之皮, 不如一狐之腋, 千人之諾諾, 不如一士之諤諤."
≪史記≫ 〈商君列傳〉에 商君이 趙良에게 말하기를 "그대가 보기에 내가 秦나라를 다스리는 것이 五羖大夫(百里奚)와 견주어 누가 더 나은가?"라고 하니, 趙良이 말하기를 "양 천 마리의 털가죽이 여우 한 마리의 겨드랑이 털가죽만 못하고, 천명의 사람이 아첨을 떠는 것이 한 사람의 선비가 올곧은 소리를 해주는 것만 못하오."라고 하였다.

⑥ 使得各當所任 : 各當之當, 去聲.
各當의 當(담당하다)은 去聲이다.

不可啖也]"라고 하였다.

3) 就 : ≪詩經≫ 본문에 '集'으로 되어 있다.

4) 孔子曰……焉得儉 : ≪論語≫ 〈八佾〉에 보인다.

5) 無爲而理 : ≪論語≫ 〈衛靈公〉에 '無爲而治'로 보인다. '理'는 唐 高宗의 이름 '治'를 避諱한 것이다.

6) 商君 : 秦孝公 때의 左庶長 公孫鞅을 말한다. 商鞅이라고도 한다. 商君이 秦나라 정권을 잡고 있으면서 법을 엄하게 시행하여 강성하게 하였으나, 渭水에서 죄수를 論定할 때에 위수가 모두 피로 물들었다고 한다. ≪史記 권68 商君列傳≫

7) 趙良 : 전국시대 秦나라 사람이다. 商鞅이 法治로 진나라를 다스리는 것에 반대하여 嚴刑과 峻法으로 백성들을 고통스럽게 하면 원망이 쌓이고 재앙을 불러오며 힘을 믿고 위세를 세우면서 仁德으로 교화하지 않으면 민심을 잃게 된다고 주장했다. ≪史記 권68 商君列傳≫

⑦ 與夫朝賢君子：夫, 音扶.
夫(발어사)는 音이 扶이다.
⑧ 比肩而立：比, 音鼻.
比(견주다)는 音이 鼻이다.
⑨ 貞觀元年……以爲恥累：累, 良僞切. 按通鑑, 唐初, 士大夫以亂離之後, 不樂仕進, 官員不充, 省符下諸州, 差人赴選, 勒赴省選, 集者七千餘人. 吏部劉林甫隨材銓敍, 各得其所, 時人稱之. 上謂玄齡曰 "官在得人, 不在員多", 命併省(생)留文武總六百四十三員.[8] 百官志曰 "太宗省內外官, 定制七百三十員, 曰'吾以此待天下賢才足矣.'"
累(과실)는 良과 僞의 반절이다. ≪資治通鑑≫을 살펴보건대 唐나라 초기에 사대부들이 난리를 겪은 뒤 벼슬에 나아가는 것을 즐거워하지 않아 관원의 수를 채우지 못하자 尙書省에서 여러 州에 명령을 내려서 사람을 차출해 선발에 응시하도록 하여 강제로 상서성의 선발에 나아가게 하니, 모인 자가 7천여 명이었다. 吏部의 劉林甫가 그들의 재능에 따라 각자 알맞은 자리를 얻게 하자 당시 사람들이 칭찬하였다. 太宗이 房玄齡에게 이르기를 "관원은 인재를 얻는 데 달려 있지 인원수가 많은 데 달려 있지 않다."라고 하고 房玄齡에게 명하여 관원 수를 병합하여 줄이게 하여 문무관에 유임한 인원이 총 643명이었다. ≪新唐書≫ 〈百官志〉에 이르기를 "太宗이 내외의 관원을 줄여서 제도를 정하여 730명으로 만들고 말하기를, '내가 이들로 천하의 어진 이와 재능 있는 이를 기다리기에 충분하다.'라고 하였다."라고 하였다.

貞觀 원년(627)에 太宗이 房玄齡 등에게 말하였다.

"다스림을 이루는 근본은 오직 자세히 살피는 데 달려 있으니 재능을 헤아려 직책을 임명하고 관원의 수를 줄이는 데 힘써야 하오. 그러므로 ≪書經≫ 〈商書 咸有一德〉에 이르기를, '관직을 맡기되 현자와 재능이 있는 자를 임명한다.' 하였으며, 또 '관원을 반드시 구비할 것이 아니라, 오직 적합한 사람이 있으면 임명한다.' 하였소. 만약 훌륭한 사람을 얻는다면 비록 수가 적더라도 역시 충분하니, 훌륭하지 않은 자는 비록 수가 많다고 한들 무엇 하겠소? 옛사람 역시 재능 있는 관리를 얻지 못하는 것을 땅 위에 그린 떡을 먹을 수 없는 것에 비유하였소. ≪詩經≫ 〈小雅 小旻〉에 이르기를, '계획하는 사람이 매우 많아 이 때문에 이루지 못하도다.' 하였고, 또 孔子가 말하기를, '관청의 일을 겸하지 않았으니, 어찌 검소하다고 하겠는가?' 하였으며, 또 '양 천 마리의 털가죽이 여우 한 마리의 겨드랑이 털가죽만 못하다.'라는 말이 있으니, 이런 말들은 다 경전

8) 通鑑……六百四十三員：≪資治通鑑≫ 권192 唐紀 8 〈太宗文武大聖大廣孝皇帝上之上 貞觀元年〉에 보인다.

에 실려 있어서 일일이 다 말할 수는 없소. 마땅히 다시 관원을 병합해 줄여 각각 소임을 담당하도록 하면, 作爲하는 일 없이 다스려질 것이니, 경들은 마땅히 이 이치를 깊이 생각하여 모든 관원의 자리 수를 헤아려 확정하시오."

房玄齡 등이 이로 말미암아 배치한 문무관원이 총 640명이었는데, 太宗이 그대로 따르고 이어서 房玄齡에게 말하였다.

"이 이후로 혹은 樂工이나 잡무에 종사하는 사람 중에 기술이 동료들보다 뛰어난 자가 있더라도 다만 특별히 돈이나 비단을 내려 그들의 능력에 대해 상을 줄 뿐이지, 결코 등급을 뛰어넘어 관작을 내려서 조정의 현명한 군자들과 어깨를 나란히 하고 같은 자리에 앉아서 밥을 먹게 하여 여러 고관들에게 부끄러움과 비루함을 느끼도록 해서는 안 되오."

【集論】

朱氏黼曰 有事則有職하고 有職則有官은 理也라 古人은 以事任人하여 事省則職省이라 故로 有有職而無官이러니 後世는 以人任官하여 人增則官增이라 故로 有有官而無職이라 有職而無官이 非廢事也니 或一官而兼數職하고 有官而無職이 非增事也니 或一職而任數人이라 周官雖多나 非皆具員也라 考之周禮하니 名存而實不備하고 職具而官不除者尙多라 貞觀之制가 非不甚美矣나 然이나 員外之置已見於當時하니 將何以一流品으로 杜將來哉아 其後에 宰相或至數人하고 員外官至二千餘員하니 其末流之弊를 未必非太宗啓之라

朱黼가 말하였다.

"일이 있으면 직책을 마련하고, 직책이 있으면 관원을 두는 것이 이치이다. 옛사람은 일을 기준으로 사람을 임용하여 일이 줄어들면 직책이 줄었다. 그러므로 직책만 있고 관원이 없는 경우가 있었다. 후세에는 사람을 기준으로 관원을 맡겨 사람이 늘어나면 관원 수가 늘었다. 그러므로 관원만 있고 직책이 없는 경우가 있었다. 직책만 있고 관원이 없는 것은 일을 폐하는 것이 아니기에 혹 하나의 관원이 여러 직책을 겸임하였고, 관원만 있고 직책이 없는 것은 일을 늘리는 것이 아니기에 하나의 직책에 여러 사람을 임용하였다. 周나라 관직은 비록 많았으나 모두 정원을 갖춘 것은 아니다. ≪周禮≫를 상고해보니, 이름만 있고 실제 인원을 갖추지 않고, 직책만 갖추고 관원은 임명하지 않은 경우가 오히려 많았다. 貞觀 연간의 제도가 매우 아름답지 않은 것은 아니다. 그러나 정원 이외에 관원을 두는 것이 당시에 이미 나타났으니, 어

째서 동일 부류의 官品을 가지고 장래를 막았던 것인가? 그 후에 재상이 몇 명에 이르기도 하고, 정원 이외의 관원이 2천 명에 이르기도 했으니, 그 말류의 폐단을 꼭 太宗이 열어놓지 않았다고 할 수는 없다."

愚按 唐虞稽古하여 建官惟百하고 夏商官倍나 亦克用乂[9]라하니 古之建官簡矣라 然이나 九官四岳十二牧이 實二十五人이로되 而書稱二十二人[10]이라하니 蓋亦有以一人으로 而兼二職者也라 周官三百六十이요 總計六萬三千六百有奇라 周之建官이 雖多나 然이나 周禮者는 周公未行之書也라 書稱召公은 以太保兼冢宰하고 畢公은 以太師兼司馬[11]라하니 蓋亦有以一人으로 而兼二職者也라 後世에 建官旣冗하여 復無攝事어늘 太宗이 深懲斯弊하여 省內外官하여 文武總六百四十員이라 自後世觀之컨대 可謂省之極矣라 然이나 房玄齡은 以僕射로 而兼領度支하고 魏徵은 以侍中으로 而兼東宮官하니 蓋亦有以一人으로 而兼二職者矣라

내가 살펴보건대 堯임금 때와 舜임금 때는 옛날 제도를 상고하여 백 명의 관원을 두었고, 夏나라와 商나라는 관원이 갑절이 되었으나 또한 잘 다스려졌다고 하니, 옛날에 관원을 둔 것은 간략하였다. 그러나 九官, 四岳, 十二牧이 실제 25인이지만 ≪書經≫ 〈舜典〉에서는 22인이라 하였으니, 이는 역시 한 사람이 두 가지 직책을 겸임한 경우가 있었던 것이다. 周나라의 관원은 360인이었고, 총 수가 63,600여 명이었다. 주나라에서 관원을 둔 것이 비록 많았으나 ≪周禮≫는 周公이 미처 시행하지 못한 책이다. ≪書經≫ 〈周書 顧命〉에 이르기를 "召公은 太保로 冢宰를 겸임하였고, 畢公은 太師로 司馬를 겸임하였다."라고 하였으니, 이 역시 한 사람이 두 직책을 겸임한 것이다. 후세에는 관원을 둔 것이 이미 남아돌아 다시 일을 대리하는 경우가 없었는데, 太宗이 이 폐단을 깊이 징계하여 내외의 관원을 줄여 문무 관원이 총 640명이었다. 후세에서 보자면 매우 많이 줄인 것이라 할 만하다. 그러나 房玄齡은 僕射로 領度支를 겸임하였고, 魏徵은 侍中으로 東宮官을 겸임하였으니, 이 역시 한 사람이 두 직책을 겸임한 것이다.

愚嘗論貞觀之善政은 當以省官爲首하니 何也오 易於選擇하면 上不至於失人하고 俸祿易供하면 下不憂於厚斂하며 權任專一하면 無避事苟免之患하고 員數不多면 無紛更生事之

9) 唐虞稽古……亦克用乂 : ≪書經≫ 〈周書 周官〉에 보인다.

10) 二十二人 : ≪書經≫ 〈虞書 舜典〉에 보인다.

11) 召公……以太師兼司馬 : ≪書經≫ 〈周書 顧命〉에 보인다.

憂어니와 官冗이면 則四者反是라 厥後에 兵部之職分於樞密하고 戶部之職分於三司하고 監軍이 侵監司之權하며 州將奪太守之任하고 員外之置가 多於正員하며 墨勅斜封[12]이 數踰千百하여 而貞觀之善政隳矣라 夫後世之天下가 猶貞觀之天下어늘 太宗何以致是哉오 竊謂其大要有二하니 一曰息奔競[13]이요 二曰裁嬖幸이라 蓋奔競之風盛하면 則員多而闕少하여 官不得以不增也며 嬖倖之門多면 則私恩無所施하여 官不得以不增也라 斯二者는 省官之本也니 有志於貞觀之治者는 盍亦反其本而已리오

내가 일찍이 다음과 같이 논하였다.

貞觀 연간의 善政은 마땅히 관원의 수를 줄인 것이 으뜸이 되니 어째서인가. 사람을 잘 가려 뽑으면 위로는 사람을 누락하는 데에 이르지 않고, 봉록을 잘 제공하면 아래로는 세금을 많이 거둘까 염려하지 않으며, 권력을 맡기기를 전일하게 하면 일을 피하거나 구차히 상황을 면하려 하는 근심이 없고, 관원의 수가 많지 않으면 분분하게 고쳐 일을 만드는 근심이 없게 된다. 그러나 관원이 남아돌면 위 네 가지 경우는 이와 반대가 된다. 그 후에 兵部의 일이 樞密院에서 분리되고, 戶部의 일이 三司에서 분리되며, 監軍이 監司의 권한을 침범하고, 州의 장수가 태수의 임무를 침탈하고, 정원 이외의 관원이 정원보다 많고, 사사로이 관리를 임명하는 것이 빈번히 천 명 백 명을 넘어 정관 연간의 善政이 실추되었다. 후세의 천하가 정관 연간의 천하와 같거늘 太宗이 어떻게 이런 일을 이룰 수 있었던가?

내가 생각하건대 크게 두 가지 중요한 점이 있으니, 하나는 奔競을 그치게 한 것이며, 다른 하나는 총애하는 신하들을 정리한 것이다. 분경의 풍조가 성하면 관원이 많고 결원이 적어 인원을 늘리지 않을 수 없으며, 총애하는 길이 많으면 사사로운 은혜를 베풀 데가 없어 관원을 늘리지 않을 수 없다. 이 두 가지는 관원을 줄이는 근본이니, 貞觀之治에 뜻을 둔 사람이라면 어찌 또한 그 근본으로 돌아가지 않을 것인가?

7-2-1

貞觀二年에 太宗이 謂房玄齡杜如晦曰 公爲僕射하니 當助朕憂勞하여 廣聞耳目하여

---

12) 墨勅斜封 : 朱色의 印信을 찍지 않고 그냥 붓으로 써서 비스듬히 봉한 辭令書를 말한다. 唐 中宗 때 韋后, 太平公主, 安樂公主 등이 모두 官府를 설치한 뒤 마음대로 묵칙사봉을 내려 관원을 제수하였으므로 당시에 이들을 斜封官이라 하였다. 《新唐書 安樂公主列傳》

13) 奔競 : 이익을 추구하여 권세 있는 사람을 경쟁적으로 쫓아다닌다는 뜻으로, 獵官운동을 하는 것을 의미한다.

求訪賢哲이어늘 **比聞公等**①**聽受辭訟**이 **日有數百**이라하니 **此則讀符牒不暇**니 **安能助朕求賢哉**리오 **因勅尙書省**②하여 **細碎務**는 **皆付左右丞**③하고 **惟寃滯大事合聞奏者**를 **關於僕射**하라하다

① 比聞公等 : 比, 音鼻.
比(근래)는 音이 鼻이다.

② 尙書省 : 唐制, 尙書謂之都省, 置令一人, 典領百官. 貞觀中, 以太宗曾爲之, 故缺而不置. 其次左右僕射各一人, 左右丞各一人, 其屬有六部, 庶務皆會決焉. 凡符移關牒, 必遣於都省乃下, 天下大事不決者, 皆上都省.
唐나라 제도에 의하면 尙書省을 都省이라고 하는데, 令 1인을 두어 백관을 맡아 다스리게 했다. 貞觀 연간에는 太宗이 과거에 그 직책을 역임한 적이 있으므로, 자리를 비워두고 관원을 두지 않았다. 그 다음으로 左僕射, 右僕射 각 1인과 左丞, 右丞 각 1인이 있으며, 그 소속에 六部가 있어 모든 업무가 다 모여져 결정된다. 모든 공문서는 반드시 都省으로 보내진 뒤에야 하달되며 천하의 큰일 중에 결정이 나지 않은 것은 모두 도성으로 올린다.

③ 左右丞 : 唐制, 掌辨六官之儀, 紀正省內, 劾御史擧不當者, 吏戶禮三部左丞總焉, 兵刑工三部右丞總焉.
唐나라 제도에 의하면 六官의 일을 분별하고, 中書省 내부의 기강을 바로잡으며, 御史 중에 어긋난 행동을 한 사람을 탄핵하는데, 吏部, 戶部, 禮部 3부는 左丞이 총괄하고, 兵部, 刑部, 工部 3부는 右丞이 총괄한다.

貞觀 2년(628)에 太宗이 房玄齡과 杜如晦에게 말하기를 "공들은 僕射가 되었으니, 마땅히 짐을 도와 근심하고 근로하여 이목을 넓혀 들어 현명한 이들을 구해야 하오. 근래에 듣자니 공들이 다스리는 송사가 날마다 수백 건이라고 하니, 이런 상황이라면 문서를 읽을 겨를도 없을 터인데, 어떻게 짐을 도와 훌륭한 인재를 구할 수 있겠소?"라고 하고, 이어서 상서성에 조칙을 내려 세세한 업무는 모두 左丞과 右丞에게 맡기고, 오직 원통한 일이나 큰일로 마땅히 아뢰어야 할 것만 복야에게 고하게 하라고 하였다.

【集論】

范氏祖禹曰 太宗이 責宰相以求賢하고 而不使親細務하니 可謂能任以其職矣라 書曰 惟說이 式克欽承하여 旁招俊乂하여 列于庶位라하니 此相之職也라 苟不務此하고 而治簿書하여 期會百吏之事면 豈所謂相乎아

范祖禹가 말하였다.

"太宗이 재상에게 훌륭한 이를 구하는 책임을 맡기고 직접 세세한 일을 다스리지 않도록 하였으니, 재상의 직위에 맞는 임무를 주었다고 할 만하다. ≪書經≫ 〈商書 說命 下〉에, '저 傅說이 공경히 받들어서 뛰어난 인재들을 널리 불러 여러 지위에 늘어세우도록 하겠습니다.'라고 하였으니, 이것이 재상의 직무이다. 만일 이런 일에 힘쓰지 않고 문서를 담당하여 모든 관리들의 일을 기일에 맞춰 조정에 보고한다면 어찌 이른바 재상이라 하겠는가?"

胡氏寅曰 宰相受詞는 旣非古制라 然이나 當之者未有以爲不可하여 雖賢如房杜라도 亦且行之하니 何也오 其說有五하니 無經濟之略하여 姑以是爲勤於所職者가 一也요 人君明察이면 則不敢當權하니 而以吏事自爲者가 二也요 才用粗淺하여 熟於有司之務하여 躐躋其任하여 益以勉勉者가 三也요 上不知治本하여 而責成於叢脞하니 因以奉承之者가 四也요 實侵大權이라 故로 治文案하여 以助其君者가 五也라 若誠知宰相職分이면 必不肯然矣라 房杜之才가 非能賢於太宗이라 故로 太宗如是而止하니 固不能爲太甲高宗成王[14]之事也라

胡寅이 말하였다.

"재상이 송사를 다스리는 것은 이미 옛날의 제도가 아니다. 그러나 그 일을 맡는 이는 불가하다고 생각하지 않아 비록 房玄齡과 杜如晦같이 훌륭한 인물이라 하더라도 역시 그 일을 하였으니 어째서인가. 그 설명이 다섯 가지가 있으니, 나라를 경영할 책략이 없어 우선 이것으로 맡은 바 직분에 부지런히 하는 것이 첫 번째이다. 군주가 명철하면 감히 자신이 권력을 감당하지 못하니, 관리의 일을 자신이 하는 것이 두 번째이다. 재주가 어설프고 모자라 有司의 업무에 익숙하여 제 임무를 뛰어 넘어 더욱 노력하는 것이 세 번째이다. 군주가 다스림의 근본을 알지 못하여 세세한 일을 이루도록 요구하니, 그로 인해 그 명을 받드는 것이 네 번째이다. 실제 큰 권력을 침해하므로 우선 문서를 처리하여 그 군주를 도우는 것이 다섯 번째이다.

만약 진실로 재상의 직분을 안다면 필시 그런 일을 기꺼이 하지 않을 것이다. 房玄齡과 杜如晦의 재주가 太宗보다 뛰어나지 못했으므로 太宗이 이와 같은 데에 그치고 말았으니, 참으로 太甲·高宗·成王의 善政을 이룰 수가 없었다."

---

14) 太甲高宗成王 : 太甲과 高宗은 殷나라 군주이며, 成王은 周나라 군주인데, 모두 과거에 善政을 베풀었던 인물들이다.

唐氏仲友曰 王省惟歲하고 卿士惟月하며 師尹惟日[15]이라하니 蓋其位愈尊이면 其事愈要하고 其任愈逸이면 其位愈卑하며 其事愈詳이면 其任愈勞라 太宗이 以細務屬左右丞하고 大事關僕射하니 當矣요 責宰相以廣耳目訪賢才하니 亦當矣라 雖然이나 廣耳目訪賢才하고 坐論大事를 在房杜任之하고 尙恐未能無愧古人하되 而參之以封倫[16]楊師道[17]之屬하니 可乎아 是知宰相之職이나 而未得擇宰相之道也라

唐仲友가 말하였다.

"'왕의 득실은 해로 징험하고 卿士의 득실은 달로 징험하고 師尹의 득실은 날로 징험한다.'고 하니, 지위가 높아질수록 그 일이 더욱 중요해지고, 임무가 줄어들수록 그 지위가 더 낮아지며, 일이 자세해질수록 그 임무가 더 수고로워지는 것이다. 太宗이 세세한 일은 좌승과 우승에게 맡기고 큰일만 복야에게 고하도록 하였으니 합당한 일이며, 재상에게 이목을 넓혀 현명한 이들을 구하라고 책임을 지웠으니, 역시 합당한 일이다. 비록 그렇지만 이목을 넓혀 현명한 이들을 구하고 앉아서 큰일을 논하는 것을 房玄齡과 杜如晦에게 맡기고도 오히려 옛사람에게 부끄러움이 없지 않을까 염려하였으나 封倫과 楊師道 같은 무리들을 참여시켰으니, 옳은가? 이는 재상의 직분은 알았지만 재상을 택하는 방법은 몰랐던 것이다."

愚按 人主之職은 在論一相하고 一相之職은 在任百官하니 此君相之要道也라 受詞誠非爲相之體나 然이나 大臣慮四方에 豈惟高虛拱揖以自居哉리오 畢公은 周之元老大臣也로되 克勤小物하여 弼亮四世[18]하니 小物非細務乎인저 昔陳平不答錢穀決獄之問하고 而曰 宰相은 上佐天子하여 理陰陽하고 下遂萬物之宜[19]라하니 此言固大矣라 然이나 錢穀은 國計民命所關이니 冢宰之所制者也요 獄者는 生民之司命이니 三公之所當參聽者也라 此皆裁成輔相以左右生民[20]者어늘 而曰 宰相不當知라하면 則所職者何事耶아 太宗이 勅宰相勿親細務는

15) 王省惟歲……師尹惟日 : ≪書經≫ 〈周書 洪範〉에 보인다.

16) 封倫 : 渤海 사람으로 字가 德彝이다. 隋나라에서 內史舍人을 지냈다. 隋나라가 망하자 唐나라에 항복하였고 太宗이 그를 내사사인에 임명했다.

17) 楊師道 : 弘農 華陰 사람이다. 隋나라가 망한 뒤 唐나라로 귀순하여 唐 高祖의 딸 桂陽公主와 혼인하였다. 관직은 中書令까지 지냈다.

18) 克勤小物 弼亮四世 : ≪書經≫ 〈周書 畢命〉에 보인다.

19) 宰相上佐天子……下遂萬物之宜 : ≪漢書≫ 권40 〈王陵列傳〉에 보인다.

20) 裁成輔相以左右生民 : ≪周易≫ 泰卦 〈象傳〉의 "천지가 사귐이 泰이니, 군주가 이를 본받아 천지의 道를 재량하여 이루며 천지의 마땅함을 도와서 백성을 돕는다.〔天地交泰 后以 財成天

特不可下行有司之事耳니 克勤小物以弼亮天子는 有古人之相業在라

내가 살펴보건대 군주의 직무는 한 사람의 재상을 논의하여 정하는 데 있고, 재상의 직무는 백관을 임용하는 데 있으니, 이것이 군주와 재상의 중요한 도리이다. 송사를 다스리는 것은 진실로 재상의 체모에 맞는 일이 아니다. 그러나 대신이 사방을 염려하면서 어찌 높이 공허하게 두 손 모아 읍만 하며 자리만 차지하고 있을 것인가?

畢公은 周나라의 원로대신이었지만, 작은 행실을 부지런히 힘써 4대 동안 군주를 보필하고 밝혔으니, 작은 행실은 세세한 일이 아니었다. 옛날에 陳平이 돈과 곡식, 獄事에 대한 물음에는 대답하지 않고 말하기를 "재상은 위로 천자를 보좌하여 음양을 다스리고 아래로 만물의 마땅함을 이루어줍니다."라고 하였으니 이 말이 참으로 대단하다. 그러나 돈과 곡식은 국가의 계책과 백성의 생명이 관련된 것이니 冢宰가 다스려야 할 일이고, 옥사는 백성들의 목숨이 달린 일이니 三公이 마땅히 참여해 다스려야 할 일이다. 이는 모두 道를 재량하여 이루고 도와서 백성들을 도와주는 일인데, 재상이 마땅히 몰라도 된다고 말한다면 재상의 직무는 어떤 일이란 말인가?

太宗이 명령을 내려 재상이 직접 세세한 사무를 보지 않도록 한 것은 다만 아랫사람이 행할 담당자의 일을 못하게 한 것일 뿐이니 작은 행실을 부지런히 힘써 천자를 보필하는 일은 옛날 재상의 업무에 있었던 것이다.

7-3-1

貞觀二年에 太宗이 謂侍臣曰 朕이 每夜에 恒思百姓間事하여 或至夜半不寐하니 惟恐都督①刺史②가 堪養百姓以否라 故於屛風上에 錄其姓名하여 坐臥恒看하고 在官에 如有善事어든 亦具列於名下라 朕居深宮之中하여 視聽不能及遠일새 所委者는 惟都督刺史라 此輩는 實理亂所繫니 尤須得人이라

① 都督 : 唐制, 武德七年改總管曰都督, 掌督諸州兵馬甲械城隍鎭戍糧廪總判府事.
唐나라 제도에 의하면 무덕 7년(624)에 총관을 바꾸어 도독이라 하였는데, 여러 주의 병졸, 군마, 갑옷, 병기, 성곽, 해자, 수비, 군량을 총괄하여 다스리는 관부 일을 관장하였다.

② 刺史 : 見前篇註.
前篇의 註에 보인다.

貞觀 2년(628)에 太宗이 근신들에게 말하였다.

地之道 輔相天地之宜 以左右民]"에서 유래한 것이다. 裁는 財와 통한다.

"짐이 매일 밤 항상 백성들이 당면한 일을 생각하여 어떤 때는 한밤중이 되도록 잠을 이루지 못하니, 都督과 刺史가 백성들을 길러주는 일을 잘하고 있는지 못하고 있는지 염려되어 그런 것이요. 그래서 병풍에다 그 성명을 기록하여 앉아 있을 때나 누워 있을 때나 항상 보고 관직에 있을 때 잘한 일이 있으면 역시 그의 이름 아래에 기록해놓소. 짐이 깊은 황궁 안에 있어 보고 듣는 것이 멀리까지 미치지 못하므로, 일을 맡길 사람은 도독과 자사뿐이요. 이들에게는 실제 治亂이 달려 있으니, 더욱 적임자를 찾아야 할 것이요."

【集論】

愚按 自秦罷侯置守[21)]之後로 郡守가 古諸侯니 其關繫民生이 至不輕也라 漢宣帝謂與我共理者는 惟良二千石[22)]이라하고 太宗謂治民之本在刺史라하니 斯言也는 眞知本者矣라 然이나 宣帝以刑名繩下라 故로 當時固多循吏나 而未免有酷吏하고 太宗英明仁恕라 故로 當時居多循吏하고 而無酷吏하니 此又二帝之優劣也라

내가 살펴보건대 秦나라가 제후를 없애고 郡守를 둔 뒤로 군수는 예전의 제후와 같으니, 민생과 관련된 것이 결코 가볍지 않다. 漢 宣帝가 말하기를 "나와 함께 다스리는 자는 훌륭한 二千石 관원이다."라고 하였고, 太宗은 말하기를 "백성을 다스리는 근본은 자사에게 있다."라고 하였으니, 이것은 근본을 아는 자의 말이다. 그러나 선제는 형벌로 아랫사람들을 다스렸으므로 당시에 참으로 循吏가 많았지만 酷吏가 있을 수밖에 없었고, 太宗은 총명하고 인자하였으므로 당시에 순리가 대부분이었고 혹리가 없었으니, 이 점이 또 두 황제의 우열이다.

7-4-1

貞觀二年에 太宗謂右僕射封德彛曰 致安之本이 惟在得人일새 比來①에 命卿擧賢하되 未嘗有所推薦이라 天下事重이라 卿宜分朕憂勞어늘 卿旣不言하니 朕將安寄리오

---

21) 秦罷侯置守 : 秦 始皇帝는 중국을 통일한 B.C. 221년에 쉽게 통제하고 천하 사람들이 다른 뜻을 품지 않게 하기 위하여 諸侯를 없애고 郡縣制를 시행하였는데, 천하를 36개 군으로 나누고 군에는 郡守·郡尉·郡監을 두었다. ≪資治通鑑 권7 秦紀 始皇帝 下 26년≫

22) 與我共治天下者 惟良二千石乎 : ≪資治通鑑≫ 권196 唐紀 12 〈太宗文武大聖大廣孝皇帝中之中〉 貞觀 17년에 보인다.
二千石은 漢代의 최고 계급으로, 태수의 1년 녹봉이 2천 석이었던 데서 유래하였다.

對曰 臣愚豈敢不盡情이리오마는 **但今未見有奇才異能**이러이다 **太宗曰 前代明王**이 **使人如器**하여 **皆取士於當時**하고 **不借才於異代**하니 **豈得待夢傳說**②**逢呂尙**③**然後**에 **爲政乎**아 **且何代無賢**이리오 **但患遺而不知耳**라하니 **德彝慙赧而退**④하다

① 比來 : 比, 音鼻.
比(근래)는 音이 鼻이다.

② 傳說 : 說, 音悅. 傳說, 商賢相也. 武丁[23]夢得聖人, 名曰說, 以夢所見視群臣百吏, 皆非也, 乃使營求之野, 得說於巖中, 立爲相.
說(기쁘다)은 音이 悅이다. 傳說은 商나라의 훌륭한 재상이다. 武丁이 꿈속에서 성인을 만났는데, 이름이 說이었다. 꿈에서 본 얼굴을 여러 신하와 모든 관리들과 비교해보니 일치하는 사람이 아무도 없었다. 그래서 재야에서 찾아보도록 하였는데, 傅巖에서 부열을 찾아 그를 세워 재상으로 삼았다.

③ 呂尙 : 呂, 周太公也. 本姓姜, 從其封姓. 周西伯將出獵, 卜之, 曰 "所獲非龍非彲非虎非羆, 霸王之輔." 果遇太公於渭之陽, 與語大悅, 遂載與俱歸, 立爲師.
呂尙은 周나라 太公이다. 본래 성은 姜인데, 封地의 姓을 따른 것이다. 周나라 西伯이 사냥을 나갈 적에 점을 쳤는데, 占辭에 이르기를 "얻게 되는 것은 용도 아니고 이무기도 아니며, 곰도 아니고 큰곰도 아니며, 패왕을 보필할 사람이다."라고 하였다. 과연 渭水 북쪽에서 태공을 만났는데, 그와 이야기를 나누고는 크게 기뻐하여 드디어 그를 수레에 태워 함께 돌아와서 세워 스승으로 삼았다.

④ 貞觀二年……德彝慙赧而退 : 赧, 奴版切, 愧態也. 按史傳[24], 係元年二月, 帝謂封倫曰 "大理之職, 人命所懸, 此官極須妙選公直", 倫未對. 帝曰 "戴胄忠直, 每事用心, 卽其人也." 又謂倫曰 "云云"
赧(부끄럽다)은 奴와 版의 반절이니, 부끄러워하는 모습이다. 史傳을 살펴보건대 제위에 오른 원년 2월에 太宗이 封倫에게 말하기를 "大理寺의 관직은 사람의 목숨을 결정하는 자리이니, 이 자리는 공정하고 정직한 사람을 잘 가려 뽑아야만 하오."라고 하니, 봉륜이 대답을 하지 않았다. 太宗이 말하기를 "戴胄가 충성스럽고 정직하며, 매사에 마음을 쓰니 바로 적합한 인물이오."라고 하였다. 또 봉륜에게 말하기를 "……"라고 하였다.

貞觀 2년(628)에 太宗이 右僕射 封德彝에게 말하였다.

"편안함을 이루는 근본은 오직 사람을 얻는 데 달려 있으므로 근래에 경에게 훌륭한 사람을 천거하도록 명령하였는데, 아직까지 추천한 사람이 없었소. 천하의 일이 중요하니 경은 마땅히 짐의 근심과 노고를 분담해야 하는데, 경이

---

23) 武丁 : 殷나라의 어진 군주로 묘호는 高宗이다. 殷나라 쇠퇴기에 즉위하여 다시 부흥시켰다.

24) 史傳 : ≪唐會要≫ 권66 〈大理寺〉에 보인다.

말을 하지 않으니 짐이 누구에게 의지한단 말이오?"

봉덕이가 대답하였다.

"어리석은 신이 어찌 감히 마음을 다하지 않겠습니까? 그러나 지금까지 뛰어난 재주와 특별한 재능을 지닌 사람을 보지 못했습니다."

태종이 말하였다.

"앞선 시대의 명철한 군주가 사람을 기량대로 부려 모두 그 시대에서 인물을 취하고 다른 시대에서 인재를 빌려오지 않았으니, 어찌 꿈에서 傅說을 보고 呂尙을 만나기를 기다린 뒤에 정치를 할 수 있겠소? 또 어느 시대인들 훌륭한 인재가 없겠소? 다만 버려두고 알아보지 못할까를 근심할 뿐이요."

봉덕이가 부끄러워 얼굴을 붉히며 물러났다.

【集論】

孫氏甫曰 大臣之職은 薦達人才니 固非細事라 天下之大하고 群臣之衆하니 可容一日乏才乎아 然이나 人之才는 有能有不能하니 器而使之면 衆職擧矣어늘 豈有人主責其擧賢이리오 已未推薦하고 但言無奇才異能이라하여 上欲欺主之明하고 下欲蔽天下之善하니 此眞姦人也라 蓋姦人不樂進賢이 其情有三이라 保位固寵하여 常懼失之라 以賢者旣用하여 必建立功業하여 掩己之名하고 見己之過하여 名滅過露면 則位不能保하고 寵不能固하니 其情一也요 姦人은 立私하여 必人附己乃引之어늘 賢者는 進退以道하여 不肯趨附하니 姦人以謂不附己而引之면 則不知己之恩하고 不知恩이면 則不爲己之黨하니 其情二也요 姦人은 心旣不公하고 知人不明하여 雖遇賢才라도 不能深識하고 慮引而進之라가 或有大過하면 爲己之累하니 其情三也라 封倫之情이 正在於此어늘 太宗이 以前代未嘗乏人折之하여 使慙懼無辭하니 可謂能照姦人之情者也라 人主能照姦人之情이면 則賢者進矣리라

孫甫가 말하였다.

"대신의 직임은 인재를 천거해 올리는 것이니, 참으로 작은 일이 아니다. 천하가 넓고 여러 신하들이 많으니, 하루라도 인재가 부족함을 용납할 수 있겠는가? 그러나 사람의 재주는 장단점이 있으니 기량대로 부린다면 여러 직책에 천거할 수 있는데, 어찌 군주가 훌륭한 이를 천거하라고 요구할 것이 있겠는가? 이미 추천하지도 않고 다만 뛰어난 재주와 특별한 재능을 지닌 사람이 없다고 말하여 위로는 군주의 혜안을 기만하려 하고 아래로는 천하의 선한 이들을 가리려고 하였으니, 이는 참으로 간신이다.

간신이 훌륭한 이를 천거하기를 달가워하지 않는 것은 그 마음이 세 가지이다. 지위를 보존하고 군주의 총애를 굳건히 하여 늘 이를 잃을까 두려워하기 때문에 훌륭한 사람을 등용하고 나서 그가 반드시 공업을 세워 자기의 명예를 가리고 자기의 과오를 발견하여 명예가 실추되고 과오가 드러나게 되면 지위를 보존할 수 없고 군주의 총애를 굳건히 할 수 없으니, 이것이 첫 번째 마음이다. 간신은 私黨을 세워 반드시 남이 자기 쪽으로 붙어야 그를 천거하는데, 훌륭한 사람은 道를 따라 거취를 결정하여 남을 따르고 달라붙는 것을 달가워하지 않는다. 간신은 자기에게 붙지 않는데 천거하면 자기의 은혜를 모를 것이고 은혜를 모르면 자기의 편이 되지 않을 것이라 생각하니, 이것이 두 번째 마음이다. 간신은 마음이 이미 공정하지 못하고 사람을 알아보는 데도 밝지 못하여 비록 현명한 인재를 만나더라도 잘 알아보지 못하고, 그를 천거하였다가 혹 큰 과오를 저지르면 자기에게 누가 될까 염려하니, 이것이 세 번째 마음이다. 封倫의 마음이 바로 여기에 있었는데, 太宗이 앞선 시대에 인재가 부족했던 적이 없었다는 사실을 들어 그를 꾸짖어서 부끄러워 할 말이 없도록 하였으니, 간신의 마음을 훤히 들여다보았다고 할 만하다. 군주가 간신의 마음을 훤히 비추어 볼 수 있다면 훌륭한 사람들이 천거될 것이다."

胡氏寅曰 擧賢才而效之君은 大臣職也니 爲大臣而久無所擧를 人主詰之는 是也라 若出此令而委之房杜王魏면 非惟丕應徯志[25]라 亦必各得其人矣어늘 乃以望於封倫이라 且取人以身은 不誣之理也어늘 倫非賢者니 安能知賢이리오 若擧其類하여 集于朝廷하면 豈非大憂乎아 是則非特倫無知人之鑑이요 而太宗於倫에 亦初不知其姦邪也니 信知人之難哉인저

胡寅이 말하였다.

"훌륭한 인재를 천거하여 군주에게 바치는 것은 대신의 직무이니, 대신의 지위에 있으면서 오랫동안 인재를 천거하지 않은 것을 군주가 꾸짖은 것은 옳다. 만약 이 명령을 내어 房玄齡·杜如晦·王珪·魏徵에게 맡겼다면 크게 호응하여 군주의 뜻을 기다렸을 뿐 아니라, 또한 필시 적당한 사람을 얻었을 것인데, 그것을 封倫에게 기대한 것이다. 또 인재를 얻으려면 자신을 기준으로 해야 하는 것은 속일 수 없는 이치인데, 봉륜은 훌륭한 사람이 아니니, 어찌 훌륭한 이를 알아보겠는가? 만약 자신의 黨與를 천거하여 조정에 모이게 한다면 어찌 큰 근심거리가 아니었겠는가? 이는 다만 봉륜이 사람을 알아보는 감식안이 없는 것일 뿐 아니라, 太宗이 봉륜에 대해 애초에

25) 丕應徯志 : ≪書經≫ 〈虞書 益稷〉에 보인다.

간사하다는 것을 알지 못한 것이니, 진실로 사람을 알아보기가 어려운 것이다."

愚按 封倫은 諂佞人也라 其在隋에 附麗虞世基하여 諂順其主라 得群臣表疏면 則屛而不奏하고 鞫獄用法하면 則峻文深刻하고 論功行賞하면 則抑削就薄이라 故로 世基之寵日以隆하고 而孤隋之政日以壞하니 皆倫所爲也라 以若所爲로 烏知所謂擧善薦賢之義哉리오 其曰未有奇才異能은 蓋未有如己者耳니 是猶以隋事唐也라 太宗雖愧於知人之明이나 幸不惑其說라 然이나 之人也는 屛斥有餘罪矣라

내가 살펴보건대 封倫은 아첨하는 사람이다. 隋나라에 있을 때는 虞世基에게 붙어 군주에게 아첨해 순종하였다. 여러 신하들이 올린 表文과 上疏를 받으면 숨기고 아뢰지 않았고, 국문이 있어 죄를 적용할 때면 높은 죄목으로 가혹하게 형벌하였고, 논공행상을 할 때에는 억제하고 줄여 각박하게 하였다. 그러므로 우세기의 총애가 날마다 높아지고 고립된 隋나라의 정치가 나날이 무너졌으니, 모두 봉륜이 그렇게 만든 것이다. 이와 같은 일을 하면서 어찌 선하고 훌륭한 이를 천거한다는 의리를 알겠는가? 그가 훌륭한 재주와 특별한 재능을 지닌 사람이 없다고 말한 것은 자기만 한 사람이 없다는 것이니, 이는 여전히 隋나라를 섬기던 방법으로 唐나라를 섬긴 것이다. 太宗이 비록 사람을 알아보는 명철함에는 모자라는 점이 있었지만 다행히도 봉륜의 말에 현혹되지는 않았다. 그러나 이런 사람은 쫓겨나더라도 남은 죄가 있다.

7-5-1

貞觀三年에 **太宗謂吏部尙書杜如晦曰 比見**①**吏部擇人**하니 **惟取其言詞刀筆**[26)]하고 **不悉其景行**②이라 **數年之後**에 **惡跡始彰**하여 **雖加刑戮**이라도 **而百姓已受其弊**하니 **如何可獲善人**고 **如晦對曰 兩漢取人**에 **皆行著鄕閭**하여 **州郡**이 **貢之**하니 **然後入用**이라 **故**로 **當時號爲多士**니이다 **今每年選集**③이 **向數千人**하니 **厚貌飾詞**를 **不可知悉**일새 **選司**는 **但配其階品而已**라 **銓簡之理**가 **實所未精**하니 **所以不能得才**니이다 **太宗**이 **乃將依漢時法令**[27)]하여 **本州辟召**④하되 **會功臣等將行世封事**로 **遂止**[28)]라

---

26) 刀筆 : 竹簡에 글씨를 새기는 칼과 붓이라는 뜻으로, 문서 작성하는 서기의 사무를 말한다.

27) 令 : 註에 의하면 본문의 句讀가 '乃將依漢時法 令本州辟召'로 되고 '漢나라 때 법에 의해 本州로 하여금 부르게 하게 하다.'로 번역되어야 하는데, ≪新譯貞觀政要≫(2008)에 따라 구두와 번역을 위와 같이 수정하였다.

① 比見：音鼻.
比(근래)는 音이 鼻이다.
② 行：去聲. 後同.
行(행실)은 去聲이다. 뒤에도 같다.
③ 選集：去聲. 後同.
選(선발하다)은 去聲이다. 뒤에도 같다.
④ 本州辟召：平聲.
令(하여금)은 平聲이다.

貞觀 3년(629)에 太宗이 吏部尙書 杜如晦에게 말하였다.

"근래에 吏部에서 사람을 선발하는 것을 보니, 오직 말솜씨와 문서를 작성하는 능력만 보아서 취하고 훌륭한 행실이 있는지는 살피지 않소. 몇 년 후에 악행이 비로소 드러나서 비록 형벌을 가한다고 하더라도 백성들이 이미 그 폐해를 겪은 뒤이니, 어떻게 해야 선한 사람을 얻을 수 있겠소?"

두여회가 대답하였다.

"前漢·後漢시대에 사람을 선발할 적에는 모두 행실이 향리에서 알려져 주와 군에서 주천한 뒤에 임용하였기 때문에 당시에 인재들이 많다고 한 것입니다. 지금은 매년 선발되어 모인 사람이 대략 수천 명이니, 모습을 중후하게 하거나 말을 꾸며서 하는지를 알 수 없기에 인재를 선발하는 관청에서는 다만 품계만 배정할 뿐입니다. 인재를 선발하는 법이 실로 정밀하지 못하니, 이 때문에 인재를 얻을 수 없는 것입니다."

태종이 漢나라 때 법령을 따라 本州에서 불러 임명하게 하였으나, 마침 공신들에게 벼슬을 세습하도록 하려는 일로 해서 드디어 중지되었다.

【集論】

愚按 古者取士之法은 鄕論秀士하여 升之司徒하면 司徒升之學하고 大樂正升之司馬하면 司馬辨論官材하여 論定然後에 官之하고 任官然後에 爵之하며 位定然後에 祿之[29]라 蓋未仕之

28) 功臣等將行世封事 遂止：貞觀 11년에 太宗이 子弟 荊州都督 荊王 元景 등 21명과 功臣 司空 趙州刺史 長孫無忌 등 14명에게 刺史를 世襲하려고 하였는데, 이에 반대하여 禮部侍郎 李百藥이 封事를 올리고 中書舍人 馬周가 上疏를 올리자 太宗이 모두 嘉納하고 子弟와 功臣들에게 세습하지 않기로 결정하였다. ≪歷代名臣奏議≫ 권104 〈封建〉

前에 凡經四級하고 已仕之後에 又經三級하니 其詳且重如此라 故로 嘗謂後世取人之道는 不能復成周之法하여 皆苟焉而已라 今觀太宗問컨대 如何可獲善人고하니 大哉라 問乎여 如晦政當告以成周取士之法이 可也어늘 乃以兩漢辟召之事로 爲對하니 何其陋哉오 厥後에 竟以將行世封으로 不及施行하니 後世惜焉이라 然이나 使眞能行辟召之法이라도 又豈足以致成周多士[30]之隆乎아

내가 살펴보건대 옛날에 인재를 취하는 법은 향리에서 뛰어난 사람을 논하여 司徒에게 올려 보내면 사도가 國學에 올려 보내고, 大樂正이 司馬에게 올려 보내면 사마가 관리의 재능을 논변하여 논의가 정해진 뒤에 관직을 주었고, 관직을 임용한 뒤에 작위를 주었으며, 지위가 결정된 뒤에 녹봉을 주었다. 벼슬하기 전에 모두 네 단계의 과정을 거치고, 벼슬에 오른 뒤에 또 세 단계의 과정을 거쳤으니, 자세하고 엄중하기가 이와 같았다. 그러므로 일찍이 생각하기를 후세에 인재를 선발하는 방법은 다시 周나라의 법도를 회복하지 못하여서 모두 구차할 뿐이었다고 하였다.

지금 太宗의 질문을 살펴보건대 어떻게 해야 선한 사람을 얻을 수 있느냐고 하였으니, 질문이 훌륭하다. 杜如晦는 마땅히 주나라에서 선비를 선발하던 법을 말해주는 것이 옳았는데 兩漢시대에 지방에서 훌륭한 인재를 불러 임명하던 일로 대답하였으니, 어찌 그리도 비루한가? 그 후에 결국 벼슬을 세습하도록 하는 일 때문에 시행되지 못하였으니, 후세에 이 점을 애석하게 여긴다. 그러나 가령 정말 인재를 불러 임명하던 법을 시행했더라도 어찌 인재가 많았던 주나라의 융성함을 이룰 수 있었겠는가?

7-6-1

貞觀六年에 太宗이 謂魏徵曰 古人云 王者는 須爲官擇人①하니 不可造次卽用②이라 朕今行一事하면 則爲天下所觀이요 出一言하면 則爲天下所聽이라 用得正人하면 爲善者皆勸하고 誤用惡人하면 不善者競進이요 賞當其勞③하면 無功者自退하고 罰當其罪하면 爲惡者戒懼리라 故로 知賞罰을 不可輕行하고 用人을 彌須擇이라 徵對曰 知人之事는 自古爲難이라 故로 考績黜陟④하여 察其善惡이라 今欲求人인댄 必須審訪其行⑤하여 若知其善하고 然後用之하면 設令此人⑥으로 不能濟事라도 只是才力不及이니

29) 鄕論秀士……位定然後祿之 : ≪禮記≫ 〈王制〉에 보인다.

30) 成周多士 : ≪詩經≫ 〈大雅 文王〉에 "성대하게 많은 선비여, 文王이 이들 때문에 편안하도다.〔濟濟多士 文王以寧〕"라고 하였다.

不爲大害어니와 **誤用惡人**이면 **假令强幹**이라도 **爲害極多**리이다 **但亂代**는 **惟求其才**하고 **不顧其行**이어니와 **太平之時**엔 **必須才行俱兼**이라야 **始可任用**이니이다

① 須爲官擇人 : 爲, 去聲.
爲(위하다)는 去聲이다.
② 不可造次卽用 : 造, 七到切.
造(급작스럽다)는 七과 到의 반절이다.
③ 賞當其勞 : 當, 去聲. 後同.
當(부합하다)은 去聲이다. 뒤에도 같다.
④ 考績黜陟 : 虞書曰 "三載考績, 三考黜陟幽明."
≪書經≫ 〈虞書 舜典〉에 "3년에 한 번씩 공적을 상고하고 세 번 상고한 다음에 어두운 자와 밝은 자를 내치고 올려준다."라고 하였다.
⑤ 行 : 去聲. 後同.
行(행실)은 去聲이다. 뒤에도 같다.
⑥ 設令此人 : 令, 平聲. 後同.
令(하여금)은 平聲이다. 뒤에도 같다.

貞觀 6년(632)에 太宗이 魏徵에게 말하였다.

"옛사람이 말하기를, '군주는 관직을 위해 사람을 가려 뽑아야 하니, 급하게 채용해서는 안 된다.'라고 하였소. 짐이 지금 한 가지 일을 하면 천하 사람들이 보게 되고, 한 마디 말을 하면 천하 사람들이 듣게 되오. 올바른 사람을 등용하면 선을 행하는 자들이 모두 권면되고, 잘못하여 악한 사람을 등용하면 선하지 않은 자들이 다투어 나올 것이오. 공로에 합당한 상을 내리면 공로가 없는 사람이 절로 물러날 것이고, 그 죄에 합당한 형벌을 내리면 악한 행동을 한 사람이 경계하고 두려워할 것이오. 그러므로 상벌을 가벼이 시행해서는 안 되고, 사람을 등용할 때에는 더욱 신중하게 가려 뽑아야 한다는 것을 아는 것이오."

위징이 대답하였다.

"사람을 알아보는 일은 옛날부터 어려워하였습니다. 그러므로 실적을 고찰하여 좌천시키거나 승진시켜 그 선악을 살피는 것입니다. 지금 인재를 선발하려 하는데, 반드시 그 행실을 유심히 살펴 만약 그의 선함을 알게 된 뒤에 등용한다면 설령 이 사람이 일을 이루지 못하는 경우가 생기더라도 이는 단지 힘이 미치지 못해서 그렇게 된 것이라 큰 피해는 없지만, 잘못하여 악한 사람을 등

용하면 가령 유능하다고 하더라도 그 피해는 아주 많을 것입니다. 다만 혼란한 시대에는 오직 재능 있는 사람을 찾고 그의 행실은 살피지 않지만, 태평한 시대에는 반드시 재주와 행실을 겸비한 사람이라야 비로소 임용할 수 있습니다."

【集論】

范氏祖禹曰 太宗이 以治亂在庶官하여 欲進君子하고 退小人하니 王者之言也어늘 而魏徵之所謂才行者는 不亦異乎아 夫才有君子之才하고 有小人之才하니 古之所謂才者는 君子之才也요 後世之所謂才者는 小人之才也라 周公制禮作樂이어늘 孔子以爲才[31)]라하니 此는 古人所謂才者니 兼德行而言也라 後世之所謂才者는 辯給以禦人[32)]하고 詭詐以用兵하며 僻邪險詖하고 趨利就事라 是以로 天下多亂은 職斯人之用於世也라 王者는 創業垂統[33)]하고 敷求哲人[34)]하여 以遺後嗣라 故能長世也니 豈宜以天下未定而可專用小人之才歟아 夫有才無行之小人은 無時而可用하니 退之라도 猶恐其或進也니 豈可先用而後廢하여 乃取才行兼全之人乎아 徵之學駁而不純이라 故로 所以輔導其君者가 卒不至於三王[35)]之治也라

范祖禹가 말하였다.

"太宗이 治亂의 여부는 여러 관리들에게 달려 있다고 생각하여 군자를 등용하고 소인을 물리치려고 하였으니, 王者의 말이다. 그런데 魏徵이 말한 재주와 행실은 또한 괴이하지 않은가? 재주에는 군자의 재주와 소인의 재주가 있으니 옛날에 재주라고 한 것은 군자의 재주이며, 후세에 재주라고 한 것은 소인의 재주이다. 周公이 예를 제정하고 음악을 만들자 孔子가 재주가 있다고 하였으니, 이는 옛사람들이 말한 재주로 덕과 행실을 겸하여 말한 것이다. 후세에서 말하는 재주는 언변으로 남의 말을 막고, 속임수로 군대를 동원하며, 편벽되고 간사하며 음험하며 不正하고, 이익을 좇아서 일

31) 周公制禮作樂 孔子以爲才 : '周公制禮作樂'은 ≪禮記≫ 〈明堂位〉의 '周公이……예법을 제정하고 음악을 지으며 도량형을 반포하자 천하가 크게 승복하였다.〔周公……制禮作樂頒度量 而天下大服〕'에 보이고, '孔子以爲才'는 ≪論語≫ 〈泰伯〉의 "孔子가 이르기를 '주공의 재능과 같은 아름다움이 있다고 할지라도 교만하고 인색하다면 그 나머지는 보잘것없다.〔如有周公之才之美 使驕且吝 其餘不足觀也已〕'라고 하였다."에 보인다.

32) 辯給以禦人 : ≪論語≫ 〈公冶長〉의 "약삭빠른 구변으로 남의 말을 막아낸다.〔禦人以口給〕"을 변형한 것이다.

33) 創業垂統 : ≪孟子≫ 〈梁惠王 下〉에 보인다.

34) 敷求哲人 : ≪書經≫ 〈商書 伊訓〉에 보인다.

35) 三王 : 태평성대를 이룬 夏나라의 禹王과 商나라의 湯王과 周나라의 文王을 가리킨다.

을 이루는 것을 말한다. 그러므로 천하가 혼란할 때가 많은 것은 오직 이런 사람들이 세상에 쓰였기 때문이다. 王者는 왕조를 창업하여 계통을 자손에게 남겨줄 때에 명철한 사람을 널리 구하여 후사에 남겨주기 때문에 세대를 오래가게 할 수 있었던 것이니, 어찌 천하가 아직 안정되지 않았다고 하여 오로지 소인의 재주를 쓸 수 있겠는가? 재주만 있고 행실이 없는 소인은 어느 때고 쓸 수 없는 것이다. 이들을 물리치더라도 혹여 나올까 두려운데, 어찌 이들을 먼저는 등용했다가 뒤에는 폐하고서 재주와 행실을 兼全한 사람을 취한단 말인가? 위징의 학문이 잡박하고 순수하지 못하였으므로, 군주를 돕고 인도한 것이 끝내 三王의 다스림에는 이르지 못한 것이다."

愚按 春秋傳曰 高陽氏有才子八人하니 齊聖廣淵明允篤誠[36]이라하니 是는 以才兼德而言之也라 司馬氏曰 德勝才爲君子요 才勝德爲小人[37]이라하니 是는 以才對德而言之也니 學者安所折衷哉아 愚聞之하니 孟子曰 若夫爲不善은 非才之罪也라하고 程子曰 才稟於氣하니 氣有清濁[38]이라한대 朱子曰 孟子는 專指其發於性者言之라 故로 以爲才無不善이라하고 程子는 兼指其稟於氣者言之하니 則人才固有昏明强弱之不同矣라 以事理考之컨대 程子之言爲密[39]이라 由此觀之컨대 春秋傳之言은 卽孟子之意也요 司馬氏之言은 卽程子之意也라 然이나 司馬氏之言密矣라 范氏譏魏徵不當言亂代求才不顧其行하니 其說이 是也라 然이나 謂才行無所分別이라하면 則將如程子之言에 何오

내가 살펴보니 ≪春秋左氏傳≫ 〈文公〉 18년에 이르기를 "高陽氏에게 才子 8인이 있으니, 마음가짐이 중정하고〔齊〕, 모든 일에 통달하며〔聖〕, 도량이 넓고〔廣〕, 사려가 깊으며〔淵〕, 사리에 밝고〔明〕, 신의가 있으며〔允〕, 후덕하며〔篤〕, 성실하였다〔誠〕."라고 하였으니, 이는 재주와 덕을 겸하여 말한 것이다. 司馬光이 말하기를 "덕이 재주보다 나으면 군자이고, 재주가 덕보다 나으면 소인이다."라고 하였는데, 이는 재주를 덕과 비교하여 말한 것이니, 학자는 어느 곳에서 절충해야 하는가?

---

36) 高陽氏有才子八人 齊聖廣淵明允篤誠 : 高陽氏는 중국 고대 五帝 중의 한 명을 말하며, 8人은 그의 후예인 蒼舒, 隤敳, 檮戭, 大臨, 尨降, 庭堅, 仲容, 叔達를 말하는데, 일반적으로 八愷로 통칭된다. 齊聖廣淵明允篤誠은 그들이 지닌 德을 말한다.

37) 德勝才爲君子 才勝德爲小人 : 이는 ≪資治通鑑≫ 권1 〈周紀 威烈王〉 23년에 "덕이 재주보다 나으면 군자이고, 재주가 덕보다 나으면 소인이다.〔德勝才謂之君子 才勝德謂之小人〕"로 나타나 있다.

38) 才稟於氣 氣有清濁 : ≪二程遺書≫ 권18에 보인다.

39) 專指其發於性者言之……程子之言爲密 : ≪孟子≫ 〈告子 上〉 '天生蒸民'의 ≪集註≫에 보인다.

내가 들으니 ≪孟子≫ 〈告子 上〉에 말하기를 "不善을 하는 것은 타고난 재질의 탓이 아니다."라고 하였으며, 程子는 말하기를 "재질은 氣에서 품부받은 것인데, 기에는 맑고 흐림이 있다."라고 하였다. 朱子는 말하기를 "맹자는 전적으로 성품에서 발현되는 것을 가리켜 말하였다. 그 때문에 타고난 재질이 선하지 않은 것이 없다고 하였으며, 정자는 氣에서 품부받은 것을 겸하여 말하였으니, 사람의 재질은 어둡고 밝고 강하고 약함에 차이가 있는 것이다. 사리에 입각해서 살펴보면 정자의 말이 더 정밀하다."라고 하였다.

이로 말미암아 살펴보면 ≪春秋左氏傳≫의 말은 바로 맹자가 말한 뜻이고, 사마광의 말은 정자가 말한 뜻이다. 그러나 사마광의 말이 더 정밀하다. 范祖禹가 魏徵이 '혼란한 시대에는 오직 재능 있는 사람만 구하고 그의 행실은 살피지 않는다.'고 말한 것은 마땅하지 않다고 비판하였으니, 그 말이 옳다. 그러나 재주와 행실은 분별할 것이 없다고 말한다면 정자의 말에는 어떻게 할 것인가?

7-7-1

貞觀十一年에 **侍御史馬周上疏曰 理天下者**는 **以人爲本**하니 **欲令百姓安樂**(락)①인댄 **惟在刺史縣令**이로되 **縣令**은 **旣衆**이라 **不能皆賢**이니 **若每州得良刺史**면 **則合境蘇息**이라 **天下刺史**가 **悉稱聖意**②면 **則陛下可端拱巖廊之上**[40])이니 **百姓**은 **不慮不安**하리이다 **自古郡守縣令**은 **皆妙選賢德**이라 **欲有遷擢爲將相**③인댄 **必先試以臨人**하고 **或從二千石**④으로 **入爲丞相及司徒太尉者**라 **朝廷**이 **必不可獨重內臣**하고 **外刺史縣令**하여 **遂輕其選**이니 **所以百姓未安**이 **殆由於此**니이다 **太宗**이 **因謂侍臣曰 刺史**는 **朕當自簡擇**하리니 **縣令**은 **詔京官五品已上**하여 **各擧一人**⑤케하라

① 令百姓安樂 : 令, 平聲. 樂, 音洛.
令(하여금)은 平聲이다. 樂(즐겁다)은 音이 洛이다.

② 悉稱聖意 : 稱, 去聲.
稱(걸맞다)은 去聲이다.

③ 將相 : 將相, 竝去聲. 後同.
將(장수)과 相(재상)은 모두 去聲이다. 뒤에도 같다.

---

40) 端拱巖廊之上 : 이는 ≪漢書≫ 〈董仲舒傳〉의 "들으니 堯舜시대에는 巖廊에서 여유로이 옷깃을 내려뜨리고 팔짱 낀 채 작위함이 없이 다스려 천하가 태평하였다.〔蓋聞虞舜之時 游於巖廊之上 垂拱無爲 而天下太平〕"에 의거한 것이다.

④ 從二千石 : 漢世郡守曰二千石.
漢나라 때에 郡守를 二千石이라 하였다.
⑤ 貞觀十一年……各擧一人 : 按史傳, 此與諫營造奢侈及論太子諸王定分[41]同一疏.
史傳을 살펴보건대 이것은 '건축을 사치롭게 함에 대해 간하다.'와 '태자와 여러 왕들의 분수를 정하는 것을 논하다.'는 것과 동일한 상소이다.

貞觀 11년(637)에 侍御史 馬周가 상소하였다.

"천하를 다스리는 것은 사람을 근본으로 하니, 백성들이 편안하고 즐겁도록 하려면 이는 오직 刺史와 縣令에게 달려 있습니다. 그러나 현령은 이미 그 수가 많아 모두 훌륭할 수는 없으니, 만일 州마다 훌륭한 자사를 얻는다면 온 경내 백성들이 소생할 것입니다. 천하의 자사가 모두 聖上의 뜻에 걸맞으면 폐하께서는 조정에서 팔짱만 끼고 있어도 될 것이니, 백성들은 불안하게 될까 염려하지 않을 것입니다. 옛날부터 郡守와 현령은 모두 훌륭하고 덕이 있는 사람을 정밀하게 뽑았습니다. 선발하여 장군이나 재상으로 삼으려고 하면 반드시 먼저 시험 삼아 백성을 다스리게 하였고, 혹은 2천 석 녹봉을 받는 군수에서 조정에 들어가 丞相과 司徒, 太尉가 되는 자가 있었습니다. 조정이 반드시 조정 내부의 신하들만 중시하고 자사와 현령을 도외시하여 드디어 그 선발을 가벼이 해서는 안 되니, 백성들이 편안하지 못한 까닭이 아마 여기에서 말미암기 때문일 것입니다."

太宗이 이로 인해 근신들에게 말하였다.

"자사는 짐이 응당 직접 선발할 것이니, 현령은 京官 5품 이상인 자들에게 명하여 각자 1명씩 천거하게 하시오."

【集論】

孫氏洙曰 民者는 國之本也요 守令은 民之本也니 古者天子列爵頒祿은 非爲臣下요 皆以爲民也라 故로 擇其人以牧養之하고 重其任以付責之하며 假其權以安固之하고 厚其祿以寵利之라 上之責吏가 一本於民하고 下之報上이 一本於民하면 則民重矣라 民重하면 則守令重하고 守令重하면 則天下國家重矣라 輕守令하면 是는 輕民也니 民輕하면 則天下國家輕矣니 可不愼歟아 昔漢制에 郡守入爲三公하고 郎官出宰百里하며 又出諫大夫補郡吏하여 有治效者는

41) 論太子諸王定分 : ≪貞觀政要≫ 권4 〈論太子諸王定分〉에 보인다.

璽書勉勵하고 增秩賜金하여 而不輒遷이라가 公卿缺이면 則選其尤異者用之라 故로 良吏於是爲盛[42)]하니 知所重也라 魏晉以下로 謂居朝者爲要職하고 治外者爲左遷이라 故로 吏多貪殘하여 而風俗日壞하여 失所重也러니 唐之失亦然이라 故로 內職常遷하고 外選常滯라 然이나 守宰之植風節者는 猶班班可言也라

孫洙가 말하였다.

"백성은 국가의 근본이고, 수령은 백성의 근본이니, 옛날에 천자가 작위를 두어 봉록을 나누어준 것은 신하를 위해서가 아니라 모두 백성을 위한 것이다. 그러므로 적합한 사람을 선발하여 백성을 거두어 양육하게 하였고, 그 직임을 무겁게 하여 부쳐 책임 지웠으며, 권세를 빌려주어 안정하게 하였고, 녹봉을 후하게 하여 총애하여 이롭게 해주었다. 임금이 관리에게 책임을 지우는 것이 한결같이 백성에게 근본을 두고, 신하가 임금에게 보답하는 것도 한결같이 백성에게 근본을 두게 되면, 백성이 소중하게 되는 것이다. 백성이 소중해지면 군수와 현령이 소중해지며, 군수와 현령이 소중해지면 천하 국가가 소중해진다. 수령을 가벼이 여기면 이는 백성을 가벼이 여기는 것이니, 백성이 가벼이 여겨지면 천하 국가도 가벼이 여겨질 것이니, 삼가지 않을 수 있겠는가?

옛날 漢나라의 제도에 군수가 조정에 들어와 三公이 되고, 郎官이 지방에 나가 百里(지방 고을)에 수령을 지내기도 하며, 또 諫大夫를 내보내 郡吏로 보임하여 치적이 있는 자에게는 勅書를 내려 권면하고 품계를 더해주며 재물을 하사하여 바로 자리를 옮기지 않다가, 公卿에 결원이 생기면 그중에서 더욱 뛰어난 자를 선발하여 등용하였다. 그러므로 훌륭한 관리들이 이때 많았으니, 이는 소중히 해야 할 것을 알았던 것이다. 魏·晉 이후로는 조정에 있는 사람을 요직이라고 하고, 지방을 다스리는 사람을 좌천되었다고 하였다. 그 때문에 관리들 중에 탐욕스럽고 잔인한 자들이 많아져 풍속이 나날이 무너져서 소중히 여길 것을 잃었더니 唐나라의 과오 역시 그러하였다. 그 때문에 內職에 있는 사람은 항상 승진하고 外職에서 발탁하는 것은 항상 지체되었다. 그러나 수령들 중 기풍과 절도를 세운 이들은 여전히 빛나서 말할 만하다."

---

42) 昔漢制……良吏於是爲盛 : 이와 관련된 것이 ≪漢書≫ 〈循吏傳〉의 "二千石 관원이 다스려서 그 치적이 있는 자에게는 바로 勅書를 내려 권면하고 품계를 더해주며 재물을 하사하여 혹은 작위를 關內侯에 이르게 하고, 公卿에 결원이 생기면 표창한 중에서 선발하여 차례로 등용하였다. 그러므로 한나라 시대에 순량한 관리들이 이때에 성대하여 中興이라고 일컬었다.〔二千石有治理效 輒以璽書勉厲 增秩賜金 或爵至關內侯 公卿缺 則選諸所表 以次用之 是故漢世良吏於是爲盛 稱中興焉〕"에 보인다.

胡氏寅曰 刺史至多하니 人君安能徧識이리오 人才는 委大臣謹擧可也라 縣令卑而尤衆하고 近民尤甚하니 尤不可不擇이라 必欲得人인댄 使爲縣有政績하여 擧其人可也니 若展轉求之면 則千百賢令을 亦可致矣리라 人各有才하여 其用不同하니 則識趣各異라 京官五品以上이 安能皆得縣令之才乎아

胡寅이 말하였다.

“刺史의 수가 아주 많으니 군주가 어떻게 두루 알 수 있겠는가? 인재는 대신에게 맡겨 부지런히 천거하도록 하는 것이 옳다. 현령은 지위가 낮은 데다 더욱 수가 많으며 백성과 더욱 가까우니 더욱 가려 뽑지 않을 수 없다. 반드시 인물을 얻고자 한다면 縣을 위해 정무의 치적을 이룩하도록 하여 그 인물을 천거하는 것이 옳으니, 만약 반복하여 구한다면 다수의 훌륭한 현령을 얻을 수 있을 것이다. 인물은 각각 재주가 있어 그 쓰임이 같지 않으니 지식과 뜻한 바가 각각 다르다. 5품 이상의 京官이 어떻게 현령의 재주를 모두 얻을 수 있겠는가?”

唐氏仲友曰 周之意는 蓋謂察之於己任이면 則民被害가 不如悉以才德選이니 則所得多矣라

唐仲友가 말하였다.

“馬周의 뜻은 자기의 임무를 잘 살핀다면 백성들의 피해가 모두 재주와 덕이 있는 사람을 선발한 것과 같지 않음을 말한 것이니, 얻은 것이 많다.”

遇按 聖人以天下爲一家[43)]하니 朝廷은 其堂奧요 州縣은 其戶庭也라 唐虞之時에 百揆는 統九官하고 四岳은 統十二牧이라 故曰 內有百揆四岳하고 外有州牧侯伯하여 庶政惟和하고 萬邦咸寧[44)]이라하니 何內外之重輕哉아 唐有天下하여 於重內輕外之時에 下至縣令하여는 士多不屑爲之라 夫令은 親民之尤者也어늘 以輕心處之하니 謂之何哉오 馬周之言은 其知體要者歟인저 爲天下者는 莫先於謹擇守令이니 太宗之言固善矣라 然이나 刺史錄名屛上하고 著政績善惡하여 可以自擇矣나 九重之尊이 豈能周知리오 惟當使內外輕重之平均하여 朝堂이 擇刺史都督하고 刺史都督이 擧縣令이 可也라

내가 살펴보건대 성인은 천하를 하나의 집으로 여기니, 朝廷은 당내의 안방이고,

---

43) 聖人以天下爲一家 : ≪禮記≫ 〈禮運〉의 “성인이 능히 천하를 한집안으로 삼는다.〔故聖人耐以天下爲一家〕”에서 유래한 것이다.

44) 內有百揆四岳……萬邦咸寧 : ≪書經≫ 〈周書 周官〉에 보인다.

州縣은 안마당이다. 堯임금과 舜임금 때에 百揆는 九官을 통솔하고 四岳은 12목을 통솔하였다. 그러므로 "안에는 百揆와 四岳이 있고, 밖에는 州牧과 侯伯이 있어 모든 정치가 조화롭고 萬邦이 모두 편안했다."라고 하였으니, 어찌 내외의 경중이 있었겠는가? 唐나라가 천하를 소유하여 내직을 중시하고 외직을 경시하던 때에 아래로 縣令에 이르러서는 선비들이 대부분 그 자리를 달가워하지 않았다. 현령은 더욱 백성과 가까운 자리인데, 경시하는 마음으로 대하였으니 말해 무엇하겠는가?

馬周의 말은 그 요체를 안 것이라 하겠다. 천하를 다스리는 데 있어 수령을 신중히 선발하는 것보다 먼저 해야 할 일은 없으니, 太宗의 말이 참으로 훌륭하다. 그러나 병풍에다 자사의 이름을 기록하고 치적의 잘잘못을 드러내어 스스로 선발할 수 있다고 하나, 구중궁궐에 있는 지존이 어찌 두루 알 수 있겠는가? 오직 마땅히 내외 경중을 공평하게 하도록 하여 조정에서 刺史와 都督을 선발하고 자사와 도독이 현령을 추천하는 것이 옳다.

7-8-1

貞觀十一年에 治書侍御史劉洎가 以爲左右丞을 宜特加精簡이라하여 上疏曰 臣聞尙書萬機는 實爲政本이라하니 伏尋此選授任誠難이라 是以八座를 比於文昌①하고 二丞을 方於管轄②하며 爰至曹郎히 上應列宿③하니 苟非稱職④이면 竊位興譏라 伏見比來에 尙書省⑤에 詔勅이 稽停⑥하고 文案이 壅滯하니 臣誠庸劣이어니와 請述其源하리이다 貞觀之初에 未有令僕⑦하고 于時省務繁雜하여 倍多於今한대 而左丞戴胄와 右丞魏徵이 竝曉達吏方하고 質性平直하여 事應彈擧⑧면 無所迴避하고 陛下又假以恩慈하여 自然肅物하여 百司匪懈가 抑此之由니이다 及杜正倫이 續任右丞에 頗亦厲下러니 比者에 綱維不擧는 竝爲勳親在位⑨하여 器非其任이요 功勢相傾이라 凡在官寮가 未循公道하니 雖欲自强이나 先懼囂謗⑩이라 所以郎中予奪⑪을 惟事諮稟하고 尙書는 依違하여 不能斷決이라 或糾彈聞奏를 故事稽延하여 案雖理窮이나 仍更盤下하니 去無程限하고 來不責遲하여 一經出手에 便涉年載라 或希旨失情하고 或避嫌抑理하여 勾司[45]는 以案成爲了하여 不究是非하며 尙書는 用便僻爲奉公하여 莫論當否⑫하고 互相姑息하여 惟事彌縫하니이다 且選衆授能호대 非才莫擧라 天工人代⑬하니 焉可妄加⑭리오 至於懿戚元

45) 勾司 : 案件을 審理하는 관리이다.

勳은 但宜優其禮秩이라 或年高及耄⑮하고 或積病智昏하여 旣無益於時宜하면 當置之以閒逸이니 久妨賢路는 殊爲不可라 將救玆弊인댄 且宜精簡尙書左右丞及左右郞中⑯하여 如竝得人하면 自然綱維備擧하고 亦當矯正趨競하리니 豈惟息其稽滯哉리오

疏奏에 尋以洎로 爲尙書左丞하다

① 是以八座 比於文昌：左右僕射及六部是爲八座. 漢志曰 "斯乃文昌天府[46), 衆務淵藪."
좌·우복야 및 6部가 八座이다. ≪漢志≫에 이르기를 "이곳은 文昌天府이니, 모든 일이 모이는 곳이다."라고 하였다.

② 二丞 方於管轄：二丞, 左右丞也. 六典曰 "掌管轄省事."
二丞은 좌승과 우승이다. ≪六典≫에 이르기를 "中書省의 핵심적인 일을 관장한다."라고 하였다.

③ 宿：音秀. 漢明帝曰 "郞官上應列宿."
音이 秀이다. 漢 明帝가 이르기를 "郞官은 위로 여러 별에 상응한다."라고 하였다.

④ 茍非稱職：稱, 去聲.
稱(걸맞다)은 去聲이다.

⑤ 伏見比來尙書省：比, 音鼻. 後同.
比(근래)는 音이 鼻이다. 뒤에도 같다.

⑥ 稽停：稽, 音棊.
稽(머무르다)는 音이 棊이다.

⑦ 令僕：尙書令及僕射也.
尙書令과 僕射이다.

⑧ 事應彈擧：應, 彈, 竝平聲.
應(마땅하다)과 彈(탄핵하다)은 모두 平聲이다.

⑨ 竝爲勳親在位：爲, 去聲.
爲(때문에)는 去聲이다.

⑩ 先懼囂謗：囂音枵, 浮薄也.
囂는 音이 枵니, 경박하다는 뜻이다.

⑪ 所以郞中予奪：予, 上聲.
予(주다)는 上聲이다.

⑫ 用便僻爲奉公 莫論當否：便論, 竝平聲. 當, 去聲.

---

46) 文昌天府：尙書省의 별칭으로, 北斗에 비겨서 일컫는 말이다. ≪通志≫ 권53 〈職官略 尙書省〉에 "文昌天府는 모든 일이 모이는 곳입니다. 內外를 折衷하는 곳이고 원근이 稟議하여 우러러보는 곳입니다. 그러므로 李固가 말하기를 '陛下에게 尙書가 있는 것은 하늘에 北斗가 있는 것과 같습니다.' 하였습니다.〔文昌天府 衆務淵藪 內外所折衷 遠近所稟仰 故李固云 陛下之有尙書 猶天之有北斗〕"라고 하였다.

便(아첨하다)과 論(논란하다)은 모두 平聲이다. 當(합당하다)은 去聲이다.

⑬ 天工人代 : 虞書曰 "天工人其代之." 言人君代天理物, 官所治皆天事.

≪書經≫ 〈虞書 皐陶謨〉에 "하늘의 일을 사람이 대신한다."라고 하였는데, 군주가 하늘을 대신해 사물을 다스려서 관직에서 다스리는 일은 모두 하늘의 일임을 말한 것이다.

⑭ 焉可妄加 : 焉, 於虔切.

焉(어찌)은 於와 虔의 반절이다.

⑮ 或年高及耄 : 耄, 音冒, 八十九十曰耄.

耄(늙은이)는 音이 冒이니, 80세와 90세를 耄라고 한다.

⑯ 左右郎中 : 唐制, 副二丞所轄諸司事, 署錄目, 勘稽失, 知省內宿直之事.

唐나라 제도에 의하면 좌·우승이 관할하는 여러 직무를 보좌하여 목록을 작성하고 지연되거나 잘못된 것을 살피며, 상서성 내의 숙직하는 일을 맡는다.

貞觀 11년(637)에 治書侍御史 劉洎가 左右丞은 특별히 더욱 정밀히 선발해야 한다고 하여 상소하였다.

"신은 듣건대 尙書省의 모든 임무는 실로 정치의 근본이 된다고 합니다. 삼가 살펴보니 이를 선발하여 임무를 주는 것은 참으로 어려운 일입니다. 이 때문에 八座를 文昌星에 비유하고 좌우승을 管轄(열쇠와 비녀장)에 비유하며 曹郎(부서의 관리)에 이르기까지 위로 여러 별들에 대응하니, 만일 걸맞는 직임이 아니면 지위만 훔친다는 비난이 일어날 것입니다. 제가 보건대 근래 상서성에는 조칙이 稽留되어 있고 문건이 지체되어 있으니, 신이 참으로 용렬하지만 그 원인에 대해 말해보겠습니다.

정관 초기에는 尙書令과 僕射가 없었고, 그때에는 상서성의 업무가 번잡하여 지금보다 갑절이나 많았는데 좌승 戴胄와 우승 魏徵이 모두 관리의 업무 처리 방법에 밝게 통달하고, 성품이 공평 정직하여 탄핵할 일이 있으면 피하지 않았으며, 폐하께서 또 은혜와 자애를 베푸시어 자연히 사람들이 엄숙해져서 모든 관사가 게으름을 피우지 않은 것은 또한 이 때문입니다.

杜正倫이 뒤이어 우승의 임무를 맡았을 때 역시 하급 관원들을 독려했는데, 근래에 기강이 제대로 서지 않은 것은 모두 공훈이 있는 자와 친척들이 자리를 차지하고 있어 기량이 그 임무에 합당하지 않고 공로와 권세에 서로 힘쓰기 때문입니다. 관직에 있는 이들이 공정한 도리를 따르지 않으니, 비록 스스로 힘쓰고자 하나 시끄럽게 비방이 일까 먼저 두려워합니다. 그래서 郎中의 임명과 면직을 일마다 품의하여 처리할 뿐이고 상서는 머뭇거리며 결단을 내리지 못하고 있습니다. 어떤 경우에는 규탄하는 상소를 일부러 지연시켜 안건이 비록 심리가 다 끝났는데도 다시 아래에 推問해야 한다고 하니 보내는 것은 기한이 없고, 오는 것은 지체됨을 문책하지 않아 한번 손을 거쳐 나오는 데 몇 년이 걸립니다. 혹은 천자의 뜻을 바라다가 실정을 잃기도 하고 혹은 혐의를 피하려고 실리를 억압하기도 합니다. 담당 관리는 문건을 완성하는 것으로 일을 마쳤다고 여겨 시비를 추구하지 않으며, 상서는 아첨하고 비위를 맞추는 것으로 공무를 받든다고 여겨 마땅한지 아닌지를 따지지 않고 서로 눈앞의 편안함만을 취하여 오직 미봉책만을 일삼고 있습니다.

우선 많은 사람 중에서 선발하여 능력자를 임명하되 재능이 없으면 등용하지 않아야 합니다. 하늘의 일을 사람이 대신하는 것이니, 어찌 함부로 벼슬을 줄 수 있겠습니까? 천자의 친척이나 공신에게는 다만 적당히 예우하고 녹봉을 넉넉히 줄 뿐입니다. 혹은 나이가 많아 팔구십 세가 되었거나 혹은 오랜 병에 지혜가 혼몽하여 이미 시대의 적합성에 도움이 되지 못하면 마땅히 한가하게 지내도록 해야 하니, 오래도록 현인의 벼슬길을 막는 것은 결코 옳다고 할 수 없습니다. 이러한 폐단을 제거하고자 한다면 마땅히 상서와 좌우승 및 좌우낭중을 정밀히 선발하여 만일 모두 적당한 사람을 얻게 되면 자연히 기강이 갖추어지게 될 것이고, 또한 마땅히 경쟁하는 풍토도 바로잡히게 될 것이니, 어찌 일이 지체되는 것만을 멈출 뿐이겠습니까?"

상소문이 올라가자 얼마 뒤에 유계를 상서좌승으로 삼았다.

【集論】

張氏九成曰 觀洎以章疏白尙書非人之弊하여 務欲擇賢任職하여 整綱維하고 振稽滯하니 此皆詳練治體요 深達政本이라 惜乎라 忠誠憂國을 不密其身[47]하니 宜來者之戒也라

張九成이 말하였다.

"살펴보건대 劉洎가 상소를 올려 상서성에 합당한 인물이 없는 폐단을 말함으로써

47) 忠誠憂國 不密其身 : 劉洎가 충성을 자신에게 잘 적용하지 못하여 모함을 받아 죽은 것을 말한다. 유계는 褚遂良의 모함을 받아 죽임을 당했는데, 이 사실은 ≪新唐書≫ 권99 〈劉洎列傳〉에 보인다.

힘써 훌륭한 사람을 선택하여 직무를 맡겨서 기강을 바로잡고 지체되는 것을 진작시키고자 하였으니, 이는 모두 정치 체제를 잘 아는 것이고, 정치의 근본에 깊이 통달한 것이다. 그러나 안타깝구나! 충성과 나라를 걱정하는 마음을 자신에게 밀접하게 적용하지 못하였으니, 마땅히 후세 사람들이 경계로 삼아야 할 것이다."

愚按 唐制에 三省에 尙書省居其首니 樞機之要也라 尙書令은 掌典領百官하니 其屬有六이라 左右僕射는 統理六官하니 爲令之貳니 皆宰相也라 左丞은 則總吏部戶部禮部하고 右丞은 則總兵部刑部工部하니 其所關繫가 豈小哉리오 劉洎는 以剛直果敢之才로 當糾彈擧劾之任하여 於是而極言委任之弊하니 其陳精簡之方은 可謂知政本稱厥職矣요 太宗은 卽以洎爲左丞하니 可謂知人也已라 以太宗之器使人才로 後之人主는 所宜爲法也라

내가 살펴보건대 唐나라 제도에 의하면 三省 가운데 尙書省이 최상에 있으니, 가장 중요한 부서이다. 상서령은 모든 관원을 맡아 통솔하는 일을 관장하는데, 그 소속에 6部가 있다. 左·右僕射는 6官을 총괄해 다스리는데, 상서령의 副官이니 모두 재상이다. 좌승은 吏部·戶部·禮部를 총괄하고, 우승은 兵部·刑部·工部를 총괄하니, 그들과 관계된 일이 어찌 작다고 하겠는가?

유계는 강직하며 과감한 자질을 지니고서 규탄하며 논핵하는 임무를 맡아 이때에 직무 유기의 폐단을 극론하니 관원을 정밀하게 선발하는 방법을 진술한 것은 정치의 근본을 알고 그 직책에 걸맞는다고 이를 만하고, 太宗은 곧바로 유계를 좌승에 임명하였으니, 사람을 잘 알아보았다고 이를 만하다. 太宗이 인재를 쓰고 부리는 것을 후세의 군주들은 마땅히 본보기로 삼아야 할 것이다.

7-9-1

貞觀十三年에 **太宗謂侍臣曰 朕聞太平後**에 **必有大亂**하고 **大亂後**에 **必有太平**이라하니 **大亂之後**는 **卽是太平之運也**라 **能安天下者**는 **惟在用得賢才**로되 **公等**이 **旣不知賢**하고 **朕又不可徧識**이라 **日復一日**에 **無得人之理**하니 **今欲令人自擧**①하니 **於事**에 **何如**오 **魏徵對曰 知人者**는 **智**요 **自知者**는 **明**[48]이니 **知人**이 **旣以爲難**이요 **自知**도 **誠亦不易**(이)②라 **且愚暗之人**은 **皆矜能伐善**이라 **恐長澆競之風**③하니 **不可令其自擧**니이다

48) 知人者智 自知者明 : ≪道德經≫ 〈辯德〉에 보인다.

① 今欲令人自擧 : 令, 平聲. 後同.
令(하여금)은 平聲이다. 뒤에도 같다.
② 易 : 以豉切.
易(쉽다)는 以와 豉의 반절이다.
③ 長澆競之風 : 長, 音掌.
長(조장하다)은 音이 掌이다.

貞觀 13년(639)에 太宗이 근신들에게 말하였다.

"짐이 듣건대 태평한 시대 뒤에는 반드시 큰 혼란이 있고, 큰 혼란이 있은 뒤에는 반드시 태평한 시대가 있다고 하니, 큰 혼란의 뒤에는 바로 태평한 운세인 것이다. 천하를 편안히 할 수 있는 것은 오직 훌륭한 인재를 등용하는 데 달려 있지만, 공들이 이미 훌륭한 인재를 몰라보고 짐도 두루 알지 못하기에 하루하루가 지나도 사람을 얻을 수 있는 이치가 없으니, 지금 사람들에게 스스로 천거하도록 하려고 하는데 이 일에 대해 어떻게 생각하오?"

魏徵이 대답하였다.

"남을 아는 것은 智이며, 자신을 아는 것은 明이니, 남을 아는 것은 이미 어려운 일이고, 자신을 아는 것도 참으로 쉽지 않습니다. 게다가 우매한 사람은 모두 재능과 능력을 자랑하기 때문에 얄팍하게 경쟁만 하는 풍토를 조장할까 두려우니, 자신을 천거하게 해서는 안 됩니다."

【集論】

愚按 太宗急於得天下之賢이라 於是에 有令人自擧之議어늘 魏徵이 以爲知人旣難이요 自知不易하니 若令自擧면 恐長澆競之風이라하니 誠爲知言也라 夫三代盛時에 比閭族黨州鄕 遞遞하여 而考其德行道藝하여 賓興[49]于王하니 此所謂鄕擧里選[50]也라 世道已降하여 此制不復하고 乃曰令人自擧라하니 吾見其自鬻而已矣니 非善論也라

내가 살펴보건대 太宗이 천하의 훌륭한 인재를 얻는 것을 시급하게 여겨서 사람들

49) 賓興 : 周나라 때 인재를 선발하던 방법으로, 鄕大夫가 그 고을의 小學에서 어질고 유능한 인재를 천거하여 國學에 들어가게 하였는데, 이들을 전송할 때에 賓客으로 예우한 데서 유래하였다. ≪周禮 地官 司徒≫

50) 鄕擧里選 : 周나라 때에 鄕마다 鄕大夫를 두어 六德, 六行, 六藝를 가르친 다음, 3년마다 훌륭하고 능력이 있는 자를 중앙에 천거하던 제도이다.

에게 스스로 천거하라는 논의를 하였는데, 魏徵이 “남을 아는 것이 이미 어렵고 스스로를 아는 것도 쉽지 않으니, 만일 스스로 천거하게 한다면 얄팍하게 경쟁하는 풍토를 조장할까 두렵습니다.”라고 말하였으니, 참으로 아는 사람의 말이다.

三代의 융성했을 때 마을과 고을에서 번갈아가며 인물의 덕성·행실·도의·재주를 고찰하여 능력자를 賓客으로 예우하여 王께 보고하였으니, 이 제도가 바로 鄕擧里選이다. 세상의 도가 이미 실추하여 이 제도를 다시 회복하지 못하고 “사람들에게 스스로 천거하도록 하겠다.”라고 하였는데, 나는 그것이 자신을 파는 일임을 잘 알겠으니, 좋은 논의가 아니다.

7-10-1

貞觀十四年에 **特進魏徵上疏曰 臣聞知臣**은 **莫若君**이요 **知子**는 **莫若父**[51]라하니 **父不能知其子**면 **則無以睦一家**요 **君不能知其臣**이면 **則無以齊萬國**이라 **萬國**이 **咸寧**하면 **一人**이 **有慶**[52]하여 **必藉忠良作弼**하고 **俊乂在官**[53]하면 **則庶績其凝**하여 **無爲而化矣**리라 **故堯舜文武**가 **見稱前載**는 **咸以知人則哲**[54]하여 **多士盈朝**라 **元凱**가 **翼巍巍**[55]**之功**①하고 **周召**가 **光煥乎之美**②하니 **然則四岳**③**九官**④**五官**⑤[56]**十亂**⑥이 **豈惟生之於曩代**하고 **而獨無於當今者哉**아 **在乎求與不求**와 **好與不好耳**⑦라 **何以言之**오 **夫美玉明珠**⑧와 **孔翠犀象**과 **大宛之馬**⑨와 **西旅之獒**⑩가 **或無足也**며 **或無情也**어늘 **生於八荒之表**하여 **塗遙萬里之外**하되 **重譯入貢**⑪하여 **道路不絶者**는 **何哉**오 **蓋由乎中國之所好也**일새라 **況從仕者**가 **懷君之榮**하고 **食君之祿**하니 **率之以義**면 **將何往而不至哉**리오 **臣**은 **以爲與之爲孝**하면 **則可使同乎曾參子騫矣**⑫요 **與之爲忠**하면 **則可使同乎龍逄**(방)**比干矣**⑬요 **與之爲信**하면 **則可使同乎尾生展禽**[57]**矣**⑭요 **與之爲廉**하면 **則可使**

---

51) 知臣莫若君 知子莫若父 : ≪管子≫ 〈大匡〉에 “知子莫若父 知臣莫若君”이라고 하였다.

52) 萬國咸寧 一人有慶 : ≪書經≫ 〈周書 呂刑〉에 “나 한 사람이 경사가 있을 것이며, 兆民들이 힘입어 그 편안함이 영원할 것이다.〔一人有慶 兆民賴之 其寧惟永〕”라고 하였다. 그리고 ‘萬國咸寧’은 ≪周易≫ 乾卦에 보인다.

53) 俊乂在官 : ≪書經≫ 〈虞書 皐陶謨〉에 보인다.

54) 知人則哲 : ≪書經≫ 〈虞書 皐陶謨〉에 보인다.

55) 巍巍 : 위대한 모양으로, 舜·禹의 업적을 말한다. ≪論語≫ 〈泰伯〉에 “높구나. 舜·禹가 천하를 소유하고도 그것에 관여하지 않았다.〔巍巍乎 舜禹之有天下也而不與焉〕”라고 하였다.

56) 五官 : ‘五臣’으로 쓰인 본도 있다. ≪新譯貞觀政要≫(2008)

同乎伯夷叔齊矣⑮라 **然而今之群臣**이 **罕能貞白卓異者**는 **蓋求之不切**하고 **勵之未精故也**니 **若勗之以公忠**하고 **期之以遠大**하여 **各有職分**⑯하여 **得行其道**하여 **貴則觀其所擧**하고 **富則觀其所養**[58]하며 **居則觀其所好**[59]하고 **習則觀其所言**[60]하며 **窮則觀其所不受**[61]하고 **賤則觀其所不爲**[62]하여 **因其材以取之**하며 **審其能以任之**하여 **用其所長**하고 **揜其所短**[63]하며 **進之以六正**하고 **戒之以六邪**하면 **則不嚴而自勵**하고 **不勸而自勉矣**라

① 元凱翼巍巍之功：舜擧八凱, 使主后土, 百揆時序, 擧八元, 使布五教, 內平外成.
舜임금이 八凱를 등용하여 后土를 주관하게 하니 모든 일이 때와 차례에 맞았고, 八元을 등용하여 五教를 베풀게 하니 안팎의 일이 화평하게 되었다.

② 周召光煥乎之美：周公, 名旦, 武王之弟. 召公, 名奭, 爲周太保. 二公夾輔成王.
周公은 이름이 旦(단)으로, 武王의 동생이다. 召公은 이름이 奭으로, 周나라의 太保가 되었다. 두 公은 成王을 보좌하였다.

③ 四岳：唐虞官名, 掌四岳諸侯之事, 或一人而總兼之.
四岳은 堯임금과 舜임금 때의 관직 이름으로, 사악에 있는 제후의 일을 담당하였는데, 혹 한 사람이 총괄하여 겸하기도 하였다.

④ 九官：舜命禹作司空, 稷播百穀, 契爲司徒, 皐陶作士, 垂爲共工, 益掌山澤, 伯夷爲秩宗, 夔典樂, 龍作納言, 是爲九官.
舜임금이 명을 내려 禹를 司空에 임명하였고, 稷에게 백곡을 파종하는 일을 맡겼으며, 契을 司徒에 임명하였고, 皐陶를 士에 임명하였으며, 垂를 共工에 임명하였고, 益에게 山澤을 관장하게 하였으며, 伯夷를 秩宗에 임명하였고, 夔를 典樂에 임명하였으며, 龍을 納言

57) 展禽：柳下惠로 널리 통용되고, 信義로 저명하였다. 魯나라에 한 남자가 혼자서 방 안에 있었는데 밤중에 갑자기 폭풍우가 몰아쳐 이웃집이 파괴되자, 그 집에 살던 과부가 달려와 의탁할 것을 청하였으나 남자는 문을 닫고 받아들이지 않았다. 과부가 창문을 통하여 "그대는 어이하여 유하혜처럼 하지 않는가?" 하자, 남자는 "유하혜는 부녀자와 함께 있어도 괜찮았지만 나는 不可하다. 나는 장차 나의 불가함으로써 유하혜의 可함을 배우겠다."라고 하였다. ≪孔子家語 권2 好生≫

58) 養：≪呂氏春秋≫ 高誘 註에서는 "養은 현인을 훌륭하게 여김이다.〔養則善賢也〕"라고 하였다.

59) 好：≪呂氏春秋≫ 高誘 註에서는 "好는 의리를 좋아함이다.〔好則好義〕"라고 하였다.

60) 言：≪呂氏春秋≫ 高誘 註에서는 "言은 道를 말함이다.〔言則言道〕"라고 하였다.

61) 不受：≪呂氏春秋≫ 高誘 註에서는 "착하지 않은 것을 받지 않음이다.〔不受非其類也〕"라고 하였다.

62) 貴則觀其所擧……賤則觀其所不爲：≪呂氏春秋≫ 권3 〈論人〉의 "貴則觀其所進 富則觀其所養 聽則觀其所行 止則觀其所好 習則觀其所言 窮則觀其所不受 賤則觀其所不爲"에서 유래한 것이다. '不爲'를 ≪呂氏春秋≫ 高誘 註에서는 "아첨을 하지 않음이다.〔不爲諂諛〕"라고 하였다.

63) 用其所長 揜其所短：≪說郛≫ 〈用人〉의 "用其所長 而畧其所短"에서 유래한 것이다.

에 임명하였으니, 이것이 九官이다.

⑤ 五官 : 論語曰 "舜有臣五人而天下治." 謂禹稷契皐陶伯益也.

≪論語≫ 〈泰伯〉에 "舜임금에게는 신하 다섯 명이 있었는데, 천하가 잘 다스려졌다."라고 하였으니, 禹·稷·契·皐陶·伯益을 말한다.

⑥ 十亂 : 周書, 武王曰 "予有亂臣十人."[64] 亂, 治也. 十人, 謂周公旦, 召公奭, 太公望, 畢公, 榮公, 太顚, 閎天, 散宜生, 南宮适, 其一文母. 論語曰 "有婦人焉, 九人而已." 先儒以爲子無臣母之義, 蓋邑姜也. 九人治外, 邑姜治內.

≪書經≫ 〈周書 泰誓〉에, 武王이 말하기를 "나에게는 잘 다스리는 신하 열 명이 있다."라고 하였다. 亂은 다스린다는 뜻이다. 열 명은 周公 旦, 召公 奭, 太公望, 畢公, 榮公, 太顚, 閎天, 散宜生, 南宮适이며, 한 명은 文王의 어머니이다. ≪論語≫ 〈泰伯〉에 "부인이 한 명 끼어 있었으니, 아홉 사람일 뿐이다."라고 하였는데, 先儒(劉敞)가 "자식이 어머니를 신하로 삼는 義가 없으니, 邑姜(武王의 妃)이다."라고 하였다. 아홉 신하는 밖을 다스리고 邑姜은 안을 다스린 것이다.

⑦ 好與不好耳 : 好, 竝去聲. 後同.

好(좋아하다)는 모두 去聲이다. 뒤에도 같다.

⑧ 夫美玉明珠 : 珠, 音朱.

珠(구슬)는 音이 朱이다.

⑨ 大宛之馬 : 宛, 平聲. 大宛, 西域國. 漢武時, 李廣利破其國, 獲汗血馬[65]以獻.

宛(땅 이름)은 平聲이다. 大宛은 서역의 나라이다. 漢 武帝 때에 李廣利가 그 나라를 격파하여 汗血馬를 얻어서 바쳤다.

⑩ 西旅之獒 : 西旅, 西夷國. 武王時貢獒犬, 高八尺曰獒.

西旅는 西夷의 나라이다. 武王 때에 獒犬을 바쳤는데, 높이가 8척인 것을 獒라고 하였다.

⑪ 重譯入貢 : 重, 平聲, 言語不通, 必重譯而求也.

重(거듭)은 平聲이니, 언어가 통하지 않아 반드시 거듭 통역을 거쳐 구하였다.

⑫ 則可使同乎曾參子騫矣 : 曾參, 字子輿. 子騫, 姓閔, 名損. 皆孔子弟子. 孟子曰 "事親若曾子可也." 論語曰 "孝哉, 閔子騫, 人不間於其父母昆弟之言."

曾參은 字가 子輿이다. 子騫은 姓이 閔이고, 이름이 損이다. 모두 孔子의 제자이다. ≪孟子≫ 〈離婁 上〉에 "부모 섬기기를 曾子처럼 하면 괜찮다."라고 하였다. ≪論語≫ 〈先進〉에 "효성스럽구나, 閔子騫이여. 그의 효성을 칭찬하는 부모 형제들의 말에 대해 사람들이 이의를 제기하지 않는구나."라고 하였다.

⑬ 則可使同乎龍逢比干矣 : 龍逢, 桀臣. 比干, 紂臣. 皆以忠諫見殺.

龍逢은 桀의 신하이고, 比干은 紂의 신하이니, 모두 충성스럽게 간언하다가 죽임을 당했다.

⑭ 則可使同乎尾生展禽矣 : 莊子曰 "尾生與女子期於梁下, 女子不來, 水至不去, 抱梁柱而死."

---

64) 周書……予有亂臣十人 : ≪書經≫ 〈周書 泰誓〉의 蔡沈 ≪集傳≫을 인용한 것이다.

65) 汗血馬 : 천리마의 일종으로, 피와 같은 땀을 흘린다는 大宛의 駿馬이다.

展禽, 魯大夫展獲, 名禽, 食邑柳下, 諡曰惠.

≪莊子≫ 〈盜跖〉에 "尾生이 여자와 다리 밑에서 만나기로 약속을 하였는데, 여자가 오지 않았다. 물이 차도 자리를 뜨지 않고 있다가 다리 기둥을 껴안고서 죽었다."라고 하였다. 展禽은 魯나라 대부 展獲이니, 이름은 禽이고, 식읍은 柳下이며, 시호는 惠이다.

⑮ 則可使同乎伯夷叔齊矣 : 伯夷叔齊, 孤竹國君之二子. 讓國而逃, 諫伐而餓.

伯夷와 叔齊는 孤竹國 군주의 두 아들이다. 나라를 양보하여 도망쳤으며, 武王의 정벌을 만류하였고 굶어 죽었다.

⑯ 各有職分 : 分, 去聲.

分(직분)은 去聲이다.

貞觀 14년(640)에 特進 魏徵이 상소하였다.

"신이 듣건대, '신하를 아는 사람은 군주만 한 이가 없고 아들을 아는 사람은 아버지만 한 이가 없다'고 하니, 아버지가 그 아들을 알지 못하면 한 가정을 화목하게 할 수 없고, 군주가 그 신하를 알지 못하면 온 나라를 다스릴 수 없습니다. 온 나라가 다 편안하면 한 사람 天子에게 경사스러운 일이 있게 되어, 반드시 충성스럽고 어진 신하가 보필함을 힘입게 되고 뛰어난 사람들이 관직에 있으면 여러 공적이 쌓여 하는 일이 없어도 교화가 될 것입니다.

그러므로 堯임금·舜임금·文王·武王이 앞 시대에서 칭송된 것은 모두 사람을 알아보는 데에 명철하여 많은 선비들이 조정에 가득했기 때문입니다. 八元과 八凱가 순임금의 위대한 공을 도왔고, 周公과 召公이 환한 아름다움을 빛냈으니, 그렇다면 四岳·九官·五臣·十亂(10명의 잘 다스린 이)이 어째서 오직 예전 시대에만 태어나고 다만 오늘날에만 없는 것이겠습니까? 구하고 구하지 않는 것과 좋아하고 좋아하지 않는 데에 달려 있을 뿐입니다. 무엇으로 그렇게 말할 수 있습니까? 아름다운 옥과 좋은 구슬, 공작과 비취, 무소뿔과 상아, 大宛의 말, 西旅의 맹견이 혹은 다리가 없고 혹은 감정이 없거늘, 팔방 먼 곳에서 생산되어 만 리가 넘는 길을 지나 여러 번 통역을 거쳐 조공으로 들어와서 도로에 끊이지 않는 것은 어째서입니까? 이는 중국이 이러한 것들을 좋아하기 때문입니다. 하물며 벼슬에 종사하는 자가 군주의 영화를 생각하고 군주의 녹봉을 받으니 의리로 따르면 장차 어디로 간들 이르지 못하겠습니까?

신이 생각하기에 그와 효도를 행하면 曾參·閔子騫과 동일하게 될 수 있으며, 그와 충성을 하면 龍逄·比干과 동일하게 될 수 있으며, 그와 약속을 하면

尾生·展禽과 동일하게 될 수 있으며, 그와 청렴한 일을 하면 伯夷·叔齊와 동일하게 될 수 있을 것입니다. 그러나 지금의 여러 신하 중에 곧고 결백함이 남들보다 뛰어난 자가 드문 것은 인재를 구하는 것이 절실하지 못하고 이들을 격려하는 것이 아직 정밀하지 못하기 때문입니다. 만일 이들에게 공평함과 충성으로 힘쓰게 하고 원대함으로 기대하여 각기 직분을 가져서 그 도를 행하게 하여 귀한 경우에는 그가 천거하는 사람을 관찰하고, 부유한 경우에는 그가 양육하는 것을 관찰하며, 거처할 때에는 그가 좋아하는 것을 관찰하고, 학습할 때에는 그가 말하는 것을 관찰하며, 궁할 때는 그가 받지 않는 것을 관찰하고, 천할 때는 그가 하지 않는 것을 관찰하여 그의 재능에 따라 취하며 그의 능력을 살펴서 임용하여 장점을 쓰고 단점을 덮어주며 6正(6가지 바른 것)을 통해 승진시키고 6邪(6가지 사악한 것)를 통해 경계시키면 엄격하게 하지 않아도 스스로 힘쓸 것이고, 권장하지 않아도 스스로 노력할 것입니다.

7-10-2

故說苑曰⑰人臣之行이 有六正六邪하니 行六正則榮하고 犯六邪則辱하니 何謂六正고 一曰 萌芽未動하고 形兆未見(현)⑱에 昭然獨見存亡之機와 得失之要하여 預禁乎未然之前하여 使主로 超然立乎顯榮之處하니 如此者는 聖臣也요 二曰 虛心盡意하여 日進善道하여 勉主以禮義하고 諭主以長策하여 將順其美하며 匡救其惡[66]하니 如此者는 良臣也요 三曰 夙興夜寐하여 進賢不懈하고 數(삭)稱往古之行事⑲하여 以厲主意하니 如此者는 忠臣也요 四曰 明察成敗하여 早防而救之하며 塞其間⑳하고 絶其源하여 轉禍以爲福하여 使君으로 終以無憂하니 如此者는 智臣也요 五曰 守文奉法하고 任官職事하며 不受贈遺㉑하고 辭祿讓賜하며 飮食節儉하나니 如此者는 貞臣也요 六曰 家國昏亂이라도 所爲를 不諛하고 敢犯主之嚴顔하여 面言主之過失하나니 如此者는 直臣也니 是謂六正이니이다 何謂六邪오 一曰 安官貪祿하여 不務公事하고 與代浮沈하여 左右觀望하니 如此者는 具臣也요 二曰 主所言을 皆曰善이라하고 主所爲를 皆曰可라하며 隱而求主之所好而進之하여 以快主之耳目하고 偸合苟容하여 與主爲樂㉒하고 不顧其後

66) 將順其美 匡救其惡 : ≪孝經≫ 〈事君〉에 보인다.

害하니 如此者는 諛臣也요 三曰 內實險詖㉓하되 外貌小謹하며 巧言令色하고 妬善嫉賢하여 所欲進이면 則明其美하며 隱其惡하고 所欲退면 則明其過하며 匿其美하여 使主로 賞罰不當㉔하고 號令不行하니 如此者는 奸臣也요 四曰 智足以飾非하며 辯足以行說(세)㉕[67]하여 內離骨肉之親하고 外搆朝廷之亂하니 如此者는 讒臣也요 五曰 專權擅勢하여 以輕爲重하며 私門成黨하여 以富其家하며 擅矯主命하여 以自貴顯하니 如此者는 賊臣也요 六曰 諂主以佞邪하여 陷[68]主於不義하고 朋黨比周㉖하여 以蔽主明하여 使白黑으로 無別㉗하고 是非로 無間㉘하여 使主惡으로 布於境內하며 聞於四隣하니 如此者는 亡國之臣也니 是謂六邪라 賢臣은 處六正之道㉙하여 不行六邪之術이라 故上安而下理하여 生則見樂하고 死則見思하나니 此人臣之術也라 禮記曰 權衡誠懸하면 不可欺以輕重이요 繩墨誠陳하면 不可欺以曲直이요 規矩誠設이면 不可欺以方圓이요 君子審禮하면 不可誣以姦詐㉚라하니 然則臣之情僞를 知之不難矣라 又設禮以待之하고 執法以御之하여 爲善者蒙賞하고 爲惡者受罰하면 安敢不企及乎며 安敢不盡力乎리오

⑰ 故說苑曰 : 前漢光祿大夫劉向, 字子政, 楚元王交之後. 采傳記行事, 著說苑二十篇.
前漢의 光祿大夫 劉向은 字가 子政으로, 楚元王 交의 후예이다. 傳記와 行事를 채록하여 ≪說苑≫ 20편을 저술하였다.

⑱ 形兆未見 : 見, 音現.
見(나타나다)은 音이 現이다.

⑲ 數稱往古之行事 : 數, 音朔.
數(자주)은 音이 朔이다.

⑳ 塞其間 : 間, 去聲, 隙也.
間은 去聲이니, 틈이라는 뜻이다.

㉑ 不受贈遺 : 遺, 去聲.
遺(주다)는 去聲이다.

㉒ 與主爲樂 : 樂, 音洛. 後同.
樂(즐겁다)은 音이 洛이다. 뒤에도 같다.

㉓ 內實險詖 : 詖, 音蔽.
詖(치우치다)는 音이 蔽이다.

㉔ 賞罰不當 : 當, 去聲.

---

67) 智足以飾非 辯足以行說 : ≪史記≫ 권3 〈殷本紀〉의 "지혜는 충분히 간언을 막고 말은 충분히 非違를 꾸며댄다.〔知足以距諫 言足以飾非〕"와 관련된다.

68) 陷 : 저본에는 '陥'로 되어 있으나, '陷'으로 바로잡았다.

當(합당하다)은 去聲이다.

㉕ 辯足以行說 : 說, 音稅.
說(유세하다)는 音이 稅이다.

㉖ 比周 : 比, 音鼻.
比(친하다)는 音이 鼻이다.

㉗ 無別 : 別, 彼列切.
別(구분하다)은 彼와 列의 반절이다.

㉘ 無間 : 間, 去聲.
間(이간질하다)은 去聲이다.

㉙ 處六正之道 : 處, 上聲. 後同.
處(거처하다)는 上聲이다. 뒤에도 같다.

㉚ 權衡誠懸……不可誣以姦詐 : 禮經解篇之辭.
≪禮記≫ 〈經解〉의 말이다.

그러므로 ≪說苑≫ 〈臣術〉에 '신하의 행실에는 6正과 6邪가 있으니, 6정을 닦으면 영화롭게 되고, 6사를 범하면 치욕을 당하게 된다.

무엇을 6正이라고 하는가? 첫째, 싹이 아직 트지 않고, 형체의 조짐이 보이기 전에 홀로 국가 존망의 기미와 득실의 요점을 훤히 꿰뚫어보아 사전에 미리 금지하여 군주에게 초연히 영예로운 자리에 있도록 하니, 이와 같은 자는 聖臣(성스러운 신하)이다. 둘째, 마음을 비우고 뜻을 다하여 날마다 선한 도에 나아가 군주에게 예의에 힘쓰게 하고 좋은 계책을 깨우치게 하여 군주의 아름다움을 받들어 순종하고 군주의 악을 바로잡아 구원하니, 이와 같은 자는 良臣(선량한 신하)이다. 셋째, 새벽에 일어나서 밤늦게 잠자리에 들며 훌륭한 사람을 천거하는 데 게을리하지 않고, 자주 옛 성인들의 행적을 칭찬하여 군주의 뜻을 격려하니, 이와 같은 자는 忠臣(충성스러운 신하)이다. 넷째, 성공과 실패를 밝게 살펴서 미리 실패를 막아 구원하며, 틈을 막고 화의 근원을 단절시켜 화가 바뀌어 복이 되게 하여 군주에게 끝까지 근심이 없도록 하니, 이와 같은 자는 智臣(지혜로운 신하)이다. 다섯째, 법률을 지키고 받들며 관직을 맡고 업무를 담당하며, 뇌물을 받지 않고, 봉록과 하사품을 사양하며 음식을 절약하고 검소하게 하니, 이와 같은 자는 貞臣(곧은 신하)이다. 여섯째, 국가가 혼란하더라도 행동을 아첨하지 않고, 감히 군주의 엄한 얼굴을 저촉해 면전에서 군주의 과실을 아뢰니, 이와 같은 자는 直臣(바른 신하)이다. 이를 6正이라고 한다.

무엇을 6邪라고 하는가? 첫째, 관직에 편안히 있으면서 봉록을 탐하여 공무에 힘쓰지 않고, 시세에 따라 浮沈하여 좌우의 정세를 관망하니, 이와 같은 자는 具臣(자리만 차지한 신하)이다. 둘째, 군주의 말은 모두가 훌륭하다고 말하고, 군주의 행동은 모두가 옳다고 말하면서 은밀히 군주가 좋아하는 것을 알아내서 진언하여 군주의 귀와 눈을 즐겁게 하고 구차하게 영합하여 받아들이게 하여 임금과 즐거움을 함께하고 그 후에 닥치는 폐해는 돌아보지 않으니, 이와 같은 자는 諛臣(아첨하는 신하)이다. 셋째, 속마음은 음흉하면서 겉으로는 조금 삼가는 척하며, 교묘한 말을 하고 안색을 잘 꾸며대고 어진 사람을 질투하여 천거하려는 사람이 있으면 장점만 드러내고 악은 숨기며, 물러나게 하려는 사람이 있으면 단점만 드러내고 장점은 숨겨서 군주에게 상벌을 부당하게 내리도록 하고 호령을 실행하지 못하도록 하니, 이와 같은 자는 奸臣(간사한 신하)이다. 넷째, 지혜는 자신의 非違를 꾸미기에 충분하고, 말솜씨는 설득시키기에 충분하며, 안으로는 형제 사이를 이간시키고, 밖으로는 조정의 내분을 꾸미니 이와 같은 자는 讒臣(참소하는 신하)이다. 다섯째, 권세를 제멋대로 하여 일의 경중을 바꾸고, 개인 집안의 도당을 만들어 그 가문을 부유하게 하며 군주의 명령을 멋대로 속여 자신의 귀함을 높이니, 이와 같은 자는 賊臣(도적 신하)이다. 여섯째, 임금에게 간사하게 아첨하여 임금을 불의에 빠트리고, 붕당을 지어 서로 친하게 지내면서 임금의 눈을 가려 흑백을 구별하지 못하게 하며 시비를 분별하지 못하게 하고, 임금의 악을 나라 안에 퍼뜨리며 사방 이웃나라에 소문나게 하니, 이와 같은 자는 亡國之臣(나라를 망치는 신하)이다. 이를 6邪라고 한다.

賢臣은 6정의 道에 처하여 6사의 방법을 행하지 않기 때문에 군주는 편안하고 백성은 잘 다스려져서 살아 있을 때는 즐거워하고 죽은 후에는 사모하는 것이니, 이것이 신하의 길이다.'라고 하였습니다.

≪禮記≫ 〈經解〉에 이르기를 '저울추가 잘 매달리면 輕重을 속일 수가 없고, 먹줄이 잘 펴지면 曲直을 속일 수가 없으며, 곡자와 그림쇠가 잘 쓰이면 둥글고 모난 것을 속일 수 없고, 군주가 예에 밝으면 간사함으로 속일 수가 없다.'라고 하였으니, 그렇다면 신하의 진실과 허위를 알아내는 것은 어렵지 않습니다. 또 군주가 예로 신하를 대우하고 법으로 제어하여 선을 행하면 상을 받고

악을 행하면 벌을 받게 한다면 어찌 감히 따라가기를 바라지 않겠으며, 어찌 감히 힘을 다하지 않겠습니까?

7-10-3

國家思欲進忠良退不肖가 十有餘載矣로되 徒聞其語하고 不見其人[69]은 何哉오 蓋言之是也로되 行之非也라 言之是는 則出乎公道하고 行之非는 則涉乎邪徑하니 是非相亂하고 好惡相攻㉛하면 所愛는 雖有罪나 不及於刑하고 所惡(오)는 雖無辜나 不免於罰이라 此所謂愛之란 欲其生이요 惡之란 欲其死[70]者也라 或以小惡으로 棄大善하고 或以小過로 忘大功하면 此所謂君之賞은 不可以無功求요 君之罰은 不可以有罪免[71]者也라 賞不以勸善하고 罰不以懲惡[72]하면 而望邪正不惑인들 其可得乎아 若賞不遺疎遠하며 罰不阿親貴[73]하여 以公平爲規矩하고 以仁義爲準繩하여 考事以正其名하고 循名以求其實하면 則邪正莫隱하여 善惡이 自分하리니 然後取其實하고 不尙其華하며 處其厚하고 不居其薄하면 則不言而化를 朞月而可知矣리이다 若徒愛美錦[74]하고 而不爲人擇官㉜하며 有至公之言이로되 無至公之實하며 愛而不知其惡하고 憎而遂忘其善[75]하며 徇私情以近邪佞하고 背公道而遠忠良㉝하면 則雖夙夜不怠하고 勞神苦思하여 將求至理라도 不可得也리이다 書奏에 甚嘉納之하다

㉛ 好惡相攻 : 好惡, 竝去聲, 後所惡之惡同.

---

69) 聞其語 不見其人 : ≪論語≫ 〈季氏〉 "吾聞其語矣 未見其人也"에서 유래한 것이다.

70) 愛之欲其生 惡之欲其死 : ≪論語≫ 〈顔淵〉에 보인다.

71) 君之賞……不可以有罪免 : ≪韓非子≫ 〈難一〉의 "명철한 임금은 상을 공이 없는 이에게 주지 않고, 벌을 죄가 없는 이에게 주지 않는다.〔明主賞不加於無功 罰不加於無罪〕"에서 用事한 것이다.

72) 賞不以勸善 罰不以懲惡 : ≪管子≫ 〈內業〉 "賞不足以勸善 刑不足以懲過"에서 유래한 것이다.

73) 賞不遺疎遠 罰不阿親貴 : ≪三國志≫ 〈蜀志〉 권11 〈張裔傳〉 "賞不遺遠 罰不阿近"에서 유래한 것이다.

74) 愛美錦 : 좋은 관직을 아까워만 하고 적임자에게 주지 않음을 비유한다. ≪春秋左氏傳≫ 襄公 31년에 "그대에게 아름다운 비단이 있으면 미숙한 자에게 재단해보게 하지 않을 것이오. 大官과 大邑은 자신을 비호하는 것인데 갓 배우는 사람에게 다스리게 한다면 아름다운 비단을 위하는 마음이 또한 더 큰 것이 아니오.〔子有美錦 不使人學製焉 大官大邑身之所庇也 而使學者製焉 其爲美錦 不亦多乎〕"라고 하여, 美錦은 美官의 상대어로 사용되었다.

75) 愛而不知其惡 憎而遂忘其善 : ≪禮記≫ 〈曲禮 上〉의 "사랑하면서 그 악을 알고 미워하면서 그 선을 안다.〔愛而知其惡 憎而知其善〕"에서 응용한 것이다.

好(좋아하다)와 惡(미워하다)는 모두 去聲이니, 뒤에 所惡의 惡도 같다.

㉜ 而不爲人擇官 : 爲, 去聲.

爲(위하다)는 去聲이다.

㉝ 背公道而遠忠良 : 背, 音倍. 遠, 去聲.

背(배반하다)는 音이 倍이다. 遠(멀리하다)은 去聲이다.

국가에서 충성스럽고 어진 신하를 진취시키고 우매한 자를 퇴출시키려 한 지가 10여 년이 되었으나 그 말만 들었을 뿐이고, 이와 같은 사람을 보지 못한 것은 어째서입니까?

이는 말은 옳지만 행동이 잘못되었기 때문입니다. 옳은 말은 공정한 도리에서 나오고 잘못된 행동은 악의 길로 빠지니, 옳고 그른 것이 서로 어지럽고 좋아하며 미워하는 것이 서로 공격하면 아끼는 이는 비록 죄가 있으나 형벌을 받지 않고, 미워하는 이는 비록 죄가 없으나 형벌을 면하지 못합니다. 이는 이른바 아끼는 이는 살기를 바라고, 미워하는 이는 죽기를 바란다는 것입니다. 혹은 작은 악행으로 큰 선행을 버리고 혹은 작은 허물로 큰 공적을 잊으면, 이는 이른바 군주의 상은 공이 없이는 구할 수가 없고, 군주의 벌은 죄를 짓고는 면할 수가 없다는 것입니다. 상이 선행을 권장하지 못하고 벌이 악행을 징벌하지 못하면, 정직함과 사악함이 의혹되지 않기를 바란들 그렇게 될 수 있겠습니까? 만일 상을 주되 소원한 자를 잊지 않고, 벌을 주되 친족 귀족을 비호하지 않으며, 공평을 잣대로 삼고 인의를 기준으로 삼아 일을 살펴서 명분을 바르게 하고 명분에 따라 실제를 구한다면 사악함과 정직함을 숨길 수 없어 선악이 자연히 구분될 것입니다. 그렇게 된 뒤에 실제를 취하고 화려한 것을 숭상하지 않으며, 후하게 처하고 박정하게 하지 않는다면 말을 하지 않아도 교화가 될 것은 1년이면 알 수 있을 것입니다.

만일 아름다운 비단(좋은 관직)을 아끼기만 하고 백성을 위해 관리를 선발하지 않으며, 지극히 공평한 말이 있으나 지극히 공평한 실제는 없으며, 사랑하면서 그 악을 알지 못하고 미워하면서 그 선을 잊으며, 사사로운 감정에 이끌려 아첨하는 소인들을 가까이하고 공평한 도리에 등을 돌려 충성스러우며 선량한 신하를 멀리한다면, 비록 밤낮으로 게을리 행동하지 않고 정신을 수고롭게 하며 지극한 다스림을 구하려 하더라도 구할 수 없을 것입니다."

상소문이 올라가자 太宗은 매우 기쁘게 받아들였다.

【集論】

愚按 大禹曰 知人則哲하여 能官人[76]이라하며 皐陶爲陳九德曰 載采采[77]라하니 言知人在於以德하고 而驗於行事也라 然이나 德雖有九라도 豈能全哉리오 魏徵進求賢審官之說호대 而擧劉向六正六邪之論하니 是則然矣라 然이나 知人者는 惟在於辨君子小人邪正之分하니 固難一一以某臣某臣律之也라 果君子邪인댄 則正人也니 聖良忠智貞直六正之德을 雖未必備라도 未必不兼也라 果小人邪인댄 則邪人也니 具諂奸讒賊亡國六邪之惡을 雖未必備라도 未必不兼也라 其曰 知人則哲이라하니 則明之極矣라 君子小人邪正之異를 何所逃於哲之中乎아

내가 살펴보건대 虞임금이 말하기를 “사람을 알면 명철하여 훌륭한 사람을 관직에 임명할 수 있다.”라고 하였으며, 皐陶가 九德에 대해 아뢰면서 “어느 일과 어느 일을 행했다고 하는 것입니다.”라고 하였으니, 사람을 아는 것이 덕에 달려 있고, 행실과 일에서 징험하는 것임을 말한 것이다. 그러나 덕이 비록 9가지가 있다고 하더라도 어찌 완전할 수 있겠는가?

魏徵이 훌륭한 이를 구하여 관리를 살피는 말을 올리면서 劉向의 6正과 6邪에 관한 논의를 거론하였으니, 이 점은 옳다. 그러나 사람을 아는 것은 오직 군자와 소인, 사악한 이와 정직한 이의 차이를 분별하는 데에 달려 있으니, 진실로 일일이 아무개 신하와 아무개 신하로 정률화하여 평가하기는 어렵다. 과연 군자라면 바른 사람이니, 聖・良・忠・智・貞・直 6정의 덕성을 비록 아직 반드시 갖추지는 않았다고 하더라도 아직 반드시 겸하지 않은 것은 아니다. 과연 소인이라면 사악한 사람이니, 具・諂・奸・讒・賊・亡國 6사의 악행을 비록 아직 반드시 갖추지는 않았다고 하더라도 반드시 아직 겸하지 않은 것은 아니다. 그런데 “사람을 알면 명철하다.”라고 하였으니, 이는 명철함이 지극한 것이다. 군자와 소인, 사악한 자와 정직한 자의 차이를 명철함 속에서 어디로 도피하겠는가?

7-11-1

貞觀二十一年에 太宗在翠微宮①하여 授司農卿②李緯戶部尙書하니 房玄齡이 是時에

---

76) 知人則哲能官人 : ≪書經≫ 〈虞書 皐陶謨〉에 보인다.

77) 載采采 : ≪書經≫ 〈虞書 皐陶謨〉에 보인다.

留守京城[78)]이러니 **會有自京師來者**하니 **太宗問曰 玄齡**이 **聞李緯拜尙書**하고 **如何**오하니 **對曰 但云李緯大好髭鬚**라하고 **更無他語**러이다 **由是**로 **改授洛州刺史**③하다

① 太宗在翠微宮 : 翠微宮, 在長安縣. 武德八年置, 貞觀十年廢. 是年復修方成.
翠微宮은 장안현에 있다. 武德 8년(625)에 설치하였으며, 貞觀 10년(636)에 폐지하였다. 이해에 다시 수리하여 완공하였다.

② 授司農卿 : 司農卿, 唐制, 掌倉儲委積之事.
司農卿은 唐나라 제도에 의하면 곡식을 창고에 저장하고 쌓아두는 일을 관장한다.

③ 改授洛州刺史 : 洛州, 今河南府路.
洛州는 지금의 河南府路이다.

貞觀 21년(647)에 太宗이 翠微宮에서 司農卿 李緯를 戶部尙書에 임명하였다. 房玄齡이 이때에 京城(長安)에서 유수를 맡고 있었는데, 마침 장안에서 온 사람이 있어 太宗이 묻기를 "房玄齡이 이위가 상서에 임명되었다는 소식을 듣고 무엇이라고 하던가?"라고 하니, 대답하기를 "단지 이위의 수염이 크게 아름답다고 말했을 뿐, 다른 말은 없었습니다."라고 하였다. 이로 말미암아 이위를 洛州刺史로 바꾸어 임명하였다.

【集論】

愚按 太宗이 **至是**하여 **已倦于勤矣**요 **玄齡**이 **以耇壽俊**으로 **在厥服**[79)]**矣**어늘 **翠微宴息**에 **聞老臣有大好髭鬚之語**하고 **旋卽改授**하니 **亦可謂留心治道者也**라 **愚觀自古人君**이 **蓋有聞諫而不能改者**하니 **聞諫而能改者**는 **斯爲善矣**라 **太宗之用李緯**에 **玄齡未嘗諫也**하고 **特私有所議耳**어늘 **太宗聞而遽改**하니 **迨近於不諫亦入**[80)]**者**라 **眉山蘇氏謂太宗之從諫近於聖**[81)]이라하니 **詎不信哉**아

내가 살펴보건대 太宗이 이때에 이르러 이미 근면성이 게을러졌고, 房玄齡이 원로 준걸로 신하의 자리에 있었는데, 翠微宴에서 편안히 쉴 적에 老臣이 "수염만 훌륭하

---

78) 京城留守 : 皇帝가 순행 또는 親征할 때 大臣에게 명하여 京城에 머물러 지키면서 편의대로 일을 행하게 하는 관원을 말한다. 정관 21년에 太宗이 高句麗를 정벌하러 갈 적에 房玄齡을 京城留守로 삼았다.

79) 耇壽俊 在厥服 : ≪書經≫ 〈周書 文侯之命〉에 보인다.

80) 不諫亦入 : ≪詩經≫ 〈大雅 思齊〉에 보인다.

81) 太宗之從諫近於聖 : ≪聞見後錄≫ 권7에 보인다.

다."는 말을 했다는 것을 듣고는 즉시 관직을 바꾸어 임명하였으니, 역시 治道에 마음을 두었던 군주라고 할 만하다.

내가 보건대 옛날부터 군주는 대체로 간언을 듣고도 고치지 못한 자가 있었으니, 간언을 듣고 고치는 자는 선을 행하는 것이다. 太宗이 李緯를 등용하려고 할 때에 房玄齡은 간언한 적이 없고 다만 개인적인 의견을 말했을 뿐인데, 太宗이 듣고서는 대번에 고쳤으니, 간언하지 않아도 역시 善에 들어가는 경지에 이른 것이다. 眉山 蘇東坡가 말하기를 "太宗이 간언을 따른 것이 성인에 가깝다."라고 하였으니, 어찌 진실하지 않은가?

제8편 論封建　封建에 대해 논하다

이 편에서는 封建에 대해 논하였다.

馬周는 封土를 나누어주고 戶邑을 평등하게 하여 재능과 덕행이 있을 경우, 기량에 따라 관직을 임명하면 그 세력은 강하지 않고 또 과실을 면할 수 있을 것이라고 하였다. 그리고 태종에게 타당성을 熟考하여 그들이 임금의 큰 은혜를 입어 자자손손 복록을 누릴 수 있도록 조치하라고 건의하였다. 태종이 마주의 말을 모두 수용하여 宗室의 子弟와 功臣들이 刺史를 세습하도록 하는 법을 제정하지 않았다. 唐나라 때는 공신을 封地가 아닌 爵號와 食邑을 예법에 따라 융숭하게 지급하였는데 비록 皇帝 從父의 말이라 하더라도 포상을 사사로이 할 수 없다는 것을 보였기 때문에 오히려 공덕을 포상하고 드러내는 데 남긴 뜻이 있다고 평가할 수 있다. 태종이 공로가 없는 아우・조카 등 종친을 강등하여 공로가 있는 자들을 드러낸 것과 같은 사례를 통해 공정성을 확립하려 했던 노력을 확인할 수 있다.

凡二章.

모두 2장이다.

8-1-1

貞觀元年에 **封中書令房玄齡**하여 **爲**(邗)〔邢〕[1]**國公**하고 **兵部尙書杜如晦**를 **爲蔡國公**하고 **吏部尙書長孫無忌**를 **爲齊國公**하여 **竝爲第一等**하여 **食邑實封一千三百戶**하니 **皇從父淮安王神通**①이 **上言**호대 **義旗初起**에 **臣**이 **率兵先至**②러니 **今玄齡等**이 **刀筆之人**으로 **功居第一**하니 **臣竊不服**하노이다 **太宗曰 國家大事**는 **惟賞與罰**이라 **賞當其勞**③면 **無功者**가 **自退**하고 **罰當其罪**면 **爲惡者**가 **咸懼**하나니 **則知賞罰**을 **不可輕行也**라 **今計勳行賞**에 **玄齡等**이 **有籌謀帷幄**하여 **畫定社稷之功**하니 **所以漢之蕭何**가 **雖無汗馬**나 **指蹤推**(퇴)**轂**[2]이라 **故得功居第一**④이라 **叔父於國**에 **至親**이니 **誠無愛惜**이로되 **但以不**

---

1) 邢 : 저본에는 '邗'으로 되어 있으나, ≪舊唐書≫에 의거하여 '邢'으로 바로잡았다.

2) 指蹤推轂 : 指蹤은 사냥할 때 짐승의 자취를 가리키는 일이고, 推轂은 수레바퀴를 밀어 나아가게 한다는 뜻으로 人才를 추천함을 비유한다.

可緣私하여 濫與勳臣同賞矣라하다 由是로 諸功臣이 自相謂曰 陛下以至公賞하사 不私其親이어늘 吾屬이 何可妄訴리오하다 初에 高祖擧宗正[3)]籍하여 弟姪再從三從孩童已上封王者가 數十人이러니 至是하여 太宗이 謂群臣曰 自兩漢已降으로 惟封子及兄弟하니 其疎遠者는 非有大功이 如漢之賈澤⑤이면 竝不得受封이라 若一切封王하여 多給力役이면 乃至勞苦萬姓하여 以養己之親屬이라하고 於是에 宗室을 先封郡王하고 其間無功者는 皆降爲縣公⑥하다

① 皇從父淮安王神通 : 從, 去聲. 後同. 神通與高祖爲從兄弟, 從高祖平京師, 典兵宿衛, 封淮安王.
從(수행원)은 去聲이다. 뒤에도 같다. 神通은 高祖와 종형제로, 고조를 수행하여 京師를 평정하고서 병사를 거느리고 宿衛하여 淮安王에 봉해졌다.

② 義旗初起 臣率兵先至 : 隋大業十三年五月, 高祖起兵太原, 六月傳檄稱義師, 故曰義旗. 神通自長安入鄠南山, 擧兵應太原, 從平京師有功.
隋나라 大業 13년(617) 5월에 高祖가 太原에서 병사를 일으켜 6월에 격문을 전하여 義師라 칭하였기 때문에 義旗라고 한 것이다. 神通은 長安에서 鄠南山으로 들어가 병력을 이끌고 太原에서 부응해서 京師를 평정하는 데 수행한 공이 있었다.

③ 賞當其勞 : 當, 去聲. 後同.
當(합당하다)은 去聲이다. 뒤에도 같다.

④ 指蹤推轂 故得功居第一 : 推, 他回切. 漢高祖論功行封, 群臣爭功不決, 帝以蕭何功盛, 先封酇侯, 功臣皆曰 "何無汗馬之勞, 徒持文墨議論, 顧居臣等上, 何也." 帝曰 "夫獵, 追殺獸者狗也, 發縱指示者人也. 諸君徒能得獸耳, 功, 狗也, 何之功, 人也." 群臣皆莫敢言.
推(바퀴를 밀다)는 他와 回의 반절이다. 漢 高祖가 공을 논하여 封爵할 때에 여러 신하들이 공을 다투어 결정을 내리지 못하였는데, 고조가 蕭何의 공이 크다고 여겨 먼저 酇侯에 봉하자 공신들이 모두 말하기를 "소하는 말을 타고 나가 땀을 흘리며 전투를 한 공로는 없고 다만 글재주를 가지고 의론만 하였는데, 도리어 신들보다 높은 자리에 오른 것은 어째서입니까?"라고 하였다. 고조가 말하기를 "사냥을 할 때에 짐승을 쫓아서 죽이는 것은 개이지만, 사냥개를 풀어 짐승이 있는 곳을 가리켜 잡게 하는 것은 사람이오. 그대들은 다만 짐승만 잡았을 뿐이니 그 공이 개에 해당하고, 소하의 공은 사람에 해당하오."라고 하니, 여러 신하들이 모두 감히 말을 하지 못했다.

⑤ 如漢之賈澤 : 漢高祖封從兄弟賈爲荊王, 從祖昆弟澤爲燕王, 竝爲將軍有功.
漢 高祖가 從兄弟인 劉賈를 荊王에 봉하고, 從祖昆弟(증조부가 같은 6촌 형제)인 劉澤을 燕王에 봉하였는데, 모두 장군으로 공을 세웠다.

⑥ 貞觀元年……皆降爲縣公 : 按本紀, 降封事係武德九年十一月. 又按膠東郡王道彦傳云 "唐興

---

3) 宗正 : 관직 이름으로, 宗室에 대한 사무를 관장한다.

務廣藩鎭, 故從昆弟子, 自勝衣已上, 皆爵郡王. 太宗卽位, 擧屬籍問大臣曰 '盡王宗子於天下, 可乎.' 封德彝曰 '漢所封惟帝子若親昆弟, 其屬遠, 非大功不王, 如周郇滕漢賈澤, 尙不得茅土[4], 所以別親疏也. 先朝一切封之, 爵命崇而力役多, 以天下爲私奉, 非所以示至公.' 帝曰 '朕君天下以安百姓, 不容勞百姓以養己之親.' 於是疏屬王者, 皆降爲公, 惟有功者不降. 故道彦等竝降封公." 由是言之, 其初所封郡王者, 後所降皆郡公也. 縣字疑衍.

≪新唐書≫ 〈高祖本紀〉를 살펴보면 封爵을 내린 일은 武德 9년(626) 11월로 되어 있다. 또 ≪新唐書≫ 〈膠東郡王道彦傳〉을 살펴보니, 다음과 같은 내용이 있다.

"唐나라가 일어났을 때는 藩鎭을 넓히는 데 힘썼다. 그래서 종형제의 아들 중에 옷을 입을 만한 어린아이 이상은 모두 군왕 작위를 주었다. 태종이 즉위하고 나서 종친의 명부를 들어 대신에게 묻기를, '종실의 자제를 천하에 모두 왕으로 삼는 것이 옳은가?'라고 하자 封德彝가 말하기를, '漢나라 때는 황제의 아들과 가까운 형제만 봉해주었으며, 먼 친척의 경우 큰 공을 세우지 않으면 왕으로 삼지 않았습니다. 周나라의 郇侯·滕侯, 한나라의 劉賈·劉澤과 같은 이들도 오히려 封土를 받지 못했으니, 친소를 구별했기 때문입니다. 그런데 先帝(高祖)의 조정에서는 모두 봉해주어 爵命이 높으면 노역을 많이 일으키고 천하의 재물을 가지고 사사로이 봉양하니, 지극한 공정함을 보인 것이 아닙니다.'라고 하였다. 태종이 말하기를, '짐이 천하의 군주가 되어 백성을 편안히 하면서 만백성을 수고롭게 하여 짐의 친족을 봉양하는 일은 용납할 수 없소.'라고 하였다. 이에 먼 친척으로 왕이 된 자는 모두 公으로 강등하고 오직 공이 있는 자만 강등하지 않았다. 그러므로 李道彦 등은 모두 公으로 降封되었다."

이를 통해 말하자면 처음에 郡王으로 봉해진 자들은 뒤에 모두 郡公으로 강등되었다. 縣字는 衍文인 듯하다.

貞觀 원년(627)에 中書令 房玄齡을 邢國公으로 봉하고 병부상서 杜如晦를 蔡國公으로 봉하고, 이부상서 長孫無忌를 齊國公으로 봉하여 모두 제일등으로 삼으니, 식읍의 실제 封戶가 1,300가구였다. 그러자 황제의 從父인 淮安王 李神通이 다음과 같이 말하였다.

"의병이 처음 일어났을 때 신이 병사를 이끌고 먼저 도착하였는데, 방현령 등이 刀筆吏로 일등 공신이 되었으니, 신은 승복할 수가 없습니다."

이에 太宗이 말하였다.

---

4) 如周郇滕漢賈澤 尙不得茅土 : 郇侯는 周나라의 侯爵으로, 姬姓이고, 文王의 아들인데, 封地는 山西省 猗氏縣 서북에 있었다. 滕侯는 周나라의 侯爵으로, 姬姓이고, 封地는 山東省 滕縣 서남에 있었다. 劉賈는 漢 高祖의 從父兄弟로 荊王에 봉해져 淮東 52城을 다스렸고, 劉澤은 漢 高祖의 從祖兄弟로 琅邪王·燕王에 봉해져 봉지를 다스렸다.(≪史記 荊燕世家≫) 劉賈·劉澤이 封土를 받지 못했다고 말한 것은 봉덕이의 착오로 보인다.

"국가의 대사는 오직 상과 벌에 달려 있으므로 공로에 걸맞는 상을 주면 공 없는 자가 스스로 물러나게 되고, 죄에 합당한 벌을 주면 악행을 저지르는 자가 모두 두려워하는 법이니, 상벌을 가볍게 시행해서는 안 된다는 사실을 알 수 있소. 지금 공훈을 따져 상을 주는데 방현령 등이 군막 안에서 계책을 내어 도모하여 社稷을 세운 공로가 있으니, 이는 漢나라의 蕭何가 비록 말을 타고 나가 땀 흘려 전투하지 않았으나, 배후에서 지휘하고 인재를 추천하였기 때문에 일등 공신이 된 까닭이오. 숙부는 나라에 있어 가까운 친척이니, 진실로 상을 아까워할 것이 없지만 사사로운 인연 때문에 함부로 공신과 동일한 상을 줄 수는 없소."

이로 인해 모든 공신들이 서로 말하였다.

"폐하께서 지극히 공정한 마음으로 포상하여 친척을 편애하지 않으시거늘 우리들이 어찌 함부로 호소하겠는가."

과거에 高祖(李淵)가 宗正의 명부를 살펴서 아우·조카·再從·三從의 어린 아이까지 왕으로 봉한 자들이 수십 명이었는데, 이에 이르러 태종이 여러 신하들에게 말하기를 "兩漢 이후로는 아들과 형제만 봉하였으니, 소원한 자들의 경우 劉賈와 劉澤처럼 큰 공을 세우지 못하면 모두 책봉을 받을 수 없었소. 만일 모두 왕으로 봉하여 많은 하인들을 주게 되면 만백성을 수고롭게 하여 자기의 친족들을 봉양하게 하는 것이오."라고 하였다. 그리하여 종실을 먼저 郡王에 봉하고 그중에 공이 없는 자들은 모두 縣公으로 강등시켰다.

【集論】

愚按 三代有國에 大封同姓異姓하여 親親賢賢하고 褒表功德하여 示天下以至公也하니 豈爲一家之私哉리오 周公은 至親이요 太公은 異姓이로되 皆胙大國은 以功德也니 豈避至親之嫌哉리오 唐封功臣이 雖非胙土나 而爵號食邑을 禮典隆重하여 雖以皇從父之言이라도 而亦示以賞不可私之說하니 猶有褒表功德之遺意라 至如降封宗族弟姪하여 以明有功하여는 尤足以見至公也라

내가 살펴보건대, 三代時代에 나라를 둘 적에 크게 同姓과 異姓을 봉하여 친척을 친애하고 현인을 예우하였으며, 공덕이 있는 자를 포상하고 드러내어 천하에 지극한

공정을 보였으니, 어찌 한 집안의 사사로움을 위한 것이라 하겠는가. 周公은 가까운 친속이고, 太公은 異姓이었으나 모두 大國을 봉해준 것은 공덕이 있었기 때문이니, 어찌 가까운 친속에 대한 혐의를 피하려고 한 것이겠는가. 唐나라 때 공신을 봉한 것이 비록 封地는 아니었으나 爵號와 食邑을 예법에 따라 융숭하게 하여 비록 황제 從父의 말이라 하더라도 편애하여 포상할 수 없다는 설을 보였으니, 오히려 공덕이 있는 자를 포상하고 드러내는 데 남긴 뜻이 있다. 종친의 아우·조카를 강등하여 봉하여 공이 있는 자들을 드러낸 경우에서 더욱 지극한 공정을 볼 수 있다.

8-2-1

貞觀十一年에 太宗이 以周封子弟하여 八百餘年하고 秦罷諸侯하여 二世而滅하고 呂后欲危劉氏나 終賴宗室獲安①하니 封建親賢이 當是子孫長久之道라하여 乃定制하여 以子弟荊州都督荊王元景②과 安州都督吳王恪③等二十一人하고 又以功臣司空趙州刺史長孫無忌尙書左僕射宋州刺史房玄齡等一十四人으로 竝爲世襲刺史한대 禮部侍郎④李百藥⑤이 奏論駁世封事曰 臣聞經國庇民은 王者之常制요 尊主安上은 人情之大方이니 思闡理定之規하여 以弘長代之業은 萬古不易하여 百慮同歸[5]라 然이나 命曆은 有賒促之殊하고 邦家는 有理亂之異하니 遐觀載籍에 論之詳矣라 咸云周過其數⑥하고 秦不及期⑦하니 存亡之理가 在於郡國이라 周氏는 以鑑夏殷之長久하고 遵皇王之竝建하여 維城[6]磐石하여 深根固本하니 雖王綱弛廢라도 而枝幹相持[7]라 故使逆節不生하고 宗祀不絶이어늘 秦氏는 背師古之訓⑧하고 棄先王之道하여 剪華恃險하고 罷侯置守하니 子弟無尺土之邑하고 兆庶罕共理之憂라 故一夫號呼[8]에 而七廟隳(휴)祀⑨라하니이다

① 呂后欲危劉氏 終賴宗室獲安 : 呂后, 名雉, 漢高祖后, 惠帝母也. 惠帝崩, 呂后臨朝, 欲王諸

5) 百慮同歸 : ≪周易≫ 〈繫辭 下〉 5장의 "天下가 무엇을 생각하며 무엇을 생각하겠는가. 천하가 돌아감은 같으나 길은 다르며, 이치는 하나이나 생각은 백 가지이니, 천하가 무엇을 생각하고 무엇을 생각하겠는가.〔天下何思何慮 天下同歸而殊塗 一致而百慮 天下何思何慮〕"에서 발췌한 것이다.

6) 維城 : 皇子를 말한다. ≪詩經≫ 〈大雅 板〉의 "종자는 나라의 성이다.〔宗子維城〕"에서 유래한 것이다.

7) 深根固本……枝幹相持 : ≪文選≫ 권52 〈六代論〉의 "枝榦相持……深根固蔕"에서 유래한 것이다.

8) 一夫號呼 : 陳勝이 최초로 秦나라에 대항하여 일어난 것을 말한다.

呂, 諸呂擅權, 朱虛侯劉章, 因侍宴以軍法斬諸呂一人, 自是諸呂憚之, 劉氏益彊.

呂后는 이름이 雉로, 漢 高祖의 황후이며 惠帝의 모친이다. 혜제가 죽자 여후는 조정을 다스려 여씨들을 왕으로 세우고자 하여 여씨들이 권력을 장악하였다. 朱虛侯 劉章이 연회석에서 여후를 모시는 기회를 이용하여 군법으로 여씨들 중에 한 사람을 참수하였는데, 이때부터 여씨들이 그를 꺼려하였고, 유씨들이 더욱 강성해졌다.

② 荊州都督荊王元景 : 高祖第六子.

李元景은 唐 高祖의 여섯 번째 아들이다.

③ 安州都督吳王恪 : 太宗次子也.

李恪은 太宗의 차남이다.

④ 侍郎 : 尙書之貳.

侍郎은 尙書에 다음가는 벼슬이다.

⑤ 李百藥 : 字重規, 定州人. 幼多病, 祖母趙以百藥名之. 貞觀初, 拜中書舍人, 後遷是職, 復授右庶子. 卒, 諡曰康.

李百藥은 字가 重規로, 定州 사람이다. 어려서 병이 많아 조모 조씨가 百藥이라 이름을 지었다. 정관 초기에 中書舍人에 임명되었고, 뒤에 이 관직(禮部侍郞)으로 직책을 옮겼고 다시 右庶子에 제수되었다. 죽은 뒤에 康이라는 시호를 받았다.

⑥ 咸云周過其數 : 昔成王定鼎, 卜世三十, 卜年七百. 後曆三十七主, 八百六十七年, 過其數也.

옛날에 成王이 나라를 세워 도읍을 정하고서 30世 700년 동안 이어질 것이라 점을 쳤다. 뒤에 37명의 왕과 867년을 거쳤으니, 그 數를 넘은 것이다.

⑦ 秦不及期 : 初秦皇謂 "二世三世至于萬世." 後二世被弑, 子嬰降漢, 不及期也.

처음에 秦 始皇이 "2世, 3世로 萬世에 이를 것이다."라고 하였는데, 뒤에 2세 황제가 시해되고 2세의 아들 子嬰이 漢나라에 항복하였으니, 기한에 미치지 못한 것이다.

⑧ 背師古之訓 : 背, 音倍. 商書傅說告高宗曰 "事不師古, 匪說攸聞."

背(배반하다)는 음이 倍이다. ≪書經≫ 〈商書 說命 下〉에 傅說이 高宗에게 아뢰기를 "古人의 교훈을 모범으로 삼지 않는다는 것은 제가 들은 바가 아닙니다."라고 하였다.

⑨ 故一夫號呼 而七廟隳祀 : 號, 平聲. 禮, 天子七廟. 賈誼曰 "斬華爲城, 因河爲津, 自以關中之固, 金城千里, 子孫萬世之業也. 秦皇沒, 山東豪傑竝起而亡秦. 一夫作難而七廟隳, 身死人手, 爲天下笑."

號(외치다)는 平聲이다. ≪禮記≫ 〈王制〉에 天子는 七廟라고 하였다. 賈誼가 〈過秦論〉에서 말하기를 "華山을 깎아 성을 만들고, 黃河를 이용하여 나루를 만들었으며, 關中의 견고함으로 천리의 견고한 성을 쌓아 자손만대의 사업으로 삼았다. 그러나 진 시황이 죽자 산동의 호걸들이 아울러 일어나 진나라가 망하였다. 필부가 한번 난리를 일으키자 황제의 나라가 멸망하고 자신은 남의 손에 죽어 천하의 웃음거리가 되었다."라고 하였다.

貞觀 11년(637)에 태종이, **周**나라가 **子弟**를 제후로 봉하여 800여 년을 다스렸고, 秦나라가 제후를 없애 2世 만에 멸망하였으며, 呂后가 劉氏를 몰락시키려 하였으나 마침내 종실에 힘입어 漢나라가 안정을 얻었으니, 친족이나 현명한 자를 봉해주는 것이 응당 영구히 자손들을 보전하게 하는 길이라고 여겼다. 그래서 제도를 만들어 자제로는 荊州都督에 荊王 李元景, 安州都督에 吳王 李恪 등 21인을 봉하였다. 또 공신으로는 司空 趙州刺史 長孫無忌와 尙書左僕射 宋州刺史 房玄齡 등 14인을 모두 世襲刺史로 삼았는데, 禮部侍郞 李百藥이 다음과 같이 대를 이어 봉건을 세습하는 것에 대해 논박하는 상소를 올렸다.

"신이 듣건대 나라를 경륜하고 백성을 보호하는 것은 군주의 당연한 도리이며, 군주를 존중하고 편안히 모시는 것은 인정상의 도리라 하였으니, 나라를 다스리는 법도를 듣고서 오래도록 왕업을 넓히려는 생각은 만고에 변함이 없어 모든 이의 생각이 동일하게 귀결됩니다. 그러나 왕조의 운명은 길고 짧음의 차이가 있고 나라는 다스려짐과 혼란함의 차이가 있으니, 옛 서적을 두루 살펴보면 상세하게 논의되어 있습니다.

모두 이르기를 '周나라는 누릴 年數를 넘겼으며, 秦나라는 기한을 채우지 못하였으니, 존속과 멸망의 이치는 郡國에 달려 있다. 주나라는 夏나라와 殷나라의 장구함을 거울 삼고 옛 천자들이 모두 제후를 세운 것에 따라 磐石 같은 태자를 세워 뿌리를 깊고 견고하게 하였으니, 비록 왕실의 기강이 해이해지더라도 가지와 줄기처럼 서로 유지하였다. 그러므로 반역이 일어나지 않았으며, 제사가 끊이지 않았다. 그런데 秦나라는 모범이 되는 옛 교훈을 따르지 않고 先王의 도를 버려 華山을 깎아 築城하여 지형의 험난함을 믿고서 제후를 없애고 郡守를 두니, 자제들은 좁은 領地조차 없었고, 백성들 중에는 나라를 위해 근심하는 자가 드물었다. 그러므로 한 사람이 모반을 일으키자 七廟(天子의 나라)가 무너졌다.'라고 하였습니다."

8-2-2

臣以爲自古皇王이 **君臨宇內**에 **莫不受命上玄**하여 **冊名帝籙**하니 **締構遇興王之運**하고 **殷憂屬啓聖之期**하니이다 **雖魏武携養**[9]**之資**⑩와 **漢高徒役之賤**⑪이라도 **非止意有覬覦**라

9) 携養 : '攜養'으로도 쓴다. 宦官이 아들이 없어 다른 사람을 거두어 키우는 것을 말한다.

推之亦不能去也⑫어니와 若其獄訟不歸⑬하고 菁華已竭하면 雖帝堯之光被四表⑭와 大舜之上齊七政⑮이라도 非止情存揖讓이라 守之亦不可焉이라 以放勛重華之德⑯으로도 尙不能克昌厥後리니 是知祚之長短은 必在於天時요 政或興衰는 有關於人事니이다 隆周가 卜世三十이요 卜年七百이라 雖淪胥之道가 斯極이나 而文武之器가 尙存하니 斯龜鼎之祚[10]가 已懸定於杳冥也라 至使南征不返⑰하고 東遷避逼⑱하여 禋祀闕如하고 郊畿不守하니 此乃陵夷之漸이 有累於封建焉⑲이니이다 暴秦은 運距[11]閏餘[12]하고 數終百六⑳하며 受命之主는 德異禹湯하고 繼世之君은 才非啓誦㉑이라 借使李斯王綰之輩로 咸開四履㉒하며 將閭子嬰之徒로 俱啓千乘㉓이라도 豈能逆帝子之勃興하고 抗龍顔之基命者也㉔리오

⑩ 雖魏武携養之資：曹操，沛人．父嵩爲漢中常侍曹騰養子，不能審其生出本末．操子丕，受漢禪，國號魏，追號操爲武皇帝．
曹操는 沛 지역 사람이다. 부친 曹嵩이 漢나라 中常侍 曹騰의 養子인데, 출생의 본말에 대해서는 알 수가 없다. 조조의 아들 曹丕가 漢나라의 선양을 받아 국호를 魏라 하고 조조를 추숭하여 武皇帝라 하였다.

⑪ 漢高徒役之賤：漢高祖，姓劉，名邦，字季，沛人．初爲泗上亭長，爲縣送徒驪山，徒多道亡，自度比至必皆亡，乃縱所送徒，徒中願從者十餘人，由是起兵．
漢 高祖는 姓이 劉이고, 名이 邦이며, 字는 季이며, 沛 지역 사람이다. 처음에 泗上亭長이 되어 縣을 위해 부역자들을 驪山으로 이송하였는데, 부역자들 대부분이 도중에서 도망을 쳤다. 도착할 즈음에는 모두 다 도망칠 것이라 생각하여 이송하던 부역자들을 놓아주니, 부역자들 중에 따르기를 원하는 자가 10여 명이었다. 이로 말미암아 병사를 일으켰다.

⑫ 推之亦不能去也：推，他回切．
推(밀어내다)는 他와 回의 반절이다.

⑬ 若其獄訟不歸：孟子曰 "獄訟者不之堯之子而之舜."

---

10) 龜鼎：元龜와 九鼎으로, 국가의 중요한 기물이었기 때문에 帝位를 비유한다.

11) 距：이르다〔到〕는 뜻이다.

12) 閏餘：《資治通鑑》 권69 〈魏紀〉 黃初 2년에 "漢나라가 일어나자 學者들이 비로소 五德이 相生하고 相克하는 것을 추구하여 秦을 閏位로 하였는데, 木德과 火德의 사이에서 霸道로 하고 王道로 하지 않았기 때문이다. 이에 正位와 閏位의 논의가 일어났다.〔漢興 學者始推五德生勝 以秦爲閏位 在木火之間 霸而不王 於是正閏之論興矣〕"라고 하였다. 중국은 역대로 五行相生을 따라 각 왕조의 德을 표방하였는데, 周나라는 木德이고 秦나라는 水德이고 漢나라는 火德으로 하였다. 진나라는 相生法에 따르면 木生火의 화덕으로 해야 하나 진 시황은 이를 따르지 않았고 그 뒤에 한나라가 따랐다. 결국 진나라는 木德과 火德이 이어지는 사이에 水德이 끼어들게 되어 윤달처럼 나머지 존재가 되고 비정통으로 대우받게 되었다.

≪孟子≫ 〈萬章 上〉에 "소송을 하는 자들도 堯의 아들을 찾지 않고 舜에게 찾아갔다."라고 하였다.

⑭ 光被四表 : 虞書贊堯之辭, 謂德之光顯, 被及于四外也.

≪書經≫ 〈虞書〉에서 堯임금을 찬미하는 말로, 덕이 빛나고 드러나 사방에 넓게 퍼지는 것을 말한다.

⑮ 七政 : 虞書曰 "在璿璣玉衡, 以齊七政." 謂日月五星也.

≪書經≫ 〈虞書〉에 "璿璣玉衡을 살피시어, 七政을 바로잡으소서."라고 하였으니, 해와 달과 다섯별을 말한다.

⑯ 以放勛重華之德 : 放, 上聲. 勛與勳同. 重, 平聲. 放勛者, 總言堯之德. 重華者, 總言舜之德. 史記因以爲堯舜之名.

放(이르다)은 上聲이다. 勛은 勳과 같다. 重(거듭)은 平聲이다. 放勛은 堯임금의 덕을 종합해서 말한 것이다. 重華는 舜임금의 덕을 종합해서 말한 것이다. ≪史記≫ 〈五帝本紀〉에서는 이를 인하여 堯와 舜의 이름으로 했다.

⑰ 至使南征不返 : 周昭王德衰, 南巡濟于漢, 人惡(오)之, 以膠船進王, 御船至中流, 膠液船解, 王沒水中.[13)]

周 昭王은 덕이 쇠하였는데, 남쪽으로 순행하여 漢水를 건너려고 하자 사람들이 미워하여 아교로 접합시킨 배를 소왕에게 바쳤다. 배를 타고 중류에 이르자 배를 붙인 아교가 녹아 배가 해체되어 소왕은 물에 빠져 죽었다.

⑱ 東遷避逼 : 周平王東遷雒邑, 以避戎寇.

周 平王은 동쪽 雒邑으로 천도하여 융적을 피하였다.

⑲ 有累於封建焉 : 累, 去聲.

累(관련되다)는 去聲이다.

⑳ 暴秦運距閏餘 數終百六 : 秦世爲閏餘, 百六爲周之阨數也. 漢王莽傳云 "餘分閏位, 陽九之阨, 百六之會." 謂莽爲閏位, 百六爲漢之阨數也. 律曆志曰 "易九厄曰 '初入元, 百六.' 注, '易爻有九六七八, 百六與三百七十四, 六乘八之數也. 六八四十八, 合爲四百八十歲也.'"

秦나라 시대는 閏餘(윤달처럼 치는 비정통 시대)이고, 百六은 周나라 때의 阨數이다. ≪漢書≫ 〈王莽傳〉에 "餘分의 閏位(윤달 같은 비정통 위치)이고, 陽九의 액운이고, 百六의 不運이다."라고 하였는데, 王莽이 閏位이고, 百六이 漢나라의 액운 수임을 말한 것이다. ≪漢書≫ 〈律曆志〉에 이르기를 "≪周易≫의 9가지 액운에 말하기를 '처음에 元年으로 들어가서 106년 만에……'라고 하였는데, 顔師古 注에 '易의 爻에는 九六七八이 있는데, 百六과 三百七十四는 六乘八의 수이다. 六八四十八이 합쳐 四百八十歲가 된다.' 하였다."라고 하였다.

㉑ 才非啓誦 : 啓, 夏禹之子. 誦, 周武王之子成王也.

啓는 夏나라 禹임금의 아들이다. 誦은 周 武王의 아들 成王이다.

㉒ 借使李斯王綰之輩 咸開四履 : 李斯王綰, 皆秦丞相. 四履, 爲諸侯而有四方所履踐之界也.

---

13) 周昭王德衰……王沒水中 : 이 내용은 晉나라 皇甫謐의 ≪帝王世紀≫ 〈周〉에 보인다.

李斯와 王綰은 모두 秦나라의 승상이다. 四履는 諸侯가 되어 사방을 다닐 수 있는 경계 지역을 소유하는 것이다.

㉓ 將閭子嬰之徒 俱啓千乘：將閭, 秦公子, 爲二世所殺. 子嬰, 始皇之孫, 趙高立爲秦王, 後殺高降漢. 千乘, 諸侯之國, 其地可出兵車千乘者也.

將閭는 秦나라의 공자로, 2世 황제에게 죽임을 당했다. 子嬰은 진 시황의 손자로, 趙高가 秦王으로 세웠으나 뒤에 조고를 죽이고 漢나라에 항복하였다. 千乘은 제후국이니, 그 지역에서 兵車 천 대를 마련할 수 있다.

㉔ 抗龍顏之基命者也：漢高祖, 應赤帝子之讖, 隆準而龍顏.

漢 高祖는 赤帝의 아들이라는 참위에 걸맞게 걸출하고 높은 코에 용의 얼굴이었다.

신이 생각하건대 예로부터 천자가 천하에 군림할 때에는 上玄(하늘)에서 명을 받아 天帝의 예언서에 기록되지 않는 경우가 없으니, 국가가 건립될 때는 왕이 일어날 운을 만나고, 깊은 근심이 있을 때는 성스러움이 열리는 시기를 만나는 것입니다. 비록 養子 계통이었던 魏 武帝와 미천한 부역꾼이었던 漢 高祖도 帝位를 넘보는 뜻을 가질 뿐만 아니라 帝位에서 밀쳐내도 떠나가게 할 수가 없을 것이고, 만일 獄訟에 백성들이 귀의하지 않고 精彩가 고갈되고 나면 비록 사방에 비치는 堯임금의 덕과 위로 七政을 바르게 한 舜임금도 帝位를 양보하는 뜻을 가질 뿐만 아니라 帝位를 지키게 해도 할 수가 없을 것입니다.

이 堯舜의 거듭되고 빛나는 덕으로도 오히려 후손을 창성하게 할 수 없었을 것이니, 왕업의 길고 짧음은 반드시 天時에 달려 있고, 정치의 흥망성쇠는 사람의 일에 관계된 것임을 알 수 있습니다. 융성한 周나라는 세대와 연수가 30대 700년을 점쳤기에 비록 몰락하는 도가 지극했으나 文王과 武王의 덕이 여전히 남아 있었으니, 이는 나라의 운명이 이미 멀리 아득한 하늘에서 미리 정해졌기 때문입니다.

周 昭王은 남방 정벌에 나섰다가 돌아오지 못하였고, 周 平王은 도읍을 동쪽으로 옮겨 오랑캐의 핍박을 피하느라 제사를 지내지 못하고, 도읍 부근조차 지키지 못하였으니, 이렇게 점점 쇠퇴해진 원인이 봉건제와 관련된 것입니다. 포학했던 秦나라는 운수가 閏餘(윤달 같은 나머지)에 이르렀고 운명도 百六의 액운에서 끝났으며, 천명을 받은 시황제는 덕이 禹임금과 湯임금과는 달랐고, 代를 이은 임금의 재능도 禹임금과 湯임금의 아들인 啓와 誦과는 달랐습니다. 가령 李斯나 王綰의 무리들을 제후로 삼고 將閭와 子嬰으로 제후를 삼았다고 하

더라도 어찌 帝子(劉邦)가 일어나는 것을 거스르고 용의 얼굴을 한 자가 천명을 받는 것을 막을 수 있었겠습니까?

8-2-3

然則得失成敗各有由焉이어늘 而著述之家가 多守常轍하여 莫不情忘今古하고 理蔽澆淳하여 欲以百王之季로 行三代之法하며 天下五服之內에 盡封諸侯㉕하고 王畿千里之間을 俱爲采地㉖하니이다 是則以結繩之化로 行虞夏之朝㉗며 用象刑[14]之典하여 治劉曹之末㉘이니 紀綱弛紊을 斷可知焉이니 鍥船求劍은 未見其可㉙요 膠柱成文은 彌多所惑㉚이라 徒知問鼎請隧[15]에 有懼霸王之師㉛하고 白馬素車에 無復藩維之援㉜이오 不悟望夷之釁㉝하고 未堪羿浞之災㉞하니 旣罹高貴之殃㉟이 寧異申繒之酷㊱이리오 此乃欽明昏亂이 自革安危요 固非守宰公侯가 以成興廢라 且數世之後에 王室浸微하면 始自藩屛㊲으로 化爲仇敵하니 家殊俗하고 國異政하며 强陵弱하고 衆暴寡하여 疆埸彼此에 干戈侵伐이라 狐駘之役에 女子盡髽㊳하고 崤陵之師에 隻輪不反㊴하니 斯蓋略擧一隅요 其餘不可勝數㊵라 陸士衡㊶이 方規規然云 嗣王이 委其九鼎하고 凶族이 據其天邑㊷이나 天下晏然하여 以治待亂이라하니 何斯言之謬也오 而設官分職하고 任賢使能하여 以循良之才로 膺共治之寄[16]하니 刺擧分竹[17]이 何世無人㊸이리오 至使地或呈祥하고 天不愛寶㊹하며 民稱父母㊺하고 政比神明㊻하리이다 曹元首㊼ 方區區然稱호대 與人共其樂者㊽는 人必憂其憂하고 與人同其安者는 人必拯其危[18]라하니 豈容以爲

14) 象刑 : 죄인의 몸에 직접 형벌을 가하지 않고 그 죄질에 따라 옷에 형벌의 그림을 그려 부끄러움을 알게 하던 형벌이다.

15) 隧 : 墓道, 즉 무덤 속까지 굴을 파서 낸 길이다. 관을 이 길로 가지고 들어가서 속에 놓고 나오는데, 천자의 제도이다.

16) 膺共治之寄 : 郡守 등 지방장관에게 맡김을 말한다. ≪資治通鑑≫ 권196 〈唐紀〉 貞觀 17년에 "漢 宣帝가 말하였다. '나와 천하를 함께 다스릴 사람은 오직 훌륭한 二千石 관원일 뿐이다.'〔漢宣帝云 與我共治天下者 其惟良二千石乎〕"라고 하였다. ≪漢書≫ 권196 〈循吏傳〉에는 "與我共此者 其唯良二千石乎"라고 하여 '治天下'가 '此'로 되어 있다.

17) 刺擧分竹 : 刺史와 郡守를 말한다. 刺擧는 잘못을 찾아 들추어낸다는 뜻에서 刺史를 나타낸 것이다. 分竹은 대나무를 갈라 만든 부절인 剖符를 가리키는 것으로 부절을 갖는 사람인 郡守를 나타낸 것이다.

18) 與人共其樂者……人必拯其危 : ≪文選≫ 권52 〈六代論〉에 보인다. 樂에 憂, 安에 危만 대응시킨 것을 문제 삼고 그 뒤에 安危와 憂樂을 함께 다루지 못했다고 논박하였다.

侯伯인댄 **則同其安危**하며 **任之牧宰**인댄 **則殊其憂樂**고 **何斯言之妄也**오

㉕ 天下五服之內 盡封諸侯：五服者，甸侯綏要荒也．虞夏制，王城之外，四面各五百里，曰甸服，甸服外又各五百里，曰侯服．侯服外又各五百里，曰綏服．綏服外又各五百里，曰要服．要服外又各五百里，曰荒服．周制乃分其五服爲九，見周禮．

五服은 甸服・侯服・綏服・要服・荒服이다. 虞・夏의 제도는 王城의 외곽에 사방으로 각 500리가 甸服이고, 甸服 외곽에 또 각 500리가 侯服이며, 侯服 외곽에 또 각 500리가 綏服이며, 綏服 외곽에 또 각 500리가 要服이며, 要服 외곽에 또 각 500리가 荒服이다. 周나라 제도는 五服을 나누어 九服으로 하였으니, ≪周禮≫에 보인다.

㉖ 王畿千里之間 俱爲采地：周制，天子畿內之地，方千里．詩曰，邦畿千里，是也．采地者，天子之卿大夫邑地也．

周나라 제도는 天子의 畿內 영역이 사방 천 리이니, ≪詩經≫ 〈商頌 玄鳥〉에 "邦畿千里"라고 한 것이 이것이다. 采地는 天子의 卿大夫가 소유한 邑地이다.

㉗ 是則以結繩之化 行虞夏之朝：易大傳曰 "上古結繩而治，後世聖人易之以書契." 此言雖虞夏之時，已不可行上古之法也．

≪易大傳≫ 〈繫辭傳 下〉에 이르기를 "상고시대에는 結繩으로 다스렸는데, 후세에 성인이 書契로 바꾸었다."라고 하였다. 이는 비록 虞・夏의 때라 하더라도 이미 상고시대의 법을 시행할 수 없음을 말한 것이다.

㉘ 用象刑之典 治劉曹之末：虞書曰 "象以典刑." 象如天之垂象以示人，而典者常也．劉，漢之姓，曹，魏之姓，言漢魏之時，又豈可以帝世之法而爲治也．

≪書經≫ 〈虞書 舜典〉에 "떳떳한 형벌을 보였다."라고 하였으니, 象은 하늘이 象을 드리워 사람에게 보이는 것과 같고, 典은 일정함이다. 劉는 漢나라의 姓이고, 曹는 魏나라의 姓이니, 漢・魏의 시대에 또 어찌 舜帝 시대의 법을 가지고 다스릴 수 있겠는가라고 말한 것이다.

㉙ 鍥船求劍 未見其可：鍥，音刻．呂氏春秋曰 "楚人有涉江，其劍自舟中墜於水，遂刻其舟曰 '是吾劍所從水也.' 舟已行，而劍不行，若此求劍，而不其惑乎."

鍥(새기다)은 음이 刻이다. ≪呂氏春秋≫ 〈察今〉에 이르기를 "楚人 중에 長江을 건너는 사람이 있었는데, 자신의 검이 배에서 물속으로 떨어지자, 드디어 그 배에 표시를 하며 말하기를, '여기는 내 검이 물에 빠진 지점이다.'라고 하였다. 배는 이동을 하고 검은 움직이지 않았으니, 이와 같이 하여 검을 찾는다면 어리석은 짓이 아닌가?"라고 하였다.

㉚ 膠柱成文 彌多所惑：揚子曰 "以往聖之法治將來，譬猶膠柱而調瑟."

揚子(揚雄)가 말하기를 "지나간 성인의 법으로 장래를 다스리는 것은 비유하자면 아교로 기러기발을 고정시키고 거문고를 연주하는 것과 같다."라고 하였다.

㉛ 徒知問鼎請隧 有懼霸王之師：左傳宣公三年，楚子觀兵于周疆，定王使王孫滿勞之．楚子問鼎之大小輕重，對曰 "在德不在鼎." 僖公二十五年，晉侯朝王，王享之，請隧，弗許曰 "王章也，未有代德而有二王，亦叔父之所惡也."

≪春秋左氏傳≫ 宣公 3년에, 楚子(楚 莊王)가 周나라의 경계 지역에서 觀兵式을 하였는데, 定王이 王孫 滿을 보내어 노고를 치하하도록 하였다. 楚子가 九鼎의 크기와 무게에 대하여 묻자 대답하기를 "천자가 되는 것은 덕에 있는 것이지 九鼎에 있지 않다."라고 하였다. 僖公 25년에 晉侯(晉 文公)가 王에게 조회를 하자 왕이 연회를 베풀었는데, 隧를 청하였다. 그러자 허락하지 않으며 말하기를 "천자의 법도이니 덕을 대신함이 있지 않고서 두 명의 왕이 있는 것은 역시 叔父(同姓 諸侯인 진 문공)도 싫어하는 일일 것이오."라고 하였다.

㉜ 白馬素車 無復藩維之援 : 漢高祖初至霸上, 使人約降, 秦王子嬰繫頸以組, 白馬素車, 奉天子璽符詣軹道旁而降.

漢 高祖가 처음 霸上에 이르러 사람들에게 투항하도록 약속하니, 秦王 子嬰이 인끈을 목에 매고 흰 말과 흰 수레로 천자의 옥새와 부절을 받들고 軹道 곁에 이르러 항복하였다.

㉝ 不悟望夷之釁 : 秦相趙高弑二世望夷宮.

秦나라 승상 趙高가 二世皇帝를 望夷宮에서 시해하였다.

㉞ 未堪羿浞之災 : 羿, 音刈. 浞, 音捉. 夏帝相旣立, 后羿有窮氏簒位, 帝相徙商丘, 羿耽于畋獵, 信用寒浞, 浞後殺羿自立, 因羿之室生子奡(오), 奡弑帝相. 夏之貴臣殺浞後滅奡, 立帝相子, 是爲少康.

羿(사람 이름)는 음이 刈이다. 浞(젖다)은 음이 捉이다. 夏나라의 帝相이 왕위에 오르고 난 뒤 有窮氏 后羿가 왕위를 찬탈하자 帝相은 商丘로 달아났다. 羿가 사냥에 빠져 寒浞을 믿자 寒浞은 羿를 죽이고 스스로 왕위에 올랐으며, 羿의 아내를 맞아들여 아들 奡를 낳았는데, 奡가 帝相을 시해하였다. 夏의 귀척대신들이 寒浞을 죽인 뒤에 奡를 제거하고 帝相의 아들을 세우니 바로 少康이다.

㉟ 旣罹高貴之殃 : 罹, 音離. 魏高貴鄕公, 名髦, 文帝之孫, 嗣明帝位六年, 司馬昭擅政, 遂勒兵誅昭而敗, 爲昭黨所弑.

罹(만나다)는 음이 離이다. 魏나라 高貴鄕公은 이름이 髦이니, 文帝의 손자이다. 明帝를 이어 6년 동안 제위에 있었는데, 司馬昭가 정권을 독단하였다. 결국 군사를 일으켜 司馬昭를 주살하려고 하다가 패하여 司馬昭의 부하에게 죽임을 당했다.

㊱ 寧異申繒之酷 : 周幽王嬖褒姒而廢申后, 立褒姒之子伯服而黜太子, 申侯怒, 與繒及犬戎殺王驪山下.

周 幽王이 褒姒를 총애하여 申后를 폐위시키고, 褒姒의 아들인 伯服을 총애하여 太子를 내쫓자 申侯가 노하여 繒・犬戎과 함께 驪山 아래에서 幽王을 죽였다.

㊲ 始自藩屛 : 屛, 音餠. 詩曰 "价人維藩, 大邦爲屛."

屛(가리다)는 음이 餠이다. ≪詩經≫ 〈大雅 板〉에 이르기를 "갑옷 입은 병사는 나라의 울타리가 되고, 제후들은 나라의 수호자가 된다."라고 하였다.

㊳ 女子盡髽 : 髽, 莊華切. 髽, 麻髮合結也. 左傳襄公四年, 邾人莒人伐鄫, 臧紇救鄫侵邾, 敗于狐駘, 國人逆喪者皆髽, 魯於是乎髽. 禮記曰 "魯婦人髽而弔."

髽(복머리)는 莊과 華의 반절이다. 髽는 삼실로 머리카락을 묶는 것이다. ≪春秋左氏傳≫ 襄公

4년에, 邾나라와 莒나라가 鄫나라를 정벌하였는데, 魯나라의 臧紇이 鄫나라를 구원하려고 邾나라를 침입했지만 狐駘에서 패배하였다. 전사자의 시체를 맞아들이는 노나라 사람들은 복머리를 하였다. 노나라에서는 이때에 비로소 상례에 복머리를 하게 되었다. ≪禮記≫ 〈檀弓 上〉에 이르기를 "魯나라 부인이 복머리를 하고 조문하였다."라고 하였다.

㊴ 崤陵之師 隻輪不反：公羊傳僖公二十二年 "晉人及姜戎敗秦師于殽, 匹馬隻輪無反者."
≪春秋公羊傳≫ 僖公 22년에 "晉나라와 姜戎이 殽에서 秦나라 군사를 물리쳤는데, 말 한 필, 수레 한 대도 돌아간 것이 없었다."라고 하였다.

㊵ 其餘不可勝數：勝, 平聲. 數, 上聲.
勝(견디다)은 平聲이고, 數(헤아리다)는 上聲이다.

㊶ 陸士衡：名機, 晉吳郡人. 以聖王經國, 義在封建, 著五等諸侯論.
이름은 機이며, 晉나라 吳郡 사람이다. 聖王이 나라를 다스려야 한다고 생각하였고 뜻은 封建에 있었다. ≪五等諸侯論≫을 저술하였다.

㊷ 嗣王委其九鼎 凶族據其天邑嗣王：嗣王, 謂周惠王襄王悼王也. 委九鼎, 謂三王棄國出奔也. 凶族, 謂王子頹王子帶王子朝也. 據天邑, 謂三子據國僭位也.
嗣王은 周나라의 惠王, 襄王, 悼王을 말한다. 九鼎을 버렸다는 것은 三王이 나라를 버리고 망명한 것을 말한다. 凶族은 王子 頹, 王子 帶, 王子 朝를 말한다. 天邑을 점거했다는 것은 三子가 國都를 점유하고 왕위를 범한 것을 말한다.

㊸ 剌擧分竹 何世無人：漢文帝初與郡守爲銅虎符[19], 當發兵, 遣使者至郡, 合符乃聽受之, 以代古之圭璋, 分竹亦其義也.
漢 文帝는 처음에 郡守와 銅虎符를 만들어 출병할 때가 되면 사자를 군으로 보내어 부절을 맞추어보고서야 명을 받게 하였다. 옛날의 圭璋을 대신한 것이니, 分竹 역시 같은 의미이다.

㊹ 至使地或呈祥 天不愛寶：前漢黃霸爲潁川太守, 政化大行, 嘉禾生, 鳳凰集. 後漢秦彭爲潁川太守, 有甘露嘉禾鳳麟之瑞.
前漢의 黃霸가 潁川太守가 되었을 때 정치의 교화가 크게 펴졌는데, 큰 벼이삭이 생산되고 봉황이 모였다. 後漢의 秦彭이 潁川太守가 되었을 때 甘露水와 큰 벼이삭과 봉황과 기린의 상서로움이 있었다.

㊺ 民稱父母：父母, 讀曰甫牡. 前漢邵信臣爲河南太守, 視民如子, 號曰邵父. 後漢杜詩爲南陽太守, 爲政淸平, 民爲之語曰 "前有邵父, 後有杜母."
父母는 甫牡라고 읽는다. 前漢의 邵信臣이 河南太守가 되었을 때, 백성들을 자식처럼 보살피자 邵父라고 하였다. 後漢의 杜詩가 南陽太守가 되었을 때 정치를 깨끗하고 공평하게 하자 백성들이 말하기를 "이전에는 邵父가 있었는데, 뒤에는 杜母가 있구나."라고 하였다.

㊻ 政比神明：後漢孟嘗爲合浦太守, 郡產珠, 先守多貪珠, 徙交趾, 人物無資. 嘗至, 革前弊, 去珠復還, 百姓反業, 謂爲神明.

---

19) 銅虎符：구리로 만든 호랑이 모양 부절로, 군사를 출동할 때 사용하였다.

後漢의 孟嘗이 合浦太守가 되었을 때, 군에서 진주가 생산되었는데, 전임 태수들이 대부분 진주를 탐내자 진주 생산이 交趾로 옮겨 가서 백성들이 살지 못하게 되었다. 孟嘗이 이르러 이전의 폐단을 바로잡으니, 생산되지 않던 구슬이 다시 나기 시작했다. 백성들이 다시 생업에 돌아오게 되어 神明하다고 말했다.

㊼ 曹元首：魏人, 上六代論, 感悟曹爽.
曹元首는 魏나라 사람으로 〈六代論〉을 올려서, 曹爽이 느껴 깨닫게 하였다.

㊽ 方區區然稱 與人共其樂者：樂, 音洛. 後同.
樂(즐겁다)은 음이 洛이다. 뒤에도 같다.

그렇다면 득실과 성패에는 각기 원인이 있는 법인데, 저술을 하는 자들이 대부분 옛 법만을 고집하여 마음에 옛날과 지금의 정황을 잊어버리고 도리에 경박함과 순박함을 혼동하지 않는 이가 없어, 모든 왕조의 말기에 三代의 법을 시행하고 천하의 五服 내에는 모두 제후들을 봉해주고 王畿 천 리 지역을 卿大夫의 식읍으로 삼으려고 하였습니다. 이는 노끈의 매듭에 의한 정치의 교화를 禹 왕조와 夏 왕조에 시행하려는 것이며, 象刑에 의한 법을 써서 漢나라와 魏나라 말기를 다스리는 것과 같은 것입니다. 이와 같이 한다면 기강이 느슨해지고 문란해질 것을 분명히 알 수 있으니, 배에 새겨놓은 표식으로 물에 빠뜨린 검을 찾으면 일을 이룰 수 없고, 거문고 기러기발에 아교풀을 발라 고정시켜 놓고 음악을 연주하면 더욱 미혹되는 것이 많아지는 법입니다.

다만 楚 莊王이 솥의 무게를 묻고 晉 文公이 隧道를 청한 데에서 霸王의 군대를 두려워했고, 흰 말과 흰 수레로 투항한 데에서 제후의 구원이 없었음을 알 뿐, 二世皇帝가 望夷宮에서 죽은 일을 깨닫지 못하고 羿와 浞의 재앙도 이해하지 못합니다. 이미 高貴鄕公의 재앙을 만난 것이 어찌 申侯와 繒侯가 幽王을 죽인 잔혹한 일과 다르겠습니까. 이는 바로 명철한 군주이건 혼란한 군주이건 스스로 安危를 변화시키는 것이지 진실로 守宰와 公侯가 흥망을 이루는 것이 아닙니다. 또 몇 세대가 지난 후에 왕실이 쇠퇴해지면 비로소 제후국에서 원수의 나라로 바뀌게 됩니다. 집집마다 각기 풍속이 다르고 나라마다 정치가 다르며, 강대한 자가 약소한 자를 침범하고, 수적으로 우위에 있는 자가 적은 자에게 해를 끼치며 국경 여기저기에서 전쟁이 일어납니다. 狐駘의 전쟁 패배로 여자들은 모두 복머리를 하였으며, 崤陵의 전쟁에서 秦나라 군대는 수레 한 대도 되돌아오지 못하였습니다. 이는 한 부분을 들어 대략 말하는 것이고, 그 나머지는 다 셀 수 없습니다.

陸士衡은 천박하게 말하기를, '계승한 왕(惠王, 襄王, 悼王)이 九鼎을 버리고 凶族(王子 頹, 王子 帶, 王子 朝)이 도읍을 점거하였으나 천하는 안정되어 治世로 亂世를 대비하였다.'라고 하였으니, 이 얼마나 잘못된 말입니까.

관청을 설치하여 직책을 나누고 현인과 능력 있는 사람을 임용하여 어진 인재로 임금과 함께 다스릴 지방관으로 삼아야 하니 刺史와 郡守가 될 만한 인물이 어느 시대인들 없겠습니까. 땅이 때로 상서로움을 보이고 하늘은 보물을 아끼지 않고 내려주며 백성들이 태수를 부모라 칭하고 정치는 神明에 비하게 될 것입니다. 曹元首는 잔달게 말하기를 '타인과 더불어 즐거움을 함께하는 자는 반드시 그 근심을 근심하고 타인과 더불어 편안함을 함께하는 자는 반드시 그 위험을 도와서 구해준다.'라고 하였으니, 어찌 侯伯(제후)으로 삼아주면 그 편안함과 위태로움을 같이할 것이며, 牧宰(군현의 장)로 임용하면 그 근심과 즐거움을 달리하겠습니까. 이 얼마나 경망한 말입니까?

8-2-4

封君列國이 **藉其門資**하여 **忘其先業之艱難**하고 **輕其自然之崇貴**하여 **莫不世增淫虐**하며 **代益驕侈**라 **離宮別館**이 **切漢淩雲**하고 **或刑人力而將盡**[20]하며 **或召諸侯而共落**[21]이라 **陳靈則君臣**이 **悖禮**하여 **共侮徵舒**㊾하고 **衛宣則父子聚麀**하여 **終誅壽朔**㊿[22]이어늘 **乃云爲己思治**[23]라하니 **豈若是乎**㉛아 **內外群官**을 **選自朝廷**하고 **擢士庶以任之**하며 **澄水鏡以鑑之**하여 **年勞**에 **優其階品**하며 **考績**에 **明其黜陟**하면 **進取事切**하고 **砥礪情深**이라 **或俸祿不入私門**㊼하며 **妻子不之官舍**㊽하고 **班條**[24]**之貴**로도 **食不擧火**㊾하며 **剖符之重**으로도

20) 刑人力而將盡 : ≪春秋左氏傳≫ 昭公 12년의 "왕께서 백성의 힘을 헤아리어 취하고 배부를 마음이 없으시다.〔形民之力 而無醉飽之心〕"에서 유래한 것이다. '形'은 '型'으로, 백성의 힘을 헤아려 부리기를 일정한 모형에 따라 하듯이 하여 욕심 부리지 않음을 말한다.

21) 召諸侯而共落 : ≪春秋左氏傳≫ 昭公 7년의 "楚子가 章華臺를 완성하고 나서 諸侯들과 落成式을 하기를 바랐다.〔楚子成章華之臺 願與諸侯落之〕"에서 유래한 것이다.

22) 終誅壽朔 : 伋·壽에 대한 사건 전말은 ≪春秋左氏傳≫ 桓公 16년, ≪詩經≫ 〈邶風 二子乘舟 毛傳〉에 보인다.

23) 爲己思治 : ≪文選≫ 권54 〈五等諸侯論〉의 "五等 임금들은 자기를 위해 다스려짐을 생각한다.〔五等之君 爲己思治〕"에서 유래한 것이다.

居惟飮水㊺라 **南陽太守**는 **弊布裸身**㊻하고 **萊蕪縣長**은 **凝塵生甑**㊼하되 **專云爲利圖物**[25)]이라하니 **何其爽歟**아 **總而言之**하면 **爵非世及**이면 **用賢之路斯廣**하고 **民無定主**면 **附下之情不固**하리니 **此乃愚智所辨**이니 **安可惑哉**아 **至如滅國弑君**하며 **亂常干紀**가 **春秋二百年間**에 **略無寧歲**㊽라 **次睢咸秩**[26)]에 **遂用玉帛之君**㊾[27)]하고 **魯道有蕩**에 **每等衣裳之會**㊿하니 **縱使西漢哀平之際**(61)와 **東洛桓靈之時**(62)라도 **下吏淫暴**가 **必不至此**니 **爲政之理**(63)를 **可以一言蔽焉**이니이다

㊾ 共侮徵舒 : 徵, 平聲. 左傳宣公九年 "陳靈公與孔寧儀行父(보)通于夏姬." 十年 "公與二人飮酒于夏氏, 公謂行父曰 '徵舒似汝.' 對曰 '亦似君.' 徵舒病之, 公出, 自其廐而殺之. 二子奔楚." 徵舒, 夏姬之子也.
徵은 平聲이다. ≪春秋左氏傳≫ 宣公 9년에 "陳 靈公이 孔寧·儀行父와 夏姬를 私通하였다."고 하였다. 10년에 "陳 靈公이 두 사람과 함께 夏氏의 집에서 술을 마실 때 靈公이 行父에게 '徵舒가 그대를 닮았다.'라고 하니, 行父는 '역시 임금님을 닮았습니다.'라고 대답하였다. 이 말을 들은 徵舒가 언짢게 여기고 靈公이 나갈 때 마구간에서 그를 죽이니, 두 사람은 楚나라로 도망갔다."고 하였다. 徵舒는 夏姬의 아들이다.

㊿ 衛宣則父子聚麀 終誅壽朔 : 麀, 音幽, 牝鹿也. 聚麀, 謂無禮也. 衛宣公納子伋之妻, 是爲宣姜, 生壽及朔. 朔與宣姜愬伋於公, 公令伋之齊, 使賊先待於隘而殺之. 壽知之, 以告伋, 伋曰 "君命也, 不可逃." 壽竊其節, 先往, 賊殺之, 伋至曰 "君命殺我, 壽何罪." 賊又殺之. 國人哀之, 作二子乘舟之詩. 壽朔, 當作伋壽.
麀(암사슴)는 음이 幽이니, 암사슴이다. 聚麀는 무례하다는 말이다. 衛 宣公이 아들 伋의 처를 아내로 맞으니, 바로 宣姜인데 壽와 朔을 낳았다. 朔과 宣姜이 衛 宣公에게 伋을 비방하자 선공이 伋을 齊로 보내면서 자객을 시켜 먼저 좁은 길에서 기다리고 있다가 죽이라고 하였다. 壽가 그 사실을 알고 伋에게 고하자, 伋이 말하기를 "임금의 명령이니 도망쳐서는 안 된다."라고 하였다. 壽가 그 부절을 훔쳐 먼저 출발하니, 자객이 그를 죽였다. 伋이 당도하여 말하기를 "임금이 나를 죽이라고 하였거늘, 壽가 무슨 죄가 있단 말인가?"라고 하니 자객이 또 죽였다. 나라 사람들이 그들을 애도하여 〈二子乘舟〉라는 시를 지었다. 壽와 朔은 마땅히 伋과 壽가 되어야 한다.

(51) 乃云爲己思治 豈若是乎 : 爲, 去聲. 後同.

---

24) 班條 : 官位의 배열 등급이다.

25) 爲利圖物 : ≪文選≫ 권54 〈五等諸侯論〉의 "郡縣의 長들은 私利를 위하며 재물을 꾀했다.〔郡縣之長 爲利圖物〕"에서 유래한 것이다.

26) 咸秩 : 순서대로 모두 행사를 진행하는 것을 말하는데, 본문에서는 祉祭를 지낸다는 뜻이다.

27) 玉帛之君 : 諸侯를 말한다. 제후의 회합에 제후는 玉을 쥐고 附庸 임금은 帛을 쥐어 예물로 하였다.

爲(위하다)는 去聲이다. 뒤에도 같다.

52 或俸祿不入私門：後漢楊秉爲豫章太守, 清儉, 計日受祿, 餘俸不入私門.
後漢의 楊秉이 豫章太守가 되었을 때, 청렴하고 검소하여 날짜를 계산하여 녹봉을 받고 나머지 녹봉은 私家로 들이지 않았다.

53 妻子不之官舍：後漢〔魏霸〕[28]爲鉅鹿太守, 何竝爲潁川太守, 每之官, 妻子不入官舍.
後漢의 魏霸가 鉅鹿太守가 되고 何竝이 潁川太守가 되었을 때, 관청에 나아갈 때마다 妻子를 관청으로 들이지 않았다.

54 班條之貴 食不擧火：漢左雄爲冀州刺史, 在任不擧煙火, 常食乾飯.
後漢의 左雄이 冀州刺史가 되었을 때 재임 중에는 불을 때서 밥을 해먹지 않고 항상 말린 밥을 먹었다.

55 剖符之重 居惟飮水：晉鄧攸爲吳郡太守, 載米居官, 惟飮吳水而已.
晉나라의 鄧攸가 吳郡太守가 되었을 때 관청에 쌀이 쌓여 있는데도 오직 吳郡에서 나는 물만 마셨다.

56 南陽太守弊布裸身：後漢羊續爲南陽太守, 常敝衣薄食, 妻子資藏, 布衾敝衹裯而已.
後漢의 羊續이 南陽太守가 되었을 때 늘 해어진 옷을 입고 소박한 식사를 했고, 처자가 가진 것이라고는 베 이불과 해어진 짧은 옷가지뿐이었다.

57 萊蕪縣長凝塵生甑：長, 音掌. 後漢范丹爲萊蕪縣令, 家貧, 里歌曰, 甑中生塵范史雲, 釜中生魚范萊蕪.
長(우두머리)은 음이 掌이다. 後漢의 范丹이 萊蕪縣令이 되었을 때 집안이 가난하였는데, 마을에서 노래하기를 "시루 속에 먼지가 나온 이는 范史雲이요, 가마솥 안에 물고기가 나온 이는 范氏 萊蕪縣令이로다."라고 하였다.

58 春秋二百年間 略無寧歲：春秋始魯隱公元年, 終哀公十四年, 凡二百四十二年. 言二百者, 擧大數也.
≪春秋≫는 魯 隱公 원년(B.C. 722)에서 시작하여 哀公 14년(B.C. 481)에 끝이 나니, 모두 242년이다. 200년이라고 말한 것은 큰 수를 들어 말한 것이다.

59 次雎咸秩 遂用玉帛之君：雎, 音綏. 左傳僖公十九年, "宋公使邾文公用鄫子於次雎之社." 雎, 水名. 此水受汴入泗, 有妖神, 東夷祀之. 鄫子, 小國之君, 乃殺而祭之, 非禮也.
雎(부릅뜨다)는 음이 綏이다. ≪春秋左氏傳≫ 僖公 19년에 "宋公이 邾文公에게 鄫子로 하여금 次雎의 社祭에 희생으로 쓰게 하였다."라고 하였다. 雎는 물 이름이다. 이 물은 汴水를 받아 泗水로 들어가는데 요상한 신이 있어 東夷에서는 제사를 지낸다. 鄫子는 작은 나라의 군주로, 그를 죽여서 제사를 지냈으니, 예가 아니다.

60 魯道有蕩 每等衣裳之會：魯道有蕩, 詩載驅篇之辭. 按春秋, 魯莊公夫人姜氏會齊侯者凡六, 故齊人作是詩以刺文姜來會齊襄公也.

---

28) 〔魏霸〕: 저본에 누락된 부분을 보충하였다. 魏霸의 '妻子不之官' 기록은 ≪後漢紀≫ 권14 孝和皇帝 16년에 보인다.

魯道有蕩은 ≪詩經≫ 〈齊風 載驅〉의 말이다. 살펴보건대 ≪春秋≫에 魯 莊公의 夫人인 姜氏가 오빠 齊侯를 만난 것이 모두 여섯 번이다. 그러므로 齊나라 사람들이 이 시를 지어서 文姜이 와서 齊 襄公과 만난 것을 풍자하였다.

⑥① 縱使西漢哀平之際：前漢都長安, 故曰西漢. 哀帝, 名欣, 定陶恭王之子, 平帝, 名衎, 中山孝王之子, 皆元帝之庶孫.

前漢의 도읍이 長安이다. 그러므로 西漢이라고 한 것이다. 哀帝는 이름이 欣으로 定陶恭王의 아들이며, 平帝는 이름이 衎으로, 中山孝王의 아들이니 모두 元帝의 庶孫이다.

⑥② 東洛桓靈之時：後漢都洛陽, 故曰東洛. 桓帝, 名志, 章帝曾孫. 靈帝, 名宏, 章帝玄孫.

後漢의 도읍은 洛陽이다. 그러므로 東洛이라고 한 것이다. 桓帝는 이름이 志로 章帝의 曾孫이며, 靈帝는 이름이 宏으로, 章帝의 玄孫이다.

⑥③ 爲政之理：爲, 如字. 後同.

爲(하다)는 본래 音義대로 독해한다. 뒤에도 같다.

제후 임금으로 봉해진 여러 국가들이 문벌에 의지하여 조상들이 겪었던 어려움을 잊고, 그 자연스러운 존귀함을 경시하여 대대로 음탕하고 포학한 짓을 더하며 교만과 사치가 늘어만 갑니다. 離宮과 別館들이 은하수를 가르며 구름을 올라 탈 만큼 높고, 혹은 백성의 힘을 고갈시킬 정도로 하며 혹은 諸侯들을 불러 함께 건물 落成式을 하기도 합니다.

陳 靈公은 임금과 신하가 禮를 그르쳐서 徵舒를 함께 모욕하였고 衛 宣公은 아버지와 아들이 무례하여 끝내 아들 壽・朔을 주살하였거늘 자기를 위해 다스려짐을 생각한다고 하였으니, 어찌 이와 같을 수 있겠습니까. 안팎의 여러 관원들을 조정에서 선발하고 士人과 庶人을 발탁하여 임명하여 물거울처럼 밝게 감찰하여 다년간의 노고에 품계를 더해주며 考課에 승진과 강등을 명확히 하면 進取하는 일이 절실해지고 절조를 닦는 마음이 깊어지게 됩니다. 혹은 俸祿을 개인 집에 들이지 않고, 아내와 자식들이 官舍에 가지 않으며, 존귀한 官位에 있으면서도 불을 때어 밥을 하지 않고 말린 밥을 먹고, 부절을 나누어 받아 重任을 맡고서도 거처할 적에 물만 마셔 쌀을 먹지 않기도 하였습니다. 南陽太守 羊續은 해어진 옷에 살을 드러낸 채 살았고 萊蕪縣長 范丹은 솥에서 먼지 뭉치가 나왔는데도 이들을 두고 오로지 '私利를 위하며 재물을 꾀한다.'고 하였으니, 이 얼마나 어긋난 말입니까.

종합해서 말하면 작위가 세습되지 않으면 현인을 임용하는 길이 넓어지고 백성이 정해진 주인이 없으면 관리들에게 기대는 마음이 확고하지 않습니다. 이것은 어리석은 이나 지혜로운 이나 판별할 것이니, 어찌 미혹될 것이 있겠습니까. 나라를 멸망시키고 임금을 시해하며 일상 도리를 어지럽히고 기강을 침해하는 것은 春秋時代 2백 년 동안 조금도 편안한 해가 없었습니다. 次睢에서 社祭를 지낼 적에 마침내 옥백을 지닌 鄫子를 제물로 사용하였고, 魯나라 길이 평탄하다고 말한 〈載驅〉 시에는 의상을 차려입은 남매가 근친상간의 만남을 기다렸습니다. 비록 西漢의 哀帝・平帝와 東漢의 桓帝・靈帝 때에도 아래 관원들의 음탕하고 포학함이 틀림없이 이와 같은 지경에 이르지는 않았으니, 정치를 하는 도리를 한마디 말로 단언할 수 있습니다.

8-2-5

伏惟陛下握紀御天하시며 **膺期啓聖**하사 **救億兆之焚溺**하시고 **掃氛祲於寰區**하사 **創業垂統**하여 **配二儀以立德**하시며 **發號施令**⑭하여 **妙萬物而爲言**이라 **獨照神衷**하시고 **永懷前古**하시며 **將復五等**[29]**而修舊制**하시고 **建萬國以親諸侯**하니이다 **竊以漢魏以還**으로 **餘風之弊未盡**하고 **勛華**[30]**既往**에 **至公之道斯乖**어든 **況晉氏失馭**하여 **寓縣**[31]이 **崩離**⑮하고 **後魏時乘**하여 **華夷雜處**⑯어늘 **重以關河分阻**하고 **吳楚懸隔**⑰하니 **習文者學長短從橫之術**⑱[32]하고 **習武者盡干戈戰爭之心**하여 **畢爲狙詐之階**하고 **彌長澆浮之俗**⑲이라 **開皇在運**⑳에 **因藉外家**[33]하여 **驅御群英**에 **任雄猜**[34]**之數**하니 **坐移明運**이오 **非克定之功**이라 **年踰二紀**[35]에 **人不見德**㉑이러니 **及大業嗣立**㉒에 **世道交喪**하여 **一人一物**[36]이

---

29) 五等 : 5등의 爵位로, 分封한 公・侯・伯・子・男을 말한다.

30) 勛華 : 放勛과 重華로, 堯舜을 말한다.

31) 寓縣 : 天下를 말한다.

32) 長短從橫之術 : 長短은 縱橫家의 술책인 長短說을 말하며, 從橫은 合從連橫을 말한다. 合從은 戰國時代에 蘇秦이 주장하여 6국이 秦나라에 대항하자는 외교 군사 동맹이고, 連橫은 張儀가 주장하여 秦나라가 6국과 각각 1국씩 보호해주는 외교 군사 동맹이다.

33) 開皇在運 因藉外家 : 隋 文帝 楊堅이 南北朝 말엽 北周의 外戚으로서 어린 임금 靜帝를 폐하고 제위를 찬탈한 사실을 말한다.

34) 雄猜 : 雄猜는 뜻은 웅대하나 시기심과 의심이 많다는 뜻이다. 隋 文帝가 의심이 많았던 것은 《隋書》 〈五行 上〉의 "開皇 14년……이때 문제는 참언을 자주 믿어 형제들을 의심하였다.〔開皇十四年……時帝頗信讒言 猜阻骨肉〕" 등에 보인다.

掃地將盡하니 **雖天縱神武**하여 **削平寇虐**하시되 **兵威不息**하고 **勞止未康**[37)]하니이다

(64) 發號施令：施, 平聲.
施(베풀다)는 平聲이다.
(65) 況晉氏失馭 寓縣崩離：晉司馬氏初受魏禪, 後遜于宋.
晉의 司馬氏는 처음에 魏나라에게 선양을 받았고, 뒤에 宋나라에 물려주었다.
(66) 後魏時乘 華夷雜處：乘, 平聲. 後魏拓拔氏本北狄種, 改姓元氏.
乘(틈타다)은 平聲이다. 後魏의 拓拔氏는 본래 北狄의 종족으로 姓을 元氏로 고쳤다.
(67) 重以關河分阻 吳楚懸隔：重, 平聲.
重(거듭)은 平聲이다.
(68) 習文者學長短從橫之術：從, 音蹤.
從(방종하다)은 음이 蹤이다.
(69) 彌長澆浮之俗：長, 音掌.
長(자라나다)은 음이 掌이다.
(70) 開皇在運：開皇, 隋文帝年號.
開皇은 隋 文帝의 연호이다.
(71) 年踰二紀 人不見德：文帝在位二十四年.
文帝는 재위 기간이 24년이었다.
(72) 及大業嗣立：大業, 煬帝年號.
大業은 煬帝의 연호이다.

삼가 생각해보니 폐하께서는 기강을 잡고 천하를 통치하시며, 천운에 응하여 성스러움을 열어 만백성을 불과 물 속의 고통에서 구하고 나라 안의 사악한 자들을 쓸어버렸습니다. 창업하여 후손들에게 전하고자 天地에 짝하여 덕을 세웠으며, 호령을 발하고 시행하시어 만물에 통하는 신묘한 말씀을 하였습니다. 홀로 聖心을 밝히시고 옛 시대를 오랫동안 돌아보시어 五等을 회복하여 옛 제도를 닦으려고 하시며, 萬國을 세워 제후들을 가까이하려고 하십니다.

가만히 생각해보니 漢나라와 魏나라 이후로 남은 폐습은 다 없어지지 않았고, 堯임금과 舜임금이 떠난 후에는 지극히 공평한 도리가 어긋났는데, 더구나 晉나라가 통제력을 잃어 천하가 붕괴되어 흩어졌고, 後魏가 시기를 틈타 일어나 中

---

35) 二紀：24년을 말한다. 紀는 12년이다.
36) 一人一物：≪舊唐書≫ 〈李百藥傳〉에 "一時人物"로 되어 있어 이를 따라 번역하였다.
37) 勞止未康：≪詩經≫ 〈大雅 民勞〉의 "백성이 또한 수고로운지라, 조금 편안하게 해야 할 것이라.〔民亦勞止 汔可小康〕"에서 유래한 것이다. 止는 조사이다.

華의 백성과 오랑캐가 섞여 살았습니다. 거듭하여 函谷關과 황하로 나뉘어 막히고 吳나라와 楚나라는 현격하게 멀리 떨어져 있었으니, 글을 배우는 자들은 從橫家의 술책을 배우고 무술을 익힌 자는 무력을 다하여 전쟁을 하려는 마음을 다하여 모두 허위의 기회를 만들고 더욱 경박한 풍속이 조장되었습니다.

開皇(隋 文帝 연호) 시대의 운수를 만나 외척의 신분을 빙자하여 여러 영웅들을 부리면서 웅대한 뜻을 지니고도 의심하는 술수를 썼으니, 앉아서 밝은 운수가 옮겨온 것이지 천하를 평정한 공은 아니었습니다. 재위에 올라 24년이 지나도록 백성들은 그 덕을 보지 못하였는데, 大業(隋 煬帝 연호)이 제위를 잇고 나서는 세상의 도가 사라져 한 시대의 인물이 땅을 쓴 듯이 거의 없어졌습니다. 비록 하늘이 聖神과 같은 무력을 내려주어 포학한 도적들을 평정하였으나 전쟁이 그치지 않고 백성들이 수고로워 아직까지 편안하지 않습니다.

8-2-6

自陛下仰順聖慈[38)]하사 嗣膺寶曆으로 情深致理하사 綜覈前王하시니 雖至道無名이나 言象所紀[39)]에 略陳梗概하니 實所庶幾[73]라 愛敬蒸蒸하사 勞而不倦은 大舜之孝也[74]요 訪安內豎하시며 親嘗御膳은 文王之德也[75]요 每憲司讞罪하며 尙書奏獄에 大小必察하며 枉直咸擧하여 以斷趾之法으로 易大辟之刑하사 仁心隱惻이 貫徹幽顯은 大禹之泣辜也[76]요 正色直言을 虛心受納하사 不簡鄙訥하시며 無棄芻蕘는 帝堯之求諫也[77]요 弘奬名敎하시며 勸勵學徒하사 旣擢明經於靑紫[40)]하시고 將升碩儒於卿相은 聖人之善誘也[78]라 群臣이 以宮中暑濕하여 寢膳或乖로 請移御高明하여 營一小閣[41)]한대 遂惜十家之産하사 竟抑子來[42)]之願하시며 不恡(린)陰陽之感하사 以安卑陋之居하시고 頃歲

38) 聖慈 : 高祖 李淵을 말한다.

39) 言象所紀 : 言象은 말로 형용하다는 뜻이고, 紀는 記와 통한다.

40) 靑紫 : 公卿의 服飾으로 고관대작을 말한다.

41) 營一小閣 : 이는 ≪貞觀政要≫ 6권 〈論儉約〉에 "太宗이 말하기를……'옛날 漢 文帝가 露臺를 세우려고 할 때 열 집쯤 되는 예산도 아껴 하지 않았소. 나의 덕이 한 문제에 미치지 못하고 낭비하는 것도 지나치니, 어찌 백성의 부모가 되겠소.' 하였다. 굳이 청하기를 두 번 세 번에 이렀는데도 마침내 허락하지 않았다.〔太宗曰……昔漢文將起露臺 而惜十家之産 朕德不逮於漢帝 而所費過之 豈爲人父母之道也 固請至於再三 竟不許〕"라고 설명되어 있다.

42) 子來 : 아버지 일에 자식들처럼 달려와 협조함을 말한다. 文王이 靈臺를 짓는데 백성들이

霜儉하여 普天饑饉하니 喪亂甫爾라 倉廩空虛어늘 聖情矜愍하사 勤加賑恤하시니 竟無一人流離道路로되 猶且食惟藜藿하시며 樂徹簨簴(79)하시고 言必悽動하시며 貌成癯瘦하니이다 公旦은 喜於重譯(80)하고 文命도 矜其卽敍(81)로되 陛下는 每見四夷款附하여 萬里歸仁하고 必退思進省(82)하시며 凝神動慮하사 恐妄勞中國하여 以事遠方하시고 不藉萬古之英聲하사 以存一時之茂實하시고 心切憂勞하여 志絶遊幸하시고 每旦視朝(83)에 聽受無倦하시고 智周於萬物하시며 道濟於天下[43]하사대 罷朝之後에 引進名臣하여 討論是非(84)하여 備盡肝膈하신대 唯及政事요 更無異辭하시고 纔日昃에 必命才學之士하사 賜以淸閒하여 高談典籍하고 雜以文詠하며 間以玄言(85)하여 乙夜[44]忘疲(86)하시며 中宵不寐하시니 此之四道가 獨邁往初하니 斯實生民以來로 一人而已시니 弘茲風化하여 昭示四方하면 信可以朞月之間에 彌綸天壤[45]이로되 而淳粹尙阻하고 浮詭未移하니 此由習之久하여 難以卒變(87)이라 請待斲雕成器하여 以質代文하고 刑措之敎一行하며 登封[46]之禮云畢하여 然後定疆理之制하고 議山河之賞이라도 未爲晩焉이니이다 易稱天地盈虛하여 與時消息이어든 況於人乎(88)아하니 美哉斯言也여

(73) 實所庶幾 : 幾, 平聲.
幾(바라다)는 平聲이다.

(74) 愛敬蒸蒸……大舜之孝也 : 虞書稱舜曰 "克諧以孝, 烝烝乂, 不格姦."
≪書經≫ 〈虞書 堯典〉에 舜임금을 칭송하기를 "효도로 화합하게 하여 점점 나아가 선으로 다스려 간악함에 이르지 않게 하였다."라고 하였다.

(75) 訪安內豎……文王之德也 : 禮記曰 "文王之爲世子, 朝於王季日三, 鷄初鳴而衣服至寢門外, 問內豎之御者曰 '今日安否, 何如.' 曰 '安.' 文王乃喜, 日中又至, 亦如之, 及莫又至, 亦如之. 食上必在, 視寒煖之節, 食下問所饍."
≪禮記≫ 〈文王世子〉에 "文王이 세자였을 때, 하루에 세 번 王季를 문안하였는데, 닭이 처

자식처럼 와서 도왔다는 뜻으로, ≪詩經≫ 〈文王之什 靈臺〉에 "경영을 급히 하지 말라 하나 서민들이 자식처럼 달려오네.〔經始勿亟 庶民子來〕"라고 하였다.

43) 智周於萬物 道濟於天下 : ≪周易≫ 〈繫辭 上〉 4章의 "知周乎萬物 而道濟天下"에서 유래한 것이다.

44) 乙夜 : 밤을 다섯으로 나눈 것의 두 번째 시간으로, 二更, 즉 밤 10시경을 말한다.

45) 彌綸天壤 : ≪周易≫ 〈繫辭 上〉 4章의 "易은 천지와 대등하다. 그러므로 천지의 도를 다스린다.〔易與天地準 故能彌綸天地之道〕"에서 유래한 것이다.

46) 登封 : 登山封禪. 역대 제왕들이 泰山에 올라가 하늘에 제사하고 땅에 제사한 의식을 지칭한다.

음 울면 옷을 입고 침문 밖에 이르러 당직하는 내시에게 묻기를 '오늘의 안부는 어떠하신가.' 하고, 내시가 '편안하십니다.'고 하면 문왕이 기뻐하였으며, 한낮이 되면 또 와서 전과 같이 하였으며, 저녁이 되면 또 와서 전과 같이 하였다. 음식을 올릴 때에 반드시 차고 따뜻함의 적절함을 살피고, 음식을 물릴 때에는 드신 반찬을 물었다."고 하였다.

(76) 每憲司讞罪……大禹之泣辜也 : 讞, 音碾, 議也. 說苑曰 "禹出見罪人, 下車問而泣之, 左右曰 '罪人不順道, 何爲痛之.' 禹曰 '堯舜之民皆以堯舜之心爲心, 寡人之民各自以其心爲心, 是以痛之.'"

讞은 음이 碾으로, 논의한다는 의미이다. ≪說苑≫ 〈君道〉에 이르기를 "禹임금이 죄인을 보고, 수레에서 내려 이유를 묻고는 눈물을 흘렸다. 좌우에서 말하기를 '죄인이 道를 따르지 않았는데 어째서 가슴 아파하시는 것입니까?'라고 하자, 우임금이 말하기를 '堯舜의 백성들은 모두 堯舜의 마음을 자신의 마음으로 삼았는데, 과인의 백성들은 각자의 마음으로 자신의 마음을 삼고 있으니, 이 때문에 가슴 아파하는 것이다.' 하였다."라고 하였다.

(77) 正色直言……帝堯之求諫也 : 訥, 當作陋. 虞書曰 "稽于衆, 舍己從人."

訥은 마땅히 陋가 되어야 한다. ≪書經≫ 〈虞書 大禹謨〉에 이르기를 "여러 사람들과 논의하여 자신의 고집을 버리고 남을 따른다."라고 하였다.

(78) 將升碩儒於卿相 聖人之善誘也 : 相, 去聲. 論語曰 "夫子循循然善誘人."

相(재상)은 去聲이다. ≪論語≫ 〈子罕〉에 이르기를 "부자께서 차근차근히 사람을 잘 이끌었다."라고 하였다.

(79) 樂徹簨簴 : 簨, 音筍, 簴, 音巨, 縣鐘鼓之柎也, 皆以木爲之, 橫曰簨, 縱曰虡.

簨(악기 다는 틀)은 음이 筍이고, 簴(악기 다는 틀)는 음이 巨이다. 鐘鼓를 매다는 도구로, 모두 나무로 만드는데, 가로로 된 것이 簨이고, 세로로 된 것이 虡이다.

(80) 公旦喜於重譯 : 重, 平聲. 旦, 周公名. 史記曰[47] "交趾之南, 有越裳國, 周公居攝六年, 制禮作樂, 天下和平, 越裳以三象重譯而獻白雉, 曰道路悠遠, 山川阻深, 音使不通, 故重譯而朝."

重(거듭)은 平聲이다. 旦은 周公의 이름이다. ≪史記≫에 이르기를 "交趾의 남쪽에 越裳國이 있다. 周公이 섭정을 하던 6년 동안 禮와 樂을 만들어 천하가 화평하자 越裳이 3마리 코끼리를 타고서 重譯하여 白雉를 바치며 말하기를 '도로가 멀고 山川이 막히고 깊어 소식과 사신이 통하지 못하기에 重譯하여 조회합니다.' 하였다."라고 하였다.

(81) 文命矜其卽敍 : 文命, 史記以爲禹名. 夏書曰 "織皮崑崙, 析支渠搜, 西戎卽敍." 卽, 就也. 言雍州水土旣平, 而餘功及於西戎也.

文命은 ≪史記≫ 〈夏本紀〉에 禹임금의 이름이라고 하였다. ≪夏書≫ 〈禹貢〉에 이르기를, 織皮는 崑崙과 析支와 渠搜 지방에서 난 것을 공물로 하여 西戎이 공을 세워 나아왔다."라고 하였다. 卽은 나아가다는 의미이니, 雍州의 水土가 이미 다스려져서 나머지 공이 西戎에 미쳐간 것을 말한다.

(82) 必退思進省 : 省, 悉井切.

---

47) 史記曰 : 본문의 내용은 ≪史記≫에는 보이지 않고 ≪後漢書≫ 〈南蠻傳〉에 보인다.

省(살피다)은 悉과 井의 반절이다.

⑧③ 每朝視朝 : 朝, 音潮.

朝(조회하다)는 음이 潮이다.

⑧④ 討論是非 : 論, 平聲.

論(논하다)은 平聲이다.

⑧⑤ 間以玄言 : 間, 去聲.

間(틈이 생기다)은 去聲이다.

⑧⑥ 乙夜忘疲 : 太宗嘗曰 "若不甲夜視事, 乙夜讀書, 何以爲人君."

太宗이 일찍이 말하기를 "만약 甲夜에 정무를 보지 않고 乙夜에 독서를 하지 않는다면 어찌 군주라고 할 수 있겠는가?"라고 하였다.

⑧⑦ 難以卒變 : 卒, 音猝.

卒(갑자기)은 음이 猝이다.

⑧⑧ 易稱天地盈虛……況於人乎 : 易豐卦彖傳之辭.

≪周易≫ 豐卦 〈彖傳〉의 말이다.

폐하께서는 先帝의 뜻에 따라 황제에 즉위하면서부터 마음을 지극히 치적 내는 데 깊이 두어 과거 제왕들의 업적을 종합하여 살피셨습니다. 비록 폐하의 지극한 도리는 형용할 수 없으나 언어로 표현하여 기록한 것에서 대략 그 윤곽을 진술할 수 있으니, 실로 희망하는 것입니다.

부모에게 사랑과 공경을 더하여 나아가서 수고로워도 게을리하지 않는 것은 舜임금의 孝이며, 내시에게 부모의 안부를 묻고 친히 음식을 맛본 것은 文王의 덕입니다. 法官이 죄를 논하며 尙書(大臣)가 옥사를 아뢸 때마다 크고 작은 것을 반드시 살펴 잘못되고 올바른 것을 모두 들어 발뒤꿈치를 자르는 형벌로 사형을 대신하게 하고, 어진 마음과 측은함이 안팎으로 관철된 것은 禹임금의 죄인에 대한 통곡입니다. 안색과 말을 바르게 하고 마음을 비우고 간언을 받아들여 비루한 자도 소홀히 하지 않으며 나무꾼과 꼴꾼의 말도 버리지 않은 것은 堯임금이 간언을 구한 것입니다. 널리 名敎(儒敎)를 장려하여 학도들에게 권면하여 경서에 밝은 자를 높은 관직에 발탁하고, 학식이 높은 儒者를 공경과 재상으로 승진시키는 것은 聖人의 훌륭한 인도 방법입니다. 여러 신하들이 궁중이 덥고 습하여 침식에 혹 불편함을 느껴 높고 밝은 장소로 옮겨 조그마한 전각을 짓기를 청하였는데, 10가구쯤의 재산이 되는 경비를 아깝게 여겨 마침내 자식들처럼 달려오려는 소원을 물리치고 천기 음양에 따른 건강도 아끼지 않으시어 낮고 누추한 거처에 편안해하고 계십니다.

근래에 서리 때문에 흉년이 들어 온 세상이 굶주렸으니 재앙이 일어나기 시작했습니다. 식량 창고가 텅 비게 되었는데, 폐하께서는 이를 긍휼히 여기시어 힘써 구휼하시니, 마침내 한 사람도 거리에 떠도는 자가 없었습니다. 그런데도 오히려 폐하께서는 명아주 잎과 콩잎 같은 거친 음식을 드시며, 악기를 거치하는 틀을 없애시고, 말씀은 반드시 슬픔에 격동되었으며 용모는 수척해지셨습니다. 周公 旦은 거듭 통역해야 가져올 수 있는 먼 곳의 조공을 기뻐하였고, 禹임금도 西戎이 공을 세워 나아오는 것을 자부하였으나, 폐하께서는 사방의 오랑캐가 귀의하여 만 리에서 仁德에 귀순하는 것을 보고 반드시 물러나서는 생각하고 나아가서는 살피셔서 정신을 집중하여 우려하셨습니다.

그리고 함부로 중국을 고생시키면서 먼 나라를 정복하는 것을 두려워하였고, 만고의 좋은 명성을 얻으려 하지 않아 지금 시대의 번영에 뜻을 두었습니다. 마음속 깊이 백성들의 수고를 걱정하여 노니는 행차에도 마음을 접으셨고, 매일 아침 정사를 보면서 신하들의 의견을 듣는 데 권태로워하지 않으셨으며, 그 지혜는 만물에 두루 미치고, 그 도리는 천하를 구하셨습니다. 정무가 끝난 뒤에는 훌륭한 신하를 이끌어 나오게 하여 정치의 시비를 토론하여 마음을 다하였는데, 오직 정사에 관한 일만 말할 뿐 다른 말씀은 없었습니다. 막 날이 저물면 반드시 학문이 높은 선비를 궁으로 들어오라고 명하여 한가한 시간을 내어주시어 典籍에 대해 고상한 담화를 하고, 詩文 읊기를 곁들이며 간간이 현묘한 이야기도 하시어 밤늦도록 피곤함도 잊고 한밤중까지 잠을 주무시지 않았습니다. 이 네 가지 道가 홀로 과거의 제왕보다도 뛰어나시니, 인류가 생긴 이래로 오직 폐하 한 분뿐이십니다.

이와 같은 교화를 넓게 펴서 사방에 밝히면 진실로 1년 동안에 천지의 도를 다스리게 될 것입니다. 그러나 순박한 풍속은 여전히 장애를 받고 경박한 풍속이 바뀌지 않았으니, 이는 악습에 물든 것이 오래됨으로 말미암아 갑자기 변화시킬 수 없기 때문입니다. 청컨대 잘라 가다듬어 기물을 만들어 소박한 것으로 화려한 것을 대신하고, 형벌을 쓰지 않는 가르침을 한결같이 시행하며, 태산에 올라 천지에 제사 지내는 의식을 마치기 기다린 후에 봉토를 다스리는 제도를 결정하고 山河를 상으로 내려주시는 것을 의논하셔도 아직 늦지는 않을 것입니다. ≪易經≫ 豐卦 〈彖傳〉에 말하기를 "천지의 차고 비는 것도 때에 따라 사라지고 자라나고 하거늘, 더구나 사람에 있어서랴."라고 하였으니, 이 말이 정말 아름답습니다.

8-2-7

中書舍人馬周又上疏曰 伏見詔書에 令宗室勳賢89으로 作鎭藩部하여 貽厥子孫[48)]하여 嗣守其政하여 非有大故어든 無或黜免이라하시니 臣竊惟陛下封植之者가 誠愛之重之하여 欲其緖裔承守하여 與國無疆하여 可使世官也니이다 何則고 以堯舜之父로도 猶有朱均之子90어든 況下此以還而欲以父取兒인댄 恐失之遠矣라 儻有孩童嗣職하여 萬一驕逸이면 則兆庶被其殃而國家受其敗라 政欲絶之也인댄 則子文之理猶在91하고 政欲留之也인댄 而欒黶之惡已彰92하니 與其毒害於見(현)存之百姓93으론 則寧使割恩於已亡之一臣이 明矣라 然則向之所謂愛之者가 乃適所以傷之也니 臣謂宜賦以茅土94하고 疇其戶邑하여 必有材行95이어든 隨器方授면 則翰翮[49)]非强이오 亦可以獲免尤累96니이다 昔漢光武不任功臣以吏事[50)]하니 所以終全其世者는 良由得其術也라 願陛下는 深思其宜하사 使夫97得奉大恩而子孫終其福祿也하소서 太宗이 竝嘉納其言하여 於是에 竟罷子弟及功臣世襲刺史98하다

89 令宗室勳賢 : 令, 平聲.
令(하여금)은 平聲이다.

90 以堯舜之父 猶有朱均之子 : 堯之子曰丹朱, 舜之子曰商均, 皆不肖.
堯임금의 아들은 丹朱이고, 舜임금의 아들은 商均인데, 모두 불초하였다.

91 政欲絶之也 則子文之理猶在 : 子文, 楚令尹, 姓鬭, 名穀於菟. 其孫克黃使齊復命, 自拘於司

---

48) 貽厥子孫 : ≪書經≫ 〈夏書 五子之歌〉에 보인다.

49) 翰翮 : 새 날개라는 뜻으로, 세력을 말한다.

50) 昔漢光武不任功臣以吏事 : 이 사실은 ≪後漢書≫ 〈賈復傳〉의 "光武帝는 한창 관리 일을 3공에게 책임지게 하였으므로 공신들은 모두 임용하지 않았다.……작은 실수를 용서하였고, 먼 곳에서 진귀하고 맛있는 음식을 공물로 바치면, 반드시 제후에게 두루 내려주어, 太官(주방 담당 관청)에는 남는 것이 없었다. 그러므로 모두 그 복록을 보전하여, 죽임을 당하거나 견책을 받는 자가 없었다.〔帝方以吏事責三公 故功臣竝不用……宥其小失 遠方貢珍甘 必先徧賜諸侯 而太官無餘 故皆保其福祿 無誅譴者〕"에서 확인된다.

寇, 王思子文之治, 曰 "子文無後, 何以勸善."[51] 使復其官.

子文은 楚나라의 令尹으로, 姓은 鬭이고 이름이 穀於菟(누오도)이다. 그의 손자 克黃이 齊나라로 사신을 갔다가 復命하고 스스로 司寇에게 체포되자, 王이 子文의 치적을 생각하여 말하기를 "子文의 후손이 끊긴다면 어찌 善을 권면할 수 있겠는가?"라 하고 그 관직을 회복하게 하였다.

⑨② 政欲留之也 而欒黶之惡已彰 : 黶, 音黯. 欒, 姓, 黶, 名. 晉大夫武子之子也. 晉士鞅曰 "欒黶汰虐已甚, 猶可以免, 其在盈乎."[52] 黶死, 武子所施沒矣, 而黶之怨實彰. 後盈見逐. 盈, 黶之子也.

黶(검다)은 음이 黯이다. 欒은 姓이고, 黶은 이름이니, 晉나라 大夫인 武子의 아들이다. 晉士鞅이 말하기를 "欒黶은 교만과 포학이 너무 심하나 오히려 재앙을 면할 수 있지만 망함이 아들 欒盈에게 있을 것이다."라고 하였다. 欒黶이 죽자 武子가 베푼 은덕이 사라졌고, 欒黶의 원한이 실제로 드러난 것이다. 뒤에 欒盈은 쫓겨났다. 欒盈은 欒黶의 아들이다.

⑨③ 與其毒害於見存之百姓 : 見, 音現.

見(드러나다)은 음이 現이다.

⑨④ 臣謂宜賦以茅土 : 古者天子以五色土爲壇, 封諸侯, 取其方面, 苴以白茅授之, 使立社於其國.

옛날에 천자는 五色土로 단을 만들어 제후를 봉하고 그 방면의 흙을 취하여 白茅(흰 띠풀)로 싸서 주어 그 제후국에 社를 세우게 하였다.

⑨⑤ 必有材行 : 行, 去聲.

行(행실)은 去聲이다.

⑨⑥ 亦可以獲免尤累 : 累, 良僞切.

累(누를 끼치다)는 良과 僞의 반절이다.

⑨⑦ 使夫 : 夫音扶.

夫(발어사)는 음이 扶이다.

⑨⑧ 貞觀元年……竟罷子弟及功臣世襲刺史 : 按通鑑[53], 貞觀五年, 上令群臣議封建, 魏徵以爲 "若封建則卿大夫咸資俸祿, 必致厚斂. 又京畿賦稅不多, 所資畿外, 若盡封國邑, 經費頓闕. 又燕秦趙代俱帶外夷, 若有警急, 追兵內地, 難以奔赴." 李百藥云云. 顏師古以爲 "不若分王宗子, 勿令過大, 間以州縣, 雜錯而居, 互相維持, 各守其境, 協力同心, 足扶京室. 爲置官寮, 皆省司選用, 法令之外, 不得擅作威福, 朝貢禮儀, 具爲條式, 一定此制, 萬代無虞." 十一月, 詔宗室勳賢作鎭藩部云云. 十三年二月, 于志寧以爲 "古今事殊, 恐非久安之道", 上疏爭之. 馬周亦上疏云云. 會長孫無忌等皆不願, 上表固讓稱 "承恩以來, 形影相弔, 若履春冰, 宗室憂虞, 如寘湯火. 緬惟三代封建, 蓋由力不能制, 因而利之, 禮樂節文, 多非己出. 兩漢罷侯, 蠲除曩弊, 深協事宜. 今因臣等復有變更, 恐紊聖朝綱紀. 且後世愚幼不肖之嗣, 或抵冒邦憲, 自

---

51) 子文無後 何以勸善 : ≪春秋左氏傳≫ 宣公 4년에 보인다.

52) 欒黶汰虐已甚……其在盈乎 : ≪春秋左氏傳≫ 襄公 14년에 보인다.

53) 按通鑑 : 본문의 내용은 ≪資治通鑑≫ 권193 唐紀 9 〈太宗文武大聖大廣孝皇帝上之中〉 貞觀 5년, ≪資治通鑑≫ 권195 唐紀 11 〈太宗文武大聖大廣孝皇帝中之上〉 貞觀 13년에 보인다.

取誅夷, 更因延世之賞, 致成勦絶之禍, 良可哀愍. 願停渙汗之旨, 賜其性命之恩." 又因子婦長樂公主固請於上, 且言 "臣等披荊棘事陛下, 今海內寧一, 奈何棄之外州, 與遷徙何異." 上曰 "割地以封功臣, 古今通義, 意欲公之後嗣, 輔朕子孫, 共傳永久, 而公等乃復發言怨望, 朕豈强公等以茅土耶." 詔停世封刺史. 與此章所紀年歲不同, 今備錄于此, 亦以見唐世議封建之始末云.

≪資治通鑑≫을 살펴보건대, 貞觀 5년에 태종이 여러 신하들에게 封建을 의논하도록 하자, 魏徵이 말하기를 "만약 봉건을 하게 되면 卿大夫들이 모두 봉록에 의지하여 많은 세금을 거두게 될 것입니다. 또 京畿 지역의 부세가 많지 않아서 의지할 곳은 경기 밖인데, 만일 모두 國邑으로 분봉하게 되면 경비가 갑자기 모자랄 것입니다. 또 燕·秦·趙·代 지역은 모두 외부의 오랑캐와 접하고 있으니, 만일 위급한 일이 생긴다면 병력을 內地에서 소집하여 달려가기가 어렵습니다."라고 하였다. 李百藥이 말하였다. "……" 顔師古는 말하기를 "宗子들을 나누어 왕으로 봉해주되 지나치게 크게 하지는 말고 그 사이에 州縣이 들쭉날쭉하도록 있게 하여 서로 견제하게 하는 것만 못하니, 각각 그 지역을 지키게 하며 힘을 모으고 마음을 합하게 하면 황실을 충분히 보호할 수 있습니다. 관료를 두는 것은 모두 省司(中樞的인 각 省)가 선발하여 채용하고 법령 이외에는 제멋대로 위엄과 복록을 누릴 수 없게 해야 합니다. 조공하는 예의는 조문과 형식을 갖추어야 하니, 한 번 이 제도를 정해 놓으면 萬代 동안 걱정거리가 없을 것입니다."라고 하였다. 11월에 조서를 내려 종실과 공신에게는 藩部를 鎭守하라고 하였다. "……"

정관 13년 2월에 于志寧이 말하기를 "古今의 사정이 다르니, 아마도 오래도록 편안히 하는 도리가 아닌 듯합니다."라고 하며 상소를 올려 쟁론하였다. 馬周 역시 상소를 올려 말하였다. "……" 마침 長孫無忌 등이 모두 원하지 않아 表文을 올려 진실로 사양하며 말하기를 "은혜를 입은 이래로 몸과 그림자가 서로 위로하여 마치 봄날의 얼음을 밟는 듯하고 종실이 근심하고 염려하는 것이 마치 끓는 물과 불에 놓인 것 같았습니다. 아득히 三代의 봉건을 생각해보면 대개 힘으로 통제할 수가 없었기에 그대로 이를 이롭게 여기니 禮樂과 節文은 대부분 자기에게서 나온 것이 아닙니다. 兩漢 시대에는 제후를 없애고 태수를 두어서 과거의 폐단을 제거하였으니 일의 마땅함에 잘 어울립니다. 지금 신 등으로 인하여 다시 변경하게 되면 성스러운 조정의 기강이 무너질까 염려됩니다. 또 후세에 어리석고 불초한 후계자가 혹 나라의 법도를 범하여 스스로 멸망하는 데 이르고, 대대로 이어온 포상으로 인해 멸망하는 화를 당하게 된다면 정말로 슬프고 근심스러운 일입니다. 바라건대 이미 내리신 명령을 거두시어 性命을 보전하는 은혜를 내려주십시오."라고 하였다. 또 며느리인 長樂公主를 통하여 굳게 황제에게 청하며 또 말하기를 "신들은 고생을 무릅쓰고 폐하를 섬겨서 지금 海內가 편안하게 통일되었는데, 어찌하여 저를 外州로 내쳐서 귀양 보내는 것과 다름없이 하시는 것입니까?"라고 하였다. 태종이 말하기를 "땅을 나누어 공신에게 책봉하는 것은 옛날이나 오늘날이나 공통된 뜻이고, 공의 후손이 짐의 자손을 보필하여 함께 영구히 전하게 하려는 뜻인데, 공들은 마침내 다시 말을 꺼내서 원망하니, 짐이 어찌 茅土로 공들을 억지로 보내겠소?"라고 하고 조서를 내려 대대로 刺史에 봉하는 일을 중지하였다. 이 章과 기록한 시기가 같지 않으나 지금 여기에 갖추어 기록하니, 또한 唐나라에서 封建을 논한 始末을 볼 수 있다.

中書舍人 馬周가 또 상소를 올려 말했다.

"폐하의 조서를 보니, 宗室이나 공신들에게 藩部(변방 郡國)를 鎭守하게 하고 그들의 자자손손에까지 전하여 그곳의 정권을 대대로 계승하도록 하고, 중대한 잘못을 범하지 않는 한 파면할 수 없다고 하였습니다. 신의 생각으로는 폐하께서 이들을 제후로 봉하시는 것은 참으로 이들을 사랑하고 소중히 여기시어 그 자손에까지 이어서 지키게 하여 국가와 더불어 한없이 관직을 이어받도록 하려는 것입니다. 무엇 때문에 이렇게 하려는 것입니까. 堯임금과 舜임금 같은 아버지에게도 丹朱와 商均 같은 어리석은 아들이 있었거늘, 하물며 이들보다 못한 자인데도 아버지의 공으로 그 자식을 취하여 쓰려고 한다면 이는 큰 잘못입니다. 만일 어릴 때 아버지의 직위를 계승하여 만에 하나라도 교만하고 방자하다면 백성들이 재앙을 입고 나라 또한 패망하게 될 것입니다. 이러한 상황을 근절하려 한다면 楚나라의 令尹 子文의 치적이 여전히 남아 있어 손자에게 관직을 회복하게 한 예가 있고, 이러한 상황을 유지하려 한다면 晉나라 欒黶의 악행이 드러나서 손자에게 재앙이 미친 예가 있으니, 현재 살고 있는 백성들에게 해를 끼치기보다는 차라리 죽은 공신에 대한 은혜를 끊어버리는 편이 나은 것이 분명합니다.

그렇다면 앞에서 말한 그들을 사랑한다는 것은 바로 그들을 상하게 하는 것이 되니, 신의 생각으로는 마땅히 封土를 나누어주고 戶邑을 평등하게 하여 반드시 재능과 덕행이 있을 경우 국량에 따라 관직을 임명하면 그 세력은 강하지 않고, 또 과실을 면할 수 있으리라 봅니다. 과거 漢 光武帝는 공신에게 관리의 일을 맡기지 않았으니, 그 공신들이 온전히 삶을 마칠 수 있었던 것은 참으로 그 방법을 썼기 때문입니다. 바라건대 폐하께서는 이 마땅함을 깊이 생각하시어 그들이 폐하의 큰 은혜를 입어 자자손손 복록을 끝까지 누릴 수 있도록 해주십시오."

태종이 그들의 말을 모두 받아들여 이에 종실의 자제와 공신들이 刺史를 세습하도록 하는 일을 취소했다.

【集論】

范氏祖禹曰 柳宗元有言曰 封建은 非聖人意也라 勢也[54)]니 蓋自古以來有之로되 聖人不得而廢也라 周室旣衰에 倂爲十二하여 列爲六七[55)]하니 而封建之禮已亡이요 秦滅六國하여 以爲郡縣하니 三代之制不可復矣라 必欲法上古而封之하되 弱則不足以藩屛하고 彊則必至於僭亂하니 此後世封國之弊也라 況諸侯之後嗣가 或賢或不肖어늘 而必使之繼世하니 是以一人而害一國也라 然則如之何오 記曰 禮時爲大하고 順次之라하니 三代封國과 後世郡縣이 時也요 因時制宜하여 以便其民이 順也라 古之法不可用於今은 猶今之法不可用於古也라 後世如有王者가 親親而尊賢하고 務德而愛民하여 愼擇守令하여 以治郡縣이면 亦足以致太平而興禮樂矣리니 何必如古封建乃爲盛哉리오

柳宗元

范祖禹가 말하였다.

"柳宗元이 말하기를 '封建은 聖人의 본의가 아니라 형세상 그렇게 된 것이다.'라고 하니, 이는 옛날부터 있던 것이었으나 성인이 없애지 못했다. 周나라 왕실이 쇠미해지자 12제후국을 병합하여 차례대로 6, 7개 국가가 되었으니 봉건의 禮가 이미 없어진 것이고, 秦나라가 6국을 멸하여 郡縣으로 만들었으니, 三代의 제도가 회복될 수 없었다. 반드시 상고시대를 모범으로 삼아 봉건제도를 하려고 하였지만 힘이 약하면 藩屛을 만들기에도 부족하고, 힘이 강하면 반드시 僭亂한 데 이르니, 이것이 후세 제후국을 봉한 폐단이다. 더군다나 諸侯의 後嗣가 뛰어난 경우도 있고 불초한 경우도 있거늘 반드시 대물려 이어가게 하니, 이 때문에 한 사람으로 인해 온 나라에 해를 끼치게 되는 것이다. 그렇다면 어떻게 해야 하는가.

≪禮記≫ 〈禮器〉에 이르기를 '禮에는 時가 가장 중요하고 順이 그 다음이다.'라고

54) 封建……勢也 : ≪柳河東集≫ 권3 〈封建論〉에 보인다.

55) 周室旣衰……列爲六七 : 춘추시대와 전국시대로 된 것을 말한다. 춘추시대는 큰 나라가 12개국이었고, 전국시대에는 7개국이었다.

하였으니 三代에 제후국을 봉해준 것과 후세에 郡縣制를 행한 것이 時이며, 時를 따라 마땅한 제도를 제정하여 백성들을 편안하게 하는 것이 順이다. 옛날의 법도를 지금 사용할 수 없는 것은 지금의 법을 옛날에 적용할 수 없는 것과 같다. 후세에 어떤 왕이 친한 이를 친애하고 어진 이를 존중하며 덕에 힘쓰고 백성들을 사랑하여 수령을 신중히 선발하여 郡縣을 다스리게 하면 또한 태평시대를 이루어 禮樂을 흥기시킬 것이니, 어찌 굳이 옛날의 봉건제도를 따라야만 성하게 될 수 있겠는가."

胡氏寅曰 太宗이 嘗讀周官書라가 辨方正位하고 體國經野하여 設官分職하여 以爲民極之言에 慨然嘆曰 不井田하고 不封建이면 不足以法三代之治라하니 詔群臣議封建이 其本於此乎인저 夫封建與天下共其利는 天道之公也요 郡縣以天下奉一人은 人欲之私也라 魏徵이 蓋未嘗詳考古制하여 鹵莽甚矣나 而近世蘇范二公[56]도 亦謂封建不可行하니 始皇李斯柳宗元之論은 聖人不能易也라하니 嗚呼라 豈其然乎리오

胡寅이 말하였다.

"太宗이 일찍이 ≪周官≫ 〈天官 冢宰〉를 읽다가 '방위를 분변·정립하고, 도성의 규모를 구획하고 교외를 경영하여, 관직을 설립·배치하여 백성들의 법이 된다.'라는 부분에 이르러서는 개연히 탄식하며 말하기를, '井田制를 행하지 않고 封建制를 행하지 않으면 三代의 다스림을 본받기에 부족하다.'라고 하였으니, 여러 신하들에게 조서를 내려 봉건을 논의하게 한 것이 여기에 그 근원이 있을 것이다.

封建制가 천하 사람들과 그 이익을 함께하는 것은 天道의 공변됨이며, 郡縣制가 천하 사람들로 한 사람을 받들게 하는 것은 人欲의 사사로움이다. 魏徵이 옛날의 제도를 자세히 상고한 적이 없어 너무 식견이 없었으나 근세의 蘇氏와 范氏도 말하기를 '封建을 행해서는 안 되니 秦始皇·李斯·柳宗元의 논의는 성인도 바꿀 수 없다.'고 하였으니, 아! 어찌 그렇겠는가.

宗元之言曰 封建은 非聖人意也요 勢也라하니 誠使上古諸侯以爲民害어늘 聖人不得已而存之면 則唐虞之際에 洪水懷襄[57]하여 民無所定하고 武王周公誅紂伐奄에 滅國五十[58]은

---

56) 蘇范二公 : 宋나라 때 학자인 蘇軾과 范祖禹를 말하는 것으로 보인다.

57) 洪水懷襄 : ≪書經≫ 〈虞書 堯典〉의 "넘실거리는 홍수가 널리 해를 끼쳐 거세게 산을 에워싸고 언덕을 넘는다.〔湯湯洪水方割 蕩蕩懷山襄陵〕"에서 유래한 것이다.

58) 武王周公誅紂伐奄 滅國五十 : 周公이 武王을 도와 紂王을 공격하고 奄을 정벌한 지 3년 만에

皆天下之大變也라 此數聖人不能因時之變이어늘 更立制度하여 以爲郡縣하고 乃畫壤列土하여 修明侯甸之法은 何哉오 宗元又曰 德在人者는 死必奉其嗣라 故封建은 非聖人意也요 勢也[59)]라하니 夫爲其德之不可忘이라 是以憫其絶하니 此仁之至며 義之盡이요 而出於人心之固然者니 固非聖人之私意어늘 而歸之勢면 可乎아

柳宗元이 말하기를, '封建은 聖人의 본의가 아니라 형세상 그렇게 된 것이다.'라고 하였다. 진실로 가령 상고시대의 제후가 백성들의 해악이 되는데도 성인이 부득이 존치했다고 한다면 唐虞의 시대에는 홍수가 땅을 범람하여 백성들이 정착할 곳이 없었고 武王과 周公이 紂를 치고 奄을 쳤을 때 50개국을 멸망시킨 것은 모두 천하의 큰 변고이니, 이 몇 가지는 성인이 시대를 따를 수 없는 변화이다. 그런데 다시 제도를 세워 郡縣制를 만들고 지역을 구획하여 分封하여 侯甸(王畿 이외 區域)의 법을 정비한 것은 어째서인가.

유종원이 또 이르기를 '공덕을 남에게 남긴 사람은 죽으면 반드시 그 후사를 받들어준다. 그러므로 봉건은 성인의 본의가 아니라 형세상 그러한 것이다.'라고 하니, 그 사람의 덕을 잊을 수 없기 때문에 그 후손이 끊이는 것을 불쌍히 여기는 것이다. 이는 지극한 仁이며, 義를 다하는 것이고 人心의 본연에서 나온 것이라 진실로 성인의 사사로운 뜻이 아니거늘 형세상 그렇게 된 것이라 결론 지어서야 되겠는가.

宗元又曰 諸侯國亂에 天子不得變其君[60)]이라하니 夫孟子所言貶國削地와 六師移之[61)]之法은 皆先王之制也니 烏在其不改變乎아 漢不能制侯王未萌之惡하여 及大逆不道하여 然後勒兵夷之[62)]하니 此非三代故事라 自漢之失로 爰盎[63)]固言之矣니 豈可擧此以例禹湯文

그 임금을 토벌하고 飛廉을 바닷가로 내쫓아서 죽이니 멸망시킨 나라가 50개였다. 奄을 비롯한 50개 나라는 모두 紂王을 돕던 나라들이고, 비렴은 주왕이 총애하던 신하이다. ≪孟子 滕文公 下≫

59) 德在人者……勢也 : ≪柳河東集≫ 권3 〈封建論〉에 보인다.

60) 諸侯國亂 天子不得變其君 : ≪柳河東集≫ 권3 〈封建論〉에 보인다.

61) 貶國削地 六師移之 : ≪孟子≫ 〈告子 下〉의 "한 번 朝會 오지 않으면 그 官爵을 강등시키고, 두 번 조회 오지 않으면 그 국토를 삭감하고, 세 번 조회 오지 않으면 六軍(천자의 군대)을 동원하여 제후를 바꿔놓는다.〔一不朝則貶其爵 再不朝則削其地 三不朝則六師移之〕"에서 유래한 것이다.

62) 漢不能制侯王未萌之惡……然後勒兵夷之 : 漢나라가 제후의 반란을 사전에 예방하지 못하고 역모가 드러난 뒤에 진압해 멸망시킴을 말한다. 漢 景帝가 번왕들의 세력을 줄이는 계책을 취하자, 藩王으로 있던 吳王 劉濞가 자신의 세력이 줄어들 것을 걱정하여 濟南・楚・越 등 7국의 번왕들과 함께 난을 일으켰다. 이에 경제는 군사를 파견하여 이들을 무력으로 진압

武所爲哉리오 方三代盛時에 諸侯或自其國入爲三公하고 王室有難에 諸侯或釋位以間王政하고 至其衰也하여는 五伯(패)雖彊大나 猶且攘夷狄以尊戴天下之共主어늘 凡若此類는 宗元皆略而不稱하고 乃摘取衰微禍亂之一二하여 欲擧封建而廢之하니 是猶見刖者而欲廢天下之屨也라

柳宗元이 또 말하기를, '諸侯國이 혼란스러우면 天子가 그 군주를 바꿀 수 없다.'라고 하였는데, 孟子가 말한 '제후의 관작을 강등시키고 제후의 국토를 삭감하는 것과 六師를 출동하여 제후를 바꾼다.'는 법은 모두 선왕 때의 제도이니, 어디에 바꿀 수 없다는 말이 있는가. 漢나라는 侯王의 악행이 싹트기 전에 제어하지 못하고 大逆不道함에 이른 뒤에 군대를 일으켜 멸망시켰으니, 이는 三代의 옛일이 아니다. 漢나라의 과오가 있음으로부터 爰盎이 진실로 그것을 말하였으니, 어찌 이 일을 들어 禹王·湯王·文王·武王이 한 일을 例擧할 수 있는가. 三代가 성할 때에는 諸侯들이 혹 자기 제후국으로부터 王京으로 들어와 三公이 되고 王室에 어려움이 있을 적에 諸侯들이 혹 지위를 벗어놓고 王政에 간여하였고, 쇠퇴함에 미쳐서는 五伯가 비록 강성하였으나 오히려 또 夷狄을 물리쳐 천하의 共主를 추대하였다. 이와 같은 몇 가지 일은 유종원이 모두 생략하여 말하지 않고 쇠미한 禍亂의 한두 가지 일만 들어 봉건제를 들어 폐지하려 하였으니, 이는 刖者(발꿈치를 베인 사람)를 보고 천하의 신발을 없애려고 하는 것과 같은 것이다.

宗元又曰 湯資三千諸侯以黜夏하고 武資八百諸侯以翦商이라 故不敢變易也[64]라하니 是聖人於未擧兵之前에 要結衆力이라가 及成功之後에 姑息苟安이니 此六國五代庸主之所行이어늘 而謂湯武爲之乎아 宗元又曰 封建은 非公之大者요 公天下自秦始[65]라하니 夫謂三代聖王無公心하여 以封建自私라하면 是伯夷而爲盜跖[66]之事也요 謂秦無私意하여 以郡縣公天下라하면 是飛廉而有比干[67]之忠也니 一何不類之甚歟아

하여 오왕을 참수하자, 다른 제후들은 모두 자살하였다. ≪史記 권11 孝景本紀≫

63) 爰盎 : 漢나라 사람으로, 淮南王 劉長의 封土를 삭감토록 건의하였으며, 吳·楚 등 七國의 난이 일어났을 때 晁錯을 죽여 수습하도록 건의하였는데, 뒤에 원한을 품은 梁孝王의 자객에게 살해되었다. ≪漢書 권44 淮南王傳≫

64) 湯資三千諸侯以黜夏……故不敢變易也 : ≪柳河東集≫ 권3 〈封建論〉에 보인다.

65) 封建……公天下自秦始 : ≪柳河東集≫ 권3 〈封建論〉에 보인다.

66) 伯夷而爲盜跖 : 伯夷는 殷나라 말기 周나라 초기의 청렴결백한 사람이고, 盜跖은 춘추시대 도적의 괴수이다.

柳宗元이 또 말하기를, '湯王은 3천 제후의 힘을 의지하여 夏나라를 내쳤고, 武王은 8백 제후의 힘을 의지하여 商나라를 멸망시켰으므로 감히 바꿀 수가 없었다.'라고 하였다. 이는 성인이 擧兵하기 전에 여러 세력을 규합했다가 성공한 뒤에는 고식적으로 구차히 편안히 한 것이 되니, 이는 六國과 五代의 용렬한 군주나 하는 짓이거늘 湯王과 武王이 그런 일을 했다고 하는가.

유종원이 또 말하기를 '封建은 크게 공변된 일이 아니고, 천하의 공변된 일은 秦으로부터 시작되었다.'라고 하였다. 三代의 聖王이 공변된 마음이 없어 봉건으로 私心을 채웠다고 한다면 이는 伯夷와 같은 사람이 盜跖과 같은 일을 한다는 것이며, 秦나라가 사심이 없어 郡縣制로 천하를 공변되게 하였다고 한다면 이는 飛廉과 같은 인물에게 比干의 충정이 있다는 것이니, 하나같이 어찌 유사한 점이 없는 것인가.

宗元又曰 諸侯繼世而立하고 又有世大夫食祿采地하여 以盡其封域하니 雖聖賢生于其時라도 無以立于天下[68]리라하니 天子聖明하고 公卿必得其人이면 諸侯不敢越亂法度라 世固多賢也니 而又有鄕擧里選之法하고 有明明側陋之揚[69]이면 何患乎材之不用也리오 若上無明君하고 下無賢臣하여 如周之衰와 秦之季와 漢魏隋唐之時하여 在位者無非小人이요 而興邦之良佐悉沈于民伍하여 不見庸也면 雖守宰徧宇內라도 將何救於此리오 故凡宗元封建論은 皆無稽而不可信也라 夫爲君如堯舜禹湯亦足矣요 帝王之治至於唐虞三代면 亦無以加矣라 井天下之田하여 使民各有以養其生하고 經天下之國하여 使賢才皆得以施其用하면 人主自治가 不過千里하여 大小相維하고 輕重相制하여 外無强暴侵陵微弱不立之患하고 內無廣土衆民奢泰恣肆之失이라 是以義處利하여 均天下之施라 故曰封建之法이 天下之公也라 若秦則妬民之兼幷而自爲兼幷하여 筦天下之私以自奉이라 故曰郡縣之制가 人欲之私也라 或曰 然則封建今可行乎아한대 曰何獨封建也리오 二帝三王之法을 孰不可行者리오마는 在人而已矣라하노라 然欲行封建인댄 先自井田始하니 范子亦惑於宗元하여 謂今日之法不可用於古가 猶古之法不可用於今이라하니 夫後世之私意妄爲固不可行於古라하여 而爲天下者가 不以二帝三王善政良法爲則이면 則又何貴於稽古哉아

67) 飛廉而有比干 : 飛廉은 殷나라 紂王을 섬긴 간신이고, 比干은 殷나라 충신으로 紂王의 방탕을 간하다가 죽임을 당했다.

68) 諸侯繼世而立……無以立于天下 : ≪柳河東集≫ 권3 〈封建論〉에 보인다.

69) 明明側陋之揚 : ≪書經≫ 〈虞書 堯典〉의 "현달한 자를 밝히며 미천한 자를 천거하라.〔明明 揚側陋〕"에서 유래한 것이다.

柳宗元이 또 말하기를, '諸侯가 대를 이어 지위에 오르고 또 대대로 大夫를 지내며 采地에서 봉록을 받아 封域을 다하니 비록 聖賢이 그 시대에 태어났다고 하더라도 천하에 설 수 없었을 것이다.'라고 하였다. 天子가 聖明하고 公卿 중에 반드시 온당한 사람을 얻으면 諸侯가 감히 법도를 넘거나 어지럽히지 못한다. 세상에는 진실로 훌륭한 사람이 많고, 또 鄕擧와 里選의 법이 있고 현달한 자를 드러내어 밝히고 미천한 사람도 천거하여 쓴다면 어찌 인재가 쓰이지 않을 것을 근심하겠는가. 만약 위에 명철한 군주가 없고 아래에 훌륭한 신하가 없어 周나라가 쇠퇴할 때나 秦나라의 말기나 漢·魏·隋·唐의 때처럼 벼슬에 있는 사람이 小人이 아닌 경우가 없고 나라를 부흥시킬 훌륭한 보좌가 다 백성들 사이에 숨어 쓰이지 못한다면 비록 수령을 천하에서 두루 구한다 하더라도 장차 이것을 어떻게 구제하겠는가. 그러므로 유종원의 封建論은 터무니없어 믿을 수가 없다.

임금이 堯·舜·禹·湯과 같으면 충분하고 帝王의 치적은 唐·虞·三代에 이르면 더할 것이 없다. 天下의 땅에 井田制를 적용하여 백성들이 각각 살아 있는 부형을 봉양하도록 하고 천하의 제후국을 경영하여 훌륭하고 재주 있는 자들이 등용을 받도록 한다면 人主가 스스로 다스리는 곳은 천 리를 넘지 않아 大小가 유지되고 輕重이 조절되어 밖으로는 강포하거나 미약하여 서지 못할까 하는 근심이 없고, 안으로는 영토를 넓히고 백성을 많게 하여 사치하고 방자하는 잘못이 없게 된다. 이 때문에 義로 利를 처리하여 천하에 고루 베풀 수 있다. 그러므로 봉건의 법이 천하에 공변된 것이라 하는 것이다. 秦나라의 경우에는 백성들이 겸병하는 것을 시샘하여 스스로 겸병하여 천하의 사사로움을 관리하여 스스로를 봉양하였다. 그러므로 郡縣制가 人欲의 사사로운 것이라 하는 것이다.

혹자는 '그러면 봉건제를 지금도 쓸 수 있는가.'라고 하는데, '어찌 봉건제뿐이겠는가. 二帝·三王의 법을 어느 것이든 행할 수 없겠는가마는 사람에게 달려 있을 뿐이다.'라고 하겠다. 그러나 봉건제를 행하려고 한다면 먼저 井田制부터 시작해야 하니, 范祖禹도 유종원에게 미혹되어 '지금의 법을 옛날에 적용할 수 없는 것이 옛날의 법을 지금에 쓸 수 없는 것과 같다.'고 하였으니, 후세에 사사로운 의도를 가지고 함부로 본래 옛날 것을 쓸 수 없다고 하여 천하를 다스리는 자가 二帝·三王의 善政과 良法으로 법칙을 삼지 않는다면 또 어찌 옛날을 고찰하는 것을 귀하게 여기겠는가."

愚按 封建은 古先哲王公天下之良法美意也니 後世言治者가 何敢妄議哉리오 自秦罷侯置守之後로 田制學制가 皆非古矣요 由漢以下로 封建郡縣參錯하니 若漢七國과 晉八王[70]은

挻禍尤甚하여 其間悖逆自恣負强梗化者를 不可勝數나 而維垣維翰者가 亦復不少라 然終不若郡縣臂指運掉之爲得하니 於是封建是非之論興焉이라 河南程子曰 有關雎麟趾之意然後에 可行周官之法度[71]라하니 後世無古先哲王治天下之本이라도 而用古先哲王治天下之具하여 宜致然也니 豈封建之失哉리오 愚不揆나 竊謂柳宗元之論이 固難盡非나 而謂封建非聖人意라하고 謂公天下自秦始라하니 此誠爲過라 不以盛時封建之美處爲言하고 而以季世之弊處爲說하니 此誠爲偏이라 若胡氏以井田封建可行於後世는 則亦未敢以爲知言也라 封建井田은 兆於黃帝畫野分州하고 綿歷幾代하여 大備於周하니 豈一朝夕之故哉리오 居今之世에 出宗室而分王之하고 取民田而井疆之하면 紛紜轇轕하리니 何能有定이리오 故以封建爲非者는 昧於古之實也요 以封建爲是者는 泥於古之名也니 盍曰 彼三代而上之事勢며 此三代而下之事勢오 去古既遠하여 權時施宜나 郡縣不可易也니 惟當精擇守令하고 拔其有治平之績者하여 加秩而久任之하고 登進而激勸之하여 體古先哲王之美意하고 而行後世之良法이 可也오 毋庸曰 不井田하고 不封建이면 不足以爲治라

내가 살펴보건대 封建은 옛날 先哲王이 천하를 공변되게 하려고 했던 좋은 법의 아름다운 뜻이니, 후세에 다스림을 말하는 자가 어찌 감히 함부로 논의할 수 있겠는가. 秦나라가 제후를 폐지하고 郡守를 둔 이후로 田制와 學制가 모두 옛 것이 아니고, 漢나라 이후로는 봉건과 군현제가 서로 뒤섞였으니, 漢나라의 七國과 晉나라의 八王의 경우에는 화를 부른 것이 더욱 심하여 그 사이에 순리를 거슬러 제멋대로 행하고 강함을 믿어 교화를 따르지 않은 경우를 이루 다 셀 수 없으나 담과 기둥 같은 제후국이 또한 적지 않았다. 그러나 결국에는 군현제가 팔과 손가락을 운용하는 것만큼 나은 것이 되지 못하였으니, 이에 봉건에 대한 시비의 논의가 일어났다.

河南 程子가 말하기를 "關雎와 麟趾의 뜻이 있은 뒤에 ≪周官≫의 법도를 행할 수 있다."라고 하였으니, 후세에 옛날의 先哲王이 천하를 다스리던 근본이 없더라도 옛날 先哲王이 천하를 다스리던 제도를 사용하여 마땅히 그렇게 해야 하는 것이니, 어찌 봉건제의 잘못이겠는가. 내가 헤아리지 못하지만 생각을 해보니 유종원의 논의는 진실로 다 그르다고 하기는 어려우나 '봉건제는 성인의 뜻이 아니다.'라고 하고, '천

70) 漢七國 晉八王 : 제후국의 반란을 말한다. 漢七國은 漢 景帝 때에 연합하여 반란을 일으킨 일곱 나라로, 즉 吳國·楚國·趙國·膠西國·膠東國·菑川國·濟南國이다. 晉八王은 晉 惠帝 때 내란을 일으킨 汝南王 司馬亮, 楚王 司馬瑋, 趙王 司馬倫, 齊王 司馬冏, 長沙王 司馬乂, 成都王 司馬穎, 河間王 司馬顒, 東海王 司馬越이다.

71) 有關雎麟趾之意 然後可行周官之法度 : ≪近思錄≫ 권8에 明道(程顥)의 말로 실려 있다.

하를 공변되게 한 것이 秦나라로부터 시작되었다.'라고 하였으니, 이는 진실로 잘못된 것이다. 융성한 시대의 봉건제도의 아름다움으로 말을 하지 않고 말세의 폐단이 있는 것으로 말을 하였으니, 이는 진실로 편벽된 견해이다. 胡氏가 정전제와 봉건제를 후세에 행할 수 있다고 한 것은 또한 감히 知言이라고 할 수는 없다.

封建과 井田은 黃帝가 野와 州를 구획하고 구분한 데서 조짐이 있었고, 몇 시대를 거쳐 내려와 周나라에서 크게 갖추어졌으니, 어찌 하루아침에 이루어진 일이겠는가. 지금 세상에 살면서 宗室 출신이라 하여 왕으로 분봉해주고 백성의 땅을 취하여 정전법으로 경계를 짓는다면 분란과 소란이 일어날 것이니, 어찌 정해짐이 있겠는가. 그러므로 봉건제를 잘못된 제도라고 하는 것은 옛날의 실상에 어두운 것이고, 봉건제를 옳다고 하는 것은 옛날의 명분에 빠진 것이니, 어찌 저것은 三代 이상의 일의 형세이며, 이것은 三代 이하의 일의 형세라고 말하지 않을 것인가. 옛날과의 거리는 이미 멀어져서 시대에 맞추어 마땅한 제도를 시행해야 하나 군현제는 바꿀 수가 없으니, 오직 수령을 정밀히 택하고 잘 다스리는데 공적이 있는 자를 선발하여 직급을 올려주어 오래 임용하고 등용하여 권면하여 옛날 先哲王의 아름다운 뜻을 체득하고 후세의 좋은 법을 행하는 것이 옳을 것이고, 정전제를 하지 않고 봉건제를 하지 않으면 다스리기에 부족하다고 말하지 말아야 한다.

제9편 論太子諸王定分　太子와 諸王들의 분수를 정하는 것에 대해 논하다

이 편에서는 太子와 諸王들의 분수를 한정하는 것에 대해 논하였다.

태종은 太子와 皇子들에게 일찍부터 분수를 정해주어 자신들의 분수에 넘치는 자리를 넘보려는 마음을 끊도록 안배하였다. 이는 태종 자신이 서거한 후에 그의 아들들이 위태롭고 망하게 되는 근원을 제거하려 한 의도를 보여준다. 때문에 李承乾이 東宮으로 있을 때, 태종이 吳王 李恪을 변방으로 내보내 분수와 한계를 명확히 정하여 국가의 안녕을 도모하였음을 보여준다.

魏王 李泰의 궁에 공급되는 물품이 황태자에게 지급되는 것보다 훨씬 많았다는 사실을 지적한 褚遂良의 간언과 태종이 저수량의 간언을 수용하는 과정을 통해 太子와 諸王(皇子)들의 上下 분수를 정하는 데 노력을 기울였음을 확인할 수 있다.

凡四章.
모두 4장이다.

9-1-1

貞觀七年에 **授吳王恪**[1]**齊州都督**하고 **太宗謂侍臣曰 父子之情**이 **豈不欲常相見耶**리오마는 **但家國事殊**하니 **須出作藩屛**이요 **且令其早有定分**①하여 **絶覬覦之心**하여 **我百年後**에 **使其兄弟**로 **無危亡之患也**②하노라

① 且令其早有定分 : 令, 平聲. 分, 去聲, 凡言定分竝同.
令(하여금)은 平聲이다. 分(분수)은 去聲이니, 定分이라 말한 곳은 모두 같다.

② 我百年後……無危亡之患也 : 按史傳[2] "恪初王鬱林, 貞觀十年始改王吳, 授安州都督, 帝賜書

---

1) 吳王恪 : 唐 太宗의 아들이다. 어머니는 隋 煬帝의 딸 楊妃이다. 文武에 재주가 있었고 처세가 친밀하고 인망이 높아 中外에서 嚮慕하였다. 태종이 당초에 晉王으로 태자를 삼아놓고 이어 李恪으로 바꾸려 하다가, 長孫無忌가 굳이 간하므로 그만두었다. 永徽(당 高宗 연호) 무렵(650~655) 房遺愛의 모반 문서에 이름이 들어 있어 장손무기의 모함을 받아 죽었다. ≪新唐書 권80≫

2) 史傳 : ≪新唐書≫ 권80 〈鬱林王恪傳〉에 보인다.

曰'汝惟茂親, 勉思所以藩王室, 以義制事, 以禮制心. 外爲之君臣, 內爲之父子. 今當去膝下, 不遺汝珍, 而遺汝以言, 其念之哉.' 帝後以晉王爲太子, 又欲立恪, 長孫無忌固爭. 帝曰'公豈以非己甥耶. 且恪英果類我.' 無忌曰'晉王仁厚, 守文之良主, 且擧棊不定則敗, 況儲位乎.' 帝乃止."
史傳을 살펴보건대 "李恪은 과거에 鬱林王이었다가 貞觀 10년(636)에 처음 吳王으로 봉호가 바뀌었고, 安州都督에 임명되었는데, 太宗이 조서를 내려 다음과 같이 말했다. '너는 아름다운 종친이니 왕실을 번성하게 할 방법을 힘써 생각하여 義로 일을 다스리고, 禮로 마음을 다스려야 할 것이다. 밖으로는 君臣 관계가 되고 안으로는 父子 관계가 되는데, 지금 내 품을 떠나게 되어 너에게 보배를 주지 않고 이 말을 너에게 내려주니 명심해야 할 것이다.'

태종이 뒤에 晉王(李治, 후일 高宗)을 태자로 삼을 적에 또 李恪을 태자로 세우려고 하였는데, 長孫無忌가 극력 반대하였다. 태종이 말하기를 '公은 어찌 자신의 생질이 아닌 자로 하려 하오? 또 李恪은 영민함과 과단성이 나를 닮았소.'라고 하자 장손무기가 말하기를, '晉王은 인자하고 온후하여 文治를 지키는 어진 군주입니다. 또 바둑돌을 들고 갈팡질팡하면 패배하는 법인데, 하물며 태자를 정하는 일이겠습니까?'라고 하니, 태종이 중지하였다."

貞觀 7년(633)에 吳王 李恪을 齊州都督에 제수하고 태종은 근신들에게 말하였다.

"부자간의 정이 어찌 항상 서로 보기를 원하지 않겠소. 다만 집과 나라의 일은 별개일 뿐이니, 그에게 변방을 지키게 하는 것이고, 또 일찍부터 분수를 정해주어 자리를 넘보려는 마음을 끊도록 하여, 내가 죽은 뒤에 그 형제들이 위태롭고 망하게 되는 근심을 없게 하려는 것이오."

【集論】

愚按 是時에 承乾[3]方處東宮하여 凶德未著에 太宗出吳王하여 使居藩屛하여 欲其早有定分하니 可謂處之盡其道矣라 其後旣立晉王하고 又欲立恪하여 卒陷恪於死地하니 何始終之矛盾耶아 竊嘗論之컨대 漢高祖之欲易惠帝[4]와 唐太宗之欲易高宗은 皆爲宗廟社稷之遠

---

3) 承乾 : 619~645. 唐 太宗의 아들로, 太子가 되었으나 형제간의 불화로 모반을 일으켰다가 죽었다.

4) 漢高祖之欲易惠帝 : 漢 高祖가 당시 太子로 있던 惠帝 대신에 戚夫人의 소생인 趙王 劉如意를 태자로 삼으려 하자, 당시에 80여 세의 나이로 商山에 숨어 살던 네 명의 은자, 즉 四皓가 張良의 권유를 받고 조정에 나와서 태자를 보필하며 고조의 계획을 무산시킨 결과 혜제가 태자로 계속 있다가 등극하였다. 四皓는 東園公·綺里季·甪里先生·夏黃公으로 수염과 눈썹이 모두 희어 四皓라 한다. ≪史記 권55 留侯世家≫

圖니 初不可以尋常嫡庶之禮槩論之也라 合二君之事而觀之면 則太宗之事가 近正하니 何也오 漢高祖之欲易太子가 是也나 其欲立趙王은 則出於溺愛之私矣라 子房之不立如意가 是也라 然遂引致四皓하여 擁護太子하여 以成呂氏之禍[5]하니 杜牧所謂四老安劉나 反爲滅劉[6]者라하니 其可不寒心哉아 故朱子謂高祖若能以天下大計爲心이면 則蚤與張陳陵勃謀之하여 以恒易盈이 可也[7]라 若吳王恪之在當時에 內不聞其母有戚姬嬖愛之私하고 外不聞恪有魏王[8]奪嫡之計라 太宗深知高宗之懦弱하여 不足以承宗廟之重이라 故以社稷大計問之無忌어늘 無忌外雖爲正大之論이나 內實懷外家之私하여 其後卒以無辜陷恪死地하니 無忌之罪上通於天矣라 夫以恪之英才로 幸而嗣聖之際에 尙存庶幾匡正唐室이런들 不致牝晨之禍[9]가 如此其烈也니 豈不悲哉아 然則太宗之事가 賢於高祖이요 無忌之心은 則眞子房之罪人矣라

내가 살펴보건대, 이때 李承乾이 막 東宮에 거처하여 흉악한 덕이 드러나지 않았을 적에 태종이 吳王을 내보내 藩屛에 거처하게 하여 일찍 분수를 정해주려 하였으니, 일을 다스리는 데 그 道를 다하였다고 할 만하다. 그 후에 晉王을 태자로 세우고 나서 또 李恪을 태자로 세우려고 하다가 결국 李恪을 죽음에 이르게 하였으니, 어찌도 始終이 그리 모순되는가.

일찍이 논해보건대 漢 高祖가 惠帝를 바꾸어 세우려고 한 일과 唐 太宗이 高宗을 바꾸어 세우려고 한 일은 모두 종묘사직을 위한 원대한 계획이었으니, 애초에 일상

---

5) 呂氏之禍 : 漢 高祖가 죽은 뒤에 고조의 황후인 呂雉 친정 가족들이 일망타진된 재앙을 말한다. 漢 高祖 이후 呂雉가 국정을 다스리고 그녀의 조카인 呂産·呂祿 등 여씨를 대대적으로 끌어들여 그 세력이 강대하였으나 여후가 죽고 난 뒤 周勃 등이 여씨 일파를 대부분 주살하였다. ≪史記 권9 呂太后本紀≫

6) 四老安劉 反爲滅劉 : ≪御定全唐詩≫ 권523 杜牧의 〈題商山四皓廟一絶〉에 "四老安劉是滅劉"라고 하였다.

7) 若能以天下大計爲心……可也 : ≪楚詞後語≫ 권1 〈鴻鵠歌〉에 보인다. 恒은 漢나라의 3대 황제인 孝文帝 劉恒이고, 盈은 한나라의 2대 황제인 惠帝 劉盈이다.

8) 魏王 : 唐 太宗의 넷째 아들 李泰의 封王號이다. 貞觀 17년(643)에 太子 李承乾이 謀反하자 李泰는 嫡統을 빼앗으려 한다는 혐의를 받아 외방 均州로 내쫓겼고 濮王으로 바뀌어 永徽 3년에 그곳에서 죽었다. ≪舊唐書 권76 濮王泰傳≫

9) 不致牝晨之禍 : 牝晨은 牝鷄之晨의 생략인데 암탉이 새벽에 운다는 뜻으로, 이는 여자가 바깥일을 간섭함을 비유한 것으로 상서롭지 못한 징조를 말한다. 본문에서는 高宗이 무능하여 則天武后가 권력을 장악하여 황제가 된 일을 말한다. 옛날 사람들은 암탉이 새벽에 우는 것에 대해 음양이 도치된 것이어서 나라가 망한다고 생각하였다. ≪書經≫ 〈周書 牧誓〉에 "암탉은 새벽에 울지 말아야 한다. 암탉이 새벽에 울면 집안이 망한다.〔牝雞無晨 牝雞之晨 惟家之索〕"에 의거한 것이다.

則天武后

적인 嫡庶의 禮로 대략 논할 수가 없다. 두 군주의 일을 함께 보자면 태종의 일이 正道에 가까우니 어째서인가.

한 고조가 태자를 바꾸려고 한 일이 옳으나 趙王을 세우고자 한 것은 편애하는 마음에서 나온 것이므로 子房(張良)이 如意를 세우지 않은 것이 옳다. 그러나 이윽고 四皓를 초빙하여 태자를 옹호하여 呂氏의 화를 초래하였다. 杜牧이 "四老가 劉氏를 평안하게 하였으나 도리어 劉氏를 멸망하게 하였다."고 하였으니 한심스러운 일이 아니겠는가. 그러므로 朱子가 말하기를 "고조가 만약 천하를 크게 경영할 마음을 먹었다면 일찍 張良, 陳平, 王陵, 周勃과 계획하여 劉恒(文帝)을 劉盈(惠帝)으로 바꾸는 것이 옳았을 것이다."라고 하였다.

吳王 李恪이 살아 있을 당시에 안으로는 자신의 어머니가 戚姬(한 고조의 寵姬)만큼 사사로이 총애받는다는 이야기가 들리지 않았고, 밖으로는 이각이 魏王 泰의 嫡統을 빼앗으려는 계획을 가졌다는 이야기가 들리지 않았다. 태종은 고종이 나약하여 종묘의 중대한 일을 받들 수 없다는 사실을 잘 알았다. 그러므로 종묘사직의 大計를 장손무기에 물은 것인데, 장손무기는 겉으로 비록 正大한 논의를 폈지만 실제 속으로는 태자의 外家로서 사심을 두어 그 후에 결국 무고로 이각을 죽음에 몰아넣었으니, 장손무기의 죄는 위로 하늘까지 통한다. 뛰어난 재주를 지녔던 이각이 제위를 계승할 즈음에 여전히 살아남아서 행여 당나라 왕실을 바로잡았다면 암탉이 우는 則天武后의 재앙이 이처럼 혹독하게 초래되지는 않았을 것이니, 어찌 슬프지 않은가. 그렇다면 태종의 일이 고조의 일보다는 나은 것이고, 장손무기의 마음은 참으로 자방의 죄인이라 하겠다.

9-2-1

貞觀十一年에 **侍御史馬周上疏曰 漢晉以來**로 **諸王**을 **皆爲樹置失宜**①하여 **不預立定分**하여 **以至於滅亡**하니 **人主熟知其然**하되 **但溺於私愛**라 **故前車旣覆**하고 **而後車**

不改轍也[10]니이다 今諸王이 承寵遇之恩을 有過厚者하니 臣之愚慮는 不惟慮其恃恩驕矜也라 昔魏武帝寵樹陳思러니 及文帝卽位에 防守禁閉하여 有同獄囚하니 以先帝加恩太多라 故嗣王이 從而畏之也②일새니 此則武帝之寵陳思가 適所以苦之也라 且帝子何患不富貴리오 身食大國하여 封戶不少하니 好衣美食之外에 更何所須리오 而每年에 別加優賜하여 曾無紀極③하니 俚語에 曰④貧不學儉하고 富不學奢라하니 言自然也라 今陛下以大聖創業하시니 豈惟處置見在子弟而已⑤리오 當須制長久之法하여 使萬代遵行이니이다 疏奏에 太宗이 甚嘉之하여 賜物百段하다

① 皆爲樹置失宜：爲, 去聲.
爲(위하다)는 去聲이다.

② 故嗣王從而畏之也：魏武帝, 曹操也. 操生四子, 丕彰植熊. 丕, 文帝也, 植, 陳思王也. 植多藝能, 操愛之. 文帝旣立, 植寵日衰, 後以悖慢, 貶安鄕侯, 後進王東阿.
魏 武帝는 曹操이다. 조조는 네 명의 아들을 두었는데, 曹丕·曹彰·曹植·曹熊이다. 曹丕는 文帝이고, 曹植은 陳思王이다. 曹植은 재능이 많아 조조가 총애하였다. 문제가 즉위하고 나서 曹植의 총애는 날마다 쇠퇴하였으며, 뒤에 오만하고 불경함으로 인해 安鄕侯로 강등되었다가 뒤에 東阿王으로 승진되었다.

③ 曾無紀極：曾, 音層.
曾(일찍)은 음이 層이다.

④ 俚語曰：俚, 音里. 俚語, 猶云俗諺也.
俚(속되다)는 음이 里이다. 俚語는 俗諺이라는 말과 같다.

⑤ 豈惟處置見在子弟而已：處, 上聲. 見, 音現.
處(처하다)는 上聲이다. 見(현재)은 음이 現이다.

貞觀 11년(637)에 侍御史 馬周가 상소를 올렸다.

"漢나라와 晉나라 이후로는 諸王을 분봉해주는 데에 마땅함을 잃어 미리 분수를 정해주지 않았기 때문에 멸망하고 말았으니, 군주는 그러한 사실을 알고 있지만 사사로운 사랑에 빠졌기 때문에 앞의 수레가 이미 뒤집혀졌는데도 뒤의 수레가 행로를 바꾸지 않듯이 하였습니다. 지금 諸王 중에는 지나치다 싶을 정도로 총애를 받는 자가 있으니, 어리석은 신의 염려는 그들이 오직 총애를 믿고 교만 떠는 것을 우려할 뿐만이 아닙니다.

---

10) 前車旣覆 而後車不改轍也：과거의 잘못을 고치지 않아 되풀이함을 말한다. ≪韓詩外傳≫ 권5의 "前車覆而後車不誡 是以後車覆也"에서 유래한 것이다.

옛날 魏 武帝(曹操)는 陳思王(曹植)을 총애하였는데, 文帝(曹丕)가 즉위하고 나서는 진사왕을 감금하여 옥중의 죄수처럼 지키게 하였습니다. 先帝(위 무제)가 너무 지나칠 정도로 총애하였기 때문에 嗣王(문제)이 그로 인해 두려워한 것이니, 이는 진사왕에 대한 무제의 총애가 바로 그를 고통스럽게 한 것입니다.

魏 武帝 曹操

또 황제의 아들이 어찌 부귀하지 않을 것을 걱정하겠습니까. 大國을 식읍으로 받고 봉해진 영지 내의 호구 수도 적지 않으니, 좋은 옷을 입고 맛난 것을 먹는 것 이외에 다시 또 무엇이 필요하겠습니까. 그런데도 매년 별도로 넉넉히 물품을 내려주어 그 한도가 없었습니다. 속담에 말하기를 '가난한 사람은 검소함을 배우지 않아도 검소하고, 부귀한 사람은 사치를 배우지 않아도 사치를 한다.'라고 하였으니, 저절로 그렇게 되는 것을 말한 것입니다. 지금 폐하께서는 大聖人으로서 창업하셨으니, 어찌 현재의 자제들을 잘 처리할 뿐이겠습니까. 마땅히 장구한 법을 제정하여 만대에 걸쳐 준수하도록 해야 합니다."

상소문이 올라가자 태종은 매우 기뻐하며 마주에게 비단 100段을 내렸다.

【集論】

唐氏仲友曰 太宗이 制古之所不制하고 臣古之所不臣이나 而獨牽於私欲하여 不能自克於嫡庶之際하고 不爲遠慮하여 竟使賢才宗支로 連頸就戮이라 周言有先見之明이어늘 惜哉라 言之不力이여

唐仲友가 말하였다.

"太宗이 옛날에 다스리지 못한 것을 다스리고, 옛날에 신하로 삼지 못한 인물들을 신하로 삼았으나, 다만 사사로운 욕심에 이끌려 스스로 嫡庶의 서열을 제대로 정립하지 못하고 원대하게 처리하지 못하여 결국에는 뛰어난 왕자들이 목을 나란히 하여

죽음에 이르도록 하였다. 馬周의 말이 비록 선견지명이 있었지만 강력하게 말하지 않았던 것이 안타깝다."

愚按 周官에 有王世子不會[11]之文하여 王之衆子不與焉하니 夫先王愛子之心이 豈不欲其周徧哉아 蓋所以別嫌疑하고 明嫡庶하며 絶覬覦하고 息禍亂也라 隋文帝既立勇[12]爲太子하고 又使晉漢秦蜀四王으로 各據方面하여 恩寵相埒하고 且誇示於人曰 前代兄弟相爭者는 由嫡庶之分也니 今吾五子同母니 何憂禍亂哉아하여늘 其後五子互相攘奪하여 無一人得令終者하니 至今爲天下笑라 太宗이 目覩隋室之禍하니 宜知所鑑矣어늘 既立承乾爲太子하고 復寵待諸王하여 無所高下라 馬周窺見禍亂之端하여 亟以爲言한대 太宗雖能嘉賞이나 迄不能改라 愚觀太宗每事以隋爲鑑이어늘 獨於諸王定分而忘之하니 豈所謂溺愛者不明[13]耶아

내가 살펴보건대, ≪周禮≫ 〈天官 膳夫〉에 "왕과 세자의 음식 비용은 다소를 따지지 않는다."는 말이 있어 왕의 여러 아들들은 여기에 참여하지 않았다. 先王이 아들을 사랑하는 마음을 어찌 동일하게 하려고 하지 않았겠는가. 이는 嫌疑를 구별하고, 嫡庶를 분명히 하며, 윗자리를 넘보는 것을 막고, 재앙과 난리를 그치게 하려는 것이다.

隋 文帝가 이미 楊勇을 세워 太子로 삼고 나서, 또 晉王・漢王・秦王・蜀王 4왕으로 각각 방면을 점거하게 하여 은총을 동일하게 베풀고, 또 남들에게 과시하기를 "이전 시대에 형제들이 서로 다툰 것은 嫡庶의 구분에서 말미암은 것이다. 지금 나의 다섯 아들은 한 어머니에게서 태어났으니, 어찌 난리를 일으킬 근심을 하겠는가."라고 하였는데, 그 후에 다섯 아들이 서로 쟁탈전을 벌여 한 사람도 제명에 죽은 자가 없어 지금까지 천하의 웃음거리가 된다.

태종이 직접 隋나라 황실의 재앙을 보았으니 마땅히 귀감으로 삼아야 하는데, 이미 承乾을 태자로 세우고 나서 다시 여러 왕들을 총애하여 높낮이의 구분이 없었다. 馬周가 재앙과 난리의 단서를 엿보고 신속히 말을 하였는데, 태종이 비록 가상하게 생각했으나 결국에는 고치지 못했다. 내가 보기에 태종은 매사에 隋나라를 귀감으로 삼았는데, 유독 諸王의 분수를 정해주는 일에 대해서는 잊었으니, 어찌 이른바 "사랑에 빠진 자는 밝지 못하다."는 경우가 아니겠는가.

---

11) 王世子不會 : ≪周禮≫ 〈天官 膳夫〉의 "唯王及后世子之膳不會"에서 유래한 것이다. 不會는 鄭玄 注에 "다소를 회계하지 않는다.〔不會計多少〕"라고 풀이하였다.

12) 勇 : 隋 文帝의 長子이다.

13) 溺愛者不明 : ≪大學≫ 8장 "人莫知其子之惡"의 朱熹 注에 보인다.

9-3-1

貞觀十三年에 **諫議大夫褚遂良**이 **以每日①特給魏王泰府料物**이 **有逾於皇太子**라하여 **上疏諫曰 昔聖人制禮**에 **尊嫡卑庶**하여 **謂之儲君②**이라하고 **道亞霄極**하니 **甚爲崇重**이라 **用物**을 **不計**하여 **泉貨財帛**을 **與王者共之**하고 **庶子**는 **體卑**라 **不得爲例**하니 **所以塞嫌疑之漸**하고 **除禍亂之源**이라 **而先王**이 **必本於人情**하여 **然後制法**하니 **知有國家**면 **必有嫡庶**라 **然庶子**가 **雖愛**라도 **不得超越嫡子**하고 **正禮**[14]는 **特須尊崇**이니 **如不能明立定分**하여 **遂使當親者疎**하고 **當尊者卑**하면 **則佞巧之徒**가 **承機而動**하여 **私恩害公**하여 **或至亂國**하리이다 **伏惟陛下功超萬古**하시고 **道冠百王③**하사 **發施號令④**하여 **爲世作法⑤**하시니 **一日萬幾**에 **或未盡美**하면 **臣職諫諍**이라 **無容靜默**이니 **伏見儲君料物**이 **翻少魏王**하니 **朝野見聞**이 **不以爲是**라 **臣聞傳曰⑥愛子**에 **教以義方**[15]이라하니 **忠孝恭儉**이 **義方之謂**라 **昔漢竇太后及景帝竝不識義方之理**하여 **遂驕恣梁孝王**하여 **封四十餘城**하고 **苑方三百里**요 **大營宮室**하여 **複道**[16]**彌望**하고 **積財鏹巨萬計**요 **出警入蹕**이라가 **小不得意**에 **發病而死⑦**하고 **宣帝亦驕恣淮陽王**하여 **幾至於敗**러니 **賴其輔以退讓之臣**[17]하여 **僅乃獲免⑧**이라 **且魏王**이 **旣新出閤**[18]하니 **伏願恒存禮訓**하시고 **妙擇師傅**하사 **示其成敗**하고 **旣敦之以節儉**하고 **又勸之以文學**하니 **惟忠惟孝**로 **因而獎之**하여 **道德齊禮⑨**라야 **乃爲良器**리니 **此所謂聖人之教**가 **不肅而成**[19]**者也**라하니 **太宗**이 **深納其言**하다

① 以每日 : 日, 一作月.
日은 어떤 본에는 月로 되어 있다.

② 謂之儲君 : 儲, 音除, 副也. 太子君之副, 故謂之儲君.
儲는 음이 除이니, 버금간다는 뜻이다. 太子는 군주에 버금가기 때문에 儲君이라고 한다.

---

14) 正禮 : 국가의 正宗으로, 皇太子를 말한다.

15) 愛子 教以義方 : ≪春秋左氏傳≫ 隱公 3년에 "衛 莊公의 아들 州吁가 오만 방자하게 굴자, 賢大夫 石碏이 장공에게 '아들을 사랑한다면 그에게 바른길로 가도록 가르쳐서 잘못된 곳으로 빠져들지 않게 해야 합니다.'〔愛子 教之以義方 弗納於邪〕"라고 간언한 말이 나온다.

16) 複道 : 누각 사이의 上下 二重 통로로, 임금은 上道, 신하는 下道로 통행하였다.

17) 退讓之臣 : 漢나라 韋玄成을 말한다. 위현성은 특히 五經에 밝아서 여러 유학자들과 石渠閣에 모여서 오경을 논했고, 행실도 고상하여 조정에서 칭송을 받았다. 宣帝는 위현성을 선발하여 淮陽王을 보좌하게 했던 것이다. ≪漢書 권73 韋賢傳≫

18) 出閤 : 諸王들이 藩國 封地로 간다는 뜻으로, 여기서는 魏王 李泰가 王府를 개설함을 말한다.

19) 聖人之教 不肅而成 : ≪孝經≫ 〈聖治章〉에 보인다.

③ 道冠百王：冠, 去聲.
冠(으뜸간다)은 去聲이다.
④ 發施號令：施, 平聲.
施(시행하다)는 平聲이다.
⑤ 爲世作法：爲, 去聲.
爲(위하다)는 去聲이다.
⑥ 臣聞傳曰：傳, 去聲.
傳(기록)은 去聲이다.
⑦ 積財鏹巨萬計……發病而死：鏹, 擧兩切, 貫錢索也. 蹕, 音畢, 天子出稱警, 入稱蹕. 竇太后, 漢文帝之后, 生景帝及梁王, 王名武, 諡曰孝, 事見本傳.
鏹은 擧와 兩의 반절로, 돈꿰미이다. 蹕은 음이 畢로, 천자가 행차하는 것을 警이라 하고, 들어오는 것을 蹕이라 한다. 竇太后는 漢 文帝의 황후로, 景帝와 梁王을 낳았는데, 梁王은 이름이 武이며, 시호는 孝이다. 사실이 ≪漢書≫ 권47 〈梁孝王武列傳〉에 보인다.
⑧ 幾至於敗……僅乃獲免：幾, 平聲. 淮陽王, 名欽, 漢宣帝庶子也. 諡曰憲, 事見本傳.
幾(거의)는 平聲이다. 淮陽王은 이름이 欽으로, 漢 宣帝의 庶子이다. 시호는 憲으로 사실이 ≪漢書≫ 권80 〈淮陽憲王欽列傳〉에 보인다.
⑨ 道德齊禮：論語曰 "道之以德, 齊之以禮, 有恥且格."
≪論語≫ 〈爲政〉에 이르기를 "덕으로 이끌고 예로 가지런히 하면 사람들이 부끄러움이 있고 바르게 된다."라고 하였다.

貞觀 13년(639)에 **諫議大夫 褚遂良**이 매일 **魏王 李泰**의 궁에 특별히 공급되는 물품이 황태자에게 지급되는 것보다 훨씬 많다고 여겨 다음과 같이 상소하여 간언하였다.

"옛 성인은 예법을 제정하여 **庶子**를 낮추고 **嫡子**를 존중하여 **儲君**이라고 불렀고, **道**는 군주에 버금갔으니 깊이 추앙을 받았습니다. 사용하는 물품에는 제한을 두지 않았고, 화폐 같은 재물과 비단은 군주와 함께 사용하였으며, 서자는 출신이 비천하기에 이와 같은 규례를 행할 수 없었으니, 혐의를 받을 조짐을 막고 화란의 근원을 없애기 위함이었습니다. 선왕은 반드시 **人情**에 근본을 둔 연후에 예법을 제정하였고, 국가가 있으면 반드시 적자와 서자의 구별이 있어야 함을 알았습니다.

그러나 서자가 비록 사랑스러워도 적자를 넘어설 수는 없고, 황태자는 특별히 **尊崇**해야 하니, 만일 정해진 분수를 명확히 세우지 못하여 이윽고 마땅히 친하게 지내야 할 사람을 멀리하고 마땅히 존중해야 할 사람을 천시하게 되면 아부하는 무리들이 기회를 틈타 움직여 사사로운 은혜가 公事를 해쳐 혹은 나라에 혼란을 야기할 것입니다.

엎드려 생각하건대 폐하의 공적은 萬古를 초월하고 道는 百王에 으뜸가며, 호령을 발하고 시행하여 세상을 위해 법을 제정하셨습니다. 매일 萬機를 다스리실 때 모두 잘하지 못하는 경우가 있으면, 신은 諫諍의 직책을 맡은 자로서 묵묵히 있을 수가 없습니다.

엎드려 살펴보건대 황태자에게 제공되는 물품이 도리어 위왕보다 적으니, 조정의 신하들과 백성들이 보고 듣고는 옳지 않다고들 합니다. 신은 듣건대 ≪春秋左氏傳≫에 이르기를, '자식을 사랑한다면 그에게 올바른 길로 가도록 가르쳐야 한다.'라고 하였으니, 충성・효도・공손・검소가 올바른 길임을 말한 것입니다.

옛날 漢나라 竇太后와 景帝는 올바른 길의 이치를 알지 못하고 이윽고 梁孝王을 교만하고 방자하게 만들어 40여 성을 봉해주었고, 宮苑은 사방 300리나 되었으며, 큰 궁실을 지어 複道를 더 멀리서 바라볼 수 있게 하였고, 억만금의 재물을 쌓아놓고 천자와 똑같은 의식으로 드나들도록 하였다가 조금 일이 마음대로 되지 않자 병이 나서 죽었습니다. 漢 宣帝 역시 淮陽王을 교만하고 방자하게 만들어 거의 패망하는 지경에 이르렀다가 겸양하는 신하로 보좌하도록 하여 그에 힘입어 간신히 화를 면할 수 있었습니다.

또 위왕은 이미 王府를 개설하였으니 엎드려 원하건대 항상 예의로 가르치시고, 太師와 太傅를 잘 선택하여 성공과 실패를 보여주십시오. 이미 절약과 검소로 돈독하게 하고, 또 文學을 권하였으니 오직 忠孝로 거듭 장려하여 德으로 이끌고 禮로 가지런히 해야 마침내 훌륭한 그릇이 될 것입니다. 이것이 이른바 '성인의 가르침이 엄숙하지 않아도 이루어지게 한다.'는 것입니다."

태종이 저수량의 말을 깊이 받아들였다.

【集論】

陳氏惇修曰 甚哉라 太宗之不善爲父也여 所以啓泰之邪心者는 太宗也니 非泰之罪也라 太宗旣立承乾爲太子하고 而所以眷眷於泰而寵錫之者는 其禮乃過於承乾하니 其理何邪오

是時雖未嘗許泰爲太子나 而禮數優異하니 則立泰之意가 固已見於不言之間矣라 然則寧免泰之無覬覦하여 而不以計傾承乾者乎아 及其邪心旣啓하여 然後從而裁抑之하여 旣幽之하고 復降之하니 是何異誘其入하여 而復閉其門가 不亦惑乎아

陳惇修가 말하였다.

"심하구나. 太宗이 좋은 아버지 노릇을 하지 못하였음이여! 李泰의 사악한 마음을 열어준 것은 태종이니, 이태의 죄가 아니다. 태종이 이미 李承乾을 세워 태자로 삼고, 늘 이태를 마음에 두어 특별히 내려준 물품은 그 禮數가 승건보다 훨씬 많았으니, 무슨 이치인가. 이때에 비록 이태가 태자가 되는 것을 허락하지는 않았으나 禮數가 넉넉하고 특별하였으니, 이태를 태자로 세우려는 뜻이 진실로 이미 말을 하지 않은 사이에 이미 드러난 것이다.

그렇다면 어찌 이태가 태자 자리를 넘봄이 없이 이승건을 끌어내리려는 계획을 하지 않을 것을 면할 수 있겠는가? 그의 사악한 마음이 이미 발동하고 난 뒤에 억눌러서 幽閉하고 다시 끌어내렸으니, 이것이 어찌 들어오도록 유인하여 다시 그 문을 닫아버리는 것과 다르겠는가. 또한 미혹된 것이 아닌가?"

愚按 古者에 不以私恩害公義라 故嫡長之重하여 衆子雖愛나 不得而竝焉이라 所以明尊卑之等은 杜僭忒之源也라 太宗以聰明之君으로 而於太子魏王之事에 獨不能定其分하여 異其禮하니 雖深納遂良之言나 而私愛之心을 終不能自克하여 卒至於兩廢焉하니 其亦可監也夫인저

내가 살펴보건대 옛날에는 사사로운 은혜로 公義에 해를 끼치지 않았다. 그러므로 嫡長者를 중히 하여 여러 아들들을 비록 사랑하였지만, 그와 나란할 수 없게 하였다. 尊卑의 등급을 분명히 하는 것은 분수를 넘는 일의 근원을 막는 것이다. 태종은 총명한 군주로서 太子와 魏王의 일에 있어서만은 그 분수를 정해주지 못하여 그 禮數를 특별하게 해주었으니, 비록 저수량의 간언을 깊이 받아들이기는 하였지만 편애하는 마음을 결국 스스로 극복하지 못하여 결국 두 명 모두를 폐위하는 데 이르렀으니, 역시 귀감으로 삼을 만한 일이다.

9-4-1

貞觀十六年에 太宗이 謂侍臣曰 當今國家何事最急고 各爲我言之①하라하니 尙書右

僕射高士廉②**曰 養百姓**이 **最急**하니이다 **黃門侍郎劉洎曰 撫四夷急**하니이다 **中書侍郎岑文本曰 傳稱道之以德**하며 **齊之以禮義**[20]**爲急**③이니이다 **諫議大夫褚遂良曰 卽日**에 **四方**이 **仰德**하여 **不敢爲非**어니와 **但太子諸王**이 **須有定分**이라 **陛下宜爲萬代法**하여 **以遺子孫**④이니 **此最當今日之急**하니이다 **太宗曰 此言**이 **是也**로다 **朕**이 **年將五十**이니 **已覺衰怠**라 **旣以長子**로 **守器**[21]**東宮**⑤이나 **諸弟及庶子**가 **數將四十**이니 **心常憂慮**가 **在此耳**로다 **但自古嫡庶無良**이면 **何嘗不傾敗家國**리오 **公等**은 **爲朕**하여 **搜訪賢德**하여 **以輔儲宮**하고 **爰及諸王**히 **咸求正士**하라 **且官人事王**이 **不宜歲久**니 **歲久則分義情深**하여 **非意闚闟**⑥가 **多由此作**이라 **其王府官寮**를 **勿令過四考**⑦[22]하라

① 各爲我言之 : 爲, 去聲, 後爲朕同.
爲(위하다)는 去聲이다. 뒤의 爲朕도 같다.

② 尙書右僕射高士廉 : 高士廉, 名儉, 以字行. 初秦王薦爲治中, 王爲皇太子, 授右庶子, 旣卽位, 爲吏部尙書, 封許國公. 後遷僕射, 攝太傅, 掌機務, 二十一年卒.
高士廉은 이름이 儉이니, 字로 세상에 알려졌다. 처음에 秦王이 추천하여 治中이 되었다가 진왕이 황태자가 되자 右庶子에 제수되었으며, 제위에 오르고 나서는 吏部尙書에 제수되어 許國公에 봉해졌다. 후에 僕射로 승진하였으며 太傅를 겸직하고 機務를 관장하다가 貞觀 21년(647)에 세상을 떠났다.

③ 傳稱道之以德 齊之以禮義爲急 : 傳, 去聲.
傳(기록)은 去聲이다.

④ 以遺子孫 : 遺, 去聲.
遺(남기다)는 去聲이다.

⑤ 旣以長子 守器東宮 : 長, 音掌.
長(우두머리)은 음이 掌이다

⑥ 則分義情深 非意闚闟 : 分, 去聲. 闚, 音窺, 闟, 音兪, 窺伺貌.
分(분수)은 去聲이다. 闚는 음이 窺이며, 闟는 음이 兪로, 엿보는 모양이다.

⑦ 勿令過四考 : 令, 平聲.
令(하여금)은 平聲이다.

貞觀 16년(642)에 태종이 근신들에게 말하였다.
"지금 국가의 가장 급한 일은 무엇인가? 각자 나를 위하여 말해보시오."

---

20) 道之以德 齊之以禮義 : ≪論語≫ 〈爲政〉에는 "道之以德 齊之以禮"라고 하여 '義'자가 없다.
21) 守器 : 宗廟 기물을 지킨다는 뜻으로, 太子를 말한다.
22) 四考 : 네 번 考課라는 뜻으로, 4년을 말한다. 考는 1년에 한 번 시행하였다.

尙書右僕射 高士廉이 말하였다.

"백성들을 양육하는 것이 가장 급합니다."

黃門侍郎 劉洎가 말하였다.

"사방의 오랑캐를 위무하는 일이 가장 급합니다."

中書侍郎 岑文本이 말하였다.

"기록에서 '덕으로 이끌고 예의로 가지런히 한다.'고 말한 뜻이 가장 급합니다."

諫議大夫 褚遂良이 말하였다.

"지금은 사방에서 폐하의 덕을 우러러보고 있어 감히 그릇된 행동을 하지 못하지만, 다만 太子와 諸王들에 대해서는 일정한 분수가 있어야 합니다. 폐하께서는 마땅히 만 대의 법을 제정하여 자손에게 남겨야 할 것이니, 이것이 오늘 당면한 급선무입니다."

태종이 말하였다.

"이 말이 옳소. 짐의 나이가 오십을 바라보니, 이미 기운이 쇠하고 나른함을 느끼고 있소. 이미 長子를 東宮의 태자로 삼았으나 여러 아우와 庶子가 40명쯤 되니, 항상 우려하는 마음이 여기에 있을 뿐이오. 다만 예로부터 적자와 서자가 어질지 못하면 어찌 나라가 기울어 멸망하지 않은 적이 있었소? 공들은 짐을 위하여 현명하고 덕이 있는 인재를 찾아서 태자를 보좌하게 하고 아울러 諸王들까지도 모두 올바른 선비를 찾도록 하시오.

또한 관리가 왕을 섬김이 오랜 세월을 지속하는 것은 바람직하지 않으니, 세월이 오래되면 情分이 깊어져서 뜻밖에 자리를 엿보는 것이 대부분 이로부터 생겨나니, 王府의 관료들이 4년 넘게 있지 않도록 하시오."

【集論】

唐氏仲友曰 太宗이 不知溺愛之在己하여 獨欲責之保傅王者하고 又令王府官不得過四考는 何也오 彼誠賢者는 雖終身而未足하고 誠不賢은 一日猶不可어늘 況四考乎아

唐仲友가 말하였다.

"太宗이 편애함이 자신에게 있는 줄을 모르고 다만 왕들의 保傅(선생)에게 책임을 지우고자 하고, 또 王府 관원들에게 4년 넘게 있지 않도록 한 것은 어째서인가. 저

진실로 어진 이들은 비록 종신토록 곁에 있게 하더라도 충분하지 못하고, 진실로 어질지 못한 이들은 단 하루도 오히려 불가하거늘, 하물며 4년을 할 것이 있겠는가."

愚按 國家急務는 **養百姓也**며 **撫四夷也**며 **道德齊禮也**니 **若高士廉劉洎岑文本之言**이 **皆急務也**나 **而褚遂良則以太子諸王須有定分**으로 **爲當今之急**라 **考其時**하니 **承乾之惡已著**하고 **魏王泰窺伺之情頗露**하며 **漢王元昌**[23]**同惡之迹益彰**하니 **遂良之言**은 **宜其爲急務也**라 **非以養百姓撫四夷道德齊禮**가 **爲不急也**나 **太宗不思所以正定分**하고 **而責備於人**은 **抑末矣**라 **且踰年而有東宮之變**[24]**矣**어늘 **方且曰 公等爲朕搜訪賢德**하여 **以輔儲宮**하라하니 **又何益之有哉**아

내가 생각하건대, 국가에서 시급히 힘써야 할 일은 백성들을 양육하고, 사방의 오랑캐를 위무하며, 덕으로 이끌고 예로 가지런히 하는 것이니, 高士廉·劉洎·岑文本의 말이 모두 급선무이다.

그러나 褚遂良은 태자와 諸王들에게 반드시 일정한 분수를 정해주는 일을 당시의 급선무로 여겼다. 당시를 고찰해보니 李承乾의 악행이 이미 드러났고, 魏王 李泰가 태자 자리를 엿보는 마음이 제법 드러났으며, 漢王 李元昌의 동일한 악행의 자취가 더욱 드러났으니, 저수량의 말은 마땅히 급선무로 해야 할 것이었다.

高士廉

백성들을 양육하고, 사방의 오랑캐를 위무하며, 덕으로 이끌고 예로 가지런히 하는 것이 급선무가 아닌 것은 아니나, 태종이 일정

23) 元昌 : 619~643. 唐 高祖 李淵의 일곱째 아들이다. 太宗의 異母弟이다. 魯王에 봉해졌다가 漢王으로 改封되었다. 太子 李承乾의 謀反 事件에 참여하였다가 죽임을 당했다. ≪舊唐書 권64 漢王元昌傳≫

24) 東宮之變 : 魏王 李泰가 태종의 총애를 받자, 皇位 계승이 위태롭다 여긴 태자 李承乾이 漢王 李元昌, 宰相 侯君集과 손을 잡고 정변을 일으켜 황위에 오르려다가 발각되어 이원창·후군집은 사사되고, 이승건은 廢庶人이 된 사건을 말한다.

한 분수를 바로잡아 주는 것을 생각하지 않고, 남에게 갖추기를 바란 것은 말단적인 것이다.

또 해가 지나 동궁의 변란이 일어났는데도 또 말하기를 "공들은 짐을 위하여 현명하고 덕이 있는 인재를 찾아서 태자를 보좌하게 하라."고 하였으니, 또 무슨 도움이 있겠는가.

제10편 論尊敬師傅 스승을 존경하는 것에 대해 논하다

이 편에서는 스승을 존경하는 것에 대해 논하였다.

첫 부분에서 皇太子에게 명하여 太子의 少師 李綱을 부축하여 전각에 오르고 직접 배알하도록 한 일화와 이강이 태자의 교육에 임했던 태도를 묘사함으로써, 군왕으로서 갖추어야 할 덕목과 임금의 스승으로서 마땅한 처신에 대해 제시하고 있다. 이후 태종은 명철한 제왕과 훌륭한 황제에게 사부가 없었던 적이 없다고 전제하고 즉시 법령을 제정하여 三師의 지위를 마련하라고 지시하였다.

또한 역대 제왕의 자식들이 구중궁궐에서 태어나 교만, 방자함을 지적하고, 이를 교육하고 교화하기 위한 스승의 필요성과 仁과 德의 덕성을 함양해야만 제위를 온전히 계승할 수 있음을 역설하였다. 아울러 三師를 대하는 예법을 제정하여 명문화하도록 지시함으로써 스승의 권한과 책무를 강조하였다. 이를 통해 태종이 군주로써 시작단계에서 갖추어야 할 덕목과 정치에 임하는 의식을 확인할 수 있다.

凡六章.
모두 6장이다.

10-1-1

貞觀三年에 **太子少師**①**李綱**②이 **有脚疾**하여 **不堪踐履**어늘 **太宗**이 **賜步輿**하여 **令三衛**로 **擧入東宮**③하고 **詔皇太子**하여 **引上殿親拜之**하여 **大見崇重**이라 **綱爲太子**④**陳君臣父子之道**와 **問寢侍膳**[1]**之方**⑤할새 **理順辭直**하니 **聽者忘倦**이러라 **太子嘗商略古來君臣名教**와 **竭忠盡節之事**러니 **綱懍然曰**⑥**託六尺之孤**하며 **寄百里之命**⑦을 **古人以爲難**이로되 **綱以爲易**⑧하노이다 **每吐論發言**에 **皆辭色慷慨**하여 **有不可奪之志**하니 **太子未嘗不聳然禮敬**하다

① 太子少師 : 少, 去聲.

---

1) 問寢侍膳 : 부모의 취침과 음식을 보살피는 것으로, ≪禮記≫ 〈文王世子〉에 게재된 文王이 세자였을 때 하루에 세 번 이를 살피러 아버지 王季에게 문안한 일을 말한다.

少는 去聲(적다)이다.

② 太子少師李綱：李綱, 字文紀, 觀州人. 始名瑗, 慕張綱[2]爲人改焉. 仕隋爲太子洗馬, 擢尙書右丞. 隋末, 賊帥何潘仁劫爲長史, 高祖平京師, 綱上謁. 旣受禪, 拜禮部尙書太子詹事, 諫建成不聽, 遂乞骸骨. 貞觀初拜是職, 五年卒, 諡曰貞.

李綱은 字가 文紀이며 觀州 사람이다. 처음 이름은 瑗이었는데, 張綱의 인물됨을 흠모하여 이름을 바꾸었다. 隋나라에서 벼슬하여 太子洗馬가 되었고, 尙書右丞에 발탁되었다. 隋나라 말기에 적의 장군 何潘仁이 겁박하여 長史가 되었다가 唐 高祖가 京師를 평정하자 이강이 찾아가 뵈었다. 고조가 선양을 받고 나서는 禮部尙書와 太子詹事에 제수되었는데, 李建成에게 간언을 하였으나 들어주지 않아 결국 벼슬에서 물러났다. 정관 초년에 이 직위에 제수되었고, 5년에 세상을 떠났다. 시호는 貞이다.

③ 令三衛擧入東宮：令, 平聲. 唐制東宮六率府[3], 分爲上中下三等, 掌宿衛之事, 是爲三衛.

令(하여금)은 平聲이다. 唐 제도에 東宮六率府가 있어 上・中・下 3等으로 나누고 宿衛의 일을 담당하였는데 이것이 三衛이다.

④ 綱爲太子：爲, 去聲.

爲(위하다)는 去聲이다.

⑤ 問寢侍膳之方：見封建篇註.

〈封建〉편의 註에 보인다.

⑥ 綱懍然曰：懍, 音凜, 嚴毅貌.

懍은 음이 凜이니, 엄하고 굳센 모습니다.

⑦ 託六尺之孤寄百里之命：論語曾子之言, 謂輔幼君, 攝國政也.

≪論語≫ 〈泰伯〉에 나오는 曾子의 말로 어린 군주를 보좌하고 國政을 다스리는 것을 말한다.

⑧ 綱以爲易：易, 以豉切.

易(쉽다)는 以와 豉의 반절이다.

貞觀 3년(629)에 太子少師 李綱이 다리에 병이 생겨 걷기가 힘들게 되었는데, 태종이 步輿(가마)를 하사하여 三衛에게 들어서 東宮으로 들이도록 하고, 皇太子에게 명하여 少師를 부축하여 전각에 오르도록 하여 직접 배알하게 하였으니, 매우 존숭하는 모습을 보인 것이다. 이강은 태자를 위하여 군신과 부자의 도리와 부황의 취침 문안과 음식을 맛보는 방법에 대해 설명하였는데, 이

---

2) 張綱：後漢 사람이다. 지방을 감찰하는 명을 받자 洛陽의 都亭에서 수레바퀴를 묻고는 "豺狼 같은 자들이 조정 요로에 가득한데 州郡의 狐狸 따위를 어찌 따지겠는가?" 하고는 梁冀를 탄핵하였다. 또 廣陵에 張嬰 등이 반란을 일으켰을 때 廣陵太守로 발령받아 혼자 수레를 타고 가서 장영 등을 타일러서 항복을 받았다. ≪後漢書 권56 張綱傳≫

3) 六率府：左右衛率府・左右司御率府・左右淸道率府이다.

치에 맞고 올바른 말이라서 듣는 사람이 피로함을 잊었다. 태자는 일찍이 옛날부터 전해오는 군신간의 名教와 忠節을 다하는 것에 대해 토론하였는데, 이강이 엄정하게 다음과 같이 말했다.

"어린 군주를 맡기며 국정을 위임하는 것을 옛사람들은 어려운 일이라 여겼지만 저는 쉽다고 생각합니다."

항상 논의를 하거나 말할 때에는 모두 말투와 표정이 격앙되어 있어 굳은 의지를 빼앗을 수 없었으니, 태자가 예의와 공경을 경건히 하지 않은 적이 없었다.

【集論】

愚按 世子爲王之貳라 天下之本也니 太宗卽位之後에 蚤建太子하여 以固天下之本하고 而嚴太子尊敬師傅之禮하여 稽之古典하니 允合其宜라 李綱少慷慨하고 有風節이라 故其發言吐論에 辭色毅然하니 宜皇儲之所禮敬也라 古人謂一心可以事百君者[4]라하니 綱之謂歟인저

내가 살펴보건대 世子는 왕에 다음가는 사람으로, 천하의 근본이니, 태종이 즉위한 뒤에 일찍 太子를 세워 천하의 근본을 굳건히 하고 태자가 사부를 존경하는 예를 엄하게 하여 古典에 상고하였으니, 진실로 도리에 합당한 일이다. 이강이 젊어서부터 강개하고 節操의 풍모가 있었기 때문에 말을 하고 논의를 할 적에 말투와 기색이 엄정하였으니, 황태자가 예의를 갖추고 존경한 것이 마땅하다. 옛사람이 말하기를 "한 마음으로 백 명의 군주를 섬길 수 있다."라고 하였으니, 이강을 두고 한 말일 것이다.

10-2-1

貞觀六年에 詔曰 朕比尋討經史①하니 明王聖帝가 曷嘗無師傅哉아 前所進令에 遂不覩三師之位하니 意將未可라 何以然고 黃帝學大顚하고 顓頊學錄圖하고 堯學尹壽②하며 舜學務成昭하고 禹學西王國하고 湯學威子伯하고 文王學子期하며 武王學虢

4) 一心可以事百君者 : 春秋時代 齊나라 晏嬰이 靈公과 莊公과 景公을 각각 潔과 勇과 儉의 덕목에 입각해서 섬긴 것을 두고, 梁丘據가 "어진 사람은 원래 이렇게 마음이 많은 것인가.〔仁人固多心乎〕"라고 묻자, 안영이 "한 마음으로는 백 명의 군주를 섬길 수 있으나, 백 가지 마음으로는 한 군주도 섬길 수가 없다.〔一心可以事百君 百心不可以事一君〕"라고 대답하였다. ≪孔叢子 詰墨≫

叔[③]하니 前代聖王이 未遭此師면 則功業不著乎天下하고 名譽不傳乎載籍이리라 況朕接百王之末하되 智不同聖人하니 其無師傅이면 安可以臨兆民者哉아 詩不云乎아 不愆不忘하여 率由舊章[④]이라하니 夫不學則不明古道[⑤]하니 而能政致太平者는 未之有也라 可卽著令하여 置三師之位[⑥]하라

① 朕比尋討經史 : 比, 音鼻.
比(근래)는 음이 鼻이다.
② 堯學尹壽 : 尹壽, 一作君疇.
尹壽는 어떤 본에 君疇로 되어 있다.
③ 黃帝學大顚……武王學虢叔 : 已上出劉向新序.
이상은 劉向의 ≪新序≫에 나온다.
④ 不愆不忘 率由舊章 : 詩大雅嘉樂篇之辭.
≪詩經≫ 〈大雅 嘉樂〉의 가사이다.
⑤ 夫不學則不明古道 : 夫, 音扶.
夫(발어사)는 음이 扶이다.
⑥ 置三師之位 : 按, 史志隋廢三師, 貞觀十一年復置, 與三公皆不設官屬.
살펴보건대 史志에는 隋나라 때 三師를 폐지하고, 정관 11년에 다시 설치하였는데, 三公과 함께 모두 官屬을 두지 않았다.

貞觀 6년(632)에 태종이 조서를 내렸다.

"짐이 근래에 經史를 깊이 궁구해보니, 명철한 제왕과 훌륭한 황제가 어찌 師傅가 없었던 적이 있었는가. 이전에 올린 법령 중에 三師의 지위에 대한 것은 보지 못했으니, 내 생각에는 옳지 않은 듯하다. 어째서인가.

黃帝는 大顚에게 배웠고, 顓頊은 錄圖에게 배웠으며, 堯임금은 尹壽에게 배웠고, 舜임금은 務成昭에게 배웠으며, 禹임금은 西王國에게 배웠고, 湯임금은 威子伯에게 배웠으며, 文王은 子期에게 배웠고, 武王은 虢叔에게 배웠으니, 이전 시대의 성왕들이 이러한 스승을 만나지 못했다면 그들의 공업은 천하에 드러나지 못했을 것이며, 명예는 전적에 전해질 수 없었을 것이다. 더군다나 짐은 역대 군왕들의 뒤를 이었지만 성인과 같은 지혜가 없으니, 師傅가 없다면 어찌 백성들을 대할 수 있겠는가.

≪詩經≫ 〈大雅 嘉樂〉에도 '과오를 저지르지 말고 잊지 말아, 옛 제도를 따르라.'고 말하지 않았는가. 배우지 않으면 옛날의 도에 밝지 못하니, 그렇게 하

고도 정치를 잘하여 태평성대를 이룬 사람은 없었다. 즉시 법령을 제정하여 三師의 지위를 마련하라."

【集論】

愚按 周書曰 立太師太傅太保하노니 曰三公이니 論道經邦하고 燮理陰陽하나니 官不必備라 惟其人이니라 少師少傅少保는 曰三孤니 貳公弘化하여 寅亮天地라하니 豈易其人哉리오 若論其極하면 必皐夔稷契伊傅周召而後可어니와 世變無窮하니 隨世升降이라도 可也라 唐以太師太傅太保爲三師하여 天子所師法으로 無所總職이요 太尉司徒司空爲三公하여 佐天子理陰陽하고 平邦國하여 無所不統하니 此則非古制也라 以太宗之時에 固皆元勳碩德居之하니 制雖殊古나 而名意則同이요 降此則爲加官하여 視品秩崇高耳니 豈皆其人哉리오 人君欲稽古以正名하되 苟捨周官하면 愚未見其可也라

내가 살펴보건대, ≪書經≫ 〈周書 周官〉에 "太師·太傅·太保를 세우노니, 이들이 三公이다. 道를 논하고 나라를 다스리며 陰陽을 조화하여 다스리니, 관원을 반드시 구비할 것이 아니요, 오직 그러한 사람이 있으면 임명한다. 少師·少傅·少保를 三孤라 하니, 公의 다음이 되어 교화를 넓혀 천지를 공경하여 밝힌다."라고 하니, 어찌 그러한 사람을 쉽게 얻을 수 있겠는가. 지극한 경우를 논하자면 반드시 皐陶·夔·后稷·契·伊尹·傅說·周公·召公과 같은 뒤에야 가하거니와, 세상의 변화가 끝이 없으니 세대에 따라 오르내리더라도 괜찮을 것이다.

唐나라는 太師·太傅·太保를 三師로 삼아서 천자가 스승으로 받들어 본받는 바였고 총괄하는 직책이 없었으며, 太尉·司徒·司空을 三公으로 삼아서 천자를 보좌하여 음양을 다스리고 나라를 평안히 하여 통솔하지 않는 일이 없었으니, 이는 옛날의 제도가 아니다. 태종의 시대에는 진실로 모두 나라에 큰 공을 세운 공신들과 큰 덕을 지닌 이들이 그 자리에 있었으니, 제도는 비록 옛날과 달랐지만 명칭과 뜻은 동일하였다. 이 이후로는 관직을 더하여 품계를 높여주는 것만 보였을 뿐이니, 어찌 모두 그에 걸맞는 사람들이었겠는가. 군주가 옛날의 제도를 상고하여 명분을 바로 세우고자 하면서 만일 〈周官〉을 버려둔다면 나는 그것이 옳은 줄을 알지 못하겠다.

10-3-1

貞觀八年에 太宗謂侍臣曰 上智之人은 自無所染이어니와 但中智之人은 無恒하여 從

敎而變이라 **況太子師保**는 **古難其選**하니 **成王幼小**에 **周召爲保傅**①하고 **左右皆賢**하여 **日聞雅訓**할새 **足以長仁益德**②하여 **使爲聖君**하고 **秦之胡亥**는 **用趙高作傅**하여 **敎以刑法**하니 **及其嗣位**에 **誅功臣**하고 **殺親族**하여 **酷暴不已**하여 **旋踵**[5)]**而亡**③이라 **故知人之善惡**이 **誠由近習**이라 **朕今爲太子諸王**④하여 **精選師傅**하여 **令其式瞻禮度**⑤하여 **有所裨益**하노니 **公等**이 **可訪正直忠信者**하여 **各擧三兩人**하라

① 周召爲保傅 : 賈誼曰[6)] "成王幼在襁抱之中, 召公爲太傅, 周公爲太保. 保, 保其身體, 傅, 傅之德義."
賈誼가 말하기를 "成王이 어려서 포대기 속에 있을 때, 召公이 太傅의 지위에 있었고, 周公이 太保의 지위에 있었다."라고 하였다. 保는 신체를 보호한다는 뜻이고, 傅는 德義로 가르친다는 뜻이다.

② 足以長仁益德 : 長, 音掌.
長(자라나다)은 음이 掌이다.

③ 秦之胡亥……旋踵而亡 : 胡亥, 秦二世名, 初始皇使趙高敎胡亥決獄, 胡亥幸之. 及嗣位, 高說曰[7)] "陛下嚴法而刻刑, 令有罪者相坐, 誅滅大臣宗室, 盡除先帝之故臣, 更置陛下之所親信." 二世乃更爲法律, 大臣公子有罪輒誅. 二世卒爲高所弑.
胡亥는 秦나라 二世皇帝의 이름으로, 처음에 始皇帝가 趙高를 시켜 호해에게 獄事를 결단하는 것을 가르치게 하였는데, 호해가 그것을 좋아하였다. 帝位를 잇자 조고가 설득하기를 "폐하께서는 법을 엄하게 시행하고 형벌을 각박하게 하여 죄를 지은 자에게 연좌죄를 적용하여 大臣과 宗室을 모두 죽이고 先帝의 옛 신하들을 모두 제거하여 폐하와 사이가 가깝고 신임하는 사람으로 다시 채우소서."라고 하였다. 이세황제가 다시 법률을 만드니, 大臣과 公子들 중에 죄를 지은 사람은 바로 죽임을 당했다. 이세황제는 결국 조고에게 시해를 당했다.

④ 朕今爲太子諸王 : 爲, 去聲.
爲(위하다)는 去聲이다.

⑤ 令其式瞻禮度 : 令, 平聲.
令(하여금)은 平聲이다.

貞觀 8년(634)에 태종이 근신들에게 말하였다.
"지혜가 가장 뛰어난 자는 스스로 물드는 경우가 없지만, 중간 수준의 지혜

---

5) 旋踵 : 발길을 돌린다는 뜻으로, 짧은 기간을 말한다.

6) 賈誼曰 : '賈誼曰' 이하 내용은 ≪大戴禮記≫ 권3 〈保傅〉, ≪新書≫ 권5 〈保傅〉에 보이는데 "召公爲太保 周公爲太傅"라고 하여, 召公이 太保, 周公이 太傅로 바뀌어 있다.

7) 高說曰 : '高說曰' 이하 내용은 ≪史記≫ 권87 〈李斯列傳〉에 보인다.

를 지닌 사람은 일정함이 없어 가르침에 따라 변하기 마련이오. 더군다나 太子의 師保는 예로부터 가려 뽑기가 어려운 법이니, 성왕은 어렸을 때 周公과 召公이 태보와 태부가 되었고, 좌우의 측근들도 모두 현인이어서 날마다 올바른 가르침을 들었기에 仁과 德을 키울 수 있어 聖君이 될 수 있었고, 秦의 胡亥는 趙高를 태부로 삼아서 刑法을 가르쳤기에 帝位를 계승한 뒤에 功臣을 죽이고 親族을 살해하는 등 포악함을 그치지 않아 얼마 가지 않아 망하였소. 그러므로 사람의 善惡은 진실로 측근에게 말미암는다는 것을 알 수 있소.

짐은 지금 태자와 諸王들을 위해 師傅를 정밀하게 가려 뽑아 예의와 법도를 우러러보게 하여 유익한 점이 있게 하려고 하니, 공들은 정직하고 충성스러우며 신의가 있는 자를 찾아서 각자 두세 명씩 천거하도록 하시오."

【集論】

愚按 太子는 國家之根本也요 諸王은 公族之枝葉也니 根本安固하고 枝葉茂盛하여 永孚于休인댄 則開導而訓言之가 豈不在師傅乎아 然三代尙矣요 自漢以來로 未嘗不切切於嚴師傅也나 而諸王之賢은 求如河間東平[8]하니 何不多見가 夫世祿之家는 鮮克由禮하여 以蕩陵德하여 實悖天道어늘 況崇高之上者乎아 爲君父者는 尙愼于玆라

내가 살펴보건대, 太子는 국가의 근본이며, 諸王은 公族의 가지이니, 근본이 편안하고 굳건하며 가지가 무성하여 영원히 아름다움을 누리려면 깨우쳐 이끌어주고 알아듣도록 타이르는 것이 어찌 師傅에게 달려 있지 않겠는가. 그러나 三代는 오래되었고, 漢나라 이후로 엄한 師傅를 절실히 구하지 않은 적이 없지만 훌륭한 諸王으로는 河間王과 東平王만 보일 뿐이니, 어찌 이리도 적은 것인가. 대를 이어 봉록을 받는 집안은 예를 잘 따르는 사람이 적어서 방탕함으로 덕이 있는 사람을 업신여겨 실로 천도를 어지럽히는데, 더군다나 더 높은 윗자리에 있는 사람이야 말할 것이 있겠는

8) 求如河間東平 : 河間東平은 河間王과 東平王을 말한다. 하간왕은 漢 景帝의 셋째 아들인 劉德의 봉호이다. 유덕은 학문에 힘쓰고 옛것을 좋아하여 일찍이 민간의 善書들을 많이 수집하였고, 경전을 널리 배워서 예악을 닦고 儒術을 숭상하였으므로, 山東의 儒者들이 모두 그를 찾아가 종유하곤 했는데, 이로 말미암아 그곳에는 예악이 오래도록 전해졌다고 한다. 東平王은 後漢 光武帝의 아들 劉蒼의 봉호이다. 유창은 사려가 깊고 위풍이 당당하여 明帝의 사랑을 많이 받았는데, 명제가 그에게 집에 있을 때 어떤 일이 가장 즐거운지 물으니, 선을 행하는 것이 가장 즐겁다고 대답하였다 한다. ≪漢書 권53 景十三王傳≫ ≪後漢書 권42 光武十王列傳 東平憲王傳≫

가. 君父가 된 사람은 오히려 이 점을 삼가야 할 것이다.

10-4-1

貞觀十一年에 **以禮部尙書王珪**로 **兼爲魏王師**[①]하고 **太宗**이 **謂尙書左僕射房玄齡曰 古來帝子**는 **生於深宮**하여 **及其成人**하여는 **無不驕逸**이라 **是以**로 **傾覆相踵**하여 **少能自濟**하나니 **我今嚴敎子弟**하여 **欲皆得安全**이라 **王珪**는 **我久驅使**하여 **甚知剛直**하고 **志存忠孝**할새 **選爲子師**하노니 **卿宜語泰**하여 **每對王珪**에 **如見我面**하여 **宜加尊敬**이오 **不得懈怠**하라하다 **珪亦以師道自處**[②]하니 **時議善之也**러라

① 兼爲魏王師：唐因隋制, 皇叔昆弟皇子爲親王者置師, 掌傅相訓導, 匡其過失.
唐나라는 隋나라의 제도를 따라 皇叔·昆弟·皇子로서 親王이 된 자에게는 師를 두어 보좌하고 훈도하여 과실을 바로잡는 일을 맡게 하였다.

② 珪亦以師道自處：處, 上聲.
處(처하다)는 上聲이다.

貞觀 11년(637)에 禮部尙書 王珪에게 魏王(李泰)의 師를 겸하게 하고, 태종이 상서좌복야 房玄齡에게 말하였다.

"예로부터 제왕의 아들은 구중궁궐에서 태어나 성인이 되어서는 교만 방자하지 않은 자가 없었소. 이 때문에 계속해서 잘못되어 스스로 구제한 자가 적었으니, 나는 지금 자제들을 엄히 교육하여 모두가 안전해지기를 바라오. 왕규는 내가 등용한 지가 오래되어 그가 매우 강직하고 충성과 효성의 뜻이 있는 줄 알고 있기에 아들의 師로 선발한 것이오. 卿은 이태에게 '항상 왕규를 대할 때마다 나를 대면하듯이 하여 마땅히 존경하여 게을리하지 말라.'고 전하시오."

왕규 역시 師의 도리로 처신하자 당시 평판에 그를 칭찬하였다.

【集論】

胡氏寅曰 爲人師者는 豈徒禮貌云乎哉아 必有道以授人하고 而道以人倫爲至라 魏王泰는 是時承寵偏厚於兄弟間하여 漸生異慮하니 防其微而革其心을 不於師而誰望이리오 而王珪告戒之方과 敎訓之道를 未之聞也하고 魏王卒以窺伺儲位라가 廢斥而死하니 夫豈獨泰之罪哉아 珪亦與有責矣로다

胡寅이 말하였다.

"남의 스승이 되는 것이 어찌 다만 예의 있는 모습만을 두고 말한 것이겠는가. 반드시 道를 남에게 전수하고, 人倫으로 인도함을 지극하게 해야 하는 것이다. 魏王 李泰는 이 당시에 다른 형제들보다 지나치게 총애를 받아 점점 딴마음을 품고 있었으니, 그 기미를 막고 마음을 바로잡는 일을 스승이 아니면 누구에게 바랄 수 있겠는가. 그러나 왕규가 고하여 경계해준 방법과 가르치고 훈계해준 방도가 있다는 것을 듣지 못하였고, 위왕은 결국 儲位를 엿보다가 폐출되어 죽었으니, 어찌 이태에게만 잘못이 있겠는가. 왕규에게도 책임이 있다."

愚按 太宗以王珪爲魏王師하고 且諭玄齡以嚴教之意하니 可謂得人矣라 然嘗觀太宗愛泰之心甚至하니 固父子之情也라 乃詔卽府置文館하여 得自引博士라 蘇勗勸泰延賓客著書를 如古賢王하고 奏撰括地志[9]라 於是士有文學者多與하고 而貴游因藉其門如市라 泰之月稟이 又過太子遠甚하니 褚遂良亦以爲言이라 其後卒有奪嫡之罪하여 竟罹幽貶이라 夫傚古賢王著書는 必如河間東平而後可也[10]요 且漢武帝爲戾太子立博望苑[11]하여 使通賓客하니 識者非之라 今泰는 諸王也어늘 使之置館하여 引賓客하여 私權勢하니 其毋乃與所謂嚴教之意異歟아

내가 살펴보건대, 태종이 왕규를 위왕의 師로 삼고 또 방현령에게 엄하게 가르치라는 뜻을 말하였으니, 사람을 얻었다고 할 만하다. 그러나 일찍이 보니 태종이 위왕 이태를 사랑하는 마음이 지극했던 것은 참으로 부자간의 情理였다. 마침내 명을 내려 魏王府에 文館을 설치하여 스스로 博士들을 불러 모으게 하였다. 蘇勗이 이태에게 빈객들을 초빙하여 옛날의 賢王들처럼 빈객을 초빙하여 책을 만들도록 권하고 ≪括地志≫를 편찬할 것을 주청하였다. 그리하여 선비들 중에 文學을 갖춘 사람들이 많이 참여하고, 귀족들이 이로 인해 그 문하에 의지하여 마치 시장처럼 붐볐다. 이태의 月俸이 또 태자보다 월등히 많았는데, 저수량이 이를 간언하였다. 그 후에 결국 태자의 자리를 찬탈하려는 죄를 지어 마침내 유폐 강등되는 죄를 받았다.

---

9) 蘇勗勸泰延賓客著書……奏撰括地志 : ≪舊唐書≫ 권76 〈濮王泰傳〉에 보인다.

10) 必如河間東平而後可也 : 河間獻王의 저술은 ≪漢書≫ 권22 〈禮樂志〉의 "河間獻王은 禮樂 古事를 채집하고 차츰 더 편집하여 5백여 편에 이르렀다.〔河間獻王采禮樂古事 稍稍增輯 至五百餘篇〕"에 보인다. 東平王은 章奏·記·賦·頌·七言·別字·歌詞가 매우 많아 ≪後漢書≫ 本傳 등에 실려 있고, 文集 5권이 있었다고 한다.

11) 博望苑 : 漢나라 宮苑 이름이다. 武帝가 戾太子(衛太子)를 위해서 세워 빈객을 접대하게 한 苑이다. 지금 陝西省 西安市에 그 遺址가 있다. ≪漢書 권63 戾太子劉據傳≫

무릇 옛날 賢王들이 책을 편찬하던 일을 본받으려면 반드시 하간왕·동평왕과 같이 해야 옳을 것이다. 더구나 漢 武帝가 戾太子를 위해 博望苑을 세워주어 빈객들을 드나들게 한 일을 두고 식자들은 잘못된 일이라고 하는데, 지금 이태는 諸王인데도 文館을 두게 하여 빈객을 불러들여 권세를 사사로이 농단하도록 하였으니, 이른바 '엄하게 교육하겠다'는 뜻과는 다른 것이 아니겠는가.

10-5-1

貞觀十七年에 **太宗**이 **謂司徒長孫無忌**와 **司空房玄齡曰 三師**는 **以德道人者也**니 **若師體卑**면 **太子無所取則**이라하고 **於是詔令**①**撰太子接三師儀注**호대 **太子出殿門迎**하여 **先拜三師**어든 **三師答拜**하고 **每門**에 **讓三師**하며 **三師坐**어든 **太子乃坐**하고 **與三師書**에 **前名惶恐**하고 **後名惶恐再拜**라하다

① 詔令 : 令, 平聲.
令(하여금)은 平聲이다.

貞觀 17년(643)에 태종이 司徒 장손무기와 司空 방현령에게 말하기를 "三師는 덕행으로 사람을 인도하는 사람들이니, 만약 스승의 체모가 낮으면 태자가 본보기를 취하는 바가 없을 것이오."라고 하고, 이에 조서를 내려 태자가 삼사를 대하는 儀注(禮節 制度)를 편찬하게 하였는데, "태자가 전각 문을 나와서 영접하여 먼저 삼사에게 인사를 하면 삼사가 답례를 하고, 문에 이를 때마다 삼사에게 양보하며, 삼사가 자리에 앉고 나면 태자도 자리에 앉는다. 삼사에게 올리는 글은 전면에 '惶恐'이라고 쓰고, 후면에 '惶恐再拜'라고 쓴다."라고 하였다.

【集論】

愚按 太宗制太子接三師儀注하여 委曲尊隆하니 意亦至矣라 師嚴然後道尊이어늘 況元良而屈體하여 盡敬於師傅하니 其關繫豈不尤重也리오 然嘗觀賈誼引大戴記之言하니 於政事書曰 師는 道之教訓이요 保는 保其身體요 傅는 傅之德義라 於是爲置三少하니 皆上大夫也라 三公三少固明孝仁禮義하여 以道習之하니 入學則承師問道하고 退習而考於太傅하니 太傅는 罰其不則하고 而匡其不及[12]하니 此古昔太子親師傅之實也라 又不止於儀注之文而已니

12) 入學則承師問道……而匡其不及 : 이 부분은 ≪大戴禮記≫ 권3 〈保傅〉에는 "帝入太學 承師問道

爲君父者는 不可不考於賈誼之書라

내가 살펴보건대, 태종이 태자가 삼사를 대하는 儀注를 제정하여 곡진하게 존중하였으니, 뜻이 또한 지극하다. 스승이 엄한 뒤에야 도가 높아지는 법인데, 더군다나 황태자가 몸을 낮추어 師傅에게 극진하게 공경하였으니, 그 관계되는 점이 어찌 더욱 무겁지 않겠는가.

그러나 賈誼가 ≪大戴禮記≫ 권3 〈保傅〉의 말을 인용한 것을 보았는데, 政事에 관한 글에 이르기를 "師는 敎訓으로 인도하고, 保는 그 신체를 보호하고, 傅는 덕의로 가르친다. 이에 三少를 두니 모두 上大夫이다. 三公과 三少는 진실로 孝·仁·禮·義를 밝혀 그것을 익히도록 인도한다. 학교에 들어가면 師를 섬기며 道를 묻고 물러나와 익히면서는 太傅에게 질정하는데, 太傅는 법도에 어긋나는 행동에 벌 주고 미치지 못한 점을 바로잡아준다."라고 하였다. 이는 옛날에 태자가 師傅를 가까이하던 실제 모습이다. 또한 儀注의 기록에만 그칠 뿐만이 아니니, 君父가 된 사람은 賈誼의 글을 살피지 않아서는 안 된다.

10-6-1

貞觀十八年에 **高宗**이 **初立爲皇太子**①하여 **尙未尊賢重道**하고 **太宗**이 **又嘗令太子**②로 **居寢殿之側**하여 **絶不往東宮**하니 **散騎常侍劉洎上書曰 臣聞郊迎四方**은 **孟侯所以成德**③이요 **齒學三讓**은 **元良由是作貞**④이라하니 **斯皆屈主祀**[13]**之尊**⑤하여 **申下交之義**라 **故得芻言咸薦**하고 **睿問旁通**하여 **不出軒庭**에 **坐知天壤**[14]하니 **率由玆道**하여 **永固鴻基者焉**이라 **至若生乎深宮之中**하여 **長乎婦人之手**⑥하면 **未曾識憂懼**⑦하고 **無由曉風雅**리니 **雖復神機不測**하고 **天縱生知**나 **而開物成務**[15]는 **終由外奬**이니 **匪夫崇彼干籥**⑧[16]하고 **聽玆謠頌**하면 **何以辨章庶類**하고 **甄覈彝倫**⑨이리오 **歷考聖賢**하니 **咸資琢**

退習而端于太傅 太傅罰其不則 而達其不及"이라 하여 '入' 앞에 '帝'가 있는 등 몇 군데 글자의 출입이 있다.

13) 主祀 : 제사를 주장한다는 뜻으로, 太子를 말한다. ≪周易≫ 震卦 〈彖傳〉에 "임금이 나옴에 宗廟社稷을 지켜서 祭祀의 主人이 되리라.〔出可以守宗廟社稷 以爲祭主也〕"에서 유래한 것이다.

14) 不出軒庭 坐知天壤 : ≪道德經≫ 47장의 "문을 나가지 않고도 천하를 안다.〔不出戶 知天下〕"에서 유래한 것이다.

15) 開物成務 : ≪周易≫ 〈繫辭 上〉 11章에서 유래한 것이다.

16) 干籥 : 방패와 피리로, 禮樂을 말한다. ≪禮記≫ 〈文王世子〉의 "봄과 여름에 干戈를 배우고,

玉[⑩]이라 是故周儲上哲이나 師望奭而加裕[⑪]하고 漢嗣深仁하나 引園綺而昭德[⑫]이라 原夫太子는 宗祧是繫하니 善惡之際에 興亡斯在라 不勤于始면 將悔于終할새 是以鼂錯上書하여 令通政術[⑬]하고 賈誼獻策하여 務知禮敎[⑭]하니이다

① 初立爲皇太子 : 貞觀十七年四月, 立晉王治爲皇太子, 是爲高宗.
貞觀 17년 4월, 晉王 李治를 세워 황태자로 삼으니, 이가 高宗이다.

② 又嘗令太子 : 令, 平聲. 後同.
令(하여금)은 平聲이다. 뒤에도 같다.

③ 孟侯所以成德 : 月令 "天子立春迎春於東郊, 立夏迎夏於南郊, 立秋迎秋於西郊, 立冬迎冬於北郊." 按此非王世子之事. 或曰 "周制東西南北之學, 在於四郊." 孟, 長也, 孟侯謂世子也. 此說於成德爲切. 迎字疑誤.
≪禮記≫ 〈月令〉에 "천자가 입춘에는 동쪽 교외에 나가서 봄을 맞이하고, 입하에는 남쪽 교외에 나가서 여름을 맞이하며, 입추에는 서쪽 교외에 나가 가을을 맞이하고, 입동에는 북쪽 교외에 나가 겨울을 맞이한다."라고 하였는데, 살펴보니 이는 왕세자의 일이 아니다. 혹자는 "周나라 제도에 동서남북의 학교가 사방의 교외에 있었다."라고 한다. 孟은 우두머리이니, 孟侯는 世子를 말한다. 이 설은 德을 이루는 데 있어 절실한 것이 된다. '迎' 자는 오류인 듯하다.

④ 元良由是作貞 : 文王世子[17)] "行一物而三善皆得者, 唯世子而已, 其齒於學之謂也. 故世子齒於學, 國人觀之曰 '將君我而與我齒讓.' 曰 '有父在則禮然.' 然而衆知父子之道矣. 二曰 '君在則禮然, 而衆著於君臣之義矣.' 三曰 '長, 長也. 然而衆知長幼之節矣.' 故父子君臣長幼之道得而國治. 禮曰 '一有元良, 萬邦作貞.'"
≪禮記≫ 〈文王世子〉에 말하였다. "한 가지 일을 행하여 세 가지의 선한 것을 모두 얻을 수 있는 이는 〈오직 세자뿐이니〉, 세자가 국학에서 〈신분으로 존비를 따지지 않고〉 나이로 차서를 따지는 것을 말한다. 그러므로 세자가 국학에서 나이로 차서를 따지면 나라 사람이 보고 말하기를, '장차 우리의 군주가 될 터인데 우리들과 나이로 차서를 따져 겸양한다.'라고 하면 예를 아는 사람이 말하기를 '부모가 살아 계시면 예법이 그러하다.'라고 하니, 그렇게 하면, 일반 사람도 부자간의 도리를 알게 된다. 둘째로, '임금이 그 자리에 계시면 예법이 그러하다.'라고 하니, 그렇게 하면 일반 사람도 군신간의 의리에 밝아지게 된

가을과 겨울에 羽籥을 배운다.〔春夏學干戈 秋冬學羽籥〕"라고 하였는데, 干戈는 武舞를 말하고, 羽籥은 文舞를 말한다.

17) 文王世子 : 이하 내용과 관련된 〈文王世子〉의 글을 제시하면 "行一物而三善皆得者 唯世子而已 其齒於學之謂也 故世子齒於學 國人觀之曰 將君我而與我齒讓 何也 曰 有父在則禮然 然而衆知父子之道矣 其二曰……有君在則禮然 然而衆著於君臣之義也 其三曰……曰 長 長也 然而衆知長幼之節矣 故……父子君臣長幼之道得 而國治 語曰……一有元良 萬國以貞 世子之謂也"라고 하여, '唯世子而已'가 누락되었고, 여러 곳에 글자의 出入이 있다.

다. 셋째로, '어른을 어른으로 대접하는 것이다.'라고 하니, 그렇게 하면 일반 사람도 어른과 어린이의 예절을 알게 된다. 그러므로 부자, 군신, 장유의 도를 얻게 되어 나라가 다스려지는 것이다. 禮에 '한 사람의 元良이 있으면 만국이 바르게 된다.'라고 하였다."

⑤ 斯皆屈主祀之尊 : 主祀, 一作嗣主
主祀는 어떤 본에는 嗣主로 되어 있다.

⑥ 長乎婦人之手 : 長, 音掌.
長(자라나다)은 음이 掌이다.

⑦ 未曾識憂懼 : 曾, 音層.
曾(일찍)은 음이 層이다.

⑧ 匪夫崇彼干籥 : 夫, 音扶. 後同. 籥, 音約. 干, 舞者所執之楯也. 籥, 樂管, 以竹爲之, 三孔, 長三尺, 以和衆聲者也.
夫(발어사)는 음이 扶이다. 뒤에도 같다. 籥(피리)은 음이 約이다. 干은 춤추는 사람이 잡는 방패이다. 籥은 樂管으로, 대나무로 만드는데, 구멍이 3개이고 길이는 3척이며, 여러 가지 소리를 조화롭게 하는 것이다.

⑨ 甄厥彛倫 : 甄, 音珍.
甄(밝히다)은 음이 珍이다.

⑩ 咸資琢玉 : 學記 "玉不琢, 不成器, 人不學, 不知道."
≪禮記≫ 〈學記〉에 "아름다운 옥도 다듬지 않으면 기물을 만들지 못하고, 사람도 배우지 않으면 도를 알지 못한다."라고 하였다.

⑪ 師望奭而加裕 : 周儲, 謂成王也. 望, 太公號, 奭, 召公名. 成王以二公爲師保.
周儲(周나라 태자)는 成王을 말한다. 望은 太公의 號이며, 奭은 召公의 名이다. 成王은 二公을 太師와 太保로 삼았다.

⑫ 漢嗣深仁 引園綺而昭德 : 漢嗣, 謂惠帝盈也. 高祖欲廢太子盈, 張良敎太子迎四皓. 高祖置酒, 太子侍, 四皓從, 皆年八十餘. 上曰 "煩公幸卒調護太子." 旣去, 上目送之曰 "彼四人爲之輔, 羽翼已成, 難動矣." 卒不廢.[18] 四皓, 東園公綺里季夏黃公甪里先生也.
漢嗣(漢나라 태자)는 惠帝 劉盈을 말한다. 漢 高祖가 태자 劉盈을 폐위하려고 하자, 張良이 태자에게 四皓를 맞이해 오도록 하였다. 고조가 술자리를 마련하자, 태자가 고조를 모실 때 사호가 태자를 따랐는데, 모두 나이가 팔십 남짓이었다. 고조가 말하기를 "공들에게 번거롭게 당부하니 부디 끝까지 태자를 잘 보필하시오."라고 하였다. 사호가 떠나가자 고조가 눈빛으로 그들을 전송하며 말하기를 "저 네 사람이 태자를 보필하여 羽翼(지지하는 기반)이 이미 이루어졌으니, 태자를 변동시키기는 어렵소."라고 하고, 결국 태자를 폐위하지 않았다. 四皓는 東園公・綺里季・夏黃公・甪里先生이다.

⑬ 是以鼂錯上書 令通政術 : 鼂, 音潮, 錯, 音措. 漢文帝時, 鼂錯爲太子舍人, 遷博士, 上書曰 "人主所以尊顯功名, 揚於萬世者, 以知術數也. 故人主知所以臨制臣下, 而治其衆, 則群臣畏

18) 高祖欲廢太子盈……卒不廢 : ≪史記≫ 〈留侯世家〉에 보인다.

服矣, 知所以聽言受事, 則不欺蔽矣, 知所以安利萬民, 則海內必從矣, 知所以忠孝事上, 則臣子之行備矣. 此四者, 臣竊爲皇太子急之."[19)]

鼂는 음이 潮이고, 錯는 음이 措이다. 漢 文帝 때에 鼂錯가 太子舍人으로 있다가 博士로 자리를 옮겨 다음과 같이 상소를 올렸다. "임금이 존귀해지고 공명을 높이 드러내 만대에 떨치게 되는 것은 術數를 알기 때문입니다. 그러므로 임금이 신하의 위에 군림하여 많은 사람들을 다스리는 줄 안다면 여러 신하들이 두려워하여 복종할 것이며, 간언하는 말을 듣고 일을 받아들일 줄 안다면 속이고 가릴 수가 없을 것이며, 백성들을 편안하게 해주고 이롭게 해줄 줄 안다면 천하의 사람들이 반드시 따를 것이며, 충성과 효도로 윗사람을 섬길 줄 안다면 신하들의 행실이 갖추어질 것입니다. 이 네 가지를 신은 황태자의 급선무라고 여깁니다."

⑭ 賈誼獻策 務知禮教 : 賈誼, 雒陽人. 漢文帝時, 爲梁懷王傅, 上書曰 "古之王者, 太子迺生, 固擧以禮, 使士負之, 有司齊肅端冕, 見之南郊, 見于天也. 過闕則下, 過廟則趨, 孝子之道也. 故自爲赤子, 而教已行矣."[20)]

賈誼는 雒陽 사람이다. 漢 文帝 때에 梁懷王의 太傅가 되었는데, 다음과 같이 상소를 올렸다. "옛날의 제왕은 태자가 태어나면 원래 禮로 거행하여, 士에게 업도록 하고, 有司가 齋戒하고 현단복에 면류관을 쓰고 南郊에 뵙고 하늘에 뵈었습니다. 대궐을 지날 때에는 수레에서 내리고 종묘를 지날 때에는 趨蹌(예에 맞게 걸음)하게 하였으니, 효자의 道입니다. 그러므로 어릴 때부터 이미 가르침이 이미 행해졌습니다."

貞觀 18년(644)에 高宗이 처음 皇太子가 되어 아직 현인을 높이고 도덕을 중히 여기는 일이 없었다. 태종이 또 일찍이 태자를 寢殿 옆에 기거하도록 하고 절대 동궁으로 가지 못하게 하니, 散騎常侍 劉洎가 다음과 같이 상소를 올렸다.

"신이 듣건대 사방의 제후를 교외에서 영접하는 것은 태자의 덕을 이루게 하는 일이며, 국학에서 나이로 차서를 따져 세 번 겸양하는 것은 태자가 이를 통해 국가를 바르게 할 수 있다고 하였으니, 이는 모두 태자의 존엄한 몸을 굽혀 아랫사람들과 교유하는 의리를 밝힌 것입니다. 그러므로 꼴꾼의 말까지도 모두 듣게 되고 태자의 명성이 멀리 퍼져서 궁정을 나오지 않고도 앉아서 천하의 일을 알 수 있으니, 이러한 방법을 따라 영원히 제왕의 대업을 굳건히 할 수 있습니다.

깊은 궁중에서 태어나 부인의 손에 자라면 근심과 두려움을 알지 못하고 풍속을 알 수가 없을 것이니, 비록 헤아릴 수 없을 정도로 신기하고 타고난 지혜

---

19) 人主所以尊顯功名……臣竊爲皇太子急之 : ≪漢書≫ 〈鼂錯傳〉에 보인다.

20) 古之王者……而教已行矣 : ≪漢書≫ 〈賈誼傳〉에 보인다.

가 있다 하더라도 만물의 뜻을 통하여 일을 이루는 것은 결국 외부의 권장에서 비롯됩니다. 예악을 숭상하지 않고 謠頌을 듣지 않는다면 무엇으로 만물을 분별하고 인륜의 도리를 밝힐 수 있겠습니까.

성현들을 자세히 고찰해보니, 모두가 자질을 갈고 닦은 데에 의거하였습니다. 이 때문에 周나라 세자는 매우 명철했으나 太公 望과 召公 奭을 스승으로 삼아 더욱 넉넉할 수 있었고, 漢나라 태자는 인덕이 깊었으나 東園公과 綺里季를 맞이하여 덕을 밝게 하였습니다. 본래 태자에게 국가의 운명이 달려 있으니, 태자의 선악에 의해 나라의 흥망이 좌우됩니다. 처음에 노력하지 않는다면 끝에 후회하게 될 것이니, 이 때문에 鼂錯가 상소를 올려 정치하는 방법을 깨닫게 하였고 賈誼가 계책을 올려 禮教를 알게 하였습니다.

10-6-2

竊惟皇太子玉裕挺生하고 **金聲夙振**하며 **明允篤誠之美**와 **孝友仁義之方**은 **皆挺自天姿**하여 **非勞審諭**니 **固以華夷仰德**하여 **翔泳希風矣**라 **然則寢門視膳**이 **已表於三朝**⑮하니 **藝宮**[21)]**論道**를 **宜弘於四術**⑯이라 **雖富於春秋**하여 **餝躬有漸**이나 **實恐歲月易往**⑰하여 **墮**(휴)**業興譏**하고 **取適晏安**이 **言從此始**하리니 **臣以愚短**으로 **幸參侍從**⑱하여 **思廣儲明**하여 **暫願聞徹**일새 **不敢曲陳故事**하고 **切請以聖德言之**하노이다

⑮ 已表於三朝 : 朝, 音潮, 事見封建篇註.
朝(찾아뵙다)는 음이 潮이니, 일이 〈封建〉편의 註에 보인다.

⑯ 宜弘於四術 : 王制, 樂正崇四術立四教, 順先王詩書禮樂以造士.
≪禮記≫ 〈王制〉에 "樂正이 四術을 숭상하고 四教를 세워 先王이 남긴 詩·書·禮·樂에 따라 선비를 양성한다."라고 하였다.

⑰ 實恐歲月易往 : 易, 以豉切.
易(쉽다)는 以와 豉의 반절이다.

⑱ 幸參侍從 : 從, 去聲.
從(수행원)은 去聲이다.

생각해보니 황태자는 옥처럼 넉넉하고 빼어난 태생에다 뛰어난 명성이 자자하며 明哲·信義·篤實·至誠의 미덕과 孝道·友愛·仁德·義理의 바탕은 모

---

21) 藝宮 : 六藝를 익히는 강당이다.

두 타고난 자질이라 수고롭게 배우고 깨달은 것이 아니니, 참으로 중화와 오랑캐가 그 덕을 흠모하여 나는 새와 물고기도 그 풍모를 우러러보고 있습니다. 그러한데도 침문에서 안부를 여쭙고 식사를 살펴 이미 하루에 세 번 찾아뵙고 있으니, 藝宮에서 道를 논할 때는 마땅히 四術에 널리 통하도록 해야 합니다.

비록 연세가 한창 때라 몸을 수양함에 있어 단계가 있으나 세월이 쉬이 흘러가 학업을 폐기한다는 비난이 일고 유유자적함을 취하여 편안히 한다는 말이 여기에서 비롯될까 실로 두렵습니다. 우매하고 모자란 신이 다행히도 근신의 반열에 들어 태자의 총명을 넓힐 것을 생각하여 잠시나마 들어주시기를 바라기에 감히 옛일을 가지고 돌려 말하지 않고 간절히 폐하의 덕으로 말씀드리기를 청합니다.

10-6-3

伏惟陛下는 誕叡膺圖하시고 登庸歷試하시며 多才多藝하여 道著於匡時하시고 允文允武하여 功成於纂祀라 萬方卽敍하고 九圍[22]淸晏하되 尙且雖休勿休[23]하여 日愼一日[24]하여 求異聞於振古하며 勞叡思於當年⑲하시니 乙夜觀書는 事高漢帝⑳요 馬上披卷은 勤過魏王㉑이라 陛下自勵如此어늘 而令太子優游棄日하여 不習圖書하시니 臣所未喩가 一也요 加以暫屛機務㉒하면 卽寓雕蟲㉓하시니 紆寶思於天文하면 則長河韜映하고 摛玉華於仙札㉔하면 則流霞成彩라 固以錙銖萬代㉕하며 冠冕百王하시니 屈宋不足以升堂㉖이요 鍾張何階於入室㉗[25]이리오 陛下自好如此㉘어늘 而太子悠然靜處㉙하여 不尋篇翰하시니 臣所未喩가 二也요 陛下備該衆妙하사 獨秀寰中하사대 猶晦天聰하여 俯詢凡識하사 聽朝之隙㉚에 引見群官하사 降以溫顔하시고 訪以今古라 故得朝廷是非와 閭里好惡하여 凡有巨細에 必關聞聽이라 陛下自行如此어늘 而令太子久趨入侍하여 不接正人하시니 臣所未喩가 三也라 陛下若謂無益인댄 則何事勞神이리오 若謂有成인댄 則宜申貽厥㉛이어늘 蔑而不急하시니 未見其可로소이다

---

22) 九圍 : 九州로, 천하를 말한다.

23) 雖休勿休 : ≪書經≫ 〈周書 呂刑〉에 보인다.

24) 日愼一日 : ≪韓詩外傳≫ 권8에 보인다.

25) 升堂……入室 : 학문의 조예가 깊음을 말한다. ≪論語≫ 〈先進〉의 "子路는 대청까지 올라왔고 방에만 들어오지 못했을 뿐이다.〔由也升堂矣 未入於室也〕"에서 유래한 것이다.

⑲ 勞叡思於當年：思, 去聲. 後同.
思(생각)는 去聲이다. 뒤에도 같다.

⑳ 事高漢帝：漢紀[26] "光武講論經理, 夜分乃寐."
≪後漢書≫ 〈光武帝紀〉에 "光武帝는 經書의 이치를 강론하여 밤중에야 잠자리에 들었다." 라고 하였다.

㉑ 勤過魏王：魏紀[27] "文帝雖在軍旅, 手不釋卷."
〈魏志〉 〈文帝紀〉에 "文帝는 비록 兵營에 있더라도 손에서 책을 놓지 않았다."라고 하였다.

㉒ 加以暫屛機務：屛, 音餠, 棄也.
屛은 음이 餠이니, '버리다'는 뜻이다.

㉓ 卽寓雕蟲：揚子曰 "或問 '吾子少而好賦.' 曰 '童子雕蟲篆刻, 壯夫不爲也.'"
≪揚子法言≫ 〈吾子〉에 "혹자가 '그대는 젊어서 賦를 좋아하였는가?'라고 하였는데, 대답하기를, '동자 시절에는 조충전각의 일을 했는데, 장부가 되어서는 하지 않았다.'라고 하였다." 하였다.

㉔ 摛玉華於仙札：摛, 音癡.
摛(펴지다)는 음이 癡이다.

㉕ 固以錙銖萬代：錙, 音淄, 銖, 音殊, 十黍爲絫, 十絫爲銖, 十銖爲錙.
錙(저울 눈)는 음이 淄이고, 銖(무게 단위)는 음이 殊이다. 十黍가 絫가 되고, 十絫가 銖가 되며, 十銖가 錙가 된다.

㉖ 屈宋不足以升堂：屈原, 名平, 楚懷王時爲大夫, 作離騷經, 爲詞賦之祖. 宋玉, 屈原弟子, 楚大夫, 以詞賦名.
屈原은 이름이 平으로, 楚 懷王 때 大夫를 지냈으며, 〈離騷經〉을 지었는데, 詞賦의 鼻祖이다. 宋玉은 屈原의 제자로, 楚나라 大夫이며, 詞賦로 이름이 났다.

㉗ 鍾張何階於入室：鍾繇, 字元常, 魏太尉, 善草書. 張芝, 字伯英, 後漢太尉, 臨池學書, 池水盡黑, 時稱草聖.
鍾繇는 字가 元常으로, 魏나라 太尉를 지냈으며, 草書를 잘 썼다. 張芝는 字가 伯英으로, 後漢의 太尉를 지냈으며, 못가에서 글씨를 연습하여 못 물이 모두 검게 변하였는데, 당시에 草聖으로 일컬어졌다.

㉘ 陛下自好如此：好, 去聲.
好(좋아하다)는 去聲이다.

㉙ 而太子悠然靜處：處, 上聲.
處(처하다)는 上聲이다.

㉚ 聽朝之隟：隟, 與隙同.

---

26) 漢紀：≪後漢書≫ 卷1下 〈光武帝紀〉를 말한다.
27) 魏紀：≪三國志≫ 〈魏志〉 권2 〈文帝紀〉를 말한다.

隟(틈)은 隙과 같다.

㉛ 則宜申貽厥 : 詩曰"貽厥孫謀."

≪詩經≫ 〈大雅 文王有聲〉에 "후손에게 계책을 남겨주었다."라고 하였다.

엎드려 생각해보니, 폐하는 천부적으로 총명한 데다 천명을 받았고, 제위에 올라 많은 경험을 쌓았으며, 才藝가 많아 그 道가 시대를 바로잡는 데 드러났고, 文治와 武功이 진실하여 그 공적이 종묘의 제사를 계승하는 데에 이루어졌습니다. 만방에서 귀순해오고 천하는 맑고 편안해졌으나 오히려 훌륭하다고 해도 훌륭하다고 여기지 않고, 하루하루 삼가서 먼 옛날에서 나라를 다스리는 좋은 방도를 찾고 당대에 폐하 마음을 수고롭게 쓰시니, 한밤중까지 서책을 보는 것은 後漢의 光武帝보다 열심히 하고, 말 위에서 서책을 보는 것은 魏 文帝보다 부지런합니다. 폐하께서 스스로를 독려하는 것이 이와 같거늘 태자에게는 한가롭게 노닐며 세월만 보내게 하여 학문을 배우도록 하지 않으시니, 이것이 신이 이해하지 못하는 첫 번째 일입니다.

더욱이 폐하께서는 잠시라도 정무에서 물러날 때면 詩文을 지으시니, 폐하의 생각을 天文에 기울이신다면 은하수도 광채를 감출 것이며, 화려한 語句를 서찰에 표현한다면 흐르는 노을빛이 문채를 이룰 것입니다. 참으로 폐하의 문장은 만대의 글을 보잘것없게 만들고, 역대 왕들 중에 가장 뛰어납니다. 屈原과 宋玉도 폐하의 경지에 오르기에는 부족하니, 鍾繇와 張芝라 한들 어찌 그 경지에 들어갈 수 있겠습니까. 폐하께서 스스로 좋아하시는 것이 이와 같은데도 태자에게는 느긋이 한가롭게 지내며 筆墨을 배우도록 하지 않으시니, 이것이 신이 이해하지 못하는 두 번째 일입니다.

폐하께서는 여러 가지 장점을 구비하여 홀로 천하에서 빼어난 인물임에도 오히려 타고난 총명을 감추고 자신을 낮추어 평범한 자에게 묻고, 조정에서 정무를 보는 여가에 여러 신하들을 불러서 만나시고는 온화한 안색으로 고금의 정치를 묻습니다. 그러므로 조정의 是非와 민간의 好惡를 알게 되어 큰 일이든 작은 일이든 반드시 듣게 됩니다. 폐하께서 스스로 행하시는 것이 이와 같은데도 태자에게는 오랫동안 예절로 입시하게 하여 올바른 사람들과 만나도록 하지 않으시니, 이것이 신이 이해하지 못하는 세 번째 일입니다.

폐하께서 만일 무익하다고 생각하신다면 어찌 정신을 수고롭게 할 것입니까. 만일 성과를 바란다면 자손들에게 가르침을 펼쳐야 할 것인데, 무시하여 서두르지 않으시니 옳은지 알지 못하겠습니다.

10-6-4

伏願俯推叡範하사 訓及儲君하고 授以良書하여 娛之嘉客[28]하며 朝披經史하여 觀成敗於前蹤하고 晩接賓遊하여 訪得失於當代하고 間以書札㉜하며 繼以篇章하면 則日聞所未聞하고 日見所未見하여 副德[29]愈光하리니 群生之福也라 竊以良娣之選은 徧於中國하니 仰惟聖旨컨대 本求典內하여 冀防微하고 慎遠慮는 臣下所知로되 暨乎徵簡人物㉝하여는 則與聘納相違하고 監撫二周㉞에 未近一士하니 愚謂內既如彼하니 外亦宜然者니 恐招物議하여 謂陛下重內而輕外也일가하노이다 古之太子 問安而退는 所以廣敬於君父요 異宮而處㉟는 所以分別於嫌疑㊱라 今太子一侍天闈에 動移旬朔하니 師傅已下가 無由接見이라 假令供奉有隙㊲하여 暫還東朝라도 拜謁既疎하고 且事俯仰이라 規諫之道는 固所未暇하니 陛下不可以親教요 宮寀無因以進言㊳이라 雖有具寮나 竟將何補리오 伏願俯循前躅㊴하고 稍抑下流[30]하사 弘遠大之規하시고 展師友之義하시면 則離徽[31]克茂하고 帝圖斯廣하리니 凡在黎元이 孰不慶賴리오 太子溫良恭儉과 聰明叡哲은 含靈[32]所悉이니 臣豈不知리오마는 而淺識勤勤하여 思效愚忠者는 願滄溟益潤하고 日月增華也니이다 太宗乃令洎與岑文本馬周로 遞日往東宮하여 與皇太子談論㊵케하다

㉜ 間以書札 : 間, 去聲.
間(빈틈)은 去聲이다.

㉝ 暨乎徵簡人物 : 徵, 平聲.
徵(부르다)은 平聲이다.

㉞ 監撫二周 : 監, 平聲, 監撫謂監國撫軍也.
監(주관하다)은 平聲이니, 監撫는 나라를 다스리고 군대를 지휘하는 것을 말한다.

---

28) 客 : 太子賓客으로, 태자를 侍從하여 보좌하는 관원이다.
29) 副德 : 儲副(太子)의 德을 말한다.
30) 下流 : 子孫에 대한 사랑을 말한다.
31) 離徽 : 밝은 美德을 말한다.
32) 含靈 : 천하 백성을 말한다.

㉟ 異宮而處：處, 上聲.
處(처하다)는 上聲이다.
㊱ 所以分別於嫌疑：別, 彼列切.
別(다르다)은 彼와 列의 반절이다.
㊲ 假令供奉有隟：供, 平聲.
供(공급하다)은 平聲이다.
㊳ 宮寀無因以進言：寀, 音采, 寮屬也.
寀는 음이 采이니, '관료'라는 뜻이다.
㊴ 伏願俯循前躅：躅, 音燭, 跡也.
躅은 음이 燭이니 '자취'라는 뜻이다.
㊵ 散騎常侍劉洎上書曰……與皇太子談論：按通鑑此疏係十七年. 又按高宗諫誅穆裕, 太宗歸功洎等事, 在十八年, 則洎上此疏, 當在十七年.
≪資治通鑑≫을 살펴보니, 이 상소는 정관 17년에 속해 있다. 또 살펴보건대 高宗이 穆裕를 죽이는 것에 대해 간언한 일과 太宗이 劉洎 등에게 공로를 돌린 일은 정관 18년에 있었으니, 劉洎가 올린 이 상소는 마땅히 정관 17년에 있어야 한다.

엎드려 바라건대 폐하의 모범을 미루어 교훈이 태자에게 미치게 하고, 좋은 책을 주어 훌륭한 賓客과 즐기게 하며, 아침에는 經史를 보게 하여 이전 시대의 성공과 실패를 살피게 하고, 저녁에는 빈객을 맞이하여 당대의 득실을 묻게 하고, 틈날 때는 서찰을 쓰고 문장을 뒤이어 짓게 하면, 날마다 듣지 못하던 것을 듣게 되고, 날마다 보지 못하던 것을 보게 되어 태자의 덕이 더욱 밝아질 것이니, 이는 백성들의 복입니다.

가만히 생각건대 良娣(태자의 妃嬪)를 간택하는 일은 온 나라에서 구해야 하니, 우러러 폐하의 뜻을 생각해보건대 본래 태자궁 안을 담당할 사람을 구하여 작은 조짐에서 예방하기를 바라고 멀리까지 염려하여 삼가신 것이니, 이는 여러 신하들이 이미 알고 있는 것입니다. 그러나 인재를 불러 선발하는 것은 혼례 의식과는 다르고, 태자가 국사를 대행한 지 2년이 되었으나 아직 한 사람의 선비도 가까이하지 않았습니다. 저는 태자궁 안의 일을 저렇게 신중하게 하였으니, 외부의 인재 선발 또한 마땅히 신중히 해야 한다고 생각합니다. 그렇지 않으면 물의를 일으켜 폐하께서 태자궁 안의 일은 중히 여기고, 외부의 일은 경시한다는 말을 듣게 될까 두렵습니다.

옛날에 태자가 안부를 묻고서 물러난 것은 君父를 널리 존경하기 위함이었고, 황제와 다른 궁에서 거처한 것은 혐의를 피하기 위함이었습니다. 지금 태자가 폐하를 모시는 것을 열흘이나 한 달 만에 한 번 하니, 師傅 이하가 태자를 뵐 길이 없습니다. 가령 폐하 곁에서 모시다가 틈이 있어서 잠시 동궁에 돌아오더라도 배알할 기회가 이미 드물고, 또 일에 부응해야 하기 때문에 간언할 방도는 진실로 틈을 내지 못하니, 폐하께서 친히 가르칠 수 없고, 또한 관료들도 나아가 아뢸 기회가 없습니다. 비록 관료들이 구비되어 있다고 한들 결국 무슨 도움이 되겠습니까.

엎드려 바라건대 이전의 전례를 따라 태자에 대한 사랑을 조금 억눌러 원대한 규범을 넓히시고 師友의 의리를 펴게 하신다면, 태자의 덕성은 무성해지며 왕업은 광대해질 것이니, 백성들이 어느 누가 기뻐하며 의지하지 않겠습니까. 태자가 온화하고 선량하며 공손하고 검소하며 총명하고 명철한 것은 모두가 알고 있는 사실이니, 신이 어찌 알지 못하겠습니까. 그러나 식견이 얕은 제가 부지런히 어리석은 충정이나마 바치려고 생각하는 것은 푸르른 대해에 물방울을 더하고 일월에 한 점의 빛을 더하기를 원해서입니다."

태종은 곧 유계에게 岑文本・馬周와 함께 날을 번갈아가며 동궁을 왕래하여 황태자와 담론하게 하였다.

【集論】

唐氏仲友曰 劉洎此疏는 足見其爲剛直果敢之士라 太宗이 以太子諫誅穆裕[33)]로 歸功諫臣하니 則洎接正人聞正論之說을 驗矣라 惜太子不足有爲也라

唐仲友가 말하였다.

"劉洎의 이 상소에서 그가 강직하고 과감한 선비임을 알 수 있다. 태종이 태자가 穆裕를 주살하려는 것에 대해 간언한 것을 諫臣의 공로로 돌렸으니, 유계가 正人들과 교유하고 正論을 들었다는 말을 징험할 수 있다. 태자가 큰 일을 해내기에는 부족한 인물이라는 점이 안타깝다."

又曰 古之制에 命士以上父子異宮[34)]은 意甚深矣라 易子而敎하고 責善則離[35)]하니 還東

33) 太子諫誅穆裕 : ≪舊唐書≫ 권74 〈劉洎列傳〉에 보인다. 穆裕는 태자 李治의 간언으로 주살을 면하였다.

宮하여 近師傅之諫이 當矣라

또 말하였다. "옛날의 제도에 '命士 이상은 부자가 다른 집에서 산다.'라고 하였으니, 의미가 아주 깊다. 자식을 바꾸어 가르치고, 잘하기를 요구하면 부자 사이가 벌어지게 되니, 동궁으로 돌아가 가까이에서 師傅의 간언을 듣는 것이 마땅하다."

愚按 太子承乾既廢하고 晉王治初立之後에 劉洎此疏가 條陳詳悉하니 誠教世子之至善也라 太宗以洎言으로 令洎與岑文本馬周遞日往東宮談論케하니 可謂得人矣라 夫修身正家之道와 敬大臣과 體群臣[36]과 親君子와 遠小人之要가 未必不見於談論也어늘 出震繼明[37]하여는 不旋踵而背之하여 卒基唐家之禍[38]於不忍言하니 其氣化人事之相符乎아 抑所以輔翼之具未至耶아

내가 살펴보건대, 태자 李承乾이 폐위되고 나서 晉王 李治가 처음 태자가 된 후에 劉洎가 이 상소에서 조목조목 상세하게 진술하였으니, 진실로 세자를 교육하는 데 지극히 훌륭한 일이다. 태종이 유계의 말을 따라 유계・잠문본・마주에게 날을 번갈아 동궁으로 가서 담론하게 하였으니, 인물을 얻었다고 할 만하다. 자신의 몸을 수양하고 집안을 바로잡는 방법과 대신을 공경함, 여러 신하의 마음을 체찰함, 君子를 가까이하며 小人을 멀리하는 요체를 담론할 적에 필시 보았을 것이다. 그런데 帝位에 올라서는 얼마 지나지 않아 그와 위배되는 행동을 하여 결국에는 차마 말할 수 없는 唐나라 재앙의 기틀의 되었으니, 氣化와 人事가 서로 부합한 것인가. 아니면 보좌하는 이들이 제대로 갖추어지지 않아 그런 것인가.

---

34) 命士以上父子異宮 : ≪禮記≫ 〈內則〉에 보인다. 命士는 爵命을 받은 士(하급 관원)이다.

35) 易子而敎 責善則離 : ≪孟子≫ 〈離婁 上〉의 "옛날에는 자식을 바꾸어서 가르쳤다. 부자간에는 잘하라고 요구해서는 안 되니, 잘하기를 요구하면 사이가 벌어지게 된다. 사이가 벌어지면 이보다 더 상서롭지 못한 일은 없다.〔古者易子而敎之 父子之間不責善 責善則離 離則不祥莫大焉〕"에서 유래한 것이다.

36) 修身正家之道 敬大臣 體群臣 : ≪大學≫ 3綱領의 "修身齊家", ≪中庸≫ 20章의 9經의 "敬大臣也 體群臣也"에서 유래한 것이다.

37) 出震繼明 : 태자가 계승하여 천자로서 다스림을 말한다. 出震은 ≪周易≫ 〈說卦傳〉에 "임금이 진에서 나온다.〔帝出乎震〕"라고 하였는데, 震은 長男, 즉 태자이다. 繼明은 離卦 〈象傳〉에 "밝음이 둘인 것이 이가 되니, 대인이 보고서 밝음을 이어 사방을 비춘다.〔明兩作離 大人以繼明照于四方〕"라고 하였는데 君位를 세습하여 이어서 다스리는 것을 나타낸 것이다.

38) 唐家之禍 : 則天武后가 황제에 올라 국호를 周로 바꾸는 등 발호한 재앙을 말한다.

제11편 論教誡太子諸王 태자와 諸王들의 가르침과 경계에 대해 논하다

이 편에서는 태자와 諸王들의 가르침과 경계에 대해 논하였다.

太宗은 諸王을 보좌하는 신하들의 언로를 열어 충언과 직언이 올라올 수 있는 길을 확보해야 함을 강조하면서, 군왕 또한 신하들의 충언과 직언을 수용해야 함을 명시하였다.

한편으로 太子와 諸王들을 교육하면서 그들이 농민들의 노고를 인지할 수 있도록 주의시키고, 백성이야말로 사회의 근간임을 분명히 주지시켰다. 역대 제왕 제자들의 성공과 실패에 관한 사례를 모아 ≪諸侯王善惡錄≫을 편찬하여 태자와 諸王들이 경계의 거울로 삼도록 하였다. 아울러 권위에 의한 통치가 아닌 덕으로써 포용하여 복종시킨 사례를 제시하여 욕망과 감정에 휘둘려 스스로를 망칠 수 있는 여지를 배제하여야 한다고 주장하였다.

이 편의 마지막에는 나이 어린 황자들을 都督과 刺史에 제수하였다가 褚遂良의 반대 상소를 수용하여 명령을 철회하는 일화가 등장하는데, 이러한 면모는 정관의 정치가 후대에 칭송될 수 있게 된 근간이라 평가할 수 있다.

凡七章.

모두 7장이다.

11-1-1

貞觀七年에 **太宗謂太子左庶子于志寧**①**杜正倫曰 卿等輔導太子**하니 **常須爲說**②**百姓間利害事**하라 **朕年十八**에 **猶在人間**하니 **百姓艱難**을 **無不諳練**이러니 **及居帝位**하여는 **每商量處置**③에 **或時有乖疎**하면 **得人諫諍**하여 **方始覺悟**하니 **若無忠諫者爲說**이면 **何由行得好事**리오 **況太子生長深宮**④하여 **百姓艱難**을 **都不聞見乎**인저 **且人主安危所繫**니 **不可輒爲驕縱**이라 **但出勅云 有諫者卽斬**이라하면 **必知天下士庶**가 **無敢更發直言**이라 **故克己勵精**하여 **容納諫諍**하니 **卿等常須以此意**로 **共其談說**하고 **每見有不是事**어든 **宜極言切諫**하여 **令有所裨益也**⑤하라

① 太宗謂太子左庶子于志寧：于志寧, 字仲謐, 京兆人. 貞觀三年爲中書侍郎, 遷左庶子, 上諫

苑[1], 俄兼詹事. 晉王爲皇太子, 復拜左庶子.

于志寧은 字가 仲謐이며, 京兆 사람이다. 정관 3년에 中書侍郎이 되었다가 太子左庶子로 자리를 옮기고, ≪諫苑≫을 지어 올렸으며, 얼마 후에 詹事를 겸하였다. 晉王이 皇太子가 되자 다시 左庶子에 임명되었다.

② 常須爲說 : 爲, 去聲. 後爲說同.

爲(위하다)는 去聲이다. 뒤에 나오는 爲說도 같다.

③ 每商量處置 : 量, 平聲. 處, 上聲.

量(헤아리다)은 平聲이다. 處(처하다)는 上聲이다.

④ 況太子生長深宮 : 長, 音掌.

長(자라나다)은 음이 掌이다.

⑤ 令有所裨益也 : 令, 平聲.

令(하여금)은 平聲이다.

貞觀 7년(633)에 太宗이 太子左庶子 于志寧과 杜正倫에게 말하였다.

"경들은 태자를 인도하니, 항상 그를 위해 백성들의 이로우며 해로운 일을 말해주도록 하시오. 짐은 열여덟에 백성들 사이에 있었기 때문에 그들의 고난을 알지 못하는 것이 없소. 제위에 올라서는 일을 헤아려 처리할 때마다 때로는 어긋나거나 疏漏한 것이 있으면 신하들의 간쟁을 듣고서 비로소 깨닫기도 하였소. 만일 충성으로 간하는 자가 없다면 좋은 일을 어떻게 행할 수 있었겠소. 하물며 태자는 깊은 궁궐에서 태어나고 자라서 전혀 백성들의 고난을 듣거나 보지 못하였소.

또 군주에게 백성의 안위가 달려 있으니, 교만하고 방종해서는 안 되오. 다만 칙령을 내려 '간하는 자가 있으면 즉시 참수할 것이다.'라고 한다면, 반드시 천하의 선비나 서민들이 감히 바른말을 하지 않을 것이오. 그러므로 사심을 극복하고 정신을 가다듬어 간쟁을 받아들이는 것이오. 경들은 늘 이러한 뜻으로 태자와 대화를 하도록 하고, 잘못된 일을 볼 때마다 극진한 말로 간하여 도움이 되도록 해야 할 것이오."

【集論】

唐氏仲友曰 太宗誠有知子之明하고 **其教之亦云篤矣**니 **此數語者**는 **即周公無逸之書也**[2]라

---

1) 諫苑 : 于志寧이 지은 책 이름이다.

至謂若詔天下敢諫者死면 將無復發言이라하니 此則煬帝有前鑑矣[3)]어늘 奈何承乾方欲以殺止諫[4)]가 雖百正倫이라도 何益哉리오

唐仲友가 말하였다.

"태종은 진실로 자신의 아들에 대해 밝게 알았고, 그 가르침 역시 독실하였으니, 이 몇 마디 말은 바로 周公이 말한 ≪書經≫ 〈周書 無逸〉의 내용이다. 심지어 '만일 천하에 조서를 내려 간언하는 자는 참수할 것이라 한다면 다시 바른말을 하는 사람이 없을 것이다.'라고 하였으니, 이는 隋 煬帝가 앞에서 귀감이 되었기 때문인데, 어찌하여 李承乾은 사람을 죽여 간언을 그치게 하려고 하였던가. 비록 백 명의 杜正倫이 있다고 하더라도 무슨 도움이 되겠는가."

愚按 太宗君臨天下하여 方勵精之初에 容受直言하고 導人使諫하며 蚤建太子하여 命東宮輔臣하여 極言規正하여 令有所裨益하니 蓋望太子亦如己之從諫이니 其意不亦深切哉아 惜乎라 承乾不足以副君父之意여

내가 살펴보건대 태종은 천하에 군림하여 힘써 노력을 기울이던 초창기에 직언을 수용하고, 사람을 이끌어 간언하게 하였으며, 일찍 태자를 세워 동궁을 보좌하는 신하들에게 명하여 지극한 말로 바로잡아주게 하여 도움이 되도록 하였다. 이는 태자 역시 간언을 따랐던 자기처럼 되기를 바란 것이니, 그 뜻이 또한 깊고 절실하지 않은가. 承乾이 君父의 뜻에 부합하지 못한 것이 안타깝다.

11-2-1

貞觀十八年에 太宗謂侍臣曰 古有胎敎世子①하되 朕則不暇라 但近自建立太子로 遇物에 必有誨諭하노니 見其臨食將飯하고 謂曰 汝知飯乎아하여 對曰不知라하니 曰凡

---

2) 此數語者 卽周公無逸之書也 : ≪書經≫ 〈周書 無逸〉에 周公이 成王에게 훈계하기를 "아, 군자는 안일하지 않는 것을 처소로 삼는 것입니다. 먼저 농사일의 어려움을 알고 나서 안일하면 백성들의 의지하는 바를 알 것입니다.〔嗚呼 君子所其無逸 先知稼穡之艱難 乃逸則知小人之依〕"라고 한 것을 들 수 있다.

3) 煬帝有前鑑矣 : 隋 煬帝가 간언하는 이를 죽인 것에 대한 鑑戒를 말한다. 崔民象은 양제가 巡幸을 하려 하자 도적이 일어났다는 이유로 반대하는 表文을 올렸다가 참수당했고, 王愛仁은 盜賊이 많으므로 양제에게 西京으로 돌아가자고 하였다가 참수당하였다. ≪隋書 권4 煬帝 下≫

4) 乾方欲以殺止諫 : ≪新唐書≫ 권80 〈太宗諸子 李承乾傳〉에 보인다.

稼穡艱難이 **皆出人力**하니 **不奪其時**[5)]라야 **常有此飯**이라하고 **見其乘馬**②하고 **又謂曰 汝知馬乎**아하니 **對曰不知**라하니 **曰能代人勞苦者也**니 **以時消息**하여 **不盡其力**이면 **則可以常有馬也**라하고 **見其乘舟**하고 **又謂曰 汝知舟乎**아하니 **對曰不知**라하여 **曰舟所以比人君**이요 **水所以比黎庶**니 **水能載舟**하고 **亦能覆舟**라 **爾方爲人主**하니 **可不畏懼**아하고 **見其休於曲木之下**하고 **又謂曰 汝知此樹乎**아하니 **對曰不知**라하여 **曰此木雖曲**이나 **得繩則正**하나니 **爲人君**에 **雖無道**나 **受諫則聖**이라 **此傳說所言**③이니 **可以自鑑**이니라

① 古有胎敎世子：文王之母太妊，爲人端一誠莊，惟德之行．及其娠文王，目不視惡色，耳不聽淫聲，口不出傲言．生文王而明聖，太妊敎之，以一識百，卒爲周宗，而君子謂太妊爲能胎敎.[6)]
文王의 어머니 太妊은 성품이 단정하고 한결같으며 성실 장엄하여 오직 덕을 행하였다. 문왕을 임신하고 나서는 눈으로는 나쁜 색을 보지 않았으며, 귀로는 음란한 소리를 듣지 않았으며, 입으로는 오만한 말을 하지 않았다. 문왕을 낳자 총명하고 성스러워 태임이 하나를 가르치면 백을 알더니 결국 周나라의 제일가는 임금이 되었다. 군자들은 '태임이 태교를 잘하였다.'고 말하였다.

② 見其乘馬：乘，平聲．後同.
乘(타다)은 平聲이다. 뒤에도 같다.

③ 此傳說所言：說，音悅．商書傳說告高宗曰 "惟木從繩則正，后從諫，則聖."
說(기뻐하다)은 음이 悅이다. ≪書經≫ 〈商書 說命〉에, 傳說이 高宗에게 아뢰기를 "나무는 먹줄을 따르면 바르고, 임금은 간언을 따르면 훌륭해집니다."라고 하였다.

貞觀 18년(644)에 太宗이 근신들에게 말하였다.

"옛날에는 세자에게 태교를 행하였으나 짐은 그럴 여가가 없었소. 다만 근래 태자를 세운 이래로는 일이 있을 때마다 반드시 가르쳐 깨우쳐주고 있소. 태자가 밥을 먹으려고 하는 것을 보고 '너는 밥에 대해 알고 있느냐?' 하고 물으니, '모릅니다.'라고 대답하였소. 그래서 '경작하고 수확하는 어려움은 모두 농민들의 노력에서 나오니, 농사철을 빼앗지 않아야 언제나 이런 밥을 먹을 수 있다.'라고 하였소.

태자가 말을 타는 것을 보고 또 '너는 말에 대해 알고 있느냐?' 하고 물으니, '모릅니다.'라고 대답하였소. 그래서 '말은 사람의 노고를 대신하니, 때에 따라 말이 쉬도록 하여 그 힘을 소진시키지 않으면 언제나 말을 탈 수 있다.'라고 하

5) 不奪其時：≪孟子≫ 〈梁惠王 上〉의 "勿奪其時"에서 유래한 것이다.

6) 文王之母太妊……而君子謂太任爲能胎敎：≪列女傳≫ 권1에 보인다.

였소.

태자가 배를 타는 것을 보고 또 '너는 배에 대해 알고 있느냐?' 하고 물으니, '모릅니다.'라고 대답하였소. 그래서 '배는 임금에 비유되고, 물은 백성에 비유되는데, 물은 배를 띄울 수도 있고 또 전복시킬 수도 있다. 너는 장차 人主가 될 것이니, 삼가고 두려워하지 않아서야 되겠느냐?'라고 하였소.

태자가 굽은 나무 아래에서 쉬는 것을 보고는 또 '너는 이 나무에 대해 알고 있느냐?' 하고 물으니, '모릅니다.'라고 대답하였소. 그래서 비록 이 나무가 굽었어도 먹줄이 있으면 바르게 할 수 있으니, 임금이 되어 비록 무도하더라도 간언을 받아들이면 성군이 될 수 있다. 이는 傅說이 말한 것이니, 귀감으로 삼아야 할 것이다.'라고 하였소."

太宗이 일에 따라 太子를 가르치다

【集論】

愚按 太宗이 懲承乾之失德하여 望儲君之近德이라 於是에 遇事必誨하니 其愛儲君者가 所以愛百姓也라 將飯而戒면 則知民生之艱難矣요 乘馬而戒면 則知民力之困乏矣요 乘舟而戒면

則知民心之無恒矣요 休曲木而戒면 則知立身之必從正矣리니 觀前代敎誡太子之辭컨대 未有切於此者라 稽之古禮經하니 敎世子之道는 亦不過如是也라 迨夫高宗臨御하여는 其於子庶民에 猶知所以保養之意나 惟疎遠老臣하고 失德宮闈하여 竟忘王業之艱難하니 毋乃雖誨諄諄이나 而聽藐藐乎아

내가 살펴보건대, 太宗이 李承乾의 옳지 못한 행동을 징계하여 태자가 德行에 가까워지기를 바랐다. 그래서 일이 있을 때마다 반드시 가르쳤으니, 태자를 사랑하는 것은 백성들을 사랑하는 것이다.

밥을 먹을 때 경계하면 民生의 고난을 알 것이고, 말을 탈 때 경계하면 民力의 고단함을 알 것이며, 배를 탈 때 경계하면 民心이 일정하지 않다는 것을 알 것이고, 굽은 나무 아래에서 쉴 때 경계하면 몸가짐을 항상 바르게 해야 한다는 점을 알 것이니, 前代에서 태자를 교육했던 말을 살펴보건대 이보다 절실한 말은 없었다.

옛날의 ≪禮經≫을 고찰해보니 세자를 가르치던 방법 역시 이와 같은 것에 불과했다. 高宗이 제위에 오르고 나서 백성을 자식처럼 사랑하는 데 있어서는 오히려 보호하고 양육할 뜻을 알았으나, 오직 老臣들에 대해서는 소원하게 대하고 궁궐에서는 올바르지 못한 행동을 하여 결국에는 王業의 어려움을 잊어버렸으니, 비록 자상하게 가르쳐주었으나 건성으로 들은 것이 아니겠는가.

11-3-1

貞觀七年에 太宗謂侍中魏徵曰 自古侯王能自保全者甚少하니 皆由生長富貴①하여 好尙驕逸②하여 多不解③親君子遠小人故爾④라 朕所有子弟를 欲使見前言往行⑤하여 冀其以爲規範하라하고 因命徵하여 錄古來帝王子弟成敗事하여 名爲自古諸侯王善惡錄이라하여 以賜諸王하다 其序曰 觀夫⑥膺期受命하여 握圖御寓에 咸建懿親하여 藩屛王室하니 布在方策하여 可得而言이라 自軒分二十五子⑦하고 舜擧一十六族⑧으로 爰歷周漢하여 以逮陳隋히 分裂山河하여 大啓磐石[7]者衆矣라 或保乂王家하여 與時升降하고 或失其土宇하여 不祀忽諸[8]라 然考其隆替하고 察其興滅하니 功成名立은 咸資

---

7) 磐石 : 分封한 宗室을 말한다. ≪史記≫ 〈孝文本紀〉에 "高帝가 아들과 아우들을 왕으로 삼으시어 땅이 들쭉날쭉 개 이빨처럼 서로 牽制하니, 이른바 반석처럼 편안한 宗室이라는 것입니다.〔高帝封王子弟 地犬牙相制 此所謂磐石之宗也〕"라고 하였다.

8) 不祀忽諸 : ≪春秋左氏傳≫ 文公 5년에 보인다. 忽諸는 忽然의 뜻이다.

始封之君이요 國喪身亡은 多因繼體[9]之后하나니 其故何哉오 始封之君은 時逢草昧하여 見王業之艱阻하고 知父兄之憂勤이라 是以在上不驕하며 夙夜匪懈하여 或設醴以求賢⑨하고 或吐飧而接士⑩라 故甘忠言之逆耳⑪하고 得百姓之懽心⑫하여 樹至德於生前하고 流遺愛於身後라 暨夫子孫繼體하여는 多屬隆平이라 生自深宮之中하고 長居婦人之手하여 不以高危爲憂懼하니 豈知稼穡之艱難⑬이리오 昵近小人⑭하고 疎遠君子하며 綢繆哲婦[10]하고 傲狠明德[11]하여 犯義悖禮하고 淫荒無度하여 不遵典憲하고 僭差越等이라 恃一顧之權寵하여 便懷匹嫡[12]之心하고 矜一事之微勞하여 遂有無厭之望⑮하여 棄忠貞之正路하고 蹈姦宄之迷塗⑯하여 愎諫違卜⑰[13]하여 往而不返이라 雖梁孝齊冏之勳庸⑱과 淮南東阿之才俊⑲이라도 摧摩霄之逸翮하며 成窮轍之涸鱗[14]하고 棄桓文之大功⑳하여 就梁董之顯戮㉑하니 垂爲炯戒가 可不惜乎아 皇帝以聖哲之資로 拯傾危之運하사 耀七德以淸六合㉒하시고 總萬國而朝百靈하시며 懷柔四荒하고 親睦九族㉓하시며 念華蕚於棠棣㉔하시고 寄維城[15]於宗子하시니 心乎愛矣[16]라 靡日不思[17]일새 爰命下臣하여 考覽載籍하여 博求鑑鏡하여 貽厥孫謀[18]라 臣輒竭愚誠하여 稽諸(則)〔前〕[19]訓하니 凡爲藩爲翰[20]하여 有國有家者가 其興也는 必由於積善이요 其亡也는

---

9) 繼體 : 嫡子가 帝位를 繼承한다는 뜻이다.

10) 哲婦 : 謀慮가 많은 영리한 婦人을 가리키다. ≪詩經≫ 〈大雅 瞻卬〉에 "명철한 지아비는 나라를 이루지만, 영리한 부인은 나라를 전복시키느니라. 아름답고 영리한 부인이 올빼미가 되고 부엉이가 되도다.〔哲夫成城 哲婦傾城 懿厥哲婦 爲梟爲鴟〕"라고 하였다.

11) 傲狠明德 : ≪春秋左氏傳≫ 文公 18년에 보인다.

12) 匹嫡 : 庶子가 嫡子와 대등해짐을 말한다.

13) 愎諫違卜 : ≪春秋左氏傳≫ 僖公 15년에 보인다.

14) 窮轍之涸鱗 : 죽을 지경에 이른 곤궁함을 말한다. 수레바퀴 자국〔涸轍〕에 고인 얕은 물속에서 헐떡이는 붕어〔鮒魚〕가 약간의 물〔斗升之水〕만 부어주면 살 수 있겠다고 하소연하는 이야기에서 유래하였다. ≪莊子 外物≫

15) 維城 : 王家의 큰아들을 말한다. ≪詩經≫ 〈大雅 板〉에 "宗子는 城과 같다.〔宗子維城〕"라고 하였다.

16) 心乎愛矣 : ≪詩經≫ 〈小雅 隰桑〉에 보인다.

17) 靡日不思 : ≪詩經≫ 〈邶風 泉水〉에 보인다.

18) 貽厥孫謀 : ≪詩經≫ 〈大雅 文王有聲〉의 "詒厥孫謀"에서 유래한 것이다.

19) (則)〔前〕: 저본에는 '則'으로 되어 있으나, ≪貞觀政要≫(原田種成, 明治書院, 1983)에 의거하여 '前'으로 바로잡았다.

20) 爲藩爲翰 : 제후가 되는 것을 말한다. ≪詩經≫ 〈大雅 板〉에 "大德의 사람은 나라의 울타리

皆在於積惡이니 **故知善不積**이면 **不足以成名**이요 **惡不積**이면 **不足以滅身**[21)]이라 **然則禍福無門**하고 **吉凶由己**하니 **惟人所召**[22)]니 **豈徒言哉**리오 **今錄自古諸王行事得失**하여 **分其善惡**하고 **各爲一篇**하여 **名曰諸王善惡錄**이라하여 **欲使見善思齊**[23)]하여 **足以揚名不朽**하고 **聞惡能改**㉕하여 **庶得免乎大過**하니 **從善則有譽**하고 **改過則無咎**리라 **興亡是繫**니 **可不勉歟**아 **太宗覽而稱善**하고 **謂諸王曰 此宜置于座右**하여 **用爲立身之本**이로다

① 皆由生長富貴 : 長, 音掌. 後同.
長(자라나다)의 음은 掌이다. 뒤에도 같다.

② 好尙驕逸 : 好, 去聲.
好(좋아하다)는 去聲이다.

③ 多不解 : 解, 音懈.
解(이해하다)는 음이 懈이다.

④ 君子遠小人故爾 : 遠, 去聲. 後同.
遠(멀리하다)은 去聲이다. 뒤에도 같다.

⑤ 欲使見前言往行 : 行, 去聲.
行(행실)은 去聲이다.

⑥ 觀夫 : 夫, 音扶. 後同.
夫(대저)는 음이 扶이다. 뒤에도 같다.

⑦ 自軒分二十五子 : 國語 "黃帝之子二十五子, 其同姓者二人, 靑陽與夷鼓是也. 其同生而異姓者十四人, 別爲十二姓, 姬酉祁己滕箴任荀僖姞儇依, 是也."
≪國語≫ 〈晉語4〉에 "黃帝의 아들은 25명인데, 姓이 같은 사람이 두 명이니, 靑陽과 夷鼓가 이들이다. 함께 태어났으나 姓이 다른 사람이 14명으로, 12개의 다른 姓이 되었는데, 바로 姬·酉·祁·己·滕·箴·任·荀·僖·姞·儇·依이다."라고 하였다.

⑧ 舜擧一十六族 : 卽八元八凱, 見擇官篇註.
바로 八元八凱이니, 〈擇官〉편의 註에 보인다.

⑨ 或設醴以求賢 : 漢楚元王敬禮申公等, 穆生不嗜酒, 元王每置酒, 嘗爲穆生設醴.
漢나라의 楚 元王이 申公 등을 공경하여 예우하였는데, 穆生이 술을 좋아하지 않자 元王이 늘 술자리를 베풀 때면 穆生을 위해서는 단술을 마련하였다.

이며, 많은 무리는 나라의 담이며, 큰 제후국은 나라의 병풍이며, 大宗은 나라의 기둥이다.〔价人維藩 大師維垣 大邦維屛 大宗維翰〕"라고 하였다.

21) 善不積……不足以滅身 : ≪周易≫ 〈繫辭 下〉 5章에 보인다.

22) 禍福無門……惟人所召 : ≪春秋左氏傳≫ 襄公 23년의 "禍福無門 惟人所召"에서 유래한 것이다.

23) 見善思齊 : ≪論語≫ 〈里仁〉의 "어진 이를 보고 같아지기를 생각한다.〔見賢思齊〕"에서 유래한 것이다.

⑩ 或吐飧而接士：周公戒伯禽曰 "我於天下亦不賤矣, 然我一沐三握髮, 一飯三吐哺, 猶恐失天下之賢人. 子之魯, 愼無以國驕人."[24)]

周公이 伯禽에게 경계하기를 "나는 천하에서 결코 비천하지 않은 사람이다. 나는 한 번 머리를 감을 때 세 번이나 머리를 움켜쥐었고, 한 번 밥을 먹을 때 세 번이나 입에 든 밥을 뱉고 나아가 선비를 접대하면서도 오히려 천하의 현인을 잃을까 염려했었다. 너는 魯나라에 가면 삼가서 다른 사람들에게 교만해서는 안 된다."라고 하였다.

⑪ 故甘忠言之逆耳：家語曰 "忠言逆耳利於行."

≪家語≫ 〈六藝〉에 "충성스러운 말은 귀에는 거슬리지만 행동에는 이롭다."라고 하였다.

⑫ 得百姓之懽心：孝經曰 "治國者, 不敢侮於鰥寡, 故得百姓之懽心."

≪孝經≫ 〈孝治章〉에 "나라를 다스리는 자는 감히 홀아비나 과부를 업신여기지 않았다. 그러므로 백성의 환심을 얻었다."라고 하였다.

⑬ 豈知稼穡之艱難：周書曰 "相小人, 厥父母勤勞稼穡, 厥子乃不知稼穡之艱難."

≪書經≫ 〈周書 無逸〉에 "소인들을 살펴보면 부모는 부지런히 농사를 짓는데 자식은 농사의 어려움을 모른다."라고 하였다.

⑭ 昵近小人：昵, 與暱同.

昵은 暱과 같다.

⑮ 遂有無厭之望：厭, 平聲.

厭(만족하다)은 平聲이다.

⑯ 蹈姦宄之迷塗：宄, 音鬼. 書曰 "寇賊姦宄", 注 "在外曰姦, 在內曰宄."

宄(어지럽히다)는 음이 鬼이다. ≪書經≫ 〈虞書 舜典〉에 "약탈하고 죽이며, 밖을 어지럽히고 안을 어지럽힌다."라고 하였는데, 그 注에 "밖에 있는 것을 姦이라 하고, 안에 있는 것을 宄라 한다."라고 하였다.

⑰ 愎諫違卜：愎, 音僻.

愎(어긋나다)은 음이 僻이다.

⑱ 雖梁孝齊冏之勳庸：梁孝, 名武, 漢文帝子也. 封梁王. 七國反, 先擊梁, 殺虜有功, 謚曰孝. 齊冏, 姓司馬, 名冏, 晉齊王攸子也. 爲大司馬, 封齊王, 以功遷游擊將軍.

梁孝는 이름이 武이니, 漢 文帝의 아들로, 梁王에 봉해졌다. 七國이 반란을 일으켰을 때, 먼저 梁을 공격하여 죽이고 사로잡는 데 공이 있었다. 시호는 孝이다. 齊王 冏은 성이 司馬이고, 이름이 冏이니, 晉齊王 攸의 아들이다. 大司馬가 되었고, 齊王에 봉해졌으며, 공을 세워 游擊將軍으로 승진하였다.

⑲ 淮南東阿之才俊：淮南, 名安, 漢武帝諸父也. 封淮南王, 好書鼓瑟, 招賓客, 喜文辭, 後坐反謀, 自殺, 謚曰厲. 東阿, 見定分篇注.

淮南은 이름이 安이며, 漢 武帝의 諸父이다. 淮南王에 봉해졌으며, 책과 거문고 연주를 좋아하여 빈객을 초빙하여 文辭를 즐겼는데, 뒤에 모반에 연좌되어 자살하였다. 시호는 厲

24) 周公戒伯禽曰……愼無以國驕人：≪史記≫ 권33 〈魯周公世家〉에 보인다.

이다. 東阿는 〈定分〉편 주석에 보인다.

⑳ 棄桓文之大功 : 齊桓公, 晉文公, 皆春秋諸侯之伯, 有尊王室匡天下之功.
齊 桓公과 晉 文公은 모두 春秋時代 諸侯 중에 霸者로서 王室을 높이고 천하를 바로잡은 공로가 있었다.

㉑ 就梁董之顯戮 : 梁冀, 漢桓帝時, 爲大將軍, 後爲反謀, 冀與妻皆自殺. 董卓, 漢獻帝時, 自爲太尉相國, 作亂, 被誅, 夷三族.
梁冀는 後漢 桓帝 때에 대장군을 지냈는데, 뒤에 모반이 일어나자 양기와 그 처가 모두 자살하였다. 董卓은 後漢 獻帝 때에 스스로 太尉 相國이 되어 난을 일으켰는데, 자신은 죽임을 당하고 三族이 멸족을 당했다.

㉒ 耀七德以淸六合 : 左傳, 楚子曰 "夫武, 禁暴, 戢兵, 保大, 定功, 安民, 和衆, 豐財者也, 使子孫無忘其章." 註云 "此武王七德之義."
≪春秋左氏傳≫ 宣公 12년에, 楚子가 말하기를 "武는 폭력을 멈추게 하고, 무기를 거두어들이며, 천명을 보전하고, 나라를 구하는 공을 세우고, 백성들을 안정시키고, 諸侯들을 화합하게 하고, 재물을 풍부하게 하는 것이다. 그래서 자손에게 그 공적을 잊지 않도록 하는 것이다."라고 하였는데, 그 註에 "이것이 武王의 七德의 뜻이다."라고 하였다.

㉓ 親睦九族 : 九族, 高祖玄曾之親也.
九族은 高祖와 祖父, 玄孫과 曾孫의 친속이다.

㉔ 念華萼於棠棣 : 棠棣, 詩小雅篇名, 燕兄弟之樂歌也.
棠棣는 ≪詩經≫ 〈小雅〉의 편명이니, 형제를 연향하는 樂歌이다.

㉕ 聞惡能改 : 能, 一作知.
能은 어떤 본에는 知로 되어 있다.

貞觀 7년(633)에 太宗이 시중 魏徵에게 말하였다.

"예로부터 諸侯王 중에 스스로를 보전한 자가 극히 드물었으니, 모두가 부귀하게 자라 교만하고 방자한 것을 좋아하여 대부분 군자를 가까이하고 소인을 멀리해야 하는 까닭을 이해하지 못했기 때문이오. 짐은 자식들에게 예전 사람들의 훌륭한 언행을 알게 하여 자신들의 규범으로 삼기를 바라오."

그리하여 위징에게 명하여, 옛날 제왕 자제들의 성공과 실패에 관한 사례를 기록하게 하여 ≪自古諸侯王善惡錄≫이라 이름하고 여러 왕에게 나누어주었다.

그 서문에 다음과 같이 말하였다.

"살펴보니 時運에 응하여 天命을 받아 천하를 통치할 적에 모두 친족을 제후로 봉하여 왕실의 울타리로 삼았으니, 이는 전적에 기록되어 있어 말을 할 수가 있습니다. 皇帝 軒轅氏가 땅을 나누어 25명의 아들에게 나누어주고, 舜임금이 16명의 친족을 등용함으로부터 周나라와 漢나라를 거쳐 陳나라와 隋나라에 이르기까지 山河를 나누어 크게 제후를 봉한 경우가 많았습니다. 어떤 이들은 왕실을 잘 보전하여 時流에 따라 융성하거나 쇠락하였으며, 어떤 이들은 영토를 잃고 홀연히 멸망하여 제사를 잇지 못한 경우도 있습니다. 그러나 그들의 흥망성쇠를 살펴보면 공을 이루어 이름을 세운 것은 모두가 처음 봉함을 받은 군주에 의지하고, 나라를 멸망시키고 자신까지 망친 것은 대부분 보위를 물려받은 군왕들에게서 비롯되었으니, 그 까닭이 무엇이겠습니까.

처음 봉함을 받은 군주는 초창기의 혼란을 만나 왕업의 어려움을 보아서 부형의 근심과 근면을 잘 압니다. 그래서 높은 자리에 있으면서도 교만하지 않고 밤낮으로 게으르지 않아 楚나라 元王처럼 단술을 준비하여 현인을 구한 사람도 있고, 周公 旦처럼 입 안의 음식을 뱉어내고 손님을 맞이한 사람도 있습니다. 그러므로 귀에 거슬리는 忠言도 달게 여기고 백성의 환심을 얻어, 생전에는 지극한 덕을 세우고 죽은 후에도 남은 仁愛를 전하는 것입니다.

그러나 자손이 임금의 지위를 계승함에 미쳐서는 대부분 태평한 시대를 만나고 구중궁궐에서 태어나 부인의 손에서 자랐기에 지위가 높고 위태로운 것으로 근심하며 두려워하지 않으니, 어찌 경작과 수확의 어려움을 알겠습니까. 소인을 가까이하고, 군자를 소원하게 대하며, 모략이 많은 영리한 부인과 친하게 지내고, 밝은 덕성을 갖춘 사람들에게는 오만하게 굴어 禮義를 거스르고, 酒色에 빠져 법도가 없어 규율을 지키지 않고 신분을 넘는 행동을 일삼았습니다. 일시적인 권력과 총애를 믿고서 嫡子와 대등해지려는 마음을 품기도 하고, 한 가지 작은 공로를 자랑하여 마침내 만족함이 없는 야망을 지녀 忠貞의 바른 길을 버리고 간악한 혼미의 길로 들어서기도 하여, 간언을 거스르고 점괘를 어겨서 한번 가서는 돌아오지 않았습니다.

비록 梁孝王이나 齊王 冏의 勳功과 淮南王이나 東阿王의 뛰어난 재주를 지닌 자라 하더라도 하늘로 날아오를 수 있는 날개가 꺾이며, 바퀴자국에 고인 물속의 물고기 신세가 되고, 齊 桓公이나 晉 文公의 큰 공을 버려 梁冀나 董卓처럼 죽임을 당하니, 후세에 밝은 경계로 남는 것을 애석해하지 않을 수 있겠습니까.

폐하께서는 聖哲의 자질로 기울어가는 위급한 세상의 운수를 구제하였고, 七德을 발휘하여 六合(天下)을 깨끗이 하였으며, 萬國을 통합하여 百靈(百神)을 제사하였으며, 사방의 오랑캐를 회유하고 九族들과 화목하게 지냈으며, ≪詩經≫ 〈小雅 常棣〉와 같이 형제의 우애를 염두에 두고, ≪詩經≫ 〈大雅 板〉과 같이 宗子가 나라의 城이 되게 하는 데에 뜻을 두셨습니다. 그리하여 마음으로 사랑하여 하루도 생각지 않은 적이 없었기에 신에게 명하여 서적을 살펴 고찰하고 널리 귀감이 될 만한 것을 찾아 자손들에게 남기기를 도모하였습니다.

신이 번번이 어리석은 정성을 다하여 이전 가르침을 고찰해보니, 무릇 왕실의 울타리와 기둥이 되어 나라와 집을 소유한 자가 흥성했던 것은 반드시 선행을 쌓았기 때문이고, 멸망한 것은 모두 악행을 쌓은 데 원인이 있었습니다. 그러므로 선행을 쌓지 않으면 공명을 이룰 수가 없고, 악행을 쌓지 않으면 자신을 망치지 않는다는 사실을 알 수 있습니다. 그렇다면 재앙과 복은 문이 없고 길흉은 자신에게 달려 있는 것이니 오직 사람이 부르는 것입니다. 어찌 헛된 말이겠습니까.

지금 옛날 여러 왕들의 행실의 득실을 기록하여 선악을 구분하고 각 한 편씩 만들어 명칭을 ≪諸王善惡錄≫이라고 하여, 선을 보고는 그와 같이 되기를 생각하여 영원히 명성을 떨치게 하고, 악을 듣고는 고쳐서 큰 과오를 면하게 되기를 바라니, 선을 따르면 명예가 있고, 과오를 고치면 허물이 없을 것입니다. 국가의 흥망이 여기에 달려 있으니, 힘쓰지 않을 수 있겠습니까."

태종이 이를 보고는 좋다고 칭찬하고 제왕들에게 말하였다.

"이 서책을 항상 좌석 오른편에 두고, 입신의 근본으로 삼으라."

【集論】

愚按 人性皆善也니 而惡則豈人之性哉리오 習於善則善하고 習於惡則惡耳니 況太子諸王乎아 嘗觀漢諸侯王컨대 恪謹以守國者何少며 放逸以失國者何多오 今太宗命集往古之事하여 爲諸侯王善惡錄하여 使知善之足以成名하고 惡之足以滅身하니 昭然可鑑矣라 然唐室興王之初에 其諸王如道宗道玄孝恭道彦은 皆相與艱難하고 共成大勳하여 賢德著聞하니 此善之可稱者也어늘 暨有天下之後에 諸王皆身享富貴福澤하여 順境而喪德者가 何多耶오

蓋太宗家廷之內에 恩常揜義하여 訓敎之言雖切이나 佩服之心蓋寡하니 毋乃居移氣養移體[25)]하여 有以汨其本然之善乎아 豈人性之惡哉아

내가 살펴보건대, 사람의 본성은 모두 선하니, 악이 어찌 사람의 본성이겠는가. 선에 익숙하면 선해지고, 악에 익숙하면 악해질 뿐이니, 하물며 太子와 諸王들은 말할 것이 있겠는가. 일찍이 漢나라의 諸侯王을 살펴보건대 삼가서 나라를 지킨 이들이 어찌 그리 적으며, 방탕을 일삼아 나라를 잃은 이들이 어찌 그리 많은가. 지금 태종이 명하여 옛날의 일을 모아 ≪諸侯王善惡錄≫을 만들도록 하여, 선이 공명을 이룰 수 있고 악이 몸을 망칠 수 있다는 점을 알게 하였으니, 분명하여 거울로 삼을 만하다.

그러나 당나라 왕실의 왕업이 흥성하는 초기에 李道宗·李道玄·李孝恭·李道彦 등의 諸王들이 모두 서로 고난을 겪으며 함께 큰 공훈을 이루어 賢德이 크게 이름났으니, 이는 칭송할 만한 善을 지닌 자들인데, 천하를 소유하고 난 뒤에는 諸王들이 모두 몸소 부귀와 복택을 누리며 順境에 처했는데 덕을 잃은 자가 어찌 그리도 많은가. 이는 태종이 가정 안에서 은혜가 항상 義를 가려서 훈계하고 가르치는 말이 비록 간절하였으나 승복하는 마음이 적었던 것이니, 거처에 따라 기질이 바뀌고, 봉양에 따라 몸이 바뀌어 본연의 善을 어지럽힌 것이 아니겠는가. 어찌 人性이 악해서 그런 것이겠는가.

11-4-1

貞觀十年에 太宗謂荊王元景漢王元昌吳王恪魏王泰等曰 自漢已來로 帝弟帝子受茅土居榮貴者甚衆한대 惟東平及河間王①이 最有令名하여 得保其祿位라 如楚王瑋之徒②는 覆亡非一이니 竝爲生長富貴③하여 好自驕逸所致④라 汝等鑑誡하여 宜熟思之하고 揀擇賢才하여 爲汝師友하노니 須受其諫諍하여 勿得自專하라 我聞以德服物[26)]이라하니 信非虛說이라 比嘗⑤夢中見一人하니 云虞舜이라하여늘 我不覺竦然敬異호니 豈不爲仰其德也아 向若夢見桀紂런들 必應斫之⑥리라 桀紂雖是天子나 今若

---

25) 居移氣養移體 : 환경에 따라 사람의 모습이 바뀌는 것을 말한다. ≪孟子≫ 〈盡心 下〉에 "거처에 따라 기질이 바뀌고 봉양에 따라 몸이 바뀌는 것이니, 중요하도다, 거처하는 환경이여.〔居移氣 養移體 大哉居乎〕"라고 하였다.

26) 以德服物 : ≪孟子≫ 〈公孫丑 上〉의 "덕으로 남을 복종시키는 것은 진심으로 기뻐서 복종하는 것이니 70명의 제자가 공자에게 복종한 것과 같다.〔以德服人者 中心悅而誠服也 如七十子之服孔子也〕"에서 유래한 것이다.

相喚作桀紂면 **人必大怒**요 **顔回閔子騫**⑦**郭林宗黃叔度**⑧는 **雖是布衣**나 **今若相稱贊**하여 **道類此四賢**이라하면 **必當大喜**리라 **故知人之立身**에 **所貴者惟在德行**⑨이니 **何必要論榮貴**리오 **汝等位列藩王**하여 **家食**[27]**實封**하니 **更能克修德行**이면 **豈不具美也**리오 **且君子小人本無常**이라 **行善事**면 **則爲君子**요 **行惡事**면 **則爲小人**이니 **當須自剋勵**하여 **使善事**로 **日聞**하고 **勿縱欲肆情**하여 **自陷刑戮**하라

① 惟東平及河間王：東平王, 名蒼, 漢光武子也. 好經書, 有智思, 文稱典雅, 明帝問“處家何事最樂.” 王曰“爲善最樂.” 謚曰憲. 河間王, 名德, 漢景帝子也. 博學有德, 武帝時奏對, 推道術而言, 得事之中, 謚曰獻.
東平王은 이름이 蒼이니, 漢 光武帝의 아들이다. 經書를 좋아하고 지혜가 있었으며, 문장이 典雅하다고 일컬어졌는데, 明帝가 “집에 있을 때 무슨 일이 가장 즐거운가?”라고 묻자, 동평왕이 대답하기를 “善을 하는 것이 가장 즐겁습니다.”라고 하였다. 시호는 憲이다. 河間王은 이름이 德이니, 漢 景帝의 아들이다. 박학하고 덕이 있었으며, 武帝 때에 奏對를 하면서 道術을 미루어 말을 하였는데, 일의 실상에 들어맞았다. 시호는 獻이다.

② 如楚王瑋之徒：瑋, 音葦. 楚王瑋, 晉武帝第五子也. 元康中掌兵權, 剛狠好殺, 因矯詔殺太宰汝南王亮太保衛瓘, 賈后遂執瑋, 下廷尉斬之, 謚曰隱.
瑋는 音이 葦이다. 楚王 司馬瑋는 晉 武帝의 다섯째 아들이다. 元康(晉 惠帝 연호) 연간에 兵權을 잡아 강퍅하여 죽이기를 좋아하고 이어서 조서를 위조하여 太宰 汝南王 司馬亮, 太保 衛瓘을 죽였다. 賈后가 마침내 사마장을 잡아 廷尉(법관)에게 회부하여 참수하였다. 시호는 隱이다.

③ 竝爲生長富貴：爲, 去聲. 後同.
爲(때문에)는 去聲이다. 뒤에도 같다.

④ 好自驕逸所致：好, 去聲.
好(좋아하다)는 去聲이다.

⑤ 比嘗：比, 音鼻.
比(근래)는 음이 鼻이다.

⑥ 必應斫之：應, 平聲.
應(응당)은 平聲이다.

⑦ 顔回閔子騫：顔回, 字子淵, 閔損, 字子騫, 皆孔子弟子, 以德行稱.
顔回는 字가 子淵이며, 閔損은 字가 子騫으로, 모두 孔子의 제자이며, 덕행으로 칭송되었다.

⑧ 郭林宗黃叔度：二人皆後漢時高尙之士. 郭林宗, 名泰, 太原人也. 范滂稱之曰“隱不違親, 身不絶俗, 天子不得臣, 諸侯不得友.” 黃叔度, 名憲, 汝南人也. 郭林宗稱之曰“汪汪若千頃陂,

27) 家食：자기 집에서 밥을 먹는다는 뜻으로, 녹봉을 받지 않고 봉토의 조세로 살아가는 것을 말한다. ≪周易≫ 大畜卦의 “집에서 먹지 않게 되면 길하다.〔不家食吉〕”에서 유래한 것이다.

澄之不淸, 淆之不濁, 不可量也."
두 사람은 모두 後漢 때의 고상한 선비이다. 郭林宗은 이름이 泰로 太原 사람이다. 范滂이 그를 칭송하기를 "세상을 피해 숨어도 어버이의 뜻을 어기지 않고, 몸은 속세와 단절하지 않으며, 천자도 신하로 삼을 수 없고, 제후도 벗으로 삼을 수 없다."라고 하였다. 黃叔度는 이름이 憲으로 汝南 사람이다. 郭林宗이 그를 칭송하기를 "마음은 넓기가 천 이랑이나 되는 방죽과 같으니, 맑게 해도 맑아지지 않고 흐리게 해도 흐려지지 않아 측량할 수가 없다."라고 하였다.

⑨ 所貴者惟在德行 : 行, 去聲. 後德行同.
行(행실)은 去聲이다. 뒤의 德行도 같다.

貞觀 10년(636)에 太宗이 荊王 李元景, 漢王 李元昌, 吳王 李恪, 魏王 李泰 등에게 말하였다.

"漢나라 이후로 황제의 형제나 아들들은 제후로 봉해져 부귀영화를 누린 자들이 많았는데, 오직 東平王과 河間王만이 가장 훌륭한 명성을 남기고, 그 복록과 작위를 보존하였다. 楚王 司馬瑋의 무리와 같이 멸망에 이른 자가 비일비재하였으니, 모두가 부귀하게 태어나 성장하여 스스로 교만을 좋아한 탓이다. 너희들은 이를 귀감으로 삼아 깊이 생각해야 할 것이다. 현명하고 재능 있는 자를 간택하여 너희들의 師友로 삼으니, 반드시 그들의 간쟁을 받아들여 전횡하는 일이 없도록 하라.

내가 듣기로 덕으로 사람을 복종시킨다고 하였으니, 이는 참으로 빈말이 아니다. 근래에 일찍이 꿈속에서 虞舜이라 말하는 사람을 보았는데, 나도 모르게 황송하여 경이롭게 여겼으니, 어찌 그 덕을 흠모해서 그런 것이 아니겠는가. 만일 꿈속에서 桀·紂를 보았다면 반드시 베어 죽였을 것이다. 桀·紂는 비록 천자이기는 하였으나, 지금 만일 桀·紂로 불린다면 사람들은 반드시 크게 화를 낼 것이다. 顔回·閔子騫·郭林宗·黃叔度는 비록 일반 백성들이었지만 지금 만약 서로 칭찬하여 이 네 사람의 현인과 같다고 한다면 반드시 크게 기뻐할 것이다. 그러므로 사람이 입신하는 데에 귀한 것은 덕행에 있다는 것을 알 수 있으니, 어찌 부귀영달을 논할 필요가 있겠는가.

너희들은 藩王의 지위에 있으면서 실제 봉분 받은 토지의 조세를 먹고 살아가니, 다시 덕행을 잘 닦는다면 어찌 훌륭하게 되지 않겠느냐. 또 군자와 소인은 본래 일정하게 정해진 것이 아니니, 선한 일을 하면 군자가 되고, 악한 일을 하면 소인이 되는 것이다. 마땅히 자신의 사욕을 극복하고 면려하여 좋은 일을 한다는 말이 날마다 들리게 하고 욕망과 감정에 휘둘려 형벌을 받는 일이 없도록 하라."

11-5-1

貞觀十年에 **太宗謂房玄齡曰 朕歷觀前代**하니 **撥亂創業之主**는 **生長人間**[10]하여 **皆識達情僞**라 **罕至於敗亡**하고 **逮乎繼世守文之君**은 **生而富貴**하여 **不知疾苦**라 **動至夷滅**하니 **朕少小以來**[11]로 **經營多難**하여 **備知天下之事**하되 **猶恐有所不逮**어늘 **至於荊王諸弟**는 **生自深宮**하여 **識不及遠**하니 **安能念此哉**아 **朕每一食**에 **便念稼穡之艱難**하고 **每一衣**에 **則思紡績之辛苦**하노니 **諸弟何能學朕乎**리오 **選良佐**하여 **以爲藩弼**하노니 **庶其習近善人**하여 **得免於愆過爾**니라

⑩ 生長人間：長, 音掌.
長(자라나다)은 음이 掌이다.

⑪ 朕少小以來：少, 去聲.
少(어리다)는 去聲이다.

貞觀 10년, 太宗이 房玄齡에게 말하였다.

"짐이 전대의 역사를 일일이 살펴보니 난세를 평정하고 창업을 이룬 군주는 민간에서 태어나 자라서 모두 그 물정의 眞僞를 알았기 때문에 패망에 이르는 일이 드물었고, 후에 제위를 이어 법도를 지켜나가는 군주는 부귀하게 태어나 고난을 알지 못하였기 때문에 걸핏하면 멸족에 이르렀소.

짐은 젊어서부터 많은 어려움을 겪어 천하의 일을 잘 알고 있지만 오히려 미치지 못함이 있을까 두려워하는데, 荊王(당 고조의 여섯 번째 아들 李元景) 등 여러 형제들은 깊은 궁궐에서 태어나 식견이 멀리까지 미치지 못하니, 어찌 이를 생각할 수 있겠소. 짐은 식사를 할 때마다 경작과 수확의 어려움을 생각하고, 옷을 입을 때마다 길쌈하는 고통을 생각하니, 여러 아우들이 어찌 짐을 배울 수 있겠소. 그래서 어진 보좌를 선발하여 藩王의 보필로 삼으려고 하니, 그들이 선한 사람을 가까이하여 과오를 면하기를 바라오."

11-6-1

貞觀十一年에 **太宗謂吳王恪曰 父之愛子**는 **人之常情**이니 **非待教訓而知也**라 **子能忠孝則善矣**어니와 **若不遵誨誘**하고 **忘棄禮法**하면 **必自致刑戮**이니 **父雖愛之**나 **將如之何**오 **昔漢武帝旣崩**에 **昭帝嗣立**하니 **燕王旦素驕縱**하여 **譸張不服**⑫이라 **霍光遣一折簡誅之**하니 **則身死國除**⑬하니 **夫爲臣子**⑭는 **不得不愼**이니라

⑫ 譸張不服 : 譸, 音舟. 譸, 張狂貌.
譸(방종하다)는 음이 舟이니, 譸는 제멋대로 날뛰는 모습이다.

⑬ 則身死國除 : 漢武帝, 名徹. 旣崩, 少子弗陵立, 是爲昭帝. 燕王名旦, 武帝第三子也. 霍光爲大將軍, 輔昭帝, 燕王與上官桀等潛謀不軌, 事敗, 桀等伏誅, 乃賜燕璽書責之, 旦以綬自絞, 賜諡曰剌.
漢 武帝는 이름이 徹이다. 세상을 떠난 뒤 少子인 弗陵이 제위에 오르니, 바로 昭帝이다. 燕王은 이름이 旦으로, 武帝의 셋째 아들이다. 霍光이 대장군이 되어 昭帝를 보좌하였는데, 燕王이 上官桀 등과 몰래 반역을 꾀하다가 일이 실패로 돌아가니 상관걸 등은 죽임을 당하였고, 곧 연왕에게 조서를 내려 질책하자, 劉旦은 인끈을 가지고 스스로 목을 매었다. 뒤에 剌라는 시호가 내려졌다.

⑭ 夫爲臣子 : 夫, 音扶.
夫(발어사)는 음이 扶이다.

貞觀 11년(637), 太宗이 吳王 李恪에게 말하였다.

"아비가 자식을 사랑하는 것은 인지상정이니, 가르침을 받은 뒤에 아는 것이 아니다. 자식이 충성하고 효도하면 좋겠지만, 만일 가르침을 따르지 않고 예법을 잊고 버린다면 반드시 스스로 형벌을 받게 될 것이다. 아비가 비록 자식을 사랑한들 어찌하겠는가. 옛날에 漢 武帝가 세상을 떠나자 昭帝가 즉위하였는데, 燕王 劉旦이 평소에 교만하고 방종하여 제멋대로 날뛰고 복종하지 않았다. 이에 霍光이 문서(詔書)를 보내어 그를 죽이니, 그 자신은 죽고 封國은 없어졌다. 무릇 신하가 된 사람은 삼가지 않아서는 안 된다."

【集論】

愚按 太宗之教戒諸王也는 其辭旨諄諄矣라 旣以漢河間東平之善하고 楚王瑋之惡以曉之하며 復以虞舜之聖과 桀紂之惡과 與夫漢霍光誅燕王旦之事以曉之라 又謂玄齡選良佐

以爲藩弼하여 使其能佩服하니 斯訓이 何以尙玆오 然愚觀太宗教戒之辭가 誠諄諄이나 毋乃以言教乎아 所與言者는 荊王元景漢王元昌吳王恪魏王泰也어늘 其後荊王與房遺愛同反하고 漢王與承乾同反하며 魏王以謀奪嫡而廢하고 吳王亦以嫌疑爲高宗所殺하여 四人無得令終者하니 豈富貴驕奢有以移其本性邪아 抑太宗教勅之言雖切이나 而表率之道未至耶아

내가 살펴보건대 太宗이 諸王들을 가르치고 경계한 것은 말의 뜻이 간절하고 정성스럽다. 이미 漢나라 東平王과 河間王의 선행을 말하고, 楚王 司馬瑋의 악행으로 깨우쳐주었으며, 다시 虞舜의 훌륭함과 桀・紂의 악행과 漢나라 霍光이 燕王 劉旦을 죽인 일로 깨우쳐주었다. 또 방현령에게 말하여 어진 보좌를 선발하여 藩王들의 보필로 삼아 마음에 새기도록 하였으니, 교훈이 어찌 이보다 더할 것이 있겠는가.

그러나 내가 살펴보니, 태종이 가르치고 경계한 말이 진실로 간절하고 정성스러우나 말로만 가르친 것이 아닌가. 함께 말한 자들은 荊王 李元景, 漢王 李元昌, 吳王 李恪, 魏王 李泰인데, 그 후에 荊王은 房遺愛와 함께 모반을 일으켰고, 漢王은 태자 承乾과 함께 모반을 꾀하였으며, 魏王은 嫡統을 빼앗으려 도모하다가 폐위되었고, 吳王 역시 혐의를 받아 高宗에게 죽임을 당하여 네 사람 가운데 좋게 생을 마감한 자가 없으니, 어쩌면 부귀와 교만과 사치가 그 본성을 바꾸어놓은 것인가. 아니면 태종이 教勅을 내려 한 말이 비록 간절하였으나 인도하는 방법이 지극하지 못해서인가.

11-7-1

貞觀中에 皇子年小者를 多授以都督刺史하니 諫議大夫褚遂良이 上疏諫曰 昔兩漢以郡國理人하니 除郡以外에 分立諸子하여 割土封疆하여 雜用周制러니 皇唐[28]郡縣은 粗依秦法①하되 皇子幼年에 或授刺史하니 陛下豈不以王之骨肉②으로 鎭扞四方이리오 聖人造制가 道高前古하되 臣愚見有小未盡하니 何者오 刺史는 師帥(수)[29]니 人仰以安이라 得一善人하면 部內蘇息하고 遇一不善人하면 闔州勞弊일새 是以人君愛恤百姓하여 常爲擇賢③이라 或稱河潤九里하여 京師蒙福④하고 或與人興詠[30]하여 生爲立祠⑤하니

28) 皇唐 : 皇은 大의 뜻으로, 皇唐은 곧 大唐이다.

29) 師帥 : 본보기라는 뜻으로, ≪漢書≫ 〈董仲舒傳〉에 "지금의 郡守와 縣令은 백성의 師帥이다.〔今之郡守縣令 民之師帥〕"라고 하였다.

30) 或與人興詠 : 수령의 善政을 백성들이 노래한 일로, 後漢의 張堪과 廉范의 고사를 말한다. ≪後漢書≫ 권31 〈張堪列傳〉에 장감이 漁陽太守가 되어 전답을 개간하고 백성들에게 농사짓도록 하자, 백성들이 칭송하여 "뽕나무에 곁가지가 없고, 보리 이삭은 두 갈래가 나왔네.

漢宣帝⑥云 與我共理者는 惟良二千石乎[31)]인저하니 如臣愚見은 陛下子內에 年齒尙幼하여 未堪臨人者는 請且留京師하여 敎以經學하니 一則畏天之威하여 不敢犯禁하고 二則觀見朝儀하여 自然成立이니 因此積習하여 自知爲人하여 審堪臨州하고 然後遣出하소서 臣謹按漢明章和三帝⑦는 能友愛子弟하니 自玆以降으로 以爲準的하여 封立諸王에 雖各有土나 年尙幼小者는 各留京師하여 訓以禮法하고 垂以恩惠하여 訖三帝世하니 諸王數十百人에 惟二王稍惡⑧하고 自餘皆沖和深粹라 惟陛下詳察하소서 太宗嘉納其言하다

① 粗依秦法：粗, 去聲.
粗(대략)는 去聲이다.

② 陛下豈不以王之骨肉：王, 去聲.
王(왕에 봉하다)은 去聲이다.

③ 常爲擇賢：爲, 去聲. 後爲立同.
爲(위하다)는 去聲이다. 뒤의 爲立도 같다.

④ 京師蒙福：漢光武時, 潁川盜起, 徵拜漁陽太守郭伋爲潁川太守, 召見, 帝勞曰 "賢能太守去帝城不遠, 河潤九里[32)], 冀京師幷蒙福也." 伋到郡, 招懷, 群盜皆降.[33)]
漢 光武帝 때에 潁川에서 도적이 일어나자, 漁陽太守 郭伋을 불러다 潁川太守에 임명하고는 만나볼 적에 광무제가 위로하면서 "어진 태수가 帝城에서 멀지 않은 곳으로 가니, 河水가 연안 9리의 땅을 적셔주듯이 京師가 함께 복을 입기 바란다."라고 하였다. 곽급이 군에 이르러 회유하자, 도적의 무리들이 모두 항복하였다.

⑤ 生爲立祠：漢明帝時, 王堂拜巴州太守, 時西羌爲寇, 堂討平之, 巴庸淸靜, 生爲立祠.
漢 明帝 때에 王堂이 巴州太守에 임명되었는데, 당시에 西羌이 침입하자 왕당이 그들을 평정하여 巴州와 鄘縣이 안정되니, 生祠堂을 세워주었다.

張君이 정무를 보니, 즐거움을 견디지 못하겠네.〔桑無附枝 麥穗兩歧 張君爲政 樂不可支〕"라고 노래한 내용이 나온다. 그리고 ≪後漢書≫ 권31 〈廉范列傳〉에 염범이 蜀郡太守로 부임하였는데 그에 앞서 그 고을에 禁火令으로 밤에 불을 쓰지 못하였다. 염범이 防火水를 준비하게 하고 불을 밝혀 부녀자에게 길쌈을 하게 하자, 백성들이 "廉叔度(叔度는 염범의 자)여, 어찌 그리 늦게 왔던가. 불을 금하지 않으니 백성들이 편안하게 일하네. 평소에 저고리가 없더니, 지금은 바지가 다섯일세.〔廉叔度來何暮 不禁火民安作 平生無襦今五袴〕"라고 노래한 일이 보인다.

31) 與我共理者 惟良二千石乎：≪後漢書≫ 〈左雄傳〉의 "與我共此者 其唯良二千石乎"에서 유래한 것이다.

32) 河潤九里：≪莊子≫ 〈列御寇〉의 "황하의 물이 연안 9리의 땅을 적셔주듯이 은택이 삼족에게까지 미친다.〔河潤九里 澤及三族〕"에서 유래한 것이다.

33) 漢光武時……群盜皆降：≪後漢書≫ 권61 〈郭伋傳〉에 보인다.

⑥ 漢宣帝 : 名詢, 武帝曾孫, 衛太子之孫也.
漢 宣帝는 이름이 詢이고, 武帝의 曾孫이며 衛太子의 손자이다.

⑦ 臣謹按漢明章和三帝 : 後漢明帝, 名莊, 章帝, 名炟, 和帝, 名肇.
後漢 明帝는 이름이 莊이고, 章帝는 이름이 炟이며, 和帝는 이름이 肇이다.

⑧ 惟二王稍惡 : 二王謂楚王英廣陵思王荊也, 皆以謀逆, 自殺.
二王은 楚王 英과 廣陵思王 荊을 말하니, 모두 모반을 꾀하다가 자살하였다.

貞觀 연간에 나이 어린 皇子들을 대부분 都督과 刺史에 제수하니, 간의대부 褚遂良이 상소를 올려 간언하였다.

"옛날 兩漢時代에는 郡國制로 백성들을 다스렸으니, 郡을 제외한 곳에 여러 황자들을 나누어 세워 땅을 분할하여 봉해주어 周나라 때의 제도를 섞어 썼습니다. 그런데 당나라의 郡縣制는 대략 秦나라 때의 법에 근거하기는 하였으나 황자의 나이가 어릴 때 혹 刺史의 관직을 주기도 하니, 폐하께서 어찌 왕에 봉한 골육지친으로 사방을 지키지 못하겠습니까.

성인이 제도를 만든 것이 그 道가 이전 시대보다 높기는 하나 어리석은 신의 견해로는 다소 미진한 부분이 있다고 생각됩니다. 왜냐하면 자사는 본보기이니 백성들이 그에 의지하여 편안히 생활합니다. 한 명의 훌륭한 자사를 얻으면 境內의 백성들이 소생하게 되고, 한 명의 훌륭하지 못한 자사를 만나면 州 전체가 고생을 하고 피폐해집니다. 이 때문에 군주가 백성들을 아끼고 불쌍히 여겨 언제나 훌륭한 자사를 선발합니다. 어떤 이는 '河水가 9里까지 윤택하게 되어 京師도 복을 받는다.'는 칭찬이 있고, 어떤 이는 백성들에게 치적을 노래하게 하고, 生祠堂을 세우게 하기도 합니다. 漢 宣帝는 '나와 함께 나라를 다스리는 사람은 오직 선량한 二千石(太守)뿐이다.'라고 하였습니다.

신의 어리석은 생각으로는 폐하의 아들 중에 나이가 아직 어려 백성을 다스릴 만한 인물이 못 되는 자는 우선 京師에 머물게 하여 經學을 가르치기를 청합니다. 첫째, 그들이 성상의 위엄을 두려워하여 감히 禁令을 어기지 못할 것이고, 둘째, 조정의 儀禮를 보아서 자연스럽게 이루는 바가 있을 것이니, 이를 통해 학습이 쌓여 백성을 다스리는 방법을 알아 그들이 州를 다스릴 수 있는지를 살핀 뒤에 파견하여 지방으로 내보내십시오.

신이 삼가 살펴보건대, 漢나라의 明帝·章帝·和帝 세 황제는 자제들간에 우애가 깊었습니다. 이 이후로는 일정한 준칙을 만들어 諸王으로 봉해져 각기 영토를 소유했지만, 나이가 아직 어린 경우에는 京師에 머물도록 하여 예법을 가르치고 은혜를 내려 세 명의 황제 시대가 다 갈 때까지 이르렀습니다. 그리하여 諸王이 수십 명에서 백 명에까지 이르렀지만, 오직 楚王과 廣陵思王 두 사람만이 조금 행실이 좋지 않았고, 그 나머지는 모두 품성이 온화하였으며 깊이가 있고 순수하였습니다. 바라건대 폐하께서는 자세히 살펴주소서."

태종은 그의 의견을 기꺼이 받아들였다.

【集論】

唐氏仲友曰 遂良之諫이 切中太宗之病이라 太宗十八擧義兵하여 以己揆人하니 不間幼小나 曾不知人才不同하여 未知稼穡之艱難이어늘 乃使之臨民하니 何止未能操刀而使割也아 況膏粱之性難正은 古人病之어늘 而況於帝子乎아 遂良欲養成德器하여 審堪臨州하고 然後除遣하니 眞良策也라 然帝子之重으로 土地不足藩維磐石之宗하니 使臨一州런들 亦何益哉아 賢乎適足以勞之하고 不賢適足以累之而已라 惜哉로다 唐之君臣이 其見之未及此也여

唐仲友가 말하였다.

"褚遂良의 간언은 太宗의 병통을 절실하게 지적하였다. 태종이 열여덟 살에 義兵을 일으켜 자신을 기준으로 남을 헤아렸으니, 그의 젊은 시절에 대해서는 흠을 잡을 일이 없지만, 인재가 동일하지 않다는 사실을 몰라 諸王들이 아직 농사의 어려움을 모르는데도 백성들을 다스리게 하였으니, 어찌 다만 칼을 잡을 줄도 모르는데 베라고 시키는 정도일 뿐이겠는가. 더군다나 고량진미를 먹으며 귀하게 자라서 고생을 모르는 사람의 성품을 바로잡기 어려운 것은 옛날 사람들이 병통으로 여겼는데, 하물며 皇子의 경우에야 말할 것이 있겠는가.

저수량은 황자들이 度量과 才器를 길러 州를 다스릴 수 있는지를 살핀 이후에 제수하여 파견하기를 바랐으니, 진실로 좋은 계책이다. 그러나 황자의 중한 지위로 볼 때 토지는 울타리나 磐石과 같은 宗國이 되기에는 부족하니, 한 州를 다스리게 한들 또한 무슨 도움이 있겠는가. 훌륭한 사람은 수고로울 뿐이고, 그렇지 못한 사람은 누만 끼칠 뿐이다. 당나라의 君臣들이 그 견해가 여기에까지 이르지 못한 것이 안타깝도다."

愚按 昔封建之世에 固有年幼而胙土者는 何則고 一國而有卿大夫士하여 上焉者命於天子하고 下焉者命於其國하니 國君之齒少면 則正卿當國하여 法制秩然이라 成王封小弱弟於唐[34)]이어늘 其後卒開大國之迹하니 此封建之世之事也라 唐都督刺史가 古方伯諸侯之職이나 而事體不同하니 非如建國之有卿大夫士하여 以相參佐也요 而使皇子之年小者居之하여 非懦弱不自樹立이면 則驕泰以取敗耳니 非司牧之道也라 遂良之疏가 誠爲龜鑑이라

내가 살펴보건대, 옛날 封建制 시대에 진실로 나이가 어린데도 토지를 봉해주었던 것은 어째서인가. 一國에는 卿·大夫·士가 있어 윗자리에 있는 사람은 천자에게 명을 받고 아랫자리에 있는 사람은 國君에게 명을 받으니, 國君이 나이가 어린 경우에는 正卿이 國政를 담당하여 법제에 질서가 있었다. 成王이 어린 동생에게 唐을 봉해주었는데, 그 후에 마침내 大國의 자취를 이루게 되었으니, 이것이 封建制 시대의 일이다.

唐나라의 都督과 刺史가 옛날 方伯과 諸侯의 직책에 해당하나 일의 체모가 같지 않으니, 제후를 봉하여 나라를 세울 때에 卿·大夫·士를 두어 서로 참여하여 보좌하게 하는 것만 못하고, 皇子 중에 나이가 어린 자에게 맡게 하여, 나약하여 스스로 확립하지 못하는 경우가 아니면 교만하고 사치하여 실패할 뿐이었으니, 司牧(지방 장관)의 도리가 아니다. 저수량의 상소가 진실로 귀감이 된다.

---

34) 成王封小弱弟於唐 : ≪史記≫ 〈鄭世家〉에 "成王이 叔虞(성왕의 아우)를 唐에 봉하였다.〔成王封叔虞于唐〕"라고 하였다.

제12편 規諫太子　太子에게 바르게 간하다

이 편에서는 태자에게 바르게 간하는 것에 대해 논하였다.

李百藥은 〈贊道賦〉를 지어 태자가 지나치게 유희에 탐닉하는 것을 풍간하였고, 于志寧은 ≪諫苑≫을 지어 바르게 구제하는 유익함에 대해 서술하였다. 또한 孔穎達은 ≪孝經義疏≫를 지어 바른 도리로 간언하는 방법을 확충하였고, 于志寧과 張玄素는 太子 李承乾에게 생명의 위협을 받으면서도 충언과 직언으로 諸王을 바로잡으려 노력하였다. 이러한 일화들을 통해 정관의 정치가 태종 한 사람의 힘으로 달성된 것이 아닌, 신하들의 목숨을 건 충언과 제왕을 올바른 길로 인도하고자 했던 노력들이 바탕이 되었음을 확인할 수 있다.

凡四章.

모두 4章이다.

12-1-1

貞觀五年에 **李百藥**이 **爲太子右庶子**러니 **時太子承乾**①이 **頗留意典墳**②이나 **然閑讌之後**에 **嬉戱過度**어늘 **百藥**이 **作贊道賦以諷焉**하니 **其詞**에 **曰 下臣**이 **側聞先聖之格言**하고 **嘗覽載籍之遺則**호니 **伊天地之玄造**와 **洎皇王之建國**에 **曰人紀與人綱**이 **資立言與立德**[1]하니 **履之則率性成道**[2]하고 **違之則罔念作忒**[3]하여 **望興廢如從鈞**[4]하고 **視吉凶如糾纆**③이니이다 **至乃受圖膺籙**[5]하고 **握鏡**[6]**君臨**하얀 **因萬物之思化**하여 **以百姓**

1) 立言與立德 : ≪春秋左氏傳≫ 襄公 24년에 "가장 좋은 것은 立德이 있고, 그 다음은 立功이 있고, 그 다음은 立言이 있다. 비록 오래되어도 없어지지 않으니, 이를 不朽라고 하는 것이다.〔太上有立德 其次有立功 其次有立言 雖久不廢 此之謂不朽〕"라고 하였다.

2) 率性成道 : ≪中庸≫ 首章의 "하늘이 사람에게 부여한 기품을 性이라 하고 그 본성대로 따라서 행하는 것을 道라 한다.〔天命之謂性 率性之謂道〕"에서 유래한 것이다.

3) 罔念作忒 : ≪書經≫ 〈周書 多方〉의 "성스러운 사람이라도 제대로 생각을 하지 않으면 바보가 되고, 바보라 할지라도 제대로 생각만 하면 성스럽게 될 수 있다.〔惟聖罔念作狂 惟狂克念作聖〕"에서 유래한 것이다.

4) 鈞 : 무게를 측량하는 단위로, 정확함이 저울로 다는 것과 같음을 말한다.

5) 受圖膺籙 : 圖는 河圖, 籙은 符命(하늘이 제왕이 될 인물을 알리는 글)이다. 제왕이 하늘의 뜻을 받들어 제위에 오르는 것이다.

而爲心하고 體大儀[7]之潛運하여 閱往古於來今이니이다 盡爲善於乙夜[8]하고 惜勤勞於寸陰④이라 故能釋層冰於瀚海[9]하고 變寒谷於蹛林⑤하며 總人靈以胥悅하고 極穹壤而懷音[10]이니이다

① 時太子承乾 : 承乾, 字高明, 太宗長子也, 生承乾殿, 卽以命之. 貞觀初, 立爲皇太子, 甫八歲, 特敏惠. 及長, 過惡浸聞, 十七年, 廢爲庶人, 十八年, 卒. 封常山王, 謚曰愍.
承乾은 字가 高明이며 太宗의 장자이다. 承乾殿에서 낳았다 하여 그것으로 이름을 지은 것이다. 貞觀 초기에 황태자가 되었는데, 겨우 8세였으며 매우 영민했다. 그런데 자라면서 과오와 죄악이 점차 알려져서 정관 17년(643)에 폐출돼 庶人이 되고, 18년(644)에 세상을 떠났다. 常山王에 책봉되었으며, 시호를 愍이라 했다.

② 頗留意典墳 : 孔安國曰 "伏羲神農黃帝之書, 謂之三墳, 言大道也. 少昊顓頊高辛唐虞之書, 謂之五典, 言常道也."
孔安國이 말하였다. "伏羲·神農·黃帝의 책을 三墳이라 하니 大道를 말하였다. 少昊·顓頊·高辛·唐·虞의 책을 五典이라 하니 일상의 도리를 말하였다."

③ 視吉凶如糾纆 : 纆, 音墨.
纆(노끈)은 音이 墨이다.

④ 惜勤勞於寸陰 : 淮南子曰 "聖人不貴尺璧, 而重寸之陰, 時難得而易失也."
≪淮南子≫ 〈原道訓〉에서 말하였다. "성인은 한 尺의 璧을 귀하게 여기지 않고 한 寸의 시간을 중시하니 시간은 얻기 어렵고 잃기 쉽기 때문이다."

⑤ 變寒谷於蹛林 : 蹛, 都賴都例二切. 唐之思結地, 置蹛林州. 漢書註云 "蹛林, 匈奴繞林而祭也."[11]
蹛(제사 터)는 都와 賴, 都와 例 두 개의 반절이다. 唐나라 때 思結 부락에 蹛林州를 설치했다. ≪漢書≫ 註에서 다음과 같이 말하였다. "蹛林은 匈奴가 숲으로 둘러싸 제사 지낸 곳이다."

貞觀 5년(631)에 李百藥이 太子 右庶子로 있었는데, 당시 태자 李承乾이 三墳과 五典에 뜻을 두었지만 한적하게 지낼 때 유희를 즐기는 것이 과도하자 이

---

6) 握鏡 : 밝은 거울을 잡는다는 뜻으로, 帝王이 天命을 받아 밝은 道를 품음을 말한다. ≪文選≫ 劉孝標의 〈廣絶交論〉에 "聖人은 金鏡을 쥐었다.〔蓋聖人握金鏡〕"라고 하였다.

7) 大儀 : 太極과 같은 말로, 천지만물을 움직이는 본체이다.

8) 乙夜 : 2更, 밤 9시에서 11시 사이이다.

9) 瀚海 : 翰海로, 고비사막의 옛 이름이다.

10) 懷音 : 懷我好音, 즉 훌륭한 말에 감화됨을 말한다. ≪詩經≫ 〈魯頌 泮水〉에 "나는 저 올빼미가 반궁의 숲에 앉아서, 우리 뽕 열매를 먹고는 우리 좋은 소리에 감화되도다.〔翩彼飛鴞 集于泮林 食我桑葚 懷我好音〕"라고 하였다.

11) 漢書註云……匈奴繞林而祭也 : ≪漢書≫ 〈匈奴傳〉 顔師古의 주석에 본 내용이 보인다.

백약이 〈贊道賦〉를 지어 풍간했으니 그 내용은 다음과 같다.

"신이 先聖의 바른말을 살며시 듣고 지난 典籍에 들어 있는 법칙을 일찍이 열람하니, 하늘과 땅이 창조되고 제왕이 국가를 건설할 때 인간의 紀와 綱이 임금이 세운 말과 확립한 덕에 힘입었으니, 이를 실천하면 本性대로 실천하여 道를 완성하고, 이를 어기면 생각하지 않아 사특한 일을 하여 그 흥성과 폐망이 마치 저울 무게처럼 정확함을 보게 되고, 吉과 凶이 먹줄과 똑같음을 보게 됩니다. 圖를 받고 籙에 부응하여, 거울을 잡고 임금으로 임하게 되어서는 만물의 변화에 따라 백성으로 마음을 삼고, 大儀의 조용한 움직임을 체득하여 지나간 과거를 현재에서 들여다보았습니다. 한밤에 선을 행할 것을 극진히 헤아리고, 寸陰의 시간을 아끼며 열심히 노력했습니다. 그래서 瀚海에서 쌓인 얼음들을 녹이고, 蹛林에서 추운 골짜기를 변화시켰으며, 온갖 신령과 백성들이 서로 기뻐하고, 온 누리가 그 말씀에 교화를 받았습니다.

12-1-2

赫矣聖唐이며 **大哉靈命**이여 **時維大**(태)**始**⑥에 **運鍾上聖**하시고 **天縱**[12]**皇儲**하사 **固本居正**하시고 **機悟宏遠**하시며 **神姿凝映**이니이다 **顧三善而必弘**⑦하시고 **祗四德而爲行**⑧하시며 **每趨庭而聞禮**⑨하시고 **常問寢而資敬**하시며 **奉聖訓以周旋**하시고 **誕天文之明命**하시며 **邁觀喬而望梓**⑩하시니 **卽元龜**[13]**與明鏡**이니이다 **自大道云革**으로 **禮教斯起**하여 **以正君臣**하고 **以篤父子**하니 **君臣之禮**와 **父子之親**이 **盡情義以兼極**은 **諒弘道之在人**⑪이니이다 **豈夏啓與周誦**[14]이 **亦丹朱與商均**[15]이리잇가 **旣雕且琢**하고 **溫故知新**[16]이니이다 **惟忠與敬**과 **曰孝與仁**은 **則可以下光四海**하고 **上燭三辰**⑫이니이다

⑥ 時維大始：大，讀曰泰.
大는 읽기를 泰(크다)로 한다.

---

12) 天縱：≪論語≫ 〈子罕〉의 "진실로 하늘이 내려보낸 거의 성인이시다.〔固天縱之將聖〕"에서 유래한 것이다.

13) 元龜：점을 칠 때 사용하는 큰 거북으로, 龜鑑의 의미로 활용된다.

14) 夏啓與周誦：啓는 夏나라 禹王의 아들이고, 誦(成王)은 周나라 武王의 아들이다.

15) 丹朱與商均：丹朱는 堯임금의 아들이고, 商均은 舜임금의 아들이다.

16) 溫故知新：≪論語≫ 〈子罕〉에 보인다.

⑦ 顧三善而必弘：見教誡篇註.
〈教誡〉편 주석에 보인다.

⑧ 祗四德而爲行：行, 去聲. 易文言傳曰"君子行此四德者, 故曰元亨利貞."
行(행실)은 去聲이다. ≪周易≫ 〈文言傳〉에 다음과 같이 말하였다. "君子는 이 네 가지의 德을 실행하는 자이므로 元·亨·利·貞이라 한다."

⑨ 每趨庭而聞禮：論語伯魚曰"鯉趨而過庭, 曰'學禮乎.' 曰'未也.' 鯉退而學禮."
≪論語≫ 〈季氏〉에서 다음과 같이 말하였다. "伯魚가 말하였다. '鯉가 종종걸음으로 마당을 지나가자, 말씀하시기를 「예를 배웠느냐?」라고 하여, 「못했습니다.」라고 한 뒤 鯉가 물러나와 예를 배웠다.'"

⑩ 邁觀喬而望梓：商子曰"喬仰, 父道也, 梓俯, 子道也."17)
商子가 말하였다. "喬(橋)나무의 쳐들어 있음은 아버지의 도리이고 梓나무의 굽어 있음은 자식의 도리이다."

⑪ 諒弘道之在人：論語曰"人能弘道也."
≪論語≫ 〈衛靈公〉에서 말하였다. "사람이 능히 道를 넓힐 수 있다."

⑫ 上燭三辰：三辰, 日月星也.
三辰은 해와 달과 별이다.

혁혁한 聖唐, 위대한 靈命이여. 처음 시작을 열 때 하늘의 운수가 上聖(당 태종)에게 모였고 하늘이 저하를 태어나시게 해서, 근본을 공고히 하며 바른 자리에 처하셨고, 기민하면서 영특하고 원대하셨으며, 정신과 자태가 환하게 비췄습니다. 三善을 돌아보며 반드시 넓히셨고, 四德을 받들어 행동에 옮기셨으며, 매번 앞마당을 종종걸음으로 지나며 禮에 관한 이야기를 들으시고, 항상 침소에 문안드리며 존경의 마음을 나타내셨으며, 성인의 가르침을 받들어 두루 실천에 옮기고, 하늘의 밝은 命을 크게 펼치셨으며, 힘차게 喬를 살피고 梓를 바라보셨으니 그것은 바로 元龜와 明鏡이었습니다.

大道가 변화를 보이면서 禮에 대한 가르침이 일어나, 임금과 신하를 바로잡고 아버지와 자식의 관계를 돈독히 했으니, 임금과 신하의 예절과 아버지와 자식의 친함이 情과 義를 포함하여 모두 극에 이르게 할 때 그 도를 넓히는 것은 진정 사람에게 달려 있습니다. 어찌 夏나라의 啓와 周나라의 誦이 또한 丹朱와 商均과 같다고 하겠습니까? 이미 조탁의 연마 과정을 거쳤고, 옛 것을 익혀 새로운 것을 알아내고 있습니다. 忠과 敬, 孝와 仁은 아래로 사해를 비추고 위로

---

17) 商子曰……子道也：≪尙書大傳≫ 〈梓材〉에 "橋者 父道也 梓者 子道也"라는 구절이 보인다.

三辰을 밝히는 것입니다.

12-1-3

昔三王之敎子에 **兼四時以齒學**하고 **將交發於中外**할새 **乃先之以禮樂**[18])이니이다 **樂以移風易俗**[19])하고 **禮以安上化人**이니 **非有悅於鍾鼓**라 **將宣志以和神**이니 **寧有懷於玉帛**이리오 **將克己而庇身**이니이다 **生於深宮之中**하시고 **處於群后之上**⑬하사 **未深思於王業**하시고 **不自珍於匕鬯**⑭[20])이니이다 **謂富貴之自然**하여 **恃崇高以矜尙**하시면 **必恣驕狠**하여 **動愆禮讓**하며 **輕師傅而慢禮儀**하고 **狎姦諂而縱淫放**하여 **前星之耀**가 **遽隱**⑮하고 **少陽之道**가 **斯諒**⑯[21])이니이다 **雖天下之爲家**[22])나 **蹈夷險之非一**하여 **或以才而見升**하고 **或見讒而受黜**이니 **足可以自省厥休咎**⑰하고 **觀其得失**이니이다 **請粗略而陳之**⑱하리니 **覬披文而相質**⑲하소서

⑬ 處於群後之上 : 處, 上聲. 群后, 諸侯也.
處(처하다)는 上聲이다. 群后는 諸侯들이다.

⑭ 不自珍於匕鬯 : 上音比, 下音唱. 匕, 所以載鼎實, 鬯, 香酒灌地以求神者也.
윗 글자(匕)의 음은 比(숟가락)이고, 아래글자(鬯)의 음은 唱이다. 匕는 鼎의 음식물을 뜨는 것이고, 鬯은 향기로운 술을 땅에 부어 신을 구하는 것이다.

⑮ 前星之耀遽隱 : 心三星, 中爲君, 前爲太子, 後爲少子.
세 개의 心星에서, 가운데 별이 임금이고 앞의 별이 太子이고 뒤의 별이 少子이다.

⑯ 少陽之道斯諒 : 震, 爲少陽, 長子之道也.

---

18) 昔三王之敎子……乃先之以禮樂 : ≪禮記≫ 〈文王世子〉에 "世子를 배우게 하고 士를 배우게 하는 데에는 반드시 때에 맞추어 하였으니 봄과 여름에는 干戈를 배우게 하고, 가을과 겨울에 羽籥을 배우게 하였는데 東序에서 하였다.〔凡學世子及學士必時 春夏學干戈 秋冬學羽籥 皆於東序〕"라고 하였고, 또 〈文王世子〉에 "三代의 임금은 世子를 가르치는 것을 반드시 禮와 樂으로 하였다. 樂은 안을 닦는 것이고 禮는 밖을 닦는 것이다. 예와 악이 안에서 서로 교차하면 밖으로 그 형체가 드러난다.〔凡三王敎世子 必以禮樂 樂所以修內也 禮所以修外也 禮樂交錯於中 發形於外〕"라고 하였다. 三王은 夏·殷·周 3代의 왕인 禹·湯·武王이다.

19) 移風易俗 : ≪禮記≫ 〈樂記〉에 보인다.

20) 匕鬯 : 종묘제례로 국가의 중요행사를 가리킨다.

21) 諒 : 涼과 통하여 '적다'는 뜻이다.

22) 天下之爲家 : 천하를 집의 물건으로 여겨 자손에게 전함을 말한다. ≪禮記≫ 〈禮運〉에 "天下爲家는 天下를 私家의 물건으로 여겨 子孫에게 전하는 것이다.〔天下爲家 以天下爲私家之物而傳子孫也〕"라고 하였다.

震卦는 少陽이며 長子의 道를 상징한다.

⑰ 足可以省厥休咎 : 省, 悉井切.
省(살피다)은 悉과 井의 반절이다.

⑱ 請粗略而陳之 : 粗, 去聲.
粗(대략)는 去聲이다.

⑲ 覬披文而相質 : 相, 去聲.
相(돕다)은 去聲이다.

옛날 三王이 자식을 가르칠 때 사계절을 통해 나이에 따라 가르치고, 장차 안팎으로 서로 발휘하게 할 적에 禮樂을 우선했습니다. 樂은 풍속을 바꾸고 禮는 윗사람들을 편안히 하고 뭇사람들을 변화시키는 것이니, 종과 북 자체를 좋아하는 것이 아니라 이를 통해 뜻을 펼치고 정신을 온화하게 하려 함이니, 어찌 玉帛에 마음이 있겠습니까? 이를 통해 자기를 극복하여 자신을 온전히 보호하려 함입니다.

깊은 궁 안에서 태어나고 뭇 왕들의 위에 머무르시어, 왕업을 깊이 생각하지 못하시고 스스로 匕鬯(종묘 제사)을 진귀하게 여기지 못하실 것입니다. 부귀가 자연스러운 것이라 여겨서, 숭고함을 믿고 자긍심에 빠지시면, 반드시 방자하고 교만하여 자주 禮의 양보를 어기게 되며, 스승을 경시하고 예의를 태만히 하고, 간악하며 아첨하는 자를 가까이하고 음탕 방자를 제멋대로 하게 됩니다. 그에 따라 前星(태자)의 빛이 갑자기 숨고, 少陽(태자)의 도가 적게 됩니다. 비록 천하를 집안으로 여겨 물려주지만 처한 현실은 평안과 험난이 한결같지 않아서, 재능을 통해 승진하기도 하고 참소를 받아 축출되기도 하니, 스스로 그 좋은 것과 문제된 것을 살피고 그 잘잘못을 들여다봐야 할 것입니다. 간략히 엮어 진술하오니 글을 살펴 실질을 보시기를 바랍니다.

12-1-4

在宗周之積德하여 **乃執契而膺期**하고 **賴昌發而作貳**⑳[23]하여 **啓七百之鴻基**[24]니이다

23) 貳 : 두 번째라는 뜻으로 세자를 말한다. 昌은 王季의 세자, 發은 昌의 세자이다.

24) 啓七百之鴻基 : ≪春秋左氏傳≫ 宣公 3년에 "成王이 鼎을 郟鄏(협욕)에 안치할 적에 占辭에 代數는 30대, 햇수는 7백 년이니, 하늘이 명한 것이다."라고 하였다.〔成王定鼎於郟鄏 卜世三十 卜年七百 天所命也〕"라고 하였다.

逮扶蘇之副秦하여 非有虧於聞望㉑이나 以長嫡之隆重㉒으로 監偏師於亭障㉓이니이다 始禍則金以寒離㉔[25]하고 厥妖則火不炎上㉕하여 旣樹置之違道하여 見宗祀之遄喪이니이다 伊漢氏之長世는 固明兩之遞作㉖이나 高惑戚而寵趙하여 以天下而爲譴하고 惠結皓而因良하여 致羽翼於寥廓㉗하며 景有慚於鄧子하여 成從理之淫虐[26]하며 終生患於强吳는 由發怒於爭博㉘이니이다 徹居儲兩에 時猶幼冲이나 防衰年之絶議[27]하고 識亞夫之矜功이라 故能恢弘祖業하여 紹三代之遺風㉙하니이다 據開博望이나 其名未融이러니 哀時命之奇舛하여 遇讒賊於江充하고 雖備兵以誅亂이나 竟背義而凶終㉚하니이다

⑳ 賴昌發而作貳 : 昌, 文王名. 發, 武王名.
昌은 文王의 이름이고, 發은 武王의 이름이다.

㉑ 非有虧於聞望 : 聞, 去聲.
聞(소문)은 去聲이다.

㉒ 以長嫡之隆重 : 長, 音掌.
長(웃사람)은 音이 掌이다.

㉓ 監偏師於亭障 : 監, 平聲. 扶蘇, 秦始皇長子也. 始皇欲坑諸生, 扶蘇切諫, 始皇怒, 使北監蒙恬上郡. 始皇崩, 公子胡亥, 詐受遺詔自立, 賜扶蘇死.
監(살피다, 감시하다)은 平聲이다. 扶蘇는 秦始皇의 장자이다. 진시황이 諸生들을 땅에 묻으려 할 때 扶蘇가 절실하게 간언하자, 진시황이 노하여 북쪽으로 보내 蒙恬을 上郡에서 감시하게 했다. 진시황이 서거한 뒤 公子 胡亥가 속임수로 遺詔를 받아 스스로 제위에 오른

25) 金以寒離 : 秦始皇의 장자 扶蘇가 서울을 떠나 上郡으로 군사를 감독하러 간 것을 말한다.

26) 成從理之淫虐 : 從理는 가로로 된 심줄이다. 관상에서 이 심줄이 입으로 들어가면 굶어 죽는다 한다. ≪漢書≫ 〈鄧通傳〉에 다음과 같은 내용이 전한다. 文帝가 관상가에게 鄧通의 관상을 보라 하자, 결국 '굶어 죽을 상'이라고 했다. 등통을 사랑하던 문제는 그럴 리가 없다며, 많은 상금과 함께 사천성에 있는 銅山을 하사해서, 마음대로 銅을 캐 돈을 만들어 쓰라고 했다. 당시에 '鄧氏錢'이라 하여 세상에 널리 퍼졌으니 그 부가 어느 정도였을지 알 만하다. 하지만 景帝의 미움을 사서, 경제가 즉위한 뒤에 그의 재산을 몰수해서 등통은 결국 굶어 죽고 말았다.

27) 防衰年之絶議 : '知防年之絶義'의 잘못이다.(≪貞觀政要 上≫, 原田種成, 昭和 58년. 317쪽) 이에 의하면 '防年이 義가 단절된 것을 알아냈다.'로 풀이된다. 이 사실은 ≪太平御覽≫ 권88 〈漢武故事〉에 보인다. 武帝가 태자였던 14세 때에 後妻가 남편을 죽이자 前妻의 아들 방년이 아버지의 후처를 죽인 사건이 일어나 '어머니를 죽인 대역〔殺母大逆〕'으로 논죄하게 되었다. 景帝가 의혹을 갖고 태자에게 묻자 태자는 "지금 繼母가 형편없어 손수 방년의 아버지를 죽였으니 손을 대어 죽이던 날에 어머니의 은혜는 끊겼습니다. 마땅히 일반 살인자와 똑같이 할 것이지 大逆으로 논죄해서는 마땅치 않습니다.〔今繼母無狀 手殺其父 則下手之日 母恩絶矣 宜與殺人者同 不宜大逆論 帝從之 年棄市〕"라고 하자, 경제는 그것을 따랐고 방년은 棄市 형벌에 처해졌다.

뒤 부소에게 죽음을 내렸다.

㉔ 始禍則金以寒離 : 左傳閔公二年 "晉侯使太子申生伐東山皐落氏, 衣之偏衣[28], 佩之金玦. 狐突歎曰 '衣之尨(방)服, 遠其躬也, 佩以金玦, 棄其衷也. 尨凉冬殺, 金寒玦離, 胡可恃也.'" 金玦[29], 金環也.

≪春秋左氏傳≫ 閔公 2년(B.C. 661)에 다음과 같이 말하였다. "晉侯가 太子 申生에게 東山에 사는 皐落氏를 정벌하게 하면서 偏衣를 입고 金玦을 차게 했다. 이를 본 狐突이 탄식하며 말하였다. '尨服(잡색 옷)을 입은 것은 태자 신분을 멀리하는 것이고 金玦을 차는 것은 태자의 속마음을 버리는 것이다. 尨은 냉담함을 보이고 겨울은 죽임을 보이고 金은 차가움을 보이고 玦은 결별을 보이니 어찌 믿을 수 있겠는가." 金玦은 황금고리옥이다.

㉕ 厥妖則火不炎上 : 五行傳曰 "棄法律, 逐功臣, 殺太子, 以妾爲妻, 則火不炎上." 言火失其性而爲災也.

≪五行傳≫에서 "法律을 버리고 功臣을 내쫓고 太子를 죽이고 妾을 妻로 삼는다면 불이 위로 타오르지 않는다."고 했으니, 불이 본성을 잃어 재난을 만든다는 말이다.

㉖ 固明兩之遞作 : 易曰 "明兩[30]作離, 大人以, 繼明照于四方."

≪周易≫ 〈離卦 象辭〉에서 말하였다. "밝은 것이 둘인 것이 離가 되는데 大人이 이를 본받아 밝음을 계승하여 四方에 비춘다."

㉗ 致羽翼於寥廓 : 竝見教戒篇註.

모두 〈敎戒〉편 주석에 보인다.

㉘ 景有慚於鄧子……由發怒於爭博 : 漢景帝, 名啓, 文帝太子也. 鄧子, 名通, 文帝佞幸臣也. 强吳, 高祖兄仲之子吳王濞也. 文帝嘗病癰, 鄧通常爲帝吮之. 帝曰 "天下誰最愛我." 通曰 "宜莫如太子." 太子入問病, 帝使吮癰, 吮而色難之. 已而聞通嘗爲帝吮, 心慙, 由此怨通. 及卽位, 鄧通免. 太子又嘗與吳太子飮博, 吳太子素驕, 博爭不恭, 太子引博局提吳太子殺之. 吳王, 由是怨望, 稍失藩臣禮.

漢 景帝는 이름이 啓이며 文帝의 太子이다. 鄧子는 이름이 通이며 文帝에게 아양 떨어 사랑받았던 신하이다. 强吳는 高祖의 형 劉仲의 아들인 吳王 劉濞이다. 漢 文帝가 일찍이 등창을 앓았는데 鄧通이 언제나 종기를 빨아주었다. 문제가 "세상에서 누가 가장 날 사랑하는가?"라고 묻자, 등통이 "태자보다 더한 이가 없을 것입니다."라고 했다. 태자가 문병 차 찾아오자 문제가 종기를 빨게 하니 빨면서도 언짢아했고, 그 뒤 등통이 문제를 위해 종기를 입으로 빨았다는 이야기를 듣고는 마음에 부끄러워했고, 이 때문에 등통을 원망했다. 그래서 제위에 오른 뒤 등통이 면직되었다. 태자가 또 일찍이 吳太子와 술을 마시며 博(바둑

---

28) 偏衣 : ≪春秋左氏傳≫ 閔公 2년 "公衣之偏衣"의 杜預 註에서 "偏衣는 좌우가 색이 다른데 절반은 公服과 같다.〔偏衣 左右異色 其半似公服〕"라고 했다.

29) 玦 : 둥근 고리의 한 군데가 끊긴 옥을 말한다. 이 끊긴 부분 때문에 결별, 죽음 등을 표시하는 데에 사용한다.

30) 明兩 : 帝王 혹은 太子를 말한다.

따위) 놀이를 했는데 평소 교만하던 吳太子가 博 놀이 수를 다투다가 공손하게 행동하지 않자 태자가 博의 판을 오태자에게 던져서 죽였다. 이 때문에 吳王이 원망하여 藩臣의 예절을 점차 잃어갔다.

㉙ 徹居儲兩……紹三代之遺風：徹，漢武帝名，儲兩[31]，爲太子時也．亞夫，周勃之子，仕至丞相，景帝甚重之．帝欲廢戾太子，亞夫不可，帝由是疏之．帝嘗目之曰"此鞅鞅，非少主臣也．"
徹은 漢 武帝의 이름이며 儲兩은 太子로 있던 시절이다. 亞夫는 周勃의 아들인데 丞相까지 이르렀으며 漢 景帝가 매우 중시했다. 景帝가 戾太子를 폐위시키려 할 때 亞夫가 안 된다고 만류해서, 경제가 그를 소원하게 대했다. 경제가 일찍이 그를 지목하며 말하기를 "이 '鞅鞅(불평쟁이, 亞夫를 가리킴)은 少主(젊은 군주, 태자)의 신하가 아니다."라고 했다.

㉚ 據開博望……竟背義而凶終：背，音倍．據，戾太子名，漢武帝子也．帝爲太子立博望苑，使通賓客．趙人江充，與太子有隙，見帝年老，恐他日爲所誅，因言帝"疾祟在巫蠱．"帝乃使充入宮治之，充云"太子宮，木人尤多，又有帛書，所言不道．"太子遂捕充斬之．長安軍亂，因言太子反，上怒，太子自經．

背(배반)는 音이 倍이다. 據는 戾太子의 이름으로 漢 武帝의 아들이다. 무제가 태자를 위해 博望苑을 건립해 빈객들과 소통하게 했다. 趙나라 사람 江充이 太子와 사이가 안 좋았는데, 무제가 연로한 것을 보고 훗날 죽임을 당할까 두려워, 무제에게 "질병의 원인이 巫蠱(주술로 남을 저주하는 일)에 있습니다."라고 했다. 무제가 강충에게 궁에 들어와 이를 다스리게 하자, 강충이 이르기를 "太子宮엔 나무인형이 특히 많고 또 呪文이 담긴 帛書가 있는데 내용이 불길합니다."라고 하자, 태자가 결국 강충을 체포해서 죽였다. 長安에 軍亂이 일어나고 이어서 '太子가 반란을 일으킨다.'라고 하자, 무제가 노하였고 태자는 스스로 목을 매 죽었다.

周나라가 덕을 쌓아 기회를 잡고 시기에 응하여, 姬昌과 姬發을 힘입어 貳(太子, 成王)가 되면서 700년의 큰 기틀을 열었습니다. 扶蘇가 秦나라의 副(태자)가 되면서 명성과 기대에 흠결이 없었지만 소중한 嫡子가 亭障에서 일부 군사만 감독했습니다. 재앙이 시작되면서 金玦의 쓸쓸한 차림으로 떠나게 되고, 요망한 일이 벌어지면서 불이 위로 타오르지 않는 재앙이 되어, 이미 내세운 것이 도를 위배하게 되어 종묘와 제사의 빠른 상실을 보게 되었습니다.

漢나라가 오랜 세대를 끌고 간 것은 본디 明兩(태자)이 번갈아 가면서 태어났기 때문입니다. 高祖(劉邦)가 戚夫人에게 현혹되어 趙王(劉如意)을 총애하면서 천하를 장난거리로 만들었고, 惠帝(劉盈)가 四皓와 맺어질 때 張良을 힘입어서 세상에 羽翼을 만들었습니다. 景帝(劉啓)가 鄧子에게 부끄러움을 느껴 從

---

31) 儲兩：儲貳, 儲二, 太子, 儲는 다음 서열을 가리키는 말로, 군주 다음가는 사람을 말한다.

理의 과잉과 학대를 만들어냈으며, 결국 강한 吳나라에게서 우환이 생긴 것은 博 놀이 다툼에서 노여움이 발한 탓입니다. 劉徹(漢 武帝)이 태자였을 때 나이가 아직 어렸지만 防年의 義가 단절된 것을 알아냈고 周亞夫가 공로를 과시하는 것을 인식했습니다. 그래서 선조의 사업을 넓혀 三代의 유풍을 계승했습니다. 劉據는 博望苑을 개설했습니다만 그 명성이 대단치 못했는데, 안타깝게도 운명이 기구하고 엇갈려 江充이라는 참소하는 적을 만났고, 병사를 대비해서 난적을 무찔렀지만 결국 도의를 위배하고 흉악하게 생을 마쳤습니다.

12-1-5

宣嗣好儒하여 **大猷行闡**하여 **嗟被尤於德敎**하고 **美發言於忠謇**하며 **始聞道於匡韋**나 **終獲戾於恭顯**㉛하니이다 **太孫雜藝**가 **雖異定陶**나 **馳道不絶**이 **抑惟小善**이라 **猶見重於通人**하여 **當傳芳於前典**㉜하니이다 **中興上嗣**하고 **明章濟濟**하여 **俱達時政**하고 **咸通經禮**하여 **極至情於敬愛**하고 **惇友于於兄弟**니이다 **是以固東海之遺堂**하고 **因西周之繼體**㉝니이다 **五官在魏**하여 **無聞德音**이오 **或受譏於妲己**[32]하고 **且自悅於從禽**하니 **雖才高而學富**나 **竟取累於荒淫**㉞이니이다 **暨貽厥於明皇**하여 **構崇基於三世**하여 **得秦帝之奢侈**하고 **亞漢武之才藝**하여 **遂驅役於群臣**이나 **亦無救於凋弊**㉟니이다 **中撫寬愛**하고 **相表多奇**하여 **重桃符而致惑**이나 **納巨鹿之明規**하여 **竟能掃江表之氛穢**[33]하여 **擧要荒而見羈**㊱니이다 **惠處東朝**에 **察其遺跡**하면 **在聖德其如初**하여 **實御床之可惜**㊲이니이다 **悼愍懷之云廢**에 **遇烈風之吹沙**니이다 **盡性靈之狎藝**하고 **亦自敗於凶邪**하니 **安能奉其粢盛**하여 **承此邦家**㊳리잇가

㉛ 宣嗣好儒……終獲戾於恭顯：好, 去聲. 宣嗣, 漢元帝也, 名奭, 好儒術文辭. 用韋玄成匡衡,

---

32) 或受譏於妲己：魏 文帝가 妲己 같은 인물을 황후로 삼으면 비방을 받을 것이라고 간언한 말이다. 문제가 郭貴嬪을 황후로 삼으려 하자 中郎 棧潛이 上疏하기를 "紂는 炮烙 형벌로 달기를 기쁘게 하였습니다. 그러므로 聖哲들께서는 元妃를 신중하게 세웠습니다.……신은 아마 後世에 아랫사람이 윗사람을 능멸하며 윗사람이 폐기되어 무법이 펼쳐지고 혼란이 위에서 일어날까 우려됩니다.〔紂以炮烙怡悅妲己 是以聖哲愼立元妃……臣恐後世 下陵上替 開張非度 亂自上起也〕"라고 하였으나 文帝는 따르지 않고 곽귀빈을 황후로 삼았다. ≪三國志 魏志 文德郭皇後傳≫

33) 竟能掃江表之氛穢：晉나라가 吳나라를 합병하여 통일한 것을 말한다.

相繼爲丞相, 多所嚮納. 復以弘恭石顯相繼擅權用事, 蕭望之京房賈捐之等, 皆以言顯短而死.
好(좋아하다)는 去聲이다. 宣嗣는 漢 元帝를 가리키는데 이름이 奭이고 儒學과 문장을 좋아했다. 韋玄成과 匡衡을 연이어 승상으로 등용하여 그들의 건의를 많이 받아들였다. 뒤이어 弘恭과 石顯이 승상을 계승하며 권력을 멋대로 부렸는데, 蕭望之・京房・賈捐之 등이 모두 石顯의 단점을 논하다가 죽임을 당했다.

㉜ 太孫雜藝……當傳芳於前典 : 漢成帝, 名驁, 字太孫, 元帝太子也. 定陶共王, 元帝庶子也. 成帝博好經書, 爲太子時, 帝急召之, 太子出龍樓門, 不敢絶馳道, 西至直城門, 得絶乃度, 還入作室門. 上遲之, 問其故, 以狀對, 帝悅, 乃詔太子得絶馳道[34]. 其後, 帝以定陶王有材藝, 欲立爲嗣, 賴侍中史丹輔助太子, 得無廢.
漢 成帝는 이름이 驁이고 字가 太孫이며 元帝의 太子이다. 定陶共王은 元帝의 庶子이다. 한 성제가 경전을 널리 좋아하였는데 太子였을 때 元帝가 급히 부르자, 太子가 龍樓門을 나서며 감히 馳道를 가로지르지 못하고 서쪽 直城門에 이르러서야 가로질러 건너서 다시 作室門으로 들어왔다. 元帝가 늦었다고 하며 그 까닭을 묻기에 사실대로 답하자, 元帝가 좋아하며, 太子에게 馳道를 가로질러 걸을 수 있게 했다. 그 뒤에 元帝가 정도공왕이 재능과 학예가 있다는 이유로 후계로 삼으려 했으나, 侍中 史丹이 태자를 잘 보좌한 데 힘입어 자리에서 물러나지 않게 되었다.

㉝ 中興上嗣……因西周之繼體 : 光武, 爲漢中興之君. 太子莊, 是爲明帝, 號顯宗. 明帝太子炟, 是爲章帝, 號肅宗. 東海王, 明帝之兄, 極相友愛. 史贊"顯宗丕承, 業業兢兢, 危心恭德, 政察姦勝. 肅宗濟濟, 天性豈弟, 於穆后德, 諒惟淵體."
光武는 漢나라 中興의 군주이다. 당시의 太子 莊이 明帝이며 帝號는 顯宗이다. 明帝의 太子 炟이 章帝이며 帝號는 肅宗이다. 東海王은 明帝의 형인데 우애가 서로 극진했다. 史書에서는 다음과 같이 찬양했다. "顯宗이 크게 계승하여, 조심하고 삼가며, 마음을 다잡고 공손한 덕을 갖추고, 한편으로 간사한 무리들을 잘 찾아냈다. 肅宗은 단정하고, 天性이 온화했으며, 깊고 화목한 제왕의 덕을 참으로 깊이 체득하였다."

㉞ 五官在魏……竟取累於荒淫 : 累, 去聲. 魏文帝, 姓曹, 名丕. 初爲五官中郎將, 見袁熙妻甄氏, 美而悅之, 太祖爲之聘焉. 及受漢禪, 嘗出射雉, 謂群臣曰"射雉樂哉." 辛毗對曰"於陛下甚樂, 於群臣甚苦."
累(얽매이다)는 去聲이다. 魏 文帝는 姓이 曹이고 이름이 丕이다. 애초 五官中郎將이었을 때 袁熙의 妻 甄氏를 보고 아름답게 여겨 좋아했는데 太祖가 그를 위해 장가들게 했다. 漢나라로부터 帝位를 물려받고 나서 일찍이 꿩 사냥을 나갔는데, 뭇 신하들에게 "꿩 사냥이 즐겁구나!"라고 하자, 辛毗가 대답하기를 "폐하에겐 매우 기쁜 일이시겠지만 신들에겐 대단히 괴롭습니다."라고 했다.

㉟ 暨貽厥於明皇……亦無救於凋弊 : 明皇, 名叡, 魏文帝太子也. 嗣帝位, 侍中劉曄稱之曰"秦始皇漢孝武之儔, 才具微不及耳." 景初元年, 起土山於芳林園, 使公卿群僚, 皆負土栽木於其上,

34) 馳道 : 君王의 車馬가 달려가는 道路이다.

捕禽驅獸於其中, 群臣皆面目垢黑. 由是, 百姓凋弊, 四海分崩.

明皇은 이름이 叡이며 魏 文帝의 太子이다. 제위를 물려받고 나서 侍中 劉曄이 칭찬하기를 "秦始皇과 漢 武帝 정도는 그 재능이 모두 적어서 미치지 못합니다."라고 했다. 景初 元年(237)에 芳林園에 土山을 만들면서 公卿과 뭇 신료들에게 그 위에서 흙을 짊어지고 나무를 심도록 하고 그 안에서 동물을 사냥하고 몰이를 하게 해서 신하들의 얼굴이 모두 검게 변했다. 이로 말미암아 백성들이 피폐해졌고 세상이 갈기갈기 찢겼다.

㊱ 中撫寬愛……擧要荒而見羈 : 相, 去聲. 要, 音腰. 晉武帝, 姓司馬, 名炎, 晉王昭之子也, 仕魏爲中撫軍. 桃符, 武帝弟齊王攸之小名也. 初晉王欲以攸爲世子, 何曾裴秀曰 "中撫軍聰明神武, 人望旣茂, 天表如此, 固非人臣之相也." 晉王, 由是意定, 立炎爲世子, 嗣晉王位, 受魏禪, 國號晉.

相(관상, 외형)은 去聲이다. 要(要服, 수도로부터 100리 거리에 있는 땅)는 音이 腰이다. 晉 武帝는 姓이 司馬이고 이름이 炎이다. 晉王 昭의 아들이다. 魏나라에 벼슬하여 中撫軍을 역임했다. 桃符는 晉 武帝의 아우 齊王 司馬攸의 아명이다. 애초에 晉王이 司馬攸를 世子로 삼으려 하자 何曾과 裴秀가 말하기를 "中撫軍은 총명과 신묘한 무예를 갖추어 사람들의 기대가 이미 큽니다. 타고난 바탕이 이러하다면 본디 신하의 관상이 아닙니다."라고 했다. 晉王이 그래서 마음을 정해 司馬炎을 世子로 삼았고, 晉王의 지위를 계승하고 나서, 魏나라로부터 제위를 물려받은 뒤 국호를 晉이라 했다.

㊲ 惠處東朝……實御床之可惜 : 處, 上聲. 晉惠帝, 名衷, 武帝第三子. 東朝, 爲太子時也. 是時, 朝野咸知太子昏愚, 不堪爲嗣. 尙書令衛瓘, 欲陳啓, 而未敢發. 會侍宴陵雲臺, 瓘陽醉跪帝前, 欲言而止者三, 因以手撫床曰 "此座可惜."

處(처하다, 머무르다)는 上聲이다. 晉 惠帝는 이름이 衷이며 武帝의 셋째 아들이다. 東朝는 太子로 있을 때이다. 당시 조정과 재야에서 모두 太子가 혼미하고 어리석어 후계감이 못된다고 여겼다. 尙書令 衛瓘이 이 내용을 진언하려고 하다가 감히 발언하지 못했는데, 마침 陵雲臺에서 연회가 열리자 瓘陽이 술에 취한 체하며 武帝의 앞에 무릎 꿇고 말을 하려다 그만두기를 세 번이나 하고 나서 손으로 좌상을 어루만지며, "이 자리가 아깝습니다."라고 했다.

㊳ 悼湣懷之云廢……承此邦家 : 粢, 音咨. 盛, 音成. 晉愍懷太子, 名遹, 惠帝長子也. 有令譽, 賈后忌之, 使閹官輩媚之爲非, 於是, 慢弛益彰, 賈后遂設計讒譖於帝, 廢爲庶人.

粢(기장)는 音이 咨이며, 盛(담은 그릇)은 音이 成이다. 晉 愍懷太子는 이름이 遹이며 晉 惠帝의 장자이다. 좋은 명성을 가지고 있자, 賈后가 그를 시기하여 환관들을 시켜 아첨 부려 비행을 저지르게 했고, 이에 의해 태만한 모습이 갈수록 드러나자, 賈后가 결국 계책을 꾸며 惠帝에게 참소해서 庶人으로 폐출시켰다.

漢 宣帝의 後嗣(元帝 劉奭)는 儒學을 좋아하여, 위대한 계책이 천명 실행되어서, 德教에 우월하다는 찬탄을 듣고 충직한 말을 찬미했으며, 처음에 匡衡과

韋玄成에게 도를 들었지만 결국 弘恭과 石顯에게서 착오가 발생했습니다.

太孫(成帝 劉驁의 字)은 이런저런 재능이 비록 定陶共王과 차이가 있었지만 馳道를 가로질러 넘지 않는 것이 그나마 작은 선행이었습니다. 그리고 여전히 현자들에게 중시를 받아 지난 전적에 훌륭한 명성이 전해옵니다.

中興(東漢 光武帝)이 윗 시대를 계승하고 明帝(劉庄)와 章帝(劉炟)가 단정하고 장엄하여 당시의 정사에 모두 통달하고, 경전과 예의를 모두 깨쳐서, 공경과 사랑에 극진한 정을 다 드러내고, 형제에게 돈독한 우애를 보였습니다. 그리하여 東海王(劉疆)이 남긴 집안을 견고하게 하고 西周의 王位 계승 체계를 따랐습니다.

五官(曹丕)이 魏나라에 있을 때 덕행에 대한 소문은 없었고, 妲己 같은 여인을 황후로 삼을까 비난받고, 스스로 사냥 나가는 것을 즐겼습니다. 비록 재능이 높고 학문이 풍부했지만 결국 황폐하고 음탕함에 결점이 있었습니다. 明帝(曹叡)에게 물려주고 나자 큰 건축물을 3代에 걸쳐 구축하여, 秦 始皇의 사치를 갖추고 漢 武帝보다 나은 才藝를 가지고서 결국 뭇 신하들을 휘몰아 부렸지만, 또한 찌든 폐해를 구제할 수 없었습니다.

魏 文帝 曹丕

中撫(司馬炎)가 관대하고 사랑스러웠으며 겉모습이 기괴해서 桃符(司馬攸)를 중시하면서 의혹을 샀지만 巨鹿(裵秀)의 현명한 충고를 받아들여 결국 江表(長江 이남의 孫吳)의 악한 기운을 말끔히 씻어 외지고 먼 곳까지도 제어를 했습니다.

惠帝(司馬衷)가 東宮으로 있을 때 그 자취를 살펴보면, 천자에의 품성이 처음

太子 때처럼 어리석어 帝位에 나가는 것이 실로 아까웠습니다. 애달프게도 愍懷(司馬遹)가 폐위되어 강풍이 백사장에 몰아치는 불행을 당했습니다. 가지고 있는 性靈을 유희에 모두 쏟았고, 또한 스스로 흉악하고 사악한 데서 망치고 말았으니, 어떻게 그 粢盛(祭器, 祭物)을 받들어 나라를 맡을 수 있겠습니까?

12-1-6

惟聖上之慈愛하사 **訓義方於至道**하시고 **同論政於漢幄**[35)]하시며 **修致戒於京鄗**㊴[36)]니이다 **鄙韓子之所賜**㊵하시고 **重經術以爲寶**하시며 **咨政理之美惡**하시고 **亦文身之黼藻**하시며 **庶有擇於愚夫**하시고 **憖乞言於遺老**하시며 **致庶績於咸寧**하시고 **先得人而爲盛**이니이다 **帝堯**는 **以則哲垂謨**㊶하시고 **文王**은 **以多士興詠**㊷하사 **取之於正人**하시고 **鑑之於靈鏡**하시며 **量其器能**㊸하고 **審其檢行**㊹하사 **必宜度**(탁)**機而分職**㊺하고 **不可違方以從政**이니이다 **若其惑於聽受**하고 **暗於知人**하면 **則有道者咸屈**하고 **無用者必伸**하며 **讒諛競進以求媚**하고 **翫好不召而自臻**㊻이니이다 **直言正諫**이 **以忠信而獲罪**하고 **賣官鬻**(육)**獄**이 **以貨賄而見親**㊼하여 **於是虧我王度**하고 **斁我彝倫**㊽이니이다 **九鼎**[37)]이 **遇姦回而遠逝**㊾하고 **萬姓**이 **望撫我而歸仁**㊿이니이다

㊴ 修致戒於京鄗 : 鄗, 音鎬, 地名.
鄗는 音이 鎬이며 地名이다.

㊵ 鄙韓子之所賜 : 晉元帝好任刑法, 以韓非子賜太子.
晉 元帝가 刑法에 맡기는 것을 좋아해서, ≪韓非子≫를 太子에게 하사했다.

㊶ 帝堯以則哲垂謨 : 虞書曰“知人則哲, 能官人.”
≪尙書≫ 〈虞書 皐陶謨〉에 다음과 같이 말하였다. “사람을 알면 명철해져서 사람들을 제대로 관직에 임명할 수 있다.”

㊷ 文王以多士興詠 : 詩曰“濟濟多士, 文王以寧.”
≪詩經≫ 〈大雅 文王〉에 다음과 같이 말하였다. “훌륭한 많은 인물들로 文王이 편안하셨네.”

㊸ 量其器能 : 量, 平聲.
量(헤아리다)은 平聲이다.

---

35) 漢幄 : 漢나라의 장막이라는 말로, 한나라를 지칭한다. 漢 武帝 때 유학을 존숭하여 經學으로 정치를 논하였다.

36) 鄗 : 後漢 光武帝가 등극한 곳이다.

37) 九鼎 : 왕조의 상징물로 비유된다.

㊹ 審其檢行 : 行, 去聲.
行(행실)은 去聲이다.

㊺ 必宜度機而分職 : 度, 待洛切.
度(헤아리다)은 待와 洛의 반절이다.

㊻ 翫好不召而自臻 : 好, 去聲.
好(좋아하다)는 去聲이다.

㊼ 賣官鬻獄 以貨賄而見親 : 鬻, 音育.
鬻(판매하다)은 音이 育이다.

㊽ 斁我彝倫 : 斁, 音妬, 亂也.
斁는 音이 妬이며 어지럽히는 것이다.

㊾ 九鼎 遇姦回而遠逝 : 九鼎, 周之寶器. 周沈泗水中, 始皇求之, 不能出.
九鼎은 周나라의 寶器이다. 周나라가 泗水 안에 넣어두었는데 秦始皇이 찾아 나섰지만 끝내 찾아내지 못했다.

㊿ 惟聖上之慈愛……望撫我而歸仁 : 此一節, 述任用之戒.
이 1節은 任用의 警戒를 기술한 것이다.

오직 지금 성상께서 자애로우시어 지극한 도리에서 정의의 방법을 가르치시고, 漢幄에서 함께 정책을 논하시고, 京鄗에서 경계를 보이셨습니다. 《韓非子》를 하사한 것을 추하게 여기시고, 유학의 경세술을 보물로 중시하시며, 정치의 선악을 자문하시고, 훌륭한 문장으로 몸을 빛나게 하시며, 낮은 백성에게서도 의견을 채택하시고, 원로들에게 훌륭한 말씀을 수줍게 청하시며, 모두 편안한 데에서 공적을 이룩하시고, 사람 얻는 것을 우선함에서 성대하십니다.

堯임금은 명철해야 할 것을 〈皐陶謨〉에 남기시고 文王은 많은 인물로 찬송을 일으키시어, 바른 사람에게서 취택하고 영험한 감식력으로 비추어보시며, 그 기국과 능력을 헤아리고 그 몸가짐을 살펴서, 반드시 기능을 헤아려 직책을 나누어주고, 원칙을 위배하여 정사를 하지 않으셨습니다.

만약 듣는 것에 현혹되고 사람을 아는 데에 어둡게 되면, 도를 가진 자가 모두 굽힘을 당하고, 쓸모없는 자가 반드시 뜻을 펼치게 되며, 참소하고 아첨하는 자가 앞다퉈 나와 아양을 떨고, 완상물들이 부르지 않아도 저절로 이르게 될 것입니다. 올곧은 말과 바른 간언을 한 사람이 충성과 믿음 탓에 죄를 얻고, 관직을 팔고 소송을 거래하는 이들이 재화와 뇌물로 친애를 얻게 되어, 이에 우리의 王法을 흐트러뜨리고 우리의 윤리를 망가뜨리게 될 것입니다. 九鼎(國運)

이 간악한 무리를 만나 멀리 떠나고, 萬姓들이 자기를 어루만져준 사람을 바라보고 仁義에 귀의하게 될 것입니다.

12-1-7

蓋造化之至育에 **惟人靈之爲貴**라 **獄訟不理**하면 **有生死之異塗**하고 **寃結不伸**하면 **乖陰陽之和氣**니이다 **士之通塞**은 **屬之以深文**하고 **命之修短**은 **懸之於酷吏**니이다 **是故**로 **帝堯畫像**에 **陳恤隱之言**(51)하고 **夏禹泣辜**에 **盡哀矜之志**(52)니이다 **因取象於大壯**(53)하여 **乃峻宇而雕墻**이나 **將瑤臺以瓊室**(54)이 **豈畫棟以虹梁**이리잇가 **或凌雲以遐觀**(55)하고 **或通天而納涼**(56)하여 **極醉飽而刑人力**하면 **命痿蹶而受身殃**(57)이니이다 **是以言惜十家之產**하여 **漢帝以昭儉而垂裕**(58)하고 **雖成百里之囿**나 **周文以子來而克昌**(59)이니이다

(51) 陳恤隱之言：虞書曰 "象以典刑." 又曰 "惟刑之恤哉." 漢書 "唐虞畫像, 而民不犯." 註 "畫像者, 畫衣冠, 異章服, 象五刑也." 犯黥者, 皂其中[38], 犯劓者, 丹其服, 犯宮者, 雜其屨, 大辟之罪, 誅殛之刑, 布其衣裾, 無領緣.
≪書經≫〈虞書 舜典〉에 이르기를 "법으로 일정한 형벌을 정한다."라고 하고, 또 이르기를 "형벌의 시행을 안타깝게 여겨야 한다."라고 했다. ≪漢書≫〈武帝紀〉에 "唐虞가 五刑의 모양을 백성들 복장에 표시하자 법을 범하지 않았다."라고 했는데, 그 주석에서 다음과 같이 말했다. "畫像이란 衣冠에 그리고 章服을 달리하여 五刑(5가지 형벌)을 나타낸 것이다." 黥刑(文身 형벌)을 범한 사람은 그 巾을 검게 하고, 劓刑(코 베는 형벌)을 범한 사람은 그 옷을 붉게 하고, 宮刑(去勢하는 형벌)을 범한 사람은 그 신발을 짝짝이로 하고, 大辟(死刑)의 죄와 誅殛(誅殺)의 형벌을 범한 사람은 옷섶을 베로 만들고 가선이 없게 하였다.

(52) 蓋造化之至育……盡哀矜之志：見封建篇註. 此一節, 述刑罰之戒.
〈封建〉편 주석에 보인다. 이 1節은 형벌의 警戒를 기술한 것이다.

(53) 因取象於大壯：易大傳曰 "上古, 穴居而野處, 後世聖人, 易之以宮室, 上棟下宇, 以待風雨, 蓋取諸大壯."
≪周易大傳≫〈繫辭傳 下〉에 이르기를 "上古에는 굴속에 살고 들에 거처하더니, 후세에 聖人이 집으로 바꿔서 위에는 들보를 얹고 아래에는 서까래를 얹어 비와 바람을 막으니 저 大壯卦에서 취한 것이다."라고 하였다.

(54) 將瑤臺以瓊室：桀作瑤臺, 紂作瓊室.
桀王이 瑤臺를 지었고 紂王이 瓊室을 지었다.

(55) 或凌雲以遐觀：世說 "魏作凌雲臺, 極精巧, 隨風搖動, 終無崩隕."

---

38) 皂其中：中은 巾의 誤字이다. ≪漢書≫〈武帝紀〉注와 ≪晉書≫〈刑法志〉참조.

≪世說新語≫ 〈巧藝〉에 "魏나라가 凌雲臺를 지었는데 지극히 정교해서 바람에 따라 흔들리면서도 끝내 붕괴되지 않는다."고 하였다.

(56) 或通天而納涼 : 漢武帝作神明通天之臺, 於林光明, 高三十丈.
漢 武帝가 神明通天臺를 건립했는데, 숲에 빛이 났고 높이가 30장이었다.

(57) 命痿蹶而受身殃 : 痿, 音逶. 蹶, 音鱖.
痿(마비)는 音이 逶이고, 蹶(넘어지다)은 音이 鱖이다.

(58) 漢帝以昭儉而垂裕 : 漢文帝欲作露臺, 召匠計之, 直百金. 帝曰"百金, 中人十家之産也. 吾奉先帝宮室, 常恐羞之, 何以臺爲."
漢 文帝가 露臺를 지으려 하며 장인을 불러 비용을 계산하게 했는데, 백금이 든다고 하자, 문제가 다음과 같이 말했다. "백금은 中人의 십호에 해당되는 재산이다. 내가 先帝의 궁실을 받들면서 언제나 두려워하며 부끄러워하는데, 어찌 노대를 짓겠는가."

(59) 因取象於大壯……周文以子來而克昌 : 孟子曰"文王之囿, 方七十里." 此言百里者, 擧成數言也. 囿者, 蕃育鳥獸之所. 詩曰"經始勿亟, 庶民子來. 經之營之, 不日成之." ○ 此一節, 述營繕之戒.
≪孟子≫ 〈梁惠王 下〉에 "文王의 놀이동산은 사방 70리이다."라고 했는데, 여기서 말하는 100리란 완성된 숫자를 든 것이다. 囿는 새와 짐승을 기르는 곳이다. ≪詩經≫ 〈大雅 靈臺〉에서 말하였다. "일 하는 것을 빨리 하지 말라 했지만, 백성들은 자식이 부모 찾아오듯 했다. 일을 잘 다듬고 엮어서, 얼마 되지 않아 완성했다." ○ 이 1절은 경영과 수선의 警戒를 기술한 것이다.

조화의 극진한 化育에서 萬物의 靈長 人間이 가장 귀중한데, 송사가 제대로 審理되지 않으면 생사의 다른 길이 있게 되고, 억울함이 풀리지 않으면 음양의 조화로운 기를 어기게 합니다. 士類들이 통하느냐 막히느냐는 가혹한 형법의 문장에 연관되고, 목숨의 길고 짧음은 혹독한 관리에게 달려 있게 됩니다. 그래서 堯임금이 백성들 복장에 五刑의 모양을 표시할 때 가엾어하는 말씀을 진술하셨고, 夏나라 禹임금이 죄 지은 사람에게 눈물 흘릴 때 가엾어하는 마음을 극진히 표하셨습니다.

≪周易≫ 大壯卦에서 象을 취하여 집을 높다랗게 짓고 담을 꾸민 것인데, 桀王의 瑤臺와 紂王의 瓊室이 어찌 기둥에 그림 그리고 들보에 무지개를 표현한 것뿐이겠습니까? 凌雲臺를 통해 멀리 바라보기도 하고, 通天臺를 통해 서늘한 바람 받아들이기도 해서, 술 취하며 배부름을 극도로 하고 백성들 힘을 해치면, 운명이 위축되어 재앙을 받게 됩니다. 이 때문에 十戶의 재산 정도도 아끼게 해서, 漢 文帝는 검소함을 드러내어 여유로움을 보였고, 백 리 동산을 지었

지만, 周 文王은 〈백성들이〉 자식처럼 달려와서 더욱더 창대했습니다.

12-1-8

彼嘉會而禮通은 **重旨酒之爲德**⑥⓪이며 **至忘歸而受祉**는 **在齊聖而溫克**[39)]이니이다 **若其酗醟以致昏**⑥①하고 **酖湎而成忒**⑥②은 **痛殷受與灌夫**가 **亦亡身而喪國**⑥③이니이다 **是以**로 **伊尹**이 **以酣歌而作戒**⑥④하고 **周公**이 **以亂邦而貽則**⑥⑤이니이다 **咨幽閑之令淑**은 **實好逑於君子**⑥⑥라 **辭玉輦而割愛**는 **固班姬之所恥**⑥⑦요 **脫簪珥而思愆**은 **亦宣姜之爲美**⑥⑧니이다 **乃有禍晉之驪姬**⑥⑨와 **喪周之褒姒**⑦⓪하여 **盡妖姸於圖畫**나 **極凶悖於人理**니이다 **傾城傾國**은 **思昭示於後王**이요 **麗質冶容**은 **宜永鑑於前史**⑦①니이다

⑥⓪ 重旨酒之爲德 : 儀狄作酒, 禹飮而甘之, 日 "後世, 必有以酒亡國者." 遂疏儀狄而絶旨酒. 出戰國策.
儀狄이 술을 만들어 올리자 禹가 맛을 본 뒤 달다고 하며 이르기를 "후세에 반드시 술 때문에 국가를 잃을 자가 있을 것이다."라고 하고, 결국 의적을 멀리하고 맛좋은 술을 끊었다. ≪戰國策≫ 〈魏策〉에 관련 내용이 보인다.

⑥① 若其酗醟以致昏 : 酗, 音呴. 醟, 音詠, 酣怒也.
酗는 音이 呴이며, 醟은 音이 詠이니, 술에 취해 화내는 것이다.

⑥② 酖湎而成忒 : 酖, 音耽. 湎, 音沔, 嗜飮也.
酖은 音이 耽이고, 湎은 音이 沔이니, 술 마시기를 즐기는 것이다.

⑥③ 痛殷受與灌夫 亦亡身而喪國 : 殷紂, 名受, 以酒爲池, 竟亡其國. 漢灌夫, 醉酒罵坐, 遂誅其身.
殷 紂王은 이름이 受이며 술로 연못을 만들어 결국 나라를 잃었다. 漢나라 灌夫가 술에 취하여 동석해 있는 사람에게 욕을 했다가 결국 죽임을 당했다.

⑥④ 伊尹 以酣歌而作戒 : 商書伊尹作訓, 日 "敢有恒舞于宮, 酣歌于室, 時謂巫風."
≪書經≫ 〈商書 伊訓〉에 伊尹이 훈계를 지어 이르기를 "감히 궁중에서 항상 춤을 추고 집에서 취하여 노래하면, 이것을 巫風이라 한다."라고 하였다.

⑥⑤ 彼嘉會而禮通……以亂邦而貽則 : 周書, 周公作誥, 日 "越小大邦用喪, 亦罔非酒." ○ 此一節, 述甘酒之戒.
≪書經≫ 〈周書 酒告〉에, 周公이 지은 誥에 "작고 큰 나라들이 망하게 된 것도 술이 아닌 경우가 없다."라고 하였다. ○ 이 1절은 술을 즐기는 것에 대한 警戒를 기술한 것이다.

⑥⑥ 咨幽閑之令淑 實好逑於君子 : 好, 上聲. 逑, 匹也. 詩日 "窈窕淑女, 君子好逑."
好(좋다)는 上聲이고 逑는 배필이니, ≪詩經≫ 〈周南 關雎〉에 "아리따운 숙녀는 군자의 좋

---

39) 在齊聖而溫克 : ≪詩經≫ 〈小雅 小宛〉에 "엄숙하고 성스러운 사람은 술을 마시되 온순함으로 이겨낸다.〔人之齊聖 飮酒溫克〕"라고 하였다.

은 짝이다."라고 하였다.

(67) 辭玉輦而割愛 固班姬之所恥：漢成帝遊於後庭, 嘗欲與班倢妤同輦, 辭曰 "觀古圖畫, 聖賢之君, 皆有名臣在側. 三代末主, 乃有嬖女, 今欲同輦, 得無近似之乎." 帝善納其言而後止.

漢 成帝가 일찍이 後庭을 노닐다 班婕妤와 함께 輦을 타려 하니, 반첩여가 사양하기를 "옛 그림을 보면 성스럽고 현명한 임금에게는 모두 名臣들이 옆에 있었지만, 三代의 마지막 군주들은 가까이하는 여인이 있었으니 지금 연을 함께 타시려 하신 것은 거기에 가깝지 않겠습니까?"라고 하자, 성제가 그 말을 옳게 받아들이고 함께 타는 것을 멈췄다.

(68) 脫簪餌而思愆 亦宣姜之爲美：宣姜, 周宣王后也. 王嘗晏起, 后乃脫纓珥, 待罪於永巷, 使傅毋通言於王曰 "王樂色而忘德, 失禮而晏起, 亂之興, 自婢子始, 敢請罪." 王曰 "寡人不德. 實自生過. 非夫人之罪也." 自是勤於政事, 早朝晏罷, 卒成中興之主.

宣姜은 周 宣王의 后이다. 선왕이 일찍이 늦게 일어나자, 후가 목 끈과 귀걸이를 풀고 永巷(궁중 길 이름)에서 처벌을 기다리며, 傅毋에게 왕께 말을 전하도록 하기를 "왕께서 여색을 즐기며 덕을 잊으시고, 예절을 잃으며 늦게 일어나시니, 혼란이 일어남은 저로부터 시작된 것이기에 감히 처벌을 요청합니다."라고 하자, 선왕이 "과인이 부덕해서 실로 잘못이 생긴 것이지 부인의 잘못이 아니다."라고 하였다. 이때부터 정사에 열심히 하여 일찍 조회에 나가고 늦게 조회를 파하여 결국 중흥의 군주가 되었다.

(69) 乃有禍晉之驪姬：晉獻公伐驪戎, 獲驪姬, 愛之, 生奚齊. 公有子八人, 惟太子申生重耳夷吾賢. 驪姬佯譽太子, 而陰令人譖之, 欲立其子, 太子自殺. 又譖二公子, 於是重耳走蒲, 夷吾走屈, 竟以亂晉.

晉 獻公이 驪戎을 정벌하여 驪姬를 포획한 뒤, 그를 사랑하여 아들 奚齊를 낳았다. 헌공에게 여덟 명의 아들이 있는데 그 가운데 太子 申生과 重耳와 夷吾가 훌륭했다. 여희가 겉으로는 태자를 칭찬하는 듯하면서 남몰래 사람을 시켜 그를 헐뜯은 뒤 자기 아들을 태자로 삼으려 하자, 태자가 자살했다. 또 두 公子를 헐뜯어 중이는 蒲로 도망가고 이오는 屈로 도망가서, 결국 진나라를 혼란에 빠뜨렸다.

(70) 喪周之褒姒：周幽王, 嬖愛褒姒, 生子伯服, 王竟廢申后及太子宜臼, 以褒姒爲后, 伯服爲太子. 後因取褒姒笑, 失信於諸侯, 西夷犬戎殺王驪山下, 虜褒姒, 盡取周賂而去.

周 幽王이 褒姒를 총애해서 아들 伯服을 낳자, 결국 申后와 太子 宜臼를 폐위시킨 뒤 포사를 后로, 백복을 태자로 삼았다. 뒤에 포사의 웃음을 얻으면서 제후에게 신의를 잃어, 西夷 犬戎이 驪山 아래에서 유왕을 살해하고 포사를 포로로 잡고 주나라의 재화를 모두 탈취해 갔다.

(71) 咨幽閑之令淑……宜永鑑於前史：此一節, 述色荒之戒.

이 1절은 여색에 빠진 것에 대한 警戒를 기술한 것이다.

아름다운 모임을 통해 예절이 통하는 것은 술의 미덕을 중시한 것이며, 연회에서 취해 돌아갈 것을 잊은 채 복을 받은 것은 엄숙하고 성스러워서 온순함으로 극복한 것이었습니다. 술 취해 성내어 혼란하게 되고, 술에 젖어 과오를 만든 것은, 안타깝게도 殷受(紂王)와 灌夫가 자신도 망하고 국가도 잃게 된 것이었습니다. 이 때문에 伊尹이 술 취하는 노래로 경계를 내보이고, 周公이 국가를 혼란하게 한다고 하여 준칙을 마련했습니다.

아, 조용하고 착한 여인은 실로 군자의 좋은 짝이어서, 옥 가마를 사양하고 사랑을 양보한 것은 본디 班婕妤가 부끄러워한 것이고, 비녀와 귀걸이를 뽑아서 허물을 들춘 것은 宣姜의 미덕입니다. 晉나라를 재앙으로 몰아간 驪姬와 주나라를 상실케 한 褒姒가 그림에 어여쁜 모습이 다 드러났지만, 사람 도리에 극히 어긋났습니다. 城을 망하게 하고 국가를 망하게 한 일은 후대의 왕에게 보여줄 것을 생각해야 하고, 아름다운 바탕에 고운 얼굴은 지난 역사에서 영원한 鑑戒가 될 만합니다.

12-1-9

復有蒐狩之禮⑫와 **馳射之場**하니 **不節之以正義**하면 **必自致於禽荒**이니 **匪外形之疲極**이라 **亦中心而發狂**⑬이니이다 **夫高深不懼**⑭는 **胥靡之徒**[40]요 **講**[牒]**爲娛**는 **小豎之事**⑮니이다 **以宗社之崇重**으로 **持先王之名器**어늘 **與鷹犬而竝驅**하면 **凌艱險而逸轡**하리니 **馬有銜橛之理**⑯하고 **獸駭不存之地**[41]하리이다 **猶有靦於獲多**⑰[42]리니 **獨無情而內愧**⑱리잇가

⑫ 復有蒐狩之禮 : 蒐, 音搜. 禮 "春曰蒐田, 冬曰狩田."
蒐(사냥)는 音이 搜이니, ≪周禮≫ 〈大司馬〉에서 "봄에 하는 사냥을 蒐田, 겨울에 하는 사냥을 狩田이라 한다."라고 하였다.

⑬ 亦中心而發狂 : 老子曰 "馳騁田獵, 令人心發狂."

---

40) 高深不懼 胥靡之徒 : ≪莊子≫ 〈庚桑楚〉에 "胥靡가 높은 곳에 올라가 두려워하지 않는 것은 死生을 잊었기 때문이다.〔胥靡登高而不懼 遺死生也〕"라고 하였다. 胥靡는 죄인, 또는 노예이다.

41) 凌艱險而逸轡……獸駭不存之地 : ≪文選≫ 〈上書諫獵〉에 "지금 陛下께서 험준한 곳에 올라가 맹수를 쏘아 잡기를 좋아하시니 졸지에 재주가 뛰어난 짐승을 만나면 뜻밖의 경우에 놀라실 것입니다.〔今陛下好陵阻險射猛獸 卒然遇軼才之獸 駭不存之地〕"라고 하였다.

42) 猶有靦於獲多 : 부정한 사냥 방법으로 짐승을 많이 잡은 것을 부끄러워함을 말한다. ≪孟子≫ 〈滕文公 下〉에 "내 그를 위해 수레 모는 것을 법대로 하였더니 종일토록 한 마리의 짐승도 잡지 못하였고, 이번에는 그를 위하여 부정한 방법으로 짐승을 만나게 하였더니 하루아침에 열 마리의 짐승을 잡았다.〔吾爲之範我馳驅 終日不獲一 爲之詭遇 一朝而獲十〕"라고 하였다.

≪老子≫ 12장에서 말하였다. "말 달리고 사냥하는 것은 사람을 발광케 한다."

⑭ 夫高深不懼 : 夫音扶

夫(발어사)는 音이 扶이다.

⑮ 韝緤爲娛 小豎之事 : 韝, 音鉤. 鷹帽也. 緤, 音懾, 所以繫犬者.

韝는 音이 鉤이니 매가 앉는 팔찌이다. 緤은 音이 懾이니 개의 밧줄이다.

⑯ 馬有銜橛之理 : 橛, 音厥. 相如諫獵書, "時有銜橛之變."

橛(굴레)은 音이 厥이니, 司馬相如의 사냥을 간하는 上書에 "지금 말이 성을 내어 재갈이 벗겨지고 굴레가 부서지는 변고가 있습니다."라고 하였다.

⑰ 猶有靦於獲多 : 靦, 音腆, 慙也.

靦은 音이 腆이니 부끄러워하는 것이다.

⑱ 復有蒐狩之禮……獨無情而內愧 : 此一節, 述禽荒之戒.

이 1절은 동물놀이에 빠진 정황에 대한 警戒를 기술한 것이다.

또 사냥의 예절과 말 달리며 활 쏘는 장소가 있는데, 바르고 의로운 것으로 절제하지 않으면 반드시 사냥 폐단에 이를 것이니, 외형만 피곤에 지칠 뿐만 아니라 마음 또한 발작증을 일으키게 될 것입니다.

높은 산과 깊은 골짜기를 두려워하지 않는 것은 죄수들이고, 사냥놀이로 즐거움을 삼는 것은 하찮은 무리들의 일입니다. 종묘사직의 중요한 임무를 지니고 선왕이 남겨준 名器(名號와 車服 儀仗)를 가졌는데, 매와 사냥개 따위와 함께 달리게 되면 험난한 곳을 넘다가 말고삐를 놓치게 될 것이니, 말이 재갈이 벗겨지고 굴레가 부러지는 경우가 있겠고, 짐승이 뜻밖의 곳에서 나와 놀라게 될 것입니다. 오히려 짐승을 많이 잡는 것에 얼굴이 붉어지리니 다만 마음속에 부끄러움이 없겠습니까?

12-1-10

以小臣之愚鄙로 **忝不貲之恩榮**하고 **擢無庸於草澤**하여 **齒陋質於簪纓**이라 **遇大道行而兩儀泰**하고 **喜元良會而萬國貞**이니이다 **以監府之多暇**로 **每講論而肅成**하시니 **仰惟神之敏速**[43]하고 **歎將聖**[44]**之聰明**이니이다 **自禮賢於秋實**[45]하시니 **足歸道於春卿**[46]이니이다

43) 仰惟神之敏速 : ≪周易≫ 〈繫辭傳 上〉에 "신성하므로 서두르지 않아도 빠르다.〔唯神也 故不疾而速〕"에서 용사한 것이다.

44) 將聖 : ≪論語≫ 〈子罕〉에 "진실로 하늘이 내려보낸 거의 성인이시다.〔固天縱之將聖〕"라고 하였다.

芳年淑景에 **時和氣淸**하여 **華殿邃兮簾幃靜**하고 **灌木森兮風雲輕**하며 **花飄香兮動笑日**하고 **嬌鶯囀兮相哀鳴**이니이다 **以物華之繁靡**에 **尙絶思於將迎**⑲하시고 **猶允蹈而不倦**하여 **極耽翫以硏精**이니이다 **命庸才以載筆**하사 **謝摛藻**[47]**於天庭**이니이다 **異洞簫之娛侍**⑳하고 **殊飛盖之緣情**㉑이라 **闕雅言以贊德**이나 **思報恩以輕生**이니이다 **敢下拜而稽首**호니 **願永樹於風聲**[48]하시고 **奉皇靈之遐壽**하사 **冠振古之鴻名**㉒하소서

⑲ 尙絶思於將迎 : 思, 去聲.
思(생각)는 去聲이다.

⑳ 異洞簫之娛侍 : 漢元帝爲太子時, 好吹洞簫, 自度聲被歌調. 王褒上洞簫賦, 乃令後宮貴人皆誦讀之.
漢 元帝가 太子였을 때, 퉁소 불기를 좋아해서 스스로 곡조를 만들기도 했다. 王褒가 〈洞簫賦〉를 지어 올리자, 後宮과 貴人들에게 모두 외우도록 했다.

㉑ 殊飛盖之緣情 : 魏文帝爲世子時, 曹植賦詩曰 "淸夜遊西園, 飛盖相追隨."
魏 文帝가 世子였을 때 曹植이 다음과 같은 시를 지었다. "청아한 밤 西園에서 즐길 때, 달리는 수레들이 연이어 따랐다."

㉒ 冠振古之鴻名 : 冠, 去聲.
冠(으뜸가다)은 去聲이다.

우매하고 미천한 신이 한없는 은혜와 영광을 입어, 쓸모없는 자가 초야에서 발탁되고, 누추한 자질이 의관을 갖춘 관리와 나란히 했습니다. 大道가 시행되어 兩儀(天地)가 평안한 시대를 만나고, 元良(太子)이 때마침 이러한 때를 만나 모든 나라가 바르게 다스려짐을 기뻐합니다. 官府를 감독하며 여가가 날 때, 매번 강론을 통해 엄숙한 완성을 이루시니, 신성하여 민첩하심을 우러러 받들고 거의 성인이신 총명에 감탄합니다.

스스로 德行 성취자를 예우하시니 충분히 道를 春卿(桓榮) 같은 선생에게 의

---

45) 秋實 : 德行의 成就를 말한다. ≪三國志≫ 〈魏志〉 권12 〈邢顒傳〉에 "여러 아들들의 봄꽃을 채집하고, 家丞(官名)의 덕행 성취를 잊는다.〔採庶子之春華 忘家丞之秋實〕"라고 하였다.

46) 春卿 : 後漢 桓榮의 字이다. ≪後漢書≫ 〈桓榮傳〉에 "光武帝가 즉시 환영을 불러 ≪尙書≫를 해설하게 하였는데 그것을 매우 훌륭하게 여기고 議郞에 임명하여 10萬錢을 내리고는 궁중에 들어와 太子를 敎授하게 하였다.〔帝卽召榮 令說尙書 甚善之 拜爲議郞 賜錢十萬 入使授太子〕"라고 하였다.

47) 摛藻 : 글짓기로, 마음대로 文才를 펼침을 말한다.

48) 樹於風聲 : ≪書經≫ 〈周書 畢命〉의 "선한 이를 드러내고 악한 이를 병들게 하여 교화를 세우라.〔彰善瘅惡 樹之風聲〕"에서 유래한 것이다.

귀할 만합니다. 꽃다운 나이 아름다운 풍경에 시절이 온화하고 기운이 맑아서, 화려한 궁전 깊은 곳엔 주렴 장막 조용하고, 떨기나무 숲속엔 바람과 구름이 가뿐하며, 꽃향기 나부끼어 흔들려 햇빛에 웃고, 교태로운 꾀꼬리 소리 구르는 듯 애잔하게 노래합니다.

화려하고 화사한 풍물 앞에서도 맞아들이려는 마음을 끊으시고, 여전히 실천하기에 나태하지 않으시어, 학문을 지극히 탐구하고 정진하십니다. 부족한 재능을 갖춘 제게 글을 지으라고 명하시어, 감사하게도 天庭(궁전)에서 글을 엮게 되었습니다.

洞簫로 기쁘게 모셨던 것과 다르고, 달리는 수레에 정이 따랐던 것과도 다릅니다. 고운 말로 덕을 찬양한 것은 부족하지만, 은혜에 보답하기 위해 목숨마저 가볍게 여기고 있습니다. 감히 절을 하고 머리를 조아리오니, 부디 영원히 좋은 명성을 세우시고 皇上을 오랫동안 받드시어 역사에 으뜸가는 훌륭한 명성을 떨치소서."

12-1-11

太宗이 **見而遣使**[83]**謂百藥曰 朕**이 **於皇太子處**에 **見卿所作賦**하니 **述古來儲貳事**하여 **以誡太子**하니 **甚是典要**라 **朕**이 **選卿以輔弼太子**는 **正爲此事**[84]라 **大稱所委**[85]나 **但須善始令終耳**라 **因賜廐馬一匹**과 **彩物三百段**하다

⑻ 太宗見而遣使 : 使, 去聲.
使(사신)는 去聲이다.

⑻ 正爲此事 : 爲去聲.
爲(위하다, 때문에)는 去聲이다.

⑻ 大稱所委 : 稱, 去聲.
稱(알맞다)은 去聲이다.

太宗이 이 글을 보고 사신을 보내 李百藥에게 말하기를 "짐이 황태자가 머무는 곳에서 경이 지은 〈찬도부〉를 보니, 지난 시대 황태자와 관련된 이야기를 서술하여 태자를 경계하였으니, 대단히 중요한 내용이었소. 짐이 경을 선발해서 태자를 보필하게 한 것은 바로 이러한 일 때문이었소. 맡긴 일에 대단히 알맞기는 하지만, 반드시 시작을 잘한 것처럼 끝도 잘 마치기를 바라오."라 하

고, 궁중 말 한 필과 채색 비단 300단을 하사했다.

【集論】

愚按 此東宮毓德之初와 **群工贊善之始**에 **承乾**이 **頗留意典墳**이라 **然燕閒之後**에 **嬉戲無度**라 **昔**에 **賈誼言輔翼太子**에 **有曰 少成若天性**하고 **習慣如自然**[49]이라하니 **蓋愛子**에 **教之以義方**할새 **亦孰不欲教之於其初**리오마는 **其後乃爾相遠耶**아 **夫子所謂下愚不移**[50]**者乎**아 **抑所以輔翼之具有未至乎**아 **然肅觀李百藥贊道賦一篇**하면 **歷述秦漢魏晉以來**로 **儲貳之善惡**과 **與夫任賢去邪之道**와 **明刑愼罰之方**하고 **峻宇雕墻**과 **甘酒嗜音**과 **內作色荒**과 **外作禽荒之戒**가 **莫不畢具**하여 **事實切當**하고 **文辭流麗**하여 **光輔前星者**가 **足爲典訓也**라

내가 살펴보건대, 동궁이 덕을 함양하던 초기와 여러 신하가 善을 보필하던 시초에 李承乾이 五典과 三墳에 퍽 관심을 기울였다. 하지만 한적하게 지낼 때 놀이를 즐기는 것이 한도가 없었다.

옛날 賈誼가 태자를 보좌한 것에 대해 이야기할 때 "어려서 이루어진 것은 타고난 것과 같고, 줄곧 익혀온 것은 자연스러운 것과 같다."라고 했으니, 자식을 사랑하여 의로운 방향으로 가르칠 때 어느 누군들 그 시작 무렵에 가르치고 싶지 않으랴만, 후일에 그처럼 차이가 나게 된 것인가? 孔子가 말씀하신 "최하의 어리석은 자는 바뀔 수 없다."는 것인가? 아니면 보좌의 도구가 극진하지 못해서인가?

하지만 李百藥의 〈贊道賦〉 한 편을 잘 살펴보면, 秦·漢·魏·晉 이래 동궁들의 선악, 현자를 임명하고 사악한 자를 버리는 방도, 형벌을 명확히 하며 신중히 하는 방법을 낱낱이 서술하고, 높은 집에 화려한 담장, 술을 즐기고 음악을 탐닉함, 안으로는 여색에 빠지고 밖으로는 사냥에 빠지는 것에 대한 경계가 모두 구비되어, 사실이 적절하고 타당하며 문장이 유려해서 前星(태자)을 빛나게 하는 것이 충분히 모범적인 훈계가 될 만하다.

12-2-1

貞觀中에 **太子承乾**이 **數**(삭)**虧禮度**①하고 **侈縱日甚**이어늘 **太子左庶子于志寧**이 **撰諫苑二十卷**하여 **諷之**러라 **是時**에 **太子右庶子孔穎達**②이 **每犯顔進諫**커늘 **承乾乳母遂**

49) 少成若天性 習貫如自然 : ≪漢書≫ 〈賈誼傳〉에 보인다.

50) 下愚不移 : ≪論語≫ 〈陽貨〉에 보인다.

安夫人이 謂穎達曰 太子長成③이어늘 何宜屢得面折이리오 對曰 蒙國厚恩하여 死無所恨이라하고 諫諍愈切이러라 承乾이 令撰④孝經義疏어늘 穎達이 又因文見意하여 愈廣規諫之道러라 太宗이 竝嘉納之하여 二人에 各賜帛五百匹과 黃金一斤하여 以勵承乾之意⑤하다

① 太子承乾 數虧禮度 : 數, 音朔.
數(자주)은 音이 朔이다.

② 是時 太子右庶子孔穎達 : 孔穎達, 字仲達, 冀州人. 八歲就學, 日記千餘言, 隋世擧明經高第. 貞觀初, 數進忠言, 爲右庶子. 嘗撰五經義疏, 號爲詳博.
孔穎達은 字가 仲達이며 冀州 사람이다. 8세 때 학문하기 시작하여 하루에 천여 글자의 내용을 외웠으며 隋나라 때 明經科에 우수한 성적으로 급제했다. 貞觀 초기에 충직한 말을 자주 진언하여 右庶子가 되었고 일찍이 ≪五經義疏≫를 찬술했는데 상세하고 해박하다고 호평하였다.

③ 太子長成 : 長, 音掌.
長(자라다)은 音이 掌이다.

④ 承乾 令撰 : 令, 平聲.
令(하여금)은 平聲이다.

⑤ 以勵 承乾之意 : 按史傳, "各賜帛百匹黃金十斤."[51]
살펴보건대, 史書에서 "각자에게 비단 100匹과 황금 10斤을 하사했다."고 하였다.

貞觀 연간에 太子 李承乾이 예절과 법도를 자주 무너뜨리고 사치와 방종이 갈수록 심하자, 太子左庶子 于志寧이 ≪諫苑≫ 20권을 지어 諷諫했다.

당시 太子右庶子 孔穎達이 매번 얼굴에 맞대고 간언을 올리자, 이승건의 유모 遂安夫人이 공영달에게 이르기를 "태자가 다 자랐는데 어찌 자주 면전에서 비평해서야 되겠소?"라고 하니, 대답하기를 "국가의 후한 은혜를 입어서 죽어도 여한이 없다오."라고 하고, 더욱더 절실하게 간언을 올렸다.

이승건이 ≪孝經義疏≫을 찬술하게 하자, 공영달이 그 문장을 통해 의견을 내보이며 올바른 도리로 간언하는 방법을 더욱더 넓혔다. 太宗이 모두 가상하게 받아들여 두 사람에게 각각 비단 500필과 황금 1근을 하사하여, 이승건의 뜻을 격려했다.

---

51) 各賜帛百匹黃金十斤 : ≪舊唐書≫ 권76 〈太宗諸子 恒山王承乾列傳〉에 이 구절이 보인다.

【集論】

愚按 于志寧이 撰諫苑하여 以形匡救之益하고 孔穎達이 疏經義하여 以廣規諫之道하고 太宗이 又賜賚二臣하여 以寓激勵之意하니 君父師友之責이 盡矣라 是時에 承乾雖虧禮侈縱이나 而於文史規誨에 猶未咈拒하니 毋亦不難於知而難於行耶아

내가 살펴보건대, 于志寧이 ≪諫苑≫을 지어 바르게 구제하는 유익함을 나타내고, 孔穎達이 ≪孝經義疏≫를 지어 바른 도리로 간언하는 길을 넓히고, 太宗이 또 두 신하에게 하사품을 내려 격려의 뜻을 내보였으니 임금과 아버지, 스승과 벗의 책임이 극진한 것이다.

당시 李承乾이 비록 예절을 무너뜨리고 사치 방종했지만, 글과 역사의 바른 일깨움에 대해 거역하지 못했으니, 또한 아는 것에 어려워한 것이 아니라 실행하는 것에 어려워한 것이 아닌가.

12-3-1

貞觀十三年에 太子右庶子張玄素가 以承乾頗以遊畋廢學으로 上書諫曰 臣聞皇天無親하여 惟德是輔①라하니 苟違天道면 人神同棄니이다 然古三驅[52)]之禮는 非欲教殺이라 將爲百姓除害②니 故湯羅一面에 天下歸仁③하니이다 今苑內娛獵이 雖名異遊畋이나 若行之無恒이면 終虧雅度니이다 且傅說曰 學不師古는 匪說(열)攸聞④이라하니 然則弘道는 在於學古요 學古는 必資師訓이니이다 旣奉恩詔하여 令孔穎達侍講⑤하시니 望數(삭)存顧問⑥하사 以補萬一하소서 仍博選有名行學士⑦하여 兼朝夕侍奉하여 覽聖人之遺教하고 察旣往之行事하여 日知其所不足하고 月無忘其所能[53)]하시니 此則盡善盡美니 夏啓周誦[54)]을 焉足言哉⑧리잇가 夫爲人上者⑨가 未有不求其善이나 但以性不勝情⑩하여 耽惑成亂하나니 耽惑旣甚이면 忠言盡塞이니 所以臣下苟順하여 君道漸虧니이다 古人이 有言 勿以小惡而不去⑪하고 小善而不爲[55)]라하니 故知禍福之來가 皆起於

52) 三驅 : 한쪽 면은 열어두고 삼면으로만 사냥감을 쫓아서 잡는다는 말로, 임금의 사냥을 가리킨다. ≪周易≫ 比卦 九五에 "임금이 삼면으로만 몰아가자, 앞으로 날아가는 새를 다 잃어버린다.〔王用三驅 失前禽〕"라고 하였다.

53) 日知其所不足 月無忘其所能 : ≪論語≫ 〈子張〉의 "日知其所亡 月無忘其所能"에서 유래한 것이다.

54) 夏啓周誦 : 夏啓는 禹王의 아들이고, 周誦은 武王의 아들 成王이다.

55) 勿以小惡而不去 小善而不爲 : ≪三國志補注≫ 권5에 蜀漢 劉備의 "선이 작다고 하여 아니 하

漸이니이다 殿下가 地居儲貳하사 當須廣樹嘉猷커늘 旣有好畋之淫⑫하시니 何以主斯匕鬯[56]이리잇가 愼終如始라도 猶恐漸衰어늘 始尙不愼하면 終將安保리잇가 承乾이 不納커늘 玄素가 又上書諫曰 臣聞稱皇子入學而齒冑[57]者는 欲令太子知君臣父子尊卑長幼之道⑬니이다 然君臣之義와 父子之親과 尊卑之序와 長幼之節이 用之方寸之內하여 弘之四海之外者니 皆因行以遠聞이요 假言以光被[58]니이다 伏惟殿下가 睿質已隆이나 尙須學文以飾其表이니이다 竊見孔穎達趙弘智等은 非惟宿德鴻儒라 亦兼達政要하니 望令數得侍講하여 開釋物理하시고 覽古論今하여 增輝睿德하소서 至如騎射畋遊와 酣歌妓翫은 苟悅耳目이나 終穢心神이니 漸染旣久⑭하면 必移情性이니이다 古人이 有言心爲萬事主라 動而無節卽亂[59]이라하니 恐殿下敗德之源이 在於此矣하노이다 承乾이 覽書愈怒하여 謂玄素曰 庶子가 患風狂耶아하다 十四年에 太宗이 知玄素가 在東宮하여 頻有進諫하고 擢授銀青光祿大夫하고 行[60]太子左庶子하다 時에 承乾이 嘗於宮中擊鼓하여 聲聞于外⑮어늘 玄素가 叩閤請見(현)⑯하여 極言切諫커늘 乃出宮內鼓하여 對玄素毁之하고 遣戶奴[61]하여 伺玄素早朝⑰하여 陰以馬檛(사)擊之⑱하여 殆至於死러라 是時에 承乾이 好營造亭觀⑲하여 窮極奢侈하여 費用日廣커늘 玄素가 上書諫曰 臣以愚蔽로 竊位兩宮[62]하니 在臣有江海之潤이나 於國無秋毫之益이라 是用必竭愚誠하여 思盡臣節者也니이다 伏惟儲君之寄는 荷戴殊重⑳하니 如其積德不弘하면 何以嗣守成業이리잇가 聖上이 以殿下親則父子요 事兼家國하여 所應用物을 不爲節限이나 恩旨未逾六旬하여 用物已過七萬하니 驕奢之極이 孰云過此리잇가 龍樓[63]之下는 惟聚工

지 말고 악이 작다고 하여 하지 말라.〔勿以善小而不爲 勿以惡小而爲之〕"를 用事한 것이다.

56) 匕鬯 : 종묘제례로, 국가의 중요 행사를 가리킨다.

57) 皇子入學而齒冑 : ≪禮記≫ 〈文王世子〉에 "한 가지 일을 행하여 세 가지의 선한 것을 모두 얻을 수 있는 이는 오직 세자뿐이니, 세자가 국학에서 나이 순서로 예에 따르는 것을 말한다.〔行一物而三善皆得者 唯世子而已 其齒於學之謂也〕"라고 하였다. 이는 本書 第10 論尊敬師傅에 자세히 소개되었다.

58) 光被 : 널리 퍼짐을 말한다. ≪書經≫ 〈虞書 堯典〉에 "광채가 사방에 덮였다.〔光被四表〕"라고 하였다.

59) 心爲萬事主 動而無節卽亂 : 晉나라 傅玄의 ≪傅子≫ 권15 〈正心篇〉에 보인다.

60) 行 : 고급 관직자가 낮은 관직을 겸임할 때 사용하는 용어이다.

61) 戶奴 : 家奴. 집안에서 부리는 종이다.

62) 兩宮 : 천자 궁과 태자 궁으로, 銀青光祿大夫와 太子左庶子 두 가지 벼슬에 있음을 말한다.

匠이요 望苑[64]之內는 不睹賢良이니이다 今言孝敬하면 則闕侍膳問豎[65]之禮하고 語恭順하면 則違君父慈訓之方하고 求風聲하면 則無學古好道之實하고 觀擧措하면 則有因緣誅戮之罪하며 宮臣正士는 未嘗在側하고 群邪淫巧가 昵近深宮하며 愛好者는 皆遊伎雜色이요 施與者는 竝圖畫雕鏤이니이다 在外瞻仰에 已有此失하니 居中隱密을 寧可勝計哉㉑리잇가 宣猷禁門[66]은 不異闤闠㉒[67]하여 朝入暮出에 惡聲漸遠이니이다 右庶子趙弘智는 經明行修㉓하여 當今善士라 臣每請望數(삭)召進하여 與之談論하면 庶廣徽猷러니 令旨[68]反有猜嫌하사 謂臣妄相推引하시니 從善如流[69]라도 尙恐不逮어늘 飾非拒諫하면 必是招損이니이다 古人云 苦藥利病이요 苦口利行[70]이라하니 伏願居安思危[71]하사 日愼一日[72]하소서 書入커늘 承乾이 大怒하여 遣刺客하여 將加屠害라가 俄屬宮廢㉔하다

① 惟德是輔：周書蔡仲之命之辭.
《書經》〈周書 蔡仲之命〉에 있는 내용이다.

② 將爲百姓除害：爲, 去聲.
爲(위하다)는 去聲이다.

③ 故湯羅一面 天下歸仁：湯出見野張網四面, 祝曰 "自天下四方, 皆入吾網." 湯曰 "嘻, 盡之矣." 乃去其三面. 祝曰 "欲左, 左, 欲右, 右. 不用命, 乃入吾網." 諸侯聞之曰 "湯德至矣, 及禽獸."
湯王이 나와서 들판의 그물이 사면에 쳐진 것을 보았는데, 새그물을 친 사람이 축원하기를 "천하 사방이 모두 내 그물 안에 들어오라!"라고 하자, 湯王이 말하기를 "아, 다 망라해 버렸구나!"라고 하고 삼면을 제거하게 했다. 탕왕이 다시 축원하기를 "왼쪽으로 가려면

---

63) 龍樓：太子의 궁문이다.

64) 望苑：博望苑으로, 東宮의 내원이다. 한 무제가 태자를 위하여 博望苑을 만들고 賢人들을 모으게 하였다.

65) 侍膳問豎：황제가 밥을 먹거나 잠자리에 들 때 태자가 내시에게 상태를 묻는 예절이다.

66) 宣猷禁門：태자가 거처하는 집의 문을 말한다. 西晉 陸機가 太子洗馬로 있을 때 명을 받아 지은 〈皇太子宴玄圃宣猷堂有令賦詩〉에 의하면 晉 惠帝 愍懷太子의 玄圃園 안에 宣猷堂이 있었다. 禁은 잡인의 출입을 금지한다는 뜻이다. 《文選》 권20 참조.

67) 闤闠：저자거리를 가리킨다.

68) 令旨：태자의 敎旨이다.

69) 從善如流：《春秋左氏傳》 成公 8년에 보인다.

70) 苦藥利病 苦口利行：漢나라 袁康의 《越絶書》〈外傳計倪〉에 보인다.

71) 居安思危：《春秋左氏傳》 襄公 11년에 보인다.

72) 日愼一日：《韓詩外傳》 권8에 보인다.

왼쪽으로 가고 오른쪽으로 가려면 오른쪽으로 가라. 명을 듣지 않는 새만 내 그물 안으로 들어오라!"라고 했다. 제후들이 그 말을 듣고 "湯王의 덕이 지극하여 금수에게까지 미쳤다."라고 했다.

④ 匪說攸聞：說, 音悅, 商書傅說告高宗之辭.
說(기뻐하다, 좋아하다)은 音이 悅이다. ≪書經≫ 〈商書 說命 下〉에서 傅說이 高宗에게 아뢴 말이다.

⑤ 令孔穎達侍講：令, 平聲. 後同.
令(하여금)은 平聲이다. 뒤에도 같다.

⑥ 望數存顧問：數, 音朔. 後同.
數(자주, 곧잘)은 音이 朔이다. 뒤에도 같다.

⑦ 仍博選有名行學士：行, 去聲.
行(행실)은 去聲이다.

⑧ 焉足言哉：焉, 於虔切.
焉(어찌)은 於와 虔의 반절이다.

⑨ 夫爲人上者：夫, 音扶.
夫(발어사)는 音이 扶이다.

⑩ 但以性不勝情：勝, 平聲. 後同.
勝(감당하다)은 平聲이다. 뒤에도 같다.

⑪ 勿以小惡而不去：去, 上聲.
去(버리다)는 上聲이다.

⑫ 旣有好畋之淫：好, 去聲. 後同.
好(좋아하다)는 去聲이다. 뒤에도 같다.

⑬ 長幼之道：長, 音掌. 後同. 見教誡篇註.
長(어른)은 音이 掌이다. 뒤에도 같다. 〈教誡〉편 주석에 관련 내용이 보인다.

⑭ 漸染旣久：漸, 音尖.
漸(점차, 점진적)은 音이 尖이다.

⑮ 聲聞于外：聞, 去聲.
聞(들리다, 소문나다)은 去聲이다.

⑯ 玄素 叩閤請見：見, 音現.
見(뵙다)은 音이 現이다.

⑰ 遣戶奴 伺玄素早朝：朝, 音潮.
朝(조회하다)는 音이 潮이다.

⑱ 陰以馬檛擊之：檛, 音査.
檛(채찍)는 音이 査이다.

⑲ 好營造亭觀：觀, 去聲.

觀(누각, 망루)은 去聲이다.

⑳ 荷戴殊重：荷, 上聲.

荷(메다, 책임지다)는 上聲이다.

㉑ 寧可勝計哉：勝, 平聲.

勝(감내하다)은 平聲이다.

㉒ 不異闤闠：闤, 音環. 闠, 音會.

闤(네거리)은 音이 環이고, 闠는 音이 會이다.

㉓ 經明行修：行, 去聲.

行(행실)은 去聲이다.

㉔ 十四年……俄屬宮廢：按後一書, 通鑑係十三年. 詔自今皇太子, 出用庫物, 所司勿爲限制. 於是, 太子發取無度, 故玄素上疏. 十七年, 承乾廢.

살펴보건대, 뒷부분의 한 상서는 ≪資治通鑑≫ 貞觀 13년조에 나와 있다. 太宗이 내린 조칙에서, '지금부터 皇太子가 창고의 물품을 낼 때 담당자는 제한을 두지 말라.'고 하자, 이에 태자가 한도가 없이 내썼고, 그래서 張玄素가 소를 올린 것이다. 정관 17(643)년에 承乾이 폐출되었다.

貞觀 13년(639)에 太子右庶子 張玄素가 李承乾이 자주 사냥을 나가며 공부를 팽개친 것에 대해 글을 올려 간하였다.

"신이 들으니 '하늘은 특별히 친한 사람이 없고 오직 덕이 있는 사람을 도와준다.'라고 했으니 참으로 하늘의 도를 어기면 사람과 신명이 모두 버리게 됩니다. 하지만 옛날 三驅의 禮法은 생물을 죽이도록 하려는 것이 아니라 백성을 위해 해악을 제거하려 함이었습니다. 그래서 湯王이 한 면에만 그물을 펼치자 온 세상 사람들이 그 인자함에 귀의하였습니다. 지금 苑內에서 즐기는 사냥은 비록 교외로 나가 사냥하는 것과 명칭은 다르지만 만일 절제 없이 계속 행하신다면 결국 바른 법도를 무너뜨리게 될 것입니다.

그래서 傅說이 말하기를, '배움이 옛 것을 법으로 삼지 않는 것은 제가 들은 바가 아닙니다.'라고 했으니, 그렇다면 도를 넓히는 것은 옛 것을 배우는 데에 있고 옛 것을 배우는 것은 반드시 스승의 가르침을 힘입어야 합니다. 이미 성상의 은혜로운 조칙을 받아 孔穎達에게 侍講의 임무를 맡기셨으니, 부디 자주 물어보셔서 만에 하나라도 보충하시길 바랍니다.

그리고 명성과 덕행을 갖춘 학사들을 널리 선발해서 아침저녁으로 侍奉하게 하여, 성인이 남기신 가르침을 살피고 이전의 행적들을 관찰하여 날마다 부족한 바를 알고 달마다 능한 것을 잊지 않도록 하셨으니, 이것은 아주 훌륭하고 아주 아름다운 일인바, 夏나라 啓와 周나라 誦쯤을 어찌 거론할 것이 있겠습니까.

무릇 모든 사람의 위에 있는 이는 그 선을 추구하지 않은 적이 없으나, 다만 본성이 감정을 감내하지 못해 현혹을 탐닉하여 혼란이 이룩되고, 현혹을 탐닉함이 심해지면 충직한 말이 모두 막힙니다. 따라서 신하가 구차하게 순종하게 되어 임금의 도리는 점차 망가지게 됩니다. 옛사람이 말하기를, '작은 악이라고 하여 제거하지 아니하지 말고, 작은 선이라 하여 실천하지 아니하지 말라.'라고 했으니, 재앙과 복의 다가옴은 모두 점진적으로 일어난다는 것을 알 수 있습니다.

전하께서 儲貳(태자)의 자리에 계시면서 마땅히 좋은 계획을 널리 수립하셔야 하는데, 이미 사냥을 좋아하는 탐닉이 있으시니, 어떻게 匕鬯(국가 제례)을 주관하실 수 있겠습니까. 마지막을 신중히 하기를 처음처럼 한다 해도 점차 쇠퇴할까 염려스러운데, 시작부터 삼가지 않는다면 마침을 어떻게 보장할 수 있겠습니까."

이승건이 받아들이지 않자 張玄素가 또다시 간언을 올렸다.

"신이 들으니, '황자가 학교에 들어가면 태자도 나이 순서로 배치한다.'라고 했는데, 이는 태자에게 임금과 신하, 아버지와 아들, 높은 사람과 낮은 사람, 어른과 아이의 도리를 알도록 하고자 함입니다. 하지만 임금과 신하 사이의 의리, 아버지와 자식 사이의 친함, 높은 사람과 낮은 사람 사이의 질서, 어른과 아이 사이의 예절은 모두 마음속에서 운용되어 四海 밖에까지 널리 퍼지는 것이니, 모두 행동을 통해 먼 곳까지 알려지고 말을 빌려 넓게 펼쳐지는 것입니다. 삼가 생각하옵건대, 전하께선 타고난 바탕이 이미 빼어나시나 반드시 학문을 통해 그 외면을 닦으셔야 합니다.

살며시 살펴보건대, 孔穎達과 趙弘智 등은 훌륭한 덕행을 갖춘 학자일 뿐만 아니라 정치의 요체를 통달하고 있으니 자주 侍講하도록 해서, 사물의 이치를 열어 풀이하고 고금을 살피고 논하게 하여, 훌륭하신 덕성을 더욱더 빛나게 하시기 바랍니다. 말 타고 활 쏘며 사냥놀이하고 술 마시고 노래하고 기녀들과 노는 일은 귀와 눈을 즐겁게 할 수는 있지만 결국 마음과 정신을 더럽히니, 점차 물드는 시간이 오래되면 반드시 본성을 바꾸게 할 것입니다. 옛사람이 말하기를, '마음은 모든 일의 주인이어서 행동할 때 절제가 없으면 혼란스럽게 된다.'라고 했으니, 전하께서 덕행을 망가뜨리는 근원이 여기에 있지 않을까 우려됩니다."

이승건이 상서를 본 뒤 더욱 노하여, 장현소에게 이르기를, "右庶子가 미친 것 아니오?"라고 했다.

貞觀 14년(640)에 太宗이 장현소가 東宮에서 곧잘 간언을 올린다는 사실을 알고 銀靑光祿大夫에 발탁하고 太子左庶子를 겸임하게 했다. 당시 이승건이 궁 안에서 북을 쳐서 그 소리가 밖에까지 들리자, 장현소가 문을 두드려 뵙기를 청한 뒤, 절실한 간언을 올리자, 이승건이 궁 안의 북을 내와서 장현소 앞에서 깨뜨리고, 戶奴를 보내 장현소가 아침 일찍 조회할 때를 기다렸다가 몰래 말채찍으로 공격하게 해서, 거의 죽을 지경에 이르렀다. 당시 이승건이 건물 짓기를 좋아하면서 사치의 극치를 보이며 그 비용이 나날이 커지자, 장현소가 글을 올려 간하였다.

"신이 우둔한 몸으로 두 宮에서 자리를 차지하고 있으니, 신에겐 河海와 같은 윤택함이 있으나 국가에는 털끝만큼의 보탬도 없습니다. 그래서 반드시 부족한 정성이나마 다하여 신하의 절의를 다하려 하고 있습니다. 삼가 생각하옵건대, 儲君(태자)의 지위는 담당하는 것이 퍽 무거우니 만일 쌓은 덕이 크지 않으면 어떻게 완성된 사업을 이어서 지킬 수 있겠습니까.

성상은 전하에게 친분으로는 부자관계이고 또 일이 가정과 나라를 겸하여 쓰시는 물품에 대해 제한을 두지 않으셨습니다만, 내리신 聖旨가 60일도 되지 않았는데 쓰시는 금액이 이미 7만을 넘으셨으니, 교만과 사치의 극치가 이보다 과한 것이 어디 있겠습니까?

龍樓 아래에선 오직 工匠들만 모여 있고 望苑 안에선 현자들을 볼 수 없습니다. 지금 효도와 공경을 이야기하자면 전하께서는 폐하의 드시는 음식을 살피고 豎臣(小臣)에게 묻는 예절을 빠트리고 계시고, 공손과 순응을 이야기하자면 임금과 아버지의 자애로운 가르침을 어기고 계시고, 풍문과 명성을 찾아보자면 옛 것을 배우고 道를 좋아하는 사실이 없으시며, 擧措를 살펴보자면 권력에

의지해 주륙하는 죄가 있습니다. 동궁 안의 바른 인사들이 곁에 있지 않고 사악하며 음탕한 자들이 깊은 궁 안에서 가까이하고, 사랑하며 좋아하는 이들은 모두 기생들이나 완상물들이고, 상으로 주는 것들은 모두 그림이나 조각 따위이십니다. 밖에서 바라볼 때도 이미 이런 잘못들이 있는데, 안에서 벌어지는 은밀함이야 어찌 이루 다 셀 수 있겠습니까? 宣猷禁門(태자 거처의 문)은 여느 거리와 다름이 없어서, 아침에 들어갔다 저녁에 나오면서 추문이 점점 확산되고 있습니다.

右庶子 趙弘智는 經學에 밝고 행실이 잘 갖추어져 오늘날의 훌륭한 인물이어서 신이 전하께 매번 자주 불러들여서 그와 담론하면 훌륭한 덕을 넓게 갖출 수 있을 것이라 청하였습니다. 그런데 전하의 말씀은 도리어 그를 시기하고 혐의를 두어, 신이 함부로 추천했다고 말씀하십니다. 선을 물 흐르듯이 좇는다고 해도 미치지 못할까 걱정해야 하는데 잘못을 감추고 간언을 거부하게 되면 반드시 손해를 부르게 될 것입니다. 옛사람이 이르기를, '쓴 약은 병에 이롭고 쓴 말은 실행에 이롭다.'라고 했으니, 부디 바라옵건대, 편안할 때 위기를 생각하여 하루하루 더욱더 신중하시기를 바랍니다."

상서가 들어가자 이승건이 크게 노하여 자객을 보내 살해하려 했으나, 이내 이승건이 폐출을 당하였다.

【集論】

胡氏寅曰 周官에 有王及后世子不會[73]之文하니 以愚度之컨대 莫尊於王하고 次曰后요 次曰世子니 用物不會는 是尊貴之故나 得肆爲費侈가 豈節以制度하여 自家刑國之道哉리오 正使周官饍夫酒正內府에 有此文이나 然冢宰之職은 量入爲出하여 得以九式[74]均節財用하니 則雖曰不會나 而會在其中이요 特不使有司以法沮止를 若自下而制上耳라 太宗之詔太子가 於是에 大失이로되 諸賢在朝하여 不聞以爲不可하고 獨張玄素가 止於末流하여 幾於被害하니 豈非君臣之交失乎아

73) 王及后世子不會 : ≪周禮≫ 〈膳夫〉에서 "唯王及後世子之膳 不會"라고 하였고, 〈酒正〉에서 "歲終則會 唯王及后之飮酒 不會"라고 하였으며, 〈外府〉에서 "歲終則會 唯王及后之服 不會"라고 하였다.

74) 九式 : 祭祀・賓客・喪荒・羞服・芻秣・匪頒・工事・幣帛・好用 등 아홉 가지 용도를 절약해 쓰는 것이다. ≪周禮≫ 〈天官 太宰〉 참조.

胡寅이 말하였다.

"≪周官≫에 '왕과 왕후 및 세자의 음식과 의복은 회계하지 않는다.'는 문구가 있는데, 내가 생각해보건대, 가장 존귀한 것은 왕이고 그 다음은 왕후이고 그 다음은 세자이다. 재물을 사용할 때 회계하지 않는 것은 존귀하기 때문인데, 그렇다고 마음대로 쓰도록 하는 것이 어찌 제도로 절제하여, 집안에서 국가에 모범을 보이는 도리이겠는가.

바로 ≪周官≫ 〈饍夫〉·〈酒正〉·〈內府〉에 이러한 문장이 있지만, 冢宰의 직책은 수입에 맞춰 지출하여 '아홉 가지 형식'으로 비용을 균등하게 절제해야 하니, 비록 '회계하지 않는다.'라고는 하지만 회계가 그 속에 들어 있는 것이고, 다만 有司에게 법으로 제지하기를 아랫사람이 윗사람을 제재하는 듯하지 않게 하려는 것일 뿐이다.

태종이 太子에게 내린 조칙은 여기에서 크게 잘못한 것인데, 뭇 현자들이 조정에 있으면서 안 된다고 했다는 이야기가 들리지 않고, 張玄素만이 마지막까지 제지하여 거의 해를 당할 지경에 이르렀으니, 어찌 임금과 신하가 서로 잘못한 것이 아니겠는가.

唐氏仲友曰 太宗이 於玄素에 可謂不察矣라 玄素가 力諫太子하여 至于一再하고 至于三四커늘 承乾이 諱其切至하여 遣戶奴撾擊하고 遣刺客伺之하니 其脫死者는 幸矣라 乃與他宮僚同坐하여 至除名爲民이라가 起爲刺史나 訖不復親近이라 太宗이 於此에 刑濫害及善人矣니 可不悲哉아 事는 與于志寧同이로되 而賞罰異하니 太宗이 何所見而然耶아

唐仲友가 말하였다.

"太宗이 張玄素에 대해 잘 살피지 못했다고 할 수 있다. 장현소가 太子에게 힘껏 간언하여 두 번에 이르고 세 번에 이르자, 李承乾이 그 절박함을 싫어해서 戶奴를 보내 채찍으로 치고 자객을 보내 사찰했으니, 죽음을 모면한 것은 다행이다. 그런데 다른 宮僚와 연좌되어 제명되어 평민이 되었다가 기용되어 刺史가 되긴 했지만 더 이상 가까이하지 않았다. 태종이 여기에서 지나친 형벌을 행한 피해가 선한 사람에게까지 미친 것이니 슬프다 하지 않겠는가. 내용은 于志寧과 같은데 상과 벌이 다르니, 태종이 무엇을 보고 그렇게 한 것인가."

愚按 隋太子勇과 唐太子承乾은 皆以罪廢하니 雖二人不肖하여 有以自取나 亦文帝太宗所以處之失其道也니 何也오 文帝가 旣立勇爲太子하고 而復寵待煬帝하고 太宗이 旣立承乾

爲太子하고 而復寵待魏王하니 煬帝가 攘奪於其初하고 魏王이 效尤於其後라 承乾이 目覩庶人勇之禍라 故爲是不得已之邪謀니 向使太宗이 於太子諸王之間에 早有定分이면 則承乾이 雖不肖나 不至如是之甚也라 今旣不能消其不平之忿하고 乃賞擢張玄素于志寧之流하여 使救正於言語章疏之末이나 果何益之有哉리오

내가 살펴보건대, 隋나라 太子 楊勇과 唐나라 太子 李承乾은 모두 죄를 범해 폐출되었는데, 비록 두 사람이 착하지 못해 스스로 취한 것이긴 하지만, 文帝와 太宗이 대처에 있어 그 正道를 잃었기 때문이니 무엇인가.

문제가 양용을 태자로 세우고 나서 煬帝를 다시 총애하고, 태종이 이승건을 태자로 세우고 나서 魏王을 다시 총애했다. 양제가 앞에서 찬탈하자, 魏王이 뒤에서 그 잘못을 본받은 것이다. 이승건이 庶人이 된 양용의 화를 목도했으므로 이처럼 부득이한 나쁜 모의를 행한 것이다.

만일 태종이 태자와 諸王들 중에서 일찍이 分限을 확정했다면 이승건이 착하지 않긴 해도 이처럼 심한 경우까진 이르지 않았을 것이다. 지금 그 불공평에 대한 분노를 해소시키지 못한 채 張玄素와 于志寧 등에게 상을 내리거나 발탁을 해서 말과 글 따위로 바로잡게 했으나, 과연 무슨 보탬이 되겠는가.

12-4-1

貞觀十四年에 **太子詹事**①**于志寧**이 **以太子承乾廣造宮室**하여 **奢侈過度**하고 **耽好聲樂**②으로 **上書諫曰 臣聞克儉節用**은 **實弘道之源**이요 **崇侈恣情**은 **乃敗德之本**[75]이라 하니이다 **是以**로 **凌雲槩日**을 **戎人**이 **於是致譏**③하고 **峻宇雕墻**을 **夏書以之作誡**④니이다 **昔**에 **趙盾**(돈)이 **匡晉**⑤[76]하고 **呂望**이 **師周**⑥할새 **或勸之以節財**하고 **或諫之以厚斂**⑦하여 **莫不盡忠以佐國**하고 **竭誠以奉君**하여 **欲使茂實播於無窮**하고 **英聲被乎物聽**하니 **咸著簡策**하여 **用爲美談**이니이다 **且今所居東宮**은 **隋日營建**한대 **睹之者尙譏其侈**하고 **見之者猶歎甚華**어늘 **何容於此中**에 **更有修造**하여 **財帛日費**하고 **土木不停**하여 **窮斤斧之工**하고 **極磨礱之妙**리잇가 **且丁匠**[77]**官奴**가 **入內**에 **比者**⑧에 **曾無復監**⑨하니 **此等**이

---

75) 克儉節用……乃敗德之本 : 출전 미상. 참고로 ≪春秋左氏傳≫ 〈莊公〉 24년에 "儉約은 德 중에 큰 것이고, 사치는 惡 중에 큰 것이다.〔儉 德之共也 侈 惡之大也〕"라는 구절이 보인다.

76) 昔趙盾匡晉 : 趙宣子가 晉을 바로잡은 일은 ≪國語≫ 〈晉語〉 5에 "靈公이 포학하자 趙宣子가 자주 간언하니 영공이 근심하였다.〔靈公虐 趙宣子驟諫 公患之〕"라는 것이 보인다.

或兄犯國章하고 或弟罹王法하여 往來御苑하고 出入禁闈할새 鉗鑿이 緣其身하고 槌杵가 在其手니이다 監門은 本防非慮⑩하고 宿衛는 以備不虞어늘 直長이 旣自不知⑪하고 千牛又復不見⑫이니이다 爪牙[78]가 在外하고 廝役[79]이 在內하니 所司가 何以自安이며 臣下가 豈容無懼리잇가 又鄭衛之樂은 古謂淫聲⑬이니이다 昔에 朝歌之鄕에 回車者墨翟⑭[80]이요 夾谷之會에 揮劍者는 孔丘⑮니 先聖이 旣以爲非하고 通賢이 將以爲失이니이다 頃聞宮內에 屢有鼓聲하고 大樂[81]伎兒가 入便不出이라하니 聞之者股栗하고 言之者心戰이니이다 往年口勅을 伏請重尋⑯하소서 聖旨殷勤하여 明誡懇切하시니 在於殿下에 不可不思요 至於微臣에도 不得無懼니이다 臣自驅馳宮闕이 已積歲時라 犬馬도 尙解識恩⑰하고 木石도 猶能知感이니 臣所有管見으로 敢不盡言이리잇가 如鑑以丹誠하면 則臣有生路나 若責其忤旨하시면 則臣是罪人이니이다 但悅意取容은 臧孫이 方以疾疢하고 犯顔逆耳는 春秋比之藥石⑱하니이다 伏願停工巧之作하고 罷久役之人하고 絶鄭衛之音하고 斥群小之輩하시면 則三善允備하여 萬國作貞[82]矣리이다 承乾이 覽書不悅하다

① 太子詹事 : 唐制, 東宮置詹事府, 掌統三寺十率府之政.
唐나라 제도에 의하면, 東宮에 詹事府를 설치하여 三寺(시)와 十率府의 정책을 통합 관리했다.

② 耽好聲樂 : 好, 去聲.
好(좋아하다)는 去聲이다.

③ 戎人 於是致譏 : 秦繆公夸示宮室之盛, 爲西戎由余所笑. 詳見納諫篇註.

---

77) 丁匠 : 부역꾼과 기능공을 말한다.

78) 爪牙 : 짐승의 발톱과 어금니라는 뜻으로, 적을 막고 임금을 호위하는 무사, 또는 忠僕을 지칭한다.

79) 廝役 : 잡부, 종 따위를 말한다.

80) 朝歌之鄕 回車者墨翟 : 墨子는 검소를 숭상하고 음악을 싫어했는데 그 고을의 이름이 '아침에 노래한다〔朝歌〕'는 뜻이었으므로 들어가지 않은 것이다. ≪淮南子 권16 說山訓≫

81) 大樂 : 음악 담당 관청 이름이다.

82) 三善允備 萬國作貞 : 부친을 섬기고, 임금을 존중하고, 어른을 존경하는 것을 말한다. ≪禮記≫ 〈文王世子〉에 "한 가지 일을 행하여 세 가지 선이 모두 이루어질 수 있는 사람은 世子일 뿐이다.……父子・君臣・長幼의 도를 얻어 나라가 다스려진다.……한 사람 원량이 있으면 만국이 이로써 바르게 되니, 세자를 말한다.〔行一物 而三善皆得者 唯世子而已……父子君臣長幼之道 得而國治……一有元良 萬國以貞 世子之謂也〕"라고 하였다.

秦 繆公이 성대한 궁궐을 과시하자, 西戎 由余로부터 비웃음을 받았다. 상세한 것은 〈納諫〉편 주석에 보인다.

④ 夏書以之作誡 : 五子之歌曰 "甘酒嗜音, 峻宇雕墻, 有一於此, 未或不亡."
≪書經≫ 〈夏書 五子之歌〉에서 말하였다. "맛있는 술을 즐기고 음악에 도취하며 집을 드높게 짓고 담을 화려하게 장식하는 것 가운데 하나라도 있으면 멸망하지 않는 이가 없다."

⑤ 昔趙盾匡晉 : 盾, 晉靈公大夫, 卽趙宣子也.
盾은 晉 靈公의 大夫인 趙宣子이다.

⑥ 呂望師周 : 望, 太公也, 爲周太師.
望은 太公이며 周나라 太師이다.

⑦ 或諫之以厚斂 : 斂, 去聲.
斂(세금을 거두다)은 去聲이다.

⑧ 比者 : 比, 音鼻.
比(요즘, 근래)는 音이 鼻이다.

⑨ 曾無復監 : 曾, 音層.
曾(일찍이)은 音이 層이다.

⑩ 監門 本防非慮 : 監, 平聲.
監(감시하다, 감독하다)은 平聲이다.

⑪ 直長 既自不知 : 長, 音掌. 直長, 官名.
長(윗사람)은 音이 掌이며, 直長은 관직 이름이다.

⑫ 千牛又復不見 : 千牛, 官名, 見納諫篇註.
千牛는 관직 이름이며, 〈納諫〉편 주석에 관련 설명이 보인다.

⑬ 古謂淫聲 : 鄭衛, 二國名. 樂記曰 "鄭衛之音, 亂世之音也, 比於慢矣. 桑間濮上之音, 亡國之音也, 其政散, 其民流, 誣上行私而不可止也."
鄭과 衛는 두 개의 나라 이름이다. ≪禮記≫ 〈樂記〉에 다음과 같이 말하였다. "鄭나라와 衛나라의 음악은 亂世의 음악이니 거만에 가깝다. 桑間과 濮上의 음악은 亡國의 음악이니 그 정사가 산만하고 그 백성이 뿔뿔이 흩어져서, 윗사람을 속이고 사적인 것을 행하는 것을 멈추게 할 수 없다."

⑭ 朝歌之鄕 回車者墨翟 : 朝, 音昭. 翟, 音狄. 朝歌, 殷之邑名. 漢書鄒陽書曰 "邑號朝歌, 墨子回車."
朝(아침)는 音이 昭이며 翟(꽁지가 긴 꿩)은 音이 狄이다. 朝歌는 殷나라의 邑 이름이다. ≪漢書≫ 〈鄒陽書〉에서 다음과 같이 말하였다. "邑의 이름이 朝歌라 하는 곳에서 墨子가 수레를 되돌렸다.

⑮ 揮劍者 孔丘 : 夾谷, 魯地名. 家語曰 "定公與齊侯會于夾谷, 孔子攝相事, 齊使萊人以兵劫定公, 孔子歷階而進, 以公退曰 '裔不謀夏, 夷不亂華, 俘不干盟, 兵不偪好.' 齊侯心怍, 麾而避之. 齊奏樂, 俳優侏儒戲於前. 孔子曰 '匹夫熒惑侮諸侯者, 罪應誅.' 於是斬侏儒, 齊侯懼有慙色."

夾谷은 魯나라 지명이다. ≪孔子家語≫ 〈相魯〉에서 다음과 같이 말하였다. "魯 定公이 齊侯와 夾谷에서 회합을 가질 때 孔子가 재상의 일을 임시로 맡고 있었다. 齊나라가 萊人을 시켜 무기로 魯 定公을 위협하자, 孔子가 계단을 지나 올라가 魯 定公을 뒤로 물러서게 한 뒤 말하기를, '裔(변방 민족)는 夏를 도모하지 못하고 오랑캐는 중화를 혼란시키지 못하며 포로는 맹약에 간섭하지 못하고 무기는 우호를 압박하지 못합니다.'라고 하니, 齊侯가 마음속으로 부끄러워하며 손짓해서 물러나게 했다. 齊나라가 음악을 연주하며 배우와 광대가 앞에 나와 놀이를 펼치자, 孔子가 말하기를, '匹夫가 현혹하여 諸侯를 멸시하는 것은 그 죄가 죽임에 해당한다.'라고 하고, 광대를 참수하니, 齊侯가 두려움과 함께 부끄러운 기색을 보였다."

⑯ 伏請重尋 : 重, 去聲.
重(거듭)은 去聲이다.

⑰ 犬馬 尙解識恩 : 解, 音懈.
解(알다)는 音이 懈이다.

⑱ 春秋比之藥名 : 臧孫, 魯大夫, 名紇, 卽臧武仲也. 左傳襄公三十三年, 臧孫曰 "季孫之愛我, 疾疢也, 孟孫之惡我, 藥石也. 美疢不如惡石, 夫石猶生我, 疢之美, 其毒滋多.
臧孫은 魯나라 大夫로 이름이 紇인 臧武仲이다. ≪春秋左氏傳≫ 襄公 33년에 다음과 같이 말하였다. "臧孫(장무중)이 말하기를 '季孫이 나를 사랑하는 것은 病菌이고 孟孫이 나를 미워하는 것은 藥石이다. 좋은 병균은 나쁜 藥石만 못하니, 藥石은 날 살리지만 좋은 병균은 그 독이 갈수록 심하다.'라고 했다."

貞觀 14년(640)에 太子詹事 于志寧이 太子 李承乾이 건물을 많이 지어 사치가 과도하고 가무와 음악을 탐닉하여 좋아한 것에 대해 글을 올려 간하였다.

"신이 들으니, '검소하여, 쓰는 것을 절약하는 것은 실로 도를 넓히는 근원이고, 사치를 일삼고 마음 내키는 대로 하는 것은 덕을 망가뜨리는 근본이다.'라고 했습니다.

그래서 구름에 닿고 태양을 가릴 듯한 건물에 대해 오랑캐가 비난을 가했고, 드높은 집과 치장한 담에 대해 ≪書經≫ 〈夏書 五子之歌〉에서 경계의 글을 지었습니다. 옛날 趙盾이 晉 靈公을 바로잡고 呂望이 周 文王의 스승이었을 때 재물을 절약할 것을 권유하기도 하고 세금을 많이 걷는 것에 대해 간하기도 하며, 모두 충성을 다해 국가를 보좌하고 정성을 다해 임금을 받들었습니다. 이것은 풍부한 사실이 먼 후세에까지 미치고 영명한 명성이 사람들의 귀에까지 들리게 하고자 하는 것이니, 이러한 사실들은 모두 역사에 기록되어 미담으로 전해오고 있습니다.

지금 거처하고 계신 東宮은 隋나라 때 건조한 것인데 보는 이들이 아직도 지나치게 사치하다 비판하고, 살펴본 이들이 너무나 화려하다고 한탄하고 있습니다. 그런데 어찌 이곳에 다시 수리와 건조를 더하여 재물이 나날이 들어가 토목공사가 쉬지 않아 도끼를 든 장인들이 솜씨를 끝까지 내게 하고 연마하며 닦는 오묘의 극치를 부리게 하는 것입니까?

그리고 일꾼 장인과 官奴가 궁내에 들어올 때 근래엔 더 이상 감독이 이루어지지 않는데, 이들 가운데는 형이 국가의 법을 범하기도 하고 아우가 왕의 법을 저촉하기도 해서, 御苑을 왕래하고 禁闈를 출입할 때 집게와 끌이 그 몸에 딸리고 망치 등이 그 손에 들려 있습니다. 문지기는 본디 뜻밖의 일을 예방하고 宿衛는 뜻하지 않는 일에 대비해야 하는데 直長이 이미 모른 체하고 있고 千牛(호위병)가 더 이상 살펴보지 않습니다. 올곧은 사람들은 밖에 있고 하찮은 무리들이 안에 있으니, 책임을 맡고 있는 이들이 어떻게 스스로 편안히 있을 수 있으며, 신하들이 어떻게 두려움이 없을 수 있겠습니까.

또 鄭나라와 衛나라의 음악은 예로부터 음란한 노래라 불렸습니다. 옛날 朝歌 고을에서 수레를 돌린 이는 墨翟이고, 夾谷의 회맹에서 〈희롱한 광대에게〉 칼을 휘두른 이는 孔丘였으니, 〈음탕한 가무는〉 옛 성인이 이미 옳지 않는 것이라 했고 통달한 현자도 잘못된 것이라 하였습니다. 근래에 들으니, 궁 안에서 곧잘 북소리가 울려 퍼지고 大樂署의 歌舞 伎藝들이 들어갔다 하면 나오지 않는다 하니, 이야기를 들은 자는 발이 떨리고 말하는 자는 마음이 전율합니다.

지난해 말씀으로 전하신 성상의 칙서를 부디 거듭 떠올리시기 바랍니다. 성상의 뜻이 은근하여 밝은 경계가 간절하셨으니 전하께선 생각하지 않아선 안 될 것이고, 미약한 신도 두려움이 없을 수 없습니다. 신이 궁궐에서 일을 한 지 이미 한 해가 되었습니다. 犬馬도 은혜를 인식할 줄 알고 木石도 느낄 줄 알 터인데, 신이 좁은 식견으로나마 감히 말을 다하지 않을 수 있겠습니까. 만일 일편단심이라 살펴주신다면 신에게 살 길이 있겠으나 뜻을 거역한다고 꾸짖으신다면 신은 죄인이 될 것입니다. 다만 비위에 맞추며 아양 떠는 것은 臧孫이 병폐로 비유했고, 얼굴을 대들고 귀에 거슬리는 말을 하는 것을 ≪春秋≫에선 약명에 견주었습니다.

부디 바라옵건대 장인들의 솜씨 부리는 일을 멈추고, 오랫동안 부역 나온 사람들을 해산시키고, 鄭나라와 衛나라 음악을 끊고 소인배들을 물리치시면, 세 가지 선행이 참으로 구비되어 온 나라가 바르게 될 것입니다."

이승건이 상서를 보고 언짢아했다.

12-4-2

十五年에 承乾이 以務農之時에 召駕士等役하여 不許分番하여 人懷怨苦하고 又私引突厥群豎入宮이어늘 志寧이 上書諫曰 臣聞上天盖高에 日月光其德하고 明君至聖에 輔佐贊其功이라하니이다 是以로 周誦이 升儲에 見匡毛畢⑲하고 漢盈이 居震[83]에 取資黃綺⑳하며 姬旦이 抗法於伯禽㉑하고 賈生이 陳事於文帝㉒하여 咸殷勤於端士하고 皆懇切於正人이니이다 歷代賢君이 莫不丁寧於太子者는 良以地膺上嗣하고 位處儲君㉓하여 善則率土沾其恩하고 惡則海內罹其禍니이다 近聞僕寺司馭駕士獸醫가 始自春初로 迄茲夏晚히 常居內役하여 不放分番이라 或家有尊親하되 闕於溫凊㉔하고 或室有幼弱호대 絶於撫養이니이다 春既廢其耕墾하고 夏又妨其播殖하여 事乖存育하여 恐致怨嗟이니 倘聞天聽이면 後悔何及이리잇가 又突厥達哥支[84]等은 咸是人面獸心이니 豈得以禮義期리잇가 不可以仁信待니이다 心則未識於忠孝하고 言則莫辯其是非하니 近之면 有損於英聲하고 昵之면 無益於盛德이어늘 引之入閤하사 人皆驚駭하니 豈臣庸識이 獨用不安이리잇가 殿下가 必須上副至尊聖情하시고 下允黎元本望하사 不可輕微惡而不避하고 無容略小善而不爲니이다 理敦杜漸之方하고 須有防萌之術하여 屛退不肖하고 狎近賢良이니 如此면 則善道日隆하고 德音自遠이리이다 承乾이 大怒하여 遣刺客張師政紇干承基㉕하여 就舍殺之[85]할세 是時에 丁母憂로되 起復爲詹事러니 二人이 潛入其第하되 見志寧寢處苫廬㉖하고 竟不忍而止러라 及承乾敗에 太宗이 知其事하고 深勉勞之㉗러라

⑲ 見匡毛畢 : 毛叔鄭畢公, 周之輔臣.

---

83) 震 : 태자를 말한다. 震은 易 八卦의 하나로 長男 즉 태자에 해당한다.

84) 達哥支 : 突厥 사람으로, 達哥友라고도 한다.

85) 承乾大怒……就舍殺之 : 이 사실은 ≪舊唐書≫ 권78 〈于志寧列傳〉에서 확인된다.

毛叔과 鄭畢公으로, 周나라의 보좌 신하이다.

⑳ 漢盈居震 取資黃綺：見定分篇註.

〈定分〉편 주석에 보인다.

㉑ 姬旦 抗法於伯禽：姬, 周之姓, 旦, 周公之名. 伯禽, 周公子也. 禮曰"成王幼, 不能涖阼, 周公相踐阼而治, 抗世子法於伯禽. 成王有過, 則撻伯禽, 所以示成王世子之道也."

姬는 周나라의 姓이며 旦은 周公의 이름이다. 伯禽은 주공의 아들이다. ≪禮記≫ 〈文王世子〉에 다음과 같이 기술하였다. "成王이 어려 왕위에 설 수 없자, 주공이 도와 왕위에 서서 다스렸는데, 伯禽에게 世子의 法을 적용시켜, 成王에게 잘못이 있으면 伯禽을 매질하였으니, 成王에게 世子의 도리를 보여주기 위한 것이다."

㉒ 賈生 陳事於文帝：賈生, 卽賈誼也. 見納諫篇註.

賈生은 賈誼이다. 〈納諫〉편 주석에 설명이 보인다.

㉓ 位處儲君：處, 上聲, 後同.

處(처하다)는 上聲이다. 뒤에도 같다.

㉔ 闕於溫凊：禮記曰"子之事父母, 冬溫而夏凊."[86]

≪禮記≫ 〈曲禮 上〉에 다음과 같이 기술하였다. "자식이 부모를 섬길 때 겨울에는 따뜻하게 하고 여름에는 시원하게 해드려야 한다."

㉕ 紇干承基：紇, 音鶻. 紇干, 虜複姓.

紇(성씨)은 音이 鶻이며, 紇干은 오랑캐의 複姓이다.

㉖ 見志寧寢處苫廬：禮, 居父母之喪者, 寢苫枕塊.

≪禮記≫ 〈喪大記〉에 부모의 상중에 있는 자는 거적을 덮고 흙덩이를 베개로 벤다 하였다.

㉗ 十五年……深勉勞之：勞, 去聲. 按前一書, 通鑑係十四年. 舊史曰, "承乾敗後, 推鞫具得其事, 太宗謂志寧曰'知公數有規諫, 事無所隱.' 深加勉勞. 右庶子令狐德棻等, 以無諫書, 皆從貶責."

勞(위로하다)는 去聲이다. 살펴보건대 앞부분은 ≪資治通鑑≫ 貞觀 14년 조에 실려 있다. ≪舊唐書≫ 권78 〈于志寧列傳〉에 다음과 같이 기술했다. "李承乾이 폐출당한 뒤 推鞫을 통해 사실이 다 밝혀지자, 太宗이 于志寧에게 이르기를 '公이 여러 번 바른말로 간언하여 숨긴 일이 없는 줄 안다.'라고 하고, 매우 위로하고 권면했다. 右庶子 令狐德棻 등은 간언 상소를 올린 일이 없어, 모두 좌천과 견책을 당했다."

貞觀 15년(641)에 李承乾이 농사에 힘써야 할 철에 御駕 마부 등을 불러 부역을 시키고 임무 교대를 허락하지 않자, 사람들이 원망하고 괴로워했다. 그리고 사적으로 突厥의 한량들을 궁에 불러들이자 于志寧이 글을 올려 간하였다.

"신이 들으니, '하늘이 드높을 때 해와 달이 그 덕을 빛나게 하고 현군이 성

86) 禮記曰……冬溫而夏凊：≪禮記≫ 〈曲禮 上〉에는 "凡爲人子之禮 冬溫而夏凊"이라고 하였다.

스러울 때 보좌하는 신하가 그 공로를 돕는다.' 했습니다. 그래서 周나라의 誦(成王)이 태자가 되었을 때 毛公과 畢公의 가르침을 받았고, 漢나라 盈(惠帝)이 태자로 있을 때 夏黃公과 綺里季의 도움을 받았으며, 姬旦(周公)은 〈成王 대신〉 伯禽에게 법을 적용했고 賈生은 文帝에게 상황을 진술했으니, 이들은 모두 은근하게 보좌한 단정한 인사들이고 모두 간절하게 간언을 올린 바른 사람들이었습니다. 역대 현군들이 모두 태자에 대해 간곡하게 정성을 들인 것은 진실로 처지가 윗사람을 계승해야 하고 위치가 儲君(다음 임금)이어서, 훌륭하면 온 누리가 그 은혜를 입지만 나쁘면 온 세상이 그 재앙을 당하기 때문입니다.

근래 듣자 하니, 僕寺・司馭・駕士・獸醫들이 초봄부터 늦여름까지 항상 宮內 부역을 하고 임무의 교대가 되지 않는다고 하니, 이들 중에는 집안에 웃어른이 있음에도 아침저녁에 보살펴드리는 일을 못하고 집안에 어린아이들이 있는데도 양육하기를 단절하기도 할 것입니다. 봄에는 이미 밭갈이를 못했고 여름에 또다시 파종과 번식에 방해를 받아, 정사에 백성들을 길러야 하는 도리와 어긋나서 원망을 자아낼까 두려우니, 혹시라도 성상께서 들으신다면 뒤에 뉘우친들 무슨 방법이 있겠습니까?

또 突厥의 達哥支 등은 모두 사람 얼굴에 짐승 마음을 가진 자들인데 어떻게 예의를 기대할 수 있겠습니까? 仁慈와 信義로 대우할 수 없습니다. 마음속은 충성과 효도를 모르고 있고 말은 옳고 그름을 논할 수 없어서, 가까이하면 훌륭한 명성을 손상시키고 친근히 하면 성대한 덕에 보탬이 없을 것입니다. 그런데 이들을 궁 안으로 들여와 사람들이 모두 깜짝 놀라고 있으니, 어찌 부족한 신만 홀로 불안해하겠습니까.

전하께선 반드시 위로는 지극히 존귀하신 성상의 마음에 부응하시고 아래로는 뭇 백성들의 바람에 맞추시어, 작은 악을 가볍게 여겨 회피하지 마시고 작은 선을 소홀히 여겨 행하지 않은 일이 없도록 하소서. 의당 점진적인 것을 방지하는 방법을 돈독히 마련하고 반드시 싹트는 것을 방지하는 법을 준비하여, 못난 무리들을 물리치고 어진 사람들을 가까이하소서. 이와 같이 하면 선의 도리가 나날이 융성해지고 덕행의 명성이 저절로 멀리 퍼질 것입니다."

이승건이 크게 노하여, 자객 張師政과 紇干承基를 우지녕의 집에 보내 살해하게 했다. 당시 우지녕은 어머니의 상을 당해 상중이었으나, 그 기간에 불려 나와 다시 詹事가 돼 있었다. 두 사람이 그 집에 잠입했으나, 우지녕이 여막의 거적 위에서 잠자는 것을 보고 차마 실행하지 못하고 중지하였다. 이승건이 폐출당한 뒤 태종이 그 사실을 알고 우지녕을 더욱더 권면하고 위로했다.

【集論】

胡氏寅曰 詹事는 東宮官之尊也라 太子가 於是에 學爲父子焉하고 學爲君臣焉이니 于志寧이 不當起復하고 太宗이 不當奪其喪也라 人臣에 有奪喪者는 惟金革之事耳라 詹事가 輔導儲君호대 以忠以孝어늘 乃從金革之例하여 冒哀居官하니 則何以訓太子리오 宜太子之不納諫也라 雖然이나 自太子言之컨대 從欲肆情하고 又將殺諫臣하니 是兩刺客之不如니 其不能終이 宜哉라

胡寅이 말하였다.

"詹事는 東宮에서 높은 관직이다. 太子가 여기에서 아버지와 자식의 도리를 배우고 임금과 신하의 도리를 배운다. 于志寧은 마땅히 喪中에 기용돼선 안 되고 太宗은 그 상중 기간을 빼앗아선 안 되는 것이었다. 신하들에게 상중 기간을 빼앗는 경우는 전쟁이 일어났을 때뿐이다. 첨사는 충성과 효도로 儲君을 보좌하고 인도하는데, 전쟁의 예를 따라 상중임을 무릅쓰고 해당 관직에 머무르게 했으니 어떻게 태자를 가르친단 말인가? 태자가 간언을 받아들이지 않는 것이 당연하다. 그렇다 하더라도 태자 입장으로 논한다면, 멋대로 욕심을 부리고 또 간언하는 신하를 살해하려 한 것은 두 사람의 자객만도 못한 것이니, 끝을 잘 맺지 못한 것이 당연하다."

愚按 自古臣子之事君親에 能盡其道者는 可以感發人之善心也라 嘗觀春秋傳호니 晉靈公이 不君하여 趙宣子驟諫하니 公患之하여 使鉏麑賊之할새 晨往에 寢門闢矣요 盛服將朝러라 麑退曰 不忘恭敬은 民之主也니 賊民之主는 不忠[87]이라하니 是宣子以敬於君而免於難也라 今觀承乾無道어늘 于志寧이 上書諫之하니 承乾이 怒하여 遣刺客張師政紇干承基殺之할새 時志寧母憂起復이러니 二人이 潛入其第하여 見寢處苫廬하고 不忍而止하니 是志寧以孝於親而脫於禍也라 之二人者는 庶幾無愧於鉏麑矣요 承乾之爲는 曾不如刺客之有人心也라 然亦未聞有寢苫枕塊하여 而仕於人之國하여 當輔翼太子之任者하니 太宗志寧이 胥失之矣라

---

87) 晉靈公不君……不忠 : ≪春秋左氏傳≫ 宣公 2년에 보인다.

내가 살펴보건대, 예로부터 신하가 임금을 섬길 때 그 도리를 다하는 사람은 사람의 착한 마음을 자아내게 할 수 있었다.

일찍이 ≪春秋左氏傳≫을 살펴보니, 晉 靈公이 임금 노릇을 제대로 못해 趙宣子가 자주 간언을 하니, 영공이 이를 거북해하여 鉏麑에게 조선자를 해치우도록 했다. 서예가 새벽에 찾아가니, 寢門이 열려 있고, 복장을 갖춰 입고 조회에 나아가려는 참이었다. 서예가 물러나와 이르기를 "공경하는 마음을 잊지 않는 것은 백성의 주인이며, 백성의 주인을 해치는 것은 충성스럽지 못하다."라고 했으니, 이는 조선자가 임금에게 공경하여 환난을 모면한 예이다.

지금 살펴보니, 李承乾이 무도하자 于志寧이 글을 올려 간하니 이승건이 이에 노하여 자객 張師政과 紇干承基를 보내 그를 살해토록 했다. 당시 우지녕은 어머니 상중에 부름을 받아 관직에 등용돼 있었는데 두 사람이 그 집에 잠입하였다가 여막의 거적자리 위에서 자는 것을 보고 차마 실행에 옮기지 못하고 중지하였으니, 이것은 우지녕이 부모에게 효도함으로써 화를 벗어난 예이다.

이들 두 사람은 거의 서예에게 부끄러움이 없다 할 것이며, 이승건의 행위는 사람의 진심을 지닌 자객만 못한 것이다. 하지만 그렇다고 해서 거적자리 위에 잠자고 흙덩이를 베고 지내면서, 국가에 임명되어 태자를 보좌하는 임무를 맡은 경우를 듣지 못했으니, 太宗과 우지녕은 둘 다 잘못한 것이다.

제13편 論仁義 仁義를 논하다

이 편에서는 仁義에 대해 논하였다.

태종은 즉위 초기부터 仁義를 국가 통치의 근간으로 인식하고 설정함으로써 貞觀의 성대한 정치를 이룩할 수 있었다. 또한 隋 煬帝가 멸망에 이르게 된 원인을 인의의 결핍에 귀결시킴으로써, 병기와 의장의 발달 및 활용이 정치의 주된 요소가 아님을 분명히 인식하고 있음을 보여준다. 즉 인의를 바탕으로 한 정치만이 백성이 스스로 안정을 찾고 사회의 안녕을 도모할 수 있는 길임을 인식하고, 인의를 바탕으로 한 통치 이념을 구현하여 당대 사회의 안정과 발전이라는 궁극적 목표를 달성할 수 있었다.

凡四章.

모두 4章이다.

13-1-1

貞觀元年에 **太宗曰 朕看古來帝王**에 **以仁義爲治者**는 **國祚延長**하고 **任法御人者**는 **雖救弊於一時**나 **敗亡亦促**하니 **旣見前王成事**면 **足是元龜**[1]라 **今欲專以仁義誠信爲治**하여 **望革近代之澆薄**[2]**也**하노라 **黃門侍郎王珪對曰 天下凋喪日久**어늘 **陛下承其餘弊**하사 **弘道移風**은 **萬代之福**이니이다 **但非賢不理**니 **惟在得人**이니이다 **太宗曰 朕思賢之情**이 **豈捨夢寐**리오 **給事中杜正倫進曰 世必有才**하여 **隨時所用**이니 **豈待夢傅說**(열)①**逢呂尙**이라야 **然後爲治乎**리잇가 **太宗**이 **深納其言**하다

① 豈待夢傅說 : 說, 音悅.

說은 음이 悅이다.

貞觀 원년(627)에 太宗이 말하였다.

"짐이 지난날 제왕 가운데, 仁義로 정치를 하는 사람은 국운이 오랫동안 연장되고, 법에만 맡겨 사람을 제어하는 사람은 비록 한순간의 폐해는 구제했어

---

1) 元龜 : 큰 거북으로, 고대에 점치는 데 사용했으며 전하여 '거울로 삼다'는 의미가 되었다.

2) 澆薄 : 각박하고 교활한 사회의 풍기를 말한다.

도 패망이 재촉되는 것을 보았으니, 지난 왕들이 이룩한 일들을 보면 충분히 귀감이 되오. 지금 오로지 仁義와 誠信으로 정치를 하여 근래의 각박하고 교활한 기풍을 바꾸려 하오."

黃門侍郎 王珪가 대답했다.

"천하가 상실 속에 지낸 지가 오래인데, 폐하께서 그 폐해 끝을 이어받으시어 도덕을 널리 펼치고 기풍을 바꾸시는 것은 萬代의 행복입니다. 하지만 현자가 아니면 다스리지 못하니 제대로 된 인물을 얻는 데에 달려 있습니다."

태종이 말하였다.

"짐이 현자를 생각하는 마음이야 어찌 꿈에서도 내려놓을 수 있겠소."

給事中 杜正倫이 앞으로 나서서 말하였다.

"세상에는 반드시 인재가 있어 때에 따라 쓰는 것이니 어찌 傅說을 꿈꾸고 呂尙을 만나야만 정치를 하겠습니까."

태종이 그 말을 깊이 받아들였다.

【集論】

愚按 太宗卽位之初에 知古帝王以仁義爲治하여 欲以誠信行之하니 此其所以致貞觀之盛也라 然嘗聞之하니 正其心하고 修其身하여 而達之於家國天下[3]라하니 此는 二帝三王仁義之事也라 心未必正하고 身未必修하되 而其愛人利物之功과 禁暴止亂之效가 亦有補於當世하니 此는 齊桓晉文假仁義之事也[4]라 太宗이 芟除禍亂하여 身致昇平하니 可謂偉矣라 然由心而身과 由身而家는 皆有慚德이니 凡魏徵之所諫과 太宗之所行은 不過黽勉於仁義之功而已라 故雖有志於三王이나 迄未能大異於五伯也라 王珪謂非賢不理니 惟在得人이라하니 斯言是已라 然所謂得人者는 必得周召孔孟其人而後可也라 夫苟得周召孔孟而用之면 則能施其致君澤民之術하고 盡其格心養德之方하여 而仁義之全體가 備於君身하고 仁義之大用이 周於天下後世矣리라

---

3) 正其心……而達之於家國天下 : ≪宋名臣言行錄外集≫ 권3 〈程頤 伊川先生正公〉에 "正其心 修其身 自家而國以及於天下"라고 하였다.

4) 齊桓晉文假仁義之事也 : ≪孟子≫ 〈公孫丑 上〉에 "힘을 사용하면서 인정을 가탁하는 자는 패자요, 덕을 지니고서 실제로 인정을 행하는 자는 왕자이다.〔以力假仁者霸 以德行仁者王〕"라고 하고, 그 ≪集註≫에 "霸는 齊 桓公·晉 文公과 같은 이가 그 사람이다.〔霸若齊桓晉文 是也〕"라고 하였다.

내가 살펴보건대, 태종이 즉위 초기에 옛 제왕이 인으로 정치를 했다는 사실을 알고 정성과 信으로 이를 실행하고자 했으니 이것이 貞觀의 성대한 정치를 이루었던 이유이다.

하지만 일찍이 들으니, "그 마음을 바르게 하고 그 몸을 닦아 국가와 천하에까지 미친다."라고 했으니, 二帝(堯·舜)와 三王(禹王·湯王·文王)이 仁義를 실행한 일이다. 마음이 반드시 바르지 않고 몸이 반드시 닦이지 않아도 사람을 사랑하고 사물을 이롭게 한 공로와 포악을 금하고 혼란을 멈추게 한 공로가 당대에 보탬을 주기도 했으니, 이것은 齊 桓公과 晉 文公이 仁義를 빌린 일이다.

태종이 재앙을 모두 제거하고 몸소 태평성대를 이룩했으니 위대하다고 할 만하다. 하지만 마음으로부터 몸에 미치고 몸으로부터 집에 미치는 것에 있어 모두 부끄러운 것이 있었으니, 魏徵이 간언한 것과 태종이 실행한 것은 인의의 공로만을 애써 행한 데에 지나지 않는다. 그래서 비록 三王에 뜻을 두었지만 결국 五霸와 크게 다를 수 없었던 것이다.

王珪가 "현자가 아니면 다스리지 못하니, 인재를 얻는 데에 달렸습니다."라고 했는데 이 말이 옳다. 하지만 이른바 인재를 얻는 것은 반드시 周公·召公·孔子·孟子와 같은 사람을 얻어야만 된다. 정말 周公·召公·孔子·孟子를 얻어 등용한다면 임금을 이루어주며 백성을 윤택하게 하는 정치를 시행하고 마음을 바로잡으며 덕을 함양하는 방법을 극진히 펼쳐서 仁義의 전체가 임금의 몸에 구비되고 仁義의 큰 쓰임이 천하 후세에 두루 미칠 것이다.

13-2-1

貞觀二年에 **太宗**이 **謂侍臣曰 朕謂亂離之後**에 **風俗難移**러니 **比觀**①**百姓漸知廉恥**하고 **官民奉法**하고 **盜賊日稀**하니 **故知人無常俗**이요 **但政有治亂耳**라 **是以爲國之道**는 **必須撫之以仁義**하고 **示之以威信**하여 **因人之心**하여 **去其苛刻**하고 **不作異端**하면 **自然安靜**이니 **公等**은 **宜共行斯事也**하라

① 比觀 : 比, 音鼻.
比(근래)는 음이 鼻이다.

貞觀 2년(628)에 태종이 侍臣에게 말하였다.

"짐이 난리를 겪고 나서 풍습이 바뀌기 어렵다고 생각했는데, 근래 백성들이

점차 염치를 알고 관리들이 법을 받들고 도적들이 나날이 줄어드는 것을 보았소. 그러므로 사람에겐 정해진 풍습이 없고 정치에만 다스려짐과 혼란이 있다는 것을 알게 되었소. 그러므로 국가를 다스리는 도는 반드시 仁과 義로 감싸주고 위엄과 신의를 보여주어, 사람의 마음을 따라 가혹한 것을 제거하고 異端을 행하지 않는다면 자연스레 안정될 것이니, 공들은 이러한 일을 함께 행해야 할 것이오."

【集論】

愚按 風俗有古今이나 人心無古今하니 人心之不如古는 以風俗之不如古也라 然而欲美風俗者는 則在於正人心이니 人心正이면 而風俗美矣라 太宗云 比觀百姓漸知廉恥하니 故知人無常俗이요 但政有治亂耳라하니 斯言也는 其魏徵勸行仁義하여 略效之時乎인저 夫太宗之所行은 不過仁義之似而已로되 其明效大驗如此어든 況於眞知實踐하여 正已以正人心者乎아

내가 살펴보건대 풍습은 옛 것과 지금의 것이 있지만, 인심은 옛 것과 지금의 것이 없으니, 인심이 옛 것만 못한 것은 풍습이 옛 것만 못하기 때문이다. 하지만 풍습을 아름답게 하려면 인심을 바로잡는 데에 달려 있으니, 인심이 바로잡히면 풍습이 아름다워진다.

太宗이 "근래 백성들이 점차 염치를 아는 것을 보았기 때문에 사람에겐 일정한 풍습이 없고 정치에만 다스려짐과 혼란이 있다는 것을 알게 되었다."라고 했으니, 이 말은 魏徵이 仁義의 실행을 권유하여 대략 효과를 본 시점에서 이루어진 것일 것이다. 태종이 실행한 것은 仁義와 유사한 것에 지나지 않음에도 명백한 효험과 분명한 증명이 이러했거늘, 하물며 정말로 알고 실제로 실행하여 자신을 바로잡고 사람의 마음을 바로잡은 경우야 더 말할 나위가 있겠는가.

13-3-1

貞觀四年에 **房玄齡**이 **奏言 今閱武庫甲仗**하니 **勝隋日遠矣**이니다 **太宗曰 飭兵備寇**가 **雖是要事**나 **然朕唯欲卿等存心理道**하고 **務盡忠貞**하여 **使百姓安樂**①이 **便是朕之甲仗**이니 **隋煬帝豈爲甲仗不足**②하여 **以至滅亡**이리오 **正由仁義不修**하여 **而群下怨叛故也**니 **宜識此心**하라

① 使百姓安樂：樂, 音洛.
樂은 음이 洛이다.
② 隋煬帝豈爲甲仗不足：爲, 去聲.
爲(위하다)는 去聲이다.

貞觀 4년(630)에 房玄齡이 아뢰었다.
"지금 武器庫의 병기와 儀狀을 살펴보니 隋나라 때보다도 훨씬 앞섭니다."
太宗이 말하였다.
"병력을 잘 가다듬어 外寇를 대비하는 것이 중요한 일이긴 하오. 하지만 짐은 오직 卿들이 마음을 잘 가다듬고 도리를 정리하여 충성과 정직에 힘써서 백성들을 편안하고 즐겁게 하도록 하고 싶으니, 이것이 바로 짐의 병기와 의장이오. 隋 煬帝가 어찌 병기와 의장이 부족하여 멸망에 이르렀겠소. 그것은 仁義를 닦지 않아 아랫사람들이 원망하고 배반한 탓이었으니, 이 마음을 잘 알아주기를 바라오."

【集論】

愚按 周頌之美武王曰 載戢干戈하고 載櫜弓矢하고 我求懿德하여 肆于時夏하니 允王保之라하여 下武右文하니 信矣武王能保天下也라 太宗이 身履行陣하고 芟除群雄이로되 即位之四年에 謂不以甲仗之備爲美하고 戒廷臣以德義相輔하니 亦信矣其能保天下之道歟인저

내가 살펴보건대 ≪詩經≫ 〈周頌 時邁〉에서 武王에 대해 찬미하기를 "창과 방패를 거두어들이고, 활과 화살을 활집에 넣어두고, 내 아름다운 德을 구하시어, 이 중국에 베푸시니, 참으로 무왕이 천명을 보존하시었네."라고 하여, 武를 경시하고 文을 중시했으니, 무왕이 천하를 잘 보존함을 확신할 수 있는 것이다.
太宗이 몸소 전쟁에 참여하여 뭇 영웅들을 제거하고도 즉위한 지 4년 되는 해에 병기와 의장의 구비를 아름다움으로 여기지 않고 조정의 신하들에게 덕과 의리로 서로 도울 것을 勸戒했으니, 또한 능히 천하를 보존할 道임을 확신할 수 있는 것이다.

13-4-1

貞觀十三年에 太宗이 謂侍臣曰 林深則鳥棲하고 水廣則魚游하며 仁義積이면 則物自歸之하나니 人皆知畏避災害하고 不知行仁義則災害不生이라 夫仁義之道①는 當思之

在心하여 常令相繼②니 若斯須懈怠하면 去之已遠③이니 猶如飮食資身에 恒令腹飽라야 乃可存其性命이라 王珪頓首曰 陛下能知此言하시니 天下幸甚이니이다

① 夫仁義之道 : 夫, 音扶.
夫(무릇)는 音이 扶이다.
② 常令相繼 : 令, 平聲. 後同.
令(하여금)은 平聲이다. 뒤에도 같다.
③ 去之已遠 : 去, 如字.
去(가다)는 본래 音義대로 독해한다.

貞觀 13년(639)에 太宗이 侍臣에게 말하였다.

"숲이 깊으면 새들이 깃들고, 물이 넓으면 물고기가 노닐며, 仁義가 쌓이면 사람들이 저절로 귀의하오. 사람들은 재해가 두려워 피할 줄은 알지만, 仁義를 행하면 재해가 생기지 않는다는 것을 모르고 있소. 인의의 道는 마음속에 생각해두어 언제나 줄곧 이어지게 해야 하니, 만일 잠시라도 나태하면 이미 멀리 떠나버리오. 이는 마치 음식이 몸에 제공될 때 언제나 배가 부르도록 하듯이 해야 그 목숨을 보존할 수 있는 것과 같소."

王珪가 머리를 조아리며 말하였다.

"폐하께서 이 말씀을 능히 알고 계시니 천하의 큰 행복이옵니다."

【集論】

唐氏仲友曰 仁義가 是帝王之道나 然必如中庸九經[5]與大學自誠意達之明明德於天下라야 方爲醇粹라 太宗이 言仁義는 本乎魏徵之勸이나 然所謂仁義는 乃在制度紀綱而已라

唐仲友가 말하였다.

"仁義는 제왕의 道이다. 하지만 반드시 ≪中庸≫의 九經과 ≪大學≫의 誠意에서부터 明明德於天下에 이르는 것처럼 해야 비로소 순수하게 된다. 태종이 인의를 이야기한 것은 魏徵의 권고에 근거한 것인데, 태종이 말한 인의는 制度와 紀綱에 있을 뿐이다."

5) 九經 : 아홉 가지 떳떳한 도리. 몸을 닦는 것〔修身〕, 현자를 존중하는 것〔尊賢〕, 친족을 친애하는 것〔親親〕, 대신을 공경하는 것〔敬大臣〕, 신하들의 입장을 이해하는 것〔體群臣〕, 백성을 자식처럼 보호하는 것〔子庶民〕, 백공들을 오게 하는 것〔來百工〕, 먼 지방 사람을 회유하는 것〔柔遠人〕, 제후를 감싸 주는 것〔懷諸侯〕이다. ≪中庸≫ 20章 참조.

愚按 太宗之言曰 林深則鳥棲하고 水廣則魚游라 仁義積이면 則物自歸之라하니 此言은 眞善喩也라 謂仁義之道는 當思之在心이니 如飮食資身에 恒令腹飽이라하니 此固欲不忘乎仁義者라 然不知仁義는 乃吾心固有之理요 孟子所謂根於心[6]者也니 又何待思之在心哉리오

내가 살펴보건대, 太宗이 "숲이 깊으면 새들이 깃들고, 물이 넓으면 물고기가 노닐며, 仁義가 쌓이면 사람들이 저절로 귀의하오."라고 말했는데, 이 말은 참으로 훌륭한 비유이다.

"인의의 도는 언제나 마음속에 생각해두어야 하니 마치 음식이 몸에 제공될 때 언제나 배가 부르도록 하듯이 해야 한다."라고 하였으니, 이것은 정말 인의를 잊지 않으려 한 것이다. 하지만 인의는 내 마음의 고유한 理로서, 孟子가 말한 '마음에 뿌리박혀 있는 것'인데 어찌 또다시 마음에 생각해둘 필요가 있겠는가.

---

6) 根於心 : ≪孟子≫ 〈盡心 上〉에 보인다.

제14편 論忠義 忠義를 논하다

이 편에서는 忠義에 대해 논하였다.

馮立, 謝叔方, 姚思廉을 충절의 인물로 평가한 일화와 息隱王 李建成과 海陵王 李元吉의 장례에 참석하려 한 魏徵과 王珪를 의롭게 여긴 일화, 隋나라 大業 연간의 충신들을 찾아 포상한 일화 등이 제시되어 있는데, 이를 통해 태종이 판단한 忠義의 가치가 어떤 것이었는지 관찰할 수 있다.

또한 北周와 수나라 때의 명신과 충절을 지킨 신하의 자손들을 관직에 등용하고 포상함으로써 당대 조정의 대신들뿐만 아니라 전대 조정의 신하들까지 소급하여 그들의 충절에 대한 가치를 평가해주었다. 이러한 일화를 통해 唐나라 300년의 역사를 견인할 수 있었던 원동력을 확인할 수 있다.

凡十五章[1].

모두 15章이다.

14-1-1

馮立①이 **武德中**에 **爲東宮率**(율)②하여 **甚被隱太子親遇**러니 **太子之死也**에 **左右多逃散**이어늘 **立歎曰 豈有生受其恩**하고 **而死逃其難**③이리오 **於是**에 **率兵犯玄武門**[2]하여 **苦戰**하여 **殺屯營將軍敬君弘**④하고 **謂其徒曰 微以報太子矣**라하고 **遂解兵遁於野**라가 **俄而來請罪**하니 **太宗**이 **數之曰**⑤**汝**가 **昨者**에 **出兵來戰**하여 **大殺傷吾兵**하니 **將何以逃死**리오 **立**이 **飮泣而對曰**⑥**立**이 **出身事主**할새 **期之效命**이라 **當戰之日**에 **無所顧憚**이니이다하고 **因歔欷**⑦하여 **悲不自勝**⑧이어늘 **太宗**이 **慰勉之**하고 **授左屯衛中郎將**⑨하다 **立**이 **謂所親曰 逢莫大之恩**하여 **幸而獲免**하니 **終當以死奉答**이러라 **未幾**⑩에 **突厥**이

---

1) 十五章 : 실제로는 14章으로 편성되어 있다.

2) 玄武門 : 唐나라 長安 太極宮의 북쪽 正門을 말한다. 高祖 9년(626) 고조의 후계자 자리를 두고 태자 李建成과 차남 李世民의 무력 충돌이 일어난 곳이다. 이세민이 玄武門으로 들어오던 태자 이건성과 동생 李元吉을 죽이고 승리하여 태자가 되고 마침내 황위에 오르게 되었다. 이 정변을 현무문의 變이라 한다.

至便橋[3)]어늘 **率數百騎**하여 **與虜戰於咸陽**하여 **殺獲甚衆**하고 **所向皆披靡**하니 **太宗**이 **聞而嘉歎之**하다 **時**에 **有齊王元吉府左車騎謝叔方**⑪이 **率府兵**하여 **與立合軍拒戰**할새 **及殺敬君弘**과 **中郎將呂衡**⑫하야 **王師不振**이어늘 **秦府護軍尉**⑬**尉**(울)**遲敬德**⑭이 **乃持元吉首以示之**하니 **叔方**이 **下馬號泣**⑮하여 **拜辭而遁**이라가 **明日出首**⑯하니 **太宗**이 **曰 義士也**라하고 **命釋之**하고 **授右翊衛郎將**⑰하다

① 馮立：馮立, 馮翊人.
馮立은 馮翊 사람이다.

② 武德中 爲東宮率：率, 音律. 唐制, 東宮置左右率府, 掌兵仗宿衛之政令, 總諸曹之事.
率은 音이 律이다. 唐나라 제도에 의하면, 東宮에는 左・右率府를 두고 兵仗과 宿衛의 행정을 담당하며, 각 曹의 일을 총괄하게 했다.

③ 死逃其難：難, 去聲.
難(난리, 재난)은 去聲이다.

④ 殺屯營將軍敬君弘：敬君弘, 絳州人.
敬君弘은 絳州 사람이다.

⑤ 太宗 數之曰：數, 上聲.
數(죄를 세어 따지다)는 上聲이다.

⑥ 立 飮泣而對曰：飮, 去聲.
飮(마시게 하다)은 去聲이다.

⑦ 因歔欷：歔, 音虛, 欷, 音希, 悲歎貌.
歔는 音이 虛이고, 欷는 音이 希이니, 悲歎해하는 모습이다.

⑧ 悲不自勝：勝, 平聲.
勝(견디다, 감내하다)은 平聲이다.

⑨ 授左屯衛中郎將：將, 去聲. 後同. 唐制, 掌宿衛之屬.
將(장수)은 去聲이다. 뒤에도 같다. 당나라 제도에 의하면, 〈左屯衛中郎將은〉 宿衛와 관련된 일을 관장한다.

⑩ 未幾：幾, 平聲.
幾는 平聲이다.

⑪ 時有齊王元吉府左車騎謝叔方：謝叔方, 萬年人.
謝叔方은 萬年 사람이다.

⑫ 中郎將呂衡：將, 去聲. 史作呂世衡, 此避太宗諱, 除世字.
將(장수)은 去聲이다. 史書에선 呂世衡으로 쓰이는데, 여기서는 太宗의 諱를 피하여 世를 없앤 것이다.

---

3) 便橋：일명 便門橋로, 漢 武帝가 建元 3년에 장안 서북쪽 渭水에 만든 다리이다.

⑬ 秦府護軍尉：唐制, 掌宿衛之職.
護軍尉는 唐나라 제도에 의하면, 宿衛와 관련된 일을 관장하는 직책이다.
⑭ 尉遲敬德：尉, 音蔚. 尉遲, 複姓, 名恭, 以字行, 朔州人, 爲劉武周將. 武德初擧地降, 爲右府統軍, 後從討隱巢有功, 封鄂國公, 卒, 贈徐州都督.
尉은 音이 蔚이다. 尉遲는 複姓이고 이름은 恭인데, 字로 통행되며 朔州 사람이다. 劉武周 휘하의 장수였으나 武德 초에 관할지역 통째를 가지고 투항하여 右府統軍이 되었고, 뒤에 隱太子와 黃巢를 토벌하는 데 참여하여 공로를 세웠고 鄂國公에 책봉되었다. 세상을 떠나자 徐州都督에 추증되었다.
⑮ 叔方 下馬號泣：號, 平聲.
號(부르짖다)는 平聲이다.
⑯ 明日出首：首, 去聲.
首(자백하다, 자수하다)는 去聲이다.
⑰ 授右翊衛郎將：唐制, 掌供奉侍衛之職. 按, 通鑑, 武德九年六月, 馮立聞建成死, 乃與副護軍薛萬徹屈咥直府左車騎謝叔方帥東宮齊府精兵二千馳, 赴玄武門. 張公謹多力, 獨閉關以拒之, 不得入. 敬君弘掌宿衛兵, 屯玄武門, 挺身出戰, 與呂世衡大呼而進, 皆死之. 守門兵與萬徹等力戰良久, 萬徹欲攻秦府, 尉遲敬德持建成元吉首示之, 宮府兵遂潰. 萬徹亡入終南山, 馮立遂解兵逃於野. 高祖旣赦天下, 馮立謝叔方皆自出, 萬徹亡匿, 屢使諭之乃出. 秦王曰 "皆忠於所事, 義士也." 釋之, 馮立後授廣州都督, 卒于官. 敬君弘後贈左屯衛大將軍, 呂衡贈右驍衛將軍.
右翊衛郎將은 唐나라 제도에 의하면, 황제를 시봉하고 호위하는 일을 관장하는 직책이다. ≪資治通鑑≫에 武德 9년(426) 6월에 馮立이 建成이 죽었다는 소식을 듣고 副護軍 薛萬徹, 屈咥直府左車騎 謝叔方과 함께 東宮·齊府의 精兵 2,000기병을 이끌고 玄武門으로 쳐들어갔다. 이때 張公謹이 홀로 전력을 다해 문을 걸어 잠근 채 저항해서 들어갈 수 없었다. 敬君弘이 宿衛兵을 관장하여 玄武門에 주둔하고 있었는데, 앞장서서 나와 싸워 呂世衡과 함께 크게 함성 치며 진격했다가 모두 죽임을 당했다. 守門 병사가 설만철 등과 한참을 사력을 다해 싸운 뒤 설만철이 秦府를 공격하려 하자, 울지경덕이 李建成과 李元吉의 잘린 머리를 들어 보여주자 東宮과 齊府의 병사들이 결국 궤멸되었다. 설만철은 終南山으로 도망가고 풍립은 무장을 해제하고 시골로 도망갔다. 高祖가 천하에 사면령을 내리자 풍립과 사만숙은 다 나와 자수했지만, 설만철은 도망해 숨었다가 여러 차례 달래고 나서야 나왔다. 秦王(太宗)이 "모두 모셨던 군주에게 충성했으니 의로운 사람들이다."라고 하고 석방해주었다. 풍립은 뒤에 廣州都督에 임명되어 임지에서 세상을 떠났고, 경군홍은 뒤에 左屯衛大將軍에 추증되었으며, 呂衡은 右驍衛將軍에 추증되었다.

馮立이 武德 연간에 東宮率이 되어 隱太子(李建成)로부터 매우 친밀한 대우를 받았는데, 태자가 죽고 나서 주변 사람들이 대부분 도망가거나 사라지자,

풍립이 탄식하기를 "어떻게 살아 있을 때 그의 은혜를 입다가 죽자 그 환난을 도피할 수가 있단 말인가!"라고 하고, 이에 병사를 이끌고 玄武門으로 쳐들어가 고전 끝에 屯營將軍 敬君弘을 살해하고, 그 무리들에게 이르기를 "미약하나마 태자에게 보답했다."라고 한 뒤 결국 병사를 해산시키고 시골로 숨었다가, 시간이 흐른 뒤 나와 죄를 청하니, 太宗이 다음과 같이 죄를 따졌다.

"네가 지난번에 병력을 동원해서 싸움을 벌여 우리 병사와 장수들을 살해하여 큰 손상을 입혔으니, 어찌 죽음을 면할 수 있겠느냐?"

풍립이 눈물을 머금고 대답하였다.

"풍립이 세상에 나와 군주를 섬길 때 목숨을 바칠 것을 약속했기에 전쟁을 벌일 때 돌아보거나 기탄할 일이 없었사옵니다."

그러면서 비탄해하며 슬픔을 스스로 가누지 못하자, 태종이 위로하며 권면하고 左屯衛中郎將에 임명했다. 풍립이 가까운 사람에게 말하였다.

"막대한 은혜를 입어 요행히도 죽음에서 벗어났으니, 끝내 목숨으로 보답할 것이다."

그로부터 얼마 되지 않아 突厥이 便橋에 이르자, 수백 기병을 이끌고 咸陽에서 전투를 벌여 많은 무리들을 죽이거나 노획하여 가는 길마다 적들이 모두 쓰러졌다. 태종이 이 소식을 듣고 가상해하고 감탄하였다.

당시 齊王 李元吉府의 左車騎 謝叔方이 齊府의 병사를 이끌고 와서 풍립과 연합해 맞서 싸웠는데, 敬君弘과 中郎將 呂衡을 살해하자 秦王府 군사들의 사기가 떨쳐지지 못하였다. 秦府의 護軍尉 尉遲敬德이 이원길의 머리를 들어 보이자, 사숙

尉遲敬德

방이 말에서 내려 울부짖은 뒤 절을 하고 도망갔다가 이튿날 나와 자수하니, 태종이 "義士다."라고 하고 풀어주라고 명한 뒤 右翊衛郎將에 임명하였다.

【集論】

唐氏仲友曰 若立者는 所謂一心可事百君이요 忠義勇敢兼有之니 觀其於隱太子之死에 能不避難이라 然君弘世衡이 既死엔 則解兵而去하여 不爲已甚하니 則異乎徒勇者를 盖可知也라 然立之與叔方이 俱可謂見危致命者矣나 較其人品인댄 叔方은 其立之亞歟인저

唐仲友가 말하였다.

"馮立과 같은 사람은 한 마음으로 모든 임금을 섬길 수 있고 충성과 의리와 용맹을 모두 갖춘 인물이니, 隱太子가 죽었을 때 환난을 피하지 않는 것에서 이를 엿볼 수 있다. 그런데 敬君弘과 呂世衡이 죽고 나서는 무장을 해제하고 떠나 너무 지나친 것을 하지 않았으니 한낱 용기만 부린 자들과는 다르다는 것을 알 수 있다. 하지만 풍립과 사숙방이 모두 위험 앞에서 목숨을 바친 자라 할 수 있지만 그 인품을 따진다면 사숙방은 풍립의 아류일 것이다."

愚按 馮立之言에 曰 豈有生受其恩하고 而死逃其難가하니 此子路所謂食焉而不避其難者也라 謝叔方도 亦有慷慨殺身하여 從容受死之意하니 二人雖皆受爵이나 然亦可謂忠義也已라 太宗이 旌之는 此正興王之所宜然也라 若薛萬徹[4]도 亦可謂忠於所事니 始焉與馮謝無異也라 然知進而不知退하여 終以邪謀就誅하니 寧不有愧乎아 史臣是編이 書馮謝於忠義之首하고 萬徹은 乃削而不書는 厥有旨哉인저

내가 살펴보건대, 馮立이 말하기를 "어떻게 살아 있을 때 그의 은혜를 입고서 죽자 그 환난을 도피할 수가 있단 말인가!"라고 하니, 子路가 말한 "녹을 받아먹고 나서는 그 환난을 회피하지 않는다."는 것이다.

謝叔方 역시 비분강개하여 자신을 희생하고 편안하게 죽음을 받아들일 생각을 가지고 있었으니, 비록 두 사람이 모두 관작을 받긴 했지만 또한 충성스럽고 의로웠다 말할 만하다. 太宗이 그들을 표창한 것은 바로 흥성을 꾀하는 왕이 응당 해야 할 자

4) 薛萬徹 : 唐나라 때의 명장으로, 京兆 咸陽(지금의 섬서성 함양 동북쪽) 사람이며 본적은 敦煌(지금의 감숙성)이다. 隋나라의 명장인 薛世雄의 넷째 아들이자 太宗 李世民의 매부이다. 뒤에 荊王 李元景을 세워 황제로 삼으려는 모의에 참여했다가 長孫無忌에게 죽임을 당하였다.

세이다. 薛萬徹의 경우도 모신 상관에게 충성했다 할 만하니 처음에는 풍립·사숙방과 차이가 없었다. 하지만 앞으로 나갈 줄만 알고 물러날 줄을 몰라 결국 사악한 모의로 죽음을 맞았으니 어찌 부끄럽지 않는가.

史臣이 이 글을 편집할 때 풍립과 사숙방은 충성과 의리편의 맨 앞에 쓰고 설만철은 삭제하여 쓰지 않은 것은 그 뜻이 들어 있다 할 것이다.

14-2-1

貞觀元年에 **太宗**이 **嘗從容**①**言及隋亡之事**하고 **慨然歎曰 姚思廉**[5)]**不懼兵刃**하여 **以明大節**하니 **求諸古人**이라도 **亦何以加也**리오 **思廉**이 **時在洛陽**이러니 **因寄物三百段**하고 **竝遺其書曰**②**想卿忠節之風**이라 **故有斯贈**이라하다 **初**에 **大業末**에 **思廉**이 **爲隋代王侑侍讀**③이러니 **及義旗剋京城時**에 **代王府僚多駭散**이로되 **惟思廉**이 **侍王**하여 **不離其側**④이라 **兵士將升殿**이어늘 **思廉**이 **厲聲謂曰 唐公**⑤이 **擧義兵**은 **本匡王室**이어든 **卿等**이 **不宜無禮於王**이라한대 **擧服其言**하여 **於是稍卻**하여 **布列階下**라 **須臾**에 **高祖至**하여 **聞而義之**하고 **許其扶代王侑至順陽閤下**하니 **思廉**이 **泣拜而去**러라 **見者咸歎曰 忠烈之士**니 **仁者有勇**[6)]은 **此之謂乎**인저하다

① 嘗從容：從, 卽容切.
從(조용히)은 卽과 容의 반절이다.

② 竝遺其書曰：遺, 去聲.
遺(보내다)는 去聲이다.

③ 爲隋代王侑侍讀：代王侑, 隋元德太子之子. 煬帝十三年, 南巡以侑留守長安, 高祖克長安, 立侑爲帝.
代王 楊侑는 隋 元德太子의 아들이다. 隋 煬帝가 大業 13년(617)에 남쪽을 순행할 때 代王 양유에게 長安을 지키게 했는데, 唐 高祖가 장안을 함락시킨 뒤 양유를 황제로 옹립했다.

④ 不離其側：離, 去聲.
離(자리를 뜨다)는 去聲이다.

⑤ 厲聲謂曰 唐公：高祖, 初封唐公.

---

5) 姚思廉：字는 簡之이고 吳興 사람이다. 隋 煬帝 大業 13년(617)에 李淵이 의병을 일으켜 長安을 공격할 때 당시 長安을 지키던 수 양제의 손자 代王 楊侑의 휘하에서 代王의 侍讀으로 있던 요사렴이 끝까지 代王을 모셔 李淵 등으로부터 충신이라는 말을 들었다. ≪舊唐書 姚思廉傳≫

6) 仁者有勇：≪論語≫ 〈憲問〉의 "仁者必有勇"에 의거한 것이다.

唐 高祖는 애초에 唐公에 책봉되었다.

貞觀 원년(627)에 太宗이 일찍이 隋나라가 멸망한 일에 대해 담담하게 이야기한 뒤 탄식하며 말하였다.

"姚思廉이 칼날을 두려워하지 않고 큰 절의를 밝혔으니 옛사람에게서 그 예를 찾아본다 해도 어찌 이보다 더하겠는가."

당시 요사렴이 洛陽에 있었는데 300단의 비단을 하사하고 함께 보낸 글에서 "卿의 忠節의 기풍이 떠올라 이를 주는 것이다."라고 했다.

일찍이 大業(隋 煬帝 연호) 말엽에 요사렴이 隋나라 代王 楊侑의 侍讀으로 있었는데 義旗(唐 高祖 李淵의 의병)가 京城을 무너뜨릴 때 代王府의 관료들이 대부분 놀라 흩어졌지만 요사렴만이 대왕을 시봉하여 그 곁을 떠나지 않았다. 병사들이 殿閣 위로 올라오려 하자 요사렴이 매섭게 소리치며 말하기를 "唐公이 義兵을 일으킨 것이 본디 王室을 바로잡으려는 것이었다면 卿들은 대왕에게 무례해선 안 된다."라고 하니, 모두 그 말에 승복하여 뒤로 물러서 계단 아래에 나열했다.

잠시 뒤 도착한 高祖가 이 이야기를 듣고 그를 의롭게 여겨, 대왕 양유를 부축하여 順陽閤門으로 가는 것을 허락하니, 요사렴이 울며 절을 하고 떠났다. 이를 목격한 이들이 모두 감탄하며 말하기를 "忠烈의 인물이니, 仁者가 용기 있다는 것은 이를 두고 말한 것일 것이다."라고 했다.

【集論】

張氏九成曰 君子以仁存誠하고 以義爲勇하여 白刃在前不能懼하고 凶暴之氣不能懾은 盖不在力之武하고 由忠義之壯也라 觀隋之亡컨대 亂兵入京에 侍臣駭潰로되 思廉이 以微軀奮不顧하고 以全君親之生으로 卽甲兵之衆하니 顧輕於一言哉아 誠以仁在其中也라 易曰 能止健하니 大正也라하니 惜乎라 大厦傾而一木不支矣[7]나 懍懍風義가 激懦夫之志爾로다

張九成이 말하였다.

"군자는 인으로 진실〔誠〕을 보존하고 의리로 용기를 삼아서 시퍼런 칼날이 눈앞에

---

7) 大厦傾而一木不支矣 : ≪中說≫ 권3 〈事君篇〉에 "큰 집이 쓰러지려 할 때에 나무 하나로는 버티지 못한다.〔大厦將顚 非一木所支也〕"라고 하였다.

닥쳐도 겁주지 못하고 흉포한 기운으로도 벌벌 떨게 하지 못하니 이는 세찬 완력에 의하지 않고 충성과 의리의 장엄함에 연유하기 때문이다.

隋나라가 망한 것을 살펴보면, 亂兵이 서울로 쳐들어와 시봉하는 신하들이 깜짝 놀라 뿔뿔이 흩어졌음에도 姚思廉은 미약한 몸을 떨쳐서 무엇에도 아랑곳하지 않고 임금의 생존을 온전히 함으로 많은 병사들 앞에 나아갔는데, 한마디 말이라도 가벼이 할 수 있겠는가. 이는 진정 仁이 마음속에 있었기 때문이다.

≪周易≫ 大畜卦에 이르기를, '굳건함을 능히 머물게 하니 크게 바른 것이다.'라고 했으니, 애석하다, 큰 집이 무너질 때 나무 하나로 지탱하진 못하였지만, 늠름한 의기는 나약한 자의 의지를 격려시킨다."

唐氏仲友曰 姚思廉은 節義學問之士니 孟子論爲人寡欲이면 雖有不存焉者나 寡矣[8]라하니 思廉之謂歟인저 學問은 惟寡欲能精이요 節義는 惟寡欲能立이라

唐仲友가 말하였다.

"姚思廉은 절의와 학문을 갖춘 인물이니, 孟子가 '사람됨이 욕심이 적으면 비록 본심을 갖고 있지 못한 경우가 있다고 해도 그런 경우는 적다.'라고 했는데, 요사렴을 말할 것이다. 학문은 욕심이 적어야 정밀할 수 있고 절의는 욕심이 적어야 확립할 수 있다."

愚按 說見第四章.

내가 살펴보건대 "이와 관련된 내용은 제4장에 보인다."

14-3-1

貞觀二年에 將葬故息隱王建成과 海陵王元吉할새 尙書右丞魏徵與黃門侍郎王珪가 請預陪送하고 上表曰 臣等이 昔受命太上하여 委質[9]東宮하여 出入龍樓가 垂將一紀니이다 前宮이 結釁宗社하여 得罪人神할새 臣等이 不能死亡하니 甘從夷戮하고 負其罪戾로되 寘錄周行①[10]하니 徒竭生涯②나 將何上報리잇가 陛下德光四海하시고 道冠

---

8) 爲人寡欲……寡矣 : ≪孟子≫ 〈盡心 下〉에 보인다.

9) 委質 : '委摯' 또는 '委贄'라고도 한다. 예물을 바쳐 충성심을 내보이는 행위로, 상대에게 복종하거나 그 밑에서 일한다는 의미로 쓰인다.

前王③하사 陟岡有感[11)]하시고 追懷棠棣[12)]하사 明社稷之大義하시고 申骨肉之深恩하사 卜葬二王하사 遠期有日[13)]이시니이다 臣等이 永惟疇昔컨대 忝曰舊臣이니 喪君有君하여 雖展事君之禮나 宿草將列[14)]하되 未申送往之哀니이다 瞻望九原컨대 義深凡百하니 望於葬日에 送至墓所하소서 太宗이 義而許之라 於是에 宮府舊僚吏가 盡令送葬④하다

① 寘錄周行 : 行, 音杭.
　行은 음이 杭이다.
② 徒竭生涯 : 涯, 音牙.
　涯는 音이 牙이다.
③ 道冠前王 : 冠, 去聲.
　冠(으뜸가다)은 去聲이다.
④ 於是……盡令送葬 : 令, 平聲.
　令(하여금)은 平聲이다.

貞觀 2년(628)에 故 息隱王 李建成과 海陵王 李元吉을 장례 치르려 할 때 尙書右丞 魏徵이 黃門侍郎 王珪와 함께 장례 전송행사에 참석하게 해줄 것을 요청하고 表文을 올렸다.

“신들이 지난날 太上王(李淵)께 명을 받아 東宮에서 임무를 집행하며 龍樓(東宮)를 드나든 지가 거의 12년에 가깝습니다. 前宮(李建成)이 宗社에 반란을 꾀

---

10) 寘錄周行 : 벼슬에 등용됨을 말한다. ≪詩經≫ 〈周南 卷耳〉에 “저 조정 벼슬에 들었다.〔寘彼周行〕”라고 하고, 그 傳에 “周나라 벼슬에 들은 것이다.〔置周之列位〕”라고 하고, 그 箋에 “周之列位는 조정 신하를 말한다.〔周之列位 謂朝廷臣也〕”라고 하였다.

11) 陟岡有感 : 형님을 그리워함을 말한다. ≪詩經≫ 〈魏風 陟岵〉에 “저 산등성이에 올라가서 형님 계신 곳을 바라본다.〔陟彼岡兮 瞻望兄兮〕”라고 하였다.

12) 追懷棠棣 : 형제를 그리워함을 말한다. 棠棣는 常棣와 같은 말로, 형제간에 우애롭게 지내는 즐거움을 말한다. ≪詩經≫ 〈小雅 常棣〉에 “상체의 꽃이여, 환하게 빛나도다. 무릇 지금 사람들로서는, 형제만 한 이가 없느니라.〔常棣之華 鄂不韡韡 凡今之人 莫如兄弟〕”라고 하였다.

13) 遠期有日 : 장삿날을 점쳐 정할 때 보내기가 아쉬워 가능한 한 멀리 잡히는 날로 정한 것을 말한다. ≪禮記≫ 〈曲禮 下〉에 “무릇 날짜를 점칠 때에는 열흘 밖의 날을 ‘먼 어느 날’이라고 하고, 열흘 안의 날을 ‘가까운 어느 날’이라고 한다. 상사에는 먼 날을 먼저 점치고, 길사에는 가까운 날을 먼저 점친다.〔凡卜筮日 旬之外曰遠某日 旬之內曰近某日 喪事先遠日 吉事先近日〕”라고 하였다.

14) 宿草將列 : 묵은 묘소 풀이 열을 지으려 한다는 뜻으로, 1년을 넘기지 않고 묘소를 찾아감을 말한다. ≪禮記≫ 〈檀弓 上〉에 “붕우의 묘소에 한 해를 넘겨 풀이 묵으면 곡하지 않는다.〔朋友之墓 有宿草而不哭焉〕”라고 하였다.

하여 백성과 신령께 죄를 얻었을 때 신들이 함께 죽지 못했으니, 죽임당하는 것을 달갑게 여기고 그 죄과를 짊어져야 함에도 조정 벼슬에 두어 녹용하셨으니, 일생을 다 바친다 해도 무엇으로 이를 다 보답할 수 있겠습니까.

폐하께서는 덕이 四海에 빛나고 道가 지난 왕들보다 높으셔서 언덕에 올라 형님을 그리워하시고 棠棣의 형제 생각을 다시 떠올리시며 社稷의 大義를 밝히고 骨肉의 깊은 은혜를 펼치시어 두 분의 왕을 장례 치를 날을 멀리 잡아 정하셨습니다. 신들은 지난날을 떠올리면 舊臣이라 할 수 있는데, 군주를 잃었다가 다시 새 군주를 모셔 비록 군주를 섬기는 예를 거행했으나, 무덤에 묵은 풀이 자랐음에도 葬送의 슬픔을 펴지 못했습니다. 장지를 우러러보면 그 의리가 한없이 깊사오니 장례 치르는 날에 묘소까지 전송할 수 있게 하소서."

태종이 이를 의롭게 여겨 허락하였다. 이에 宮府의 옛 관리들이 모두 장례 전송행렬에 참여할 수 있도록 했다.

【集論】

愚按 王珪魏徵이 請送息隱海陵之喪할새 太宗이 義而許之하니 二子는 可謂篤於義矣라 孟子曰 生亦我所欲也며 義亦我所欲也로되 二者를 不可得兼인댄 捨生而取義者也[15]라하니 珪徵은 名臣也어늘 詎容輕議哉리오마는 自有文公朱子之論斷在焉이라 昔에 管仲이 不死於子糾하고 而相桓公이러니 子貢子路가 以問夫子한대 夫子稱其功이라 論語集註[16]引程子之言하여 因論管仲하고 而及於王珪魏徵之事하니 朱子謂管仲은 有功而無罪라 故聖人獨稱其功이요 王魏는 先有罪而後有功하니 則不以相掩이 可也라하니 斯言이 盡之矣라

내가 살펴보건대, 王珪와 魏徵이 息隱王과 海陵王의 장례 행사에 보내줄 것을 요청하자 太宗이 의롭게 여겨 허락했으니, 두 사람은 의리가 돈독하다 할 만하다. 孟子가 말하기를 "삶도 내가 원하는 바이고, 의리도 내가 원하는 바이지만, 두 가지를 다 얻을 수 없다면 삶을 버리고 의리를 취해야 한다."라고 했으니, 왕규와 위징은 名臣인데 어떻게 가볍게 논할 수 있으랴만, 여기엔 文公 朱子(朱熹)의 論斷이 있다.

옛날 管仲이 子糾를 위해 죽지 않고 桓公을 도운 일이 있는데, 子貢과 子路가 관중에 대해 孔子에게 묻자 부자가 그 공로만을 칭찬했다. ≪論語集註≫에서 程子의 말

15) 生亦我所欲也……捨生而取義者也 : ≪孟子≫ 〈告子 上〉에 보인다.

16) 論語集註 : ≪論語≫ 〈憲問〉의 '管仲非仁者與……' 아래에 수록된 것을 말한다.

을 인용하며 관중을 논하고 왕규와 위징의 일까지 언급했는데, 주자가 "관중은 공이 있으면서 죄가 없었으므로 聖人이 다만 그 공로를 칭찬한 것이며, 왕규와 위징은 앞서 죄가 있고 뒤에 공로가 있었으니 엄폐할 수가 없는 것이다."라고 했으니, 이 말이 지극한 것이다.

14-4-1

貞觀五年에 **太宗**이 **謂侍臣曰 忠臣烈士**가 **何代無之**리오마는 **公等**은 **知隋朝誰爲忠貞**가 **王珪曰 臣聞太常丞**①**元善達**[17]이 **在京留守**할새 **見群賊縱橫**②하고 **遂轉騎遠詣江都**하여 **諫煬帝**하여 **令還京師**③하고 **旣不受其言**하얀 **後更涕泣極諫**하니 **煬帝怒**하여 **乃遠使追兵**하여 **身死瘴癘之地**이니이다 **有虎賁郎中**④**獨孤盛**⑤이 **在江都宿衛**할새 **宇文化及**[18]이 **起逆**이어늘 **盛惟一身**으로 **抗拒而死**하니이다 **太宗曰 屈突通**이 **爲隋將**⑥하여 **共國家**하여 **戰於潼關**⑦이러니 **聞京城陷**하고 **乃引兵東走**⑧어늘 **義兵**이 **追及於桃林**⑨할새 **朕遣其家人往招慰**하니 **遽殺其奴**하고 **又遣其子往**하니 **乃云 我蒙隋家驅使**하여 **已事兩帝**하니 **今者**는 **吾死節之秋**라 **汝舊於我家爲父子**나 **今則於我家爲仇讎**라하고 **因射之**하니 **其子避走**라 **所領士卒**이 **多潰散**하여 **通惟一身**이러니 **向東南慟哭盡哀曰 臣荷國恩**⑩하여 **任當將帥**라가 **智力俱盡**하여 **致此敗亡**이나 **非臣不竭誠於國**이라하고 **言盡**에 **追兵擒之**라 **太上皇**이 **授其官**이나 **每托疾固辭**하니 **此之忠節**은 **足可嘉尚**이라 **因勅所司**하여 **采訪大業中直諫被誅者子孫**하여 **聞奏**하다

① 臣聞太常丞 : 太常丞, 卿之佐也.
太常丞은 卿의 보좌이다.

② 見群賊縱橫 : 縱, 平聲.

---

17) 元善達 : 隋나라 때의 관리로 太常丞을 역임했다. 元善達이 越王 楊侗의 명령을 받아 江都까지 돌파하여 구원을 요청하고 京城으로 군대를 돌리도록 간언했지만 煬帝가 들어주지 않았다. 오히려 당시 조정에 명령을 내려 원선달을 東陽郡으로 파견해 군량과 마초를 빨리 운반하도록 했는데 오래지 않아 원설달은 群盜에게 살해당했다.

18) 宇文化及 : 선조는 흉노족이며 代郡 武川(지금의 내몽고자치구에 속함) 사람이다. 左翊衛大將軍인 宇文述의 아들로, 隋 煬帝 때 右屯衛將軍을 지냈다. 618년 武賁郎將司 馬德戡 등과 함께 강도에서 정변을 일으켜 양제를 살해하고, 양제의 조카인 秦王 楊浩를 황제로 추대한 다음 자신은 승상을 맡았다. 후에 양호를 독살하고 황제를 자칭하여 연호를 天壽, 국호를 許라고 했다. 619년 聊城에서 竇建德과의 싸움에서 패하여 죽었다.

縱(세로)은 平聲이다.

③ 令還京師 : 令, 平聲.
令(하여금)은 平聲이다.

④ 有虎賁郎中 : 賁, 音奔.
賁(날쌔다)은 음이 奔이다.

⑤ 獨孤盛 : 獨孤, 複姓, 盛, 名也.
獨孤는 複姓이고, 盛은 이름이다.

⑥ 屈突通 爲隋將 : 屈, 區勿切. 將, 去聲. 後同. 屈突, 虜複姓, 通, 名, 仕隋爲虎賁郎將. 初代王遣通守河東, 高祖兵圍之, 通守節不降, 後被擒. 帝勞之. 泣曰 "臣不能盡人臣之節, 故至此, 爲本朝羞." 帝曰 "忠臣也." 授兵部尙書, 從討王世充. 時通二子在洛, 帝曰 "以東洛屬公, 如何." 通曰 "二兒死, 自其分, 終不以私害義." 帝曰 "烈士徇節, 吾今見之." 貞觀初卒.
屈(성씨)은 區와 勿의 반절이다. 將(장수)은 去聲이다. 뒤에도 같다. 屈突은 흉노의 複姓이고 通은 이름이며, 수나라 때 虎賁郎將을 역임했다. 애초에 代王이 굴돌통을 파견해 河東을 지키게 했는데, 高祖가 병사로 포위했으나 굴돌통이 절의로 지키며 항복하지 않았다가 뒤에 포로가 되었다. 고조가 위로하자, 울며 말하기를 "신이 신하의 절의를 다 지키지 못해 여기에 이른 것은 본 왕조의 수치입니다."라고 하니, 고조가 "충신이다."라고 하고, 兵部尙書에 임명하여 王世充을 토벌하게 했다. 당시 굴돌통의 두 아들이 낙양에 있었는데 고조가 말하기를 "東洛 지역을 공에게 소속시키려 하는데 어떻소?"라고 하니, 굴돌통이 이르기를 "두 아이가 죽는 것은 각자의 분수(운명)일 뿐이며, 결코 사적인 것으로 의리를 해칠 순 없습니다."라고 하자, 고조가 말하기를 "열사가 절의를 지키는 것을 내가 지금 보았노라."라고 했다. 정관 초기에 세상을 떠났다.

⑦ 共國家 戰於潼關 : 潼關, 在今華州華陽縣, 隷陝西省.
潼關은 지금 華州 華陽縣에 있으며 陝西省에 속한다.

⑧ 乃引兵東走 : 走, 去聲.
走(달아나다)는 去聲이다.

⑨ 義兵 追及於桃林 : 桃林, 今陝州桃林縣, 隷河南.
桃林은 지금의 陝州 桃林縣이며 河南에 속한다.

⑩ 臣荷國恩 : 荷, 去聲.
荷(입다, 받다)는 去聲이다.

貞觀 5년(631)에 太宗이 侍臣에게 말하였다.

"忠臣과 烈士가 어느 시대인들 없겠소만, 공들은 隋나라 조정에서 누가 충직했다고 생각하시오?"

王珪가 말하였다.

"신이 들은 바에 의하면, 太常丞 元善達이 京城(長安)을 지키고 있었는데 도적들이 날뛰는 것을 보고 말을 타고 멀리 江都로 가서 수 양제에게 서울로 돌아갈 것을 간언하였고, 그 간언을 받아들이지 않자 다시 울부짖으며 간언을 하니, 수 양제가 노하여 그를 멀리 보내 병사들을 딸려 보내서 전염병이 도는 곳에서 죽게 했습니다. 虎賁郎中 獨孤盛은 江都에서 호위 임무를 맡고 있었는데, 宇文化及이 반역을 일으키자 독고성이 온 몸으로 저항하다 죽었습니다."

屈突通

태종이 말하였다.

"屈突通이 수나라 장수로 있으며 우리나라와 潼關에서 전쟁을 벌였는데, 경성이 함락되었다는 소식을 듣고 병사를 이끌고 동쪽으로 달려갔소. 義兵(李淵 군대)이 桃林까지 추격할 무렵에 짐이 그 집안 하인을 보내 그를 달래며 부르자 지체 없이 그 하인을 죽였고, 다시 그 아들을 보내자, 이르기를, '내가 수나라에 등용돼서 이미 두 황제(문제와 양제)를 모셨으니, 지금은 내가 목숨을 걸고 절의를 지킬 즈음이다. 네가 과거에는 우리 집안의 父子 관계였지만, 지금은 우리 집안의 원수이다.'라고 하고 활을 꺼내 쏘자 그의 아들이 피해 도망갔소.

거느리던 부하 사졸들이 모두 뿔뿔이 흩어지고 굴돌통만 홀로 남자, 동남쪽을 향해 한없이 통곡하여 슬픔을 다하면서 '신이 국가의 은혜를 입어 장수의 책임을 맡았는데, 지혜와 힘이 모두 다해 이러한 패망에 이르렀지만, 신이 국가에 정성을 다하지 않은 것은 아닙니다.'라고 하였고, 말이 끝날 즈음에 추격병이 그를 사로잡았소. 太上皇(李淵)께서 그에게 관직을 내려주었으나 매번 병이라 핑계대고 굳이 사양했으니, 이러한 충절은 충분히 가상히 여길 만하오."

그러면서 담당 부서에 명을 내려 大業 연간에 바르게 간언하다 죽임을 당한 이들의 자손들을 찾아 보고하도록 했다.

【集論】

唐氏仲友曰 屈突通이 不死於稠桑[19)]하고 更盡力於唐하니 尙得爲節義乎아 曰 隋運已亡하여 河東之守에 力戰不屈이나 天命有歸어늘 通如之何리오 斬家奴하고 射其子하며 兵敗力屈而後擒하니 亦足以報隋矣라 商之亡也에 雖如箕子나 猶陳洪範[20)]하고 封朝鮮하니 而欲責人以必死가 不亦難乎아 若通之竭力於所事도 亦足以爲節義矣라

唐仲友가 말하였다.

"'굴돌통이 稠桑에서 죽지 않고 당나라에 다시 진력했는데, 그러고도 절의를 지켰다고 할 수 있겠는가?'

'수나라의 운명이 이미 다한 즈음에 河東의 지킴에서 굴복하지 않고 힘써 싸웠지만 天命이 결정되어 있었거늘 굴돌통이 어찌하겠는가. 집안 하인을 참수하고 아들에게 활을 쏘았으며, 병사가 패하고 힘이 다하고 나서 포로가 되었으니, 충분히 수나라에 보답한 것이다. 商나라가 망할 즈음에 箕子 같은 분도 〈洪範〉을 진술해주고 朝鮮에 책봉되었으니, 사람들에게 반드시 죽음을 요구하는 것이 또한 곤란하지 않는가. 굴돌통이 자기가 모신 임금에게 온 힘을 다한 것 또한 충분히 절의를 지켰다고 할 만하다.'"

愚按 太宗이 稱獎隋世忠義之臣할새 於文臣則姚思廉이요 於武臣則屈突通也러니 或曰 二子는 隋臣이로되 而仕於唐하여 國亡皆不能死하니 可以爲忠臣乎아 愚應之曰 否라 不同也라 思廉이 仕隋는 不過諸王講讀之官耳요 於軍國之重事와 社稷之大計는 固不與聞也라 國亡커늘 諸人皆去하되 思廉獨不去하고 呵叱亂兵에 辭嚴義正하고 又能扶掖舊君하여 泣拜而別이라 其後에 代王이 竟得善終이라 思廉講讀調護之職에 可謂無負矣어니 曷爲而死哉리오 至於通하여는 則不然하니 通仕隋文은 已躋貴顯하고 迨乎煬帝하여 尊寵加隆이라 楊諒玄感之亂[21)]에 嘗立大功하여 名聞天下하고 煬帝南行에 付以關中之任하여 身受重寄하고 手握彊

19) 稠桑 : 지금의 河南省 靈寶縣의 稠桑驛을 가리킨다. 高祖 李淵의 공격에 끝까지 저항했던 굴돌통이 결국 이 곳에서 항복했다.

20) 洪範 : 禹王이 홍수를 다스릴 적에 1~9개의 점이 등에 그려져 있는 거북이를 洛水에서 발견하고 이것을 바탕으로 洛書를 그렸는데, 그것의 이치를 연역하여 만든 것이다. 훗날 周武王이 殷나라를 멸망시키고 은나라의 賢人인 箕子에게 천하를 다스리는 大法을 묻자, 기자가 이것을 알려주었다고 한다.

21) 楊諒玄感之亂 : 604년에 隋 文帝의 넷째 아들인 楊諒이 일으킨 반란과, 613년 尙書左僕射 楊素의 아들 楊玄感이 黎陽에서 일으킨 반란을 말한다. 두 반란 모두 隋 煬帝에 의해 진압

兵이어늘 國亡師敗에 通이 安所辭其死哉리오 竝二子之事觀之컨대 庸夫도 能斷其是非矣라 然則太宗之奬忠義는 其得於思廉이요 而失於屈突乎인저

내가 살펴보건대, 태종이 수나라의 충성스럽고 의로운 신하들을 거론하며 장려했는데, 文臣은 姚思廉이고 武臣은 굴돌통이다. 혹자가 "두 사람은 수나라 신하로서 당나라에 벼슬하여, 국가가 망했음에도 모두 목숨을 바치지 않았으니, 충신이라 할 수 있겠는가?"라고 하기에, 내가 이렇게 대답했다.

"아니다. 그와 같지 않다. 요사렴이 수나라에 벼슬한 것은 諸王의 講讀官에 지나지 않으며, 軍國의 중요한 일과 社稷의 큰 계책에 대해서는 본디 관여하지 않았다. 국가가 망하자 여느 사람들은 모두 떠났지만, 요사렴만은 홀로 떠나지 않고 혼란을 일으킨 병사들을 꾸짖었는데 말이 엄격하며 의리가 정당했고, 또 옛 임금을 부축하여 울며 절하고 이별했다. 그 뒤 代王은 결국 일생을 잘 마감했다. 요사렴이 講讀과 調理와 보호의 직임에 대해 저버린 것이 없다고 할 수 있으니, 어찌 목숨을 바칠 것인가.

굴돌통의 경우는 다르다. 굴돌통이 隋 文帝에게 벼슬한 것은 이미 높은 자리에 올랐고, 煬帝 때엔 존엄과 총애가 보다 융성했으며, 楊諒과 楊玄感의 난리 때는 일찍이 큰 공을 세워 이름이 천하에 드날렸다. 양제가 남쪽으로 가면서 關中의 직임을 내주어, 몸소 중한 부탁을 받고 손수 강한 병사를 거느렸거늘, 국가가 망하고 군사가 패망함에 있어 굴돌통이 어찌 그 죽음을 사양할 수 있겠는가.

두 사람의 행적을 견주어 살펴보면, 하찮은 사람도 그 시시비비를 판단할 수 있다. 그렇다면 태종이 충성스럽고 의로운 신하를 장려함에 있어, 요사렴은 제대로 평가했지만 굴돌통은 잘못 거론한 것이다."

14-5-1

貞觀六年에 授左光祿大夫陳叔達①禮部尙書하고 因謂曰 武德中에 公曾進直言於太上皇②하여 明朕有克定大功하여 不可黜退云하니 朕本性剛烈하여 若有抑挫면 恐不勝憂憤③하여 以致疾斃之危라 今賞公忠謇하여 有此遷授하노라 叔達이 對曰 臣이 以隋氏父子가 自相誅戮하여 以致滅亡하니 豈容目睹覆車[22]하고 不改前轍이리잇가 臣所以竭誠進

되었다.

22) 覆車 : 전 사람의 실패를 보고 경계함을 말한다. ≪漢書≫ 〈賈誼傳〉에 "속담에 '앞수레가 뒤집히면 뒷수레가 조심한다.' 하였습니다. 秦나라가 빨리 망하게 된 그 자취를 볼 수 있는데 피하지 않으니, 뒷수레가 또 장차 뒤집힐 것입니다.〔鄙諺曰 前車覆後車戒 秦氏所以亟絶者 其轍

諫이니이다 **太宗**이 **曰 朕**이 **知公**은 **非獨爲朕一人**④이라 **實爲社稷之計**로다

① 授左光祿大夫陳叔達：陳叔達，字子聰，陳宣帝子也．武德初，判納言．始建成兄弟鬩間太宗，帝惑之，叔達極意救辨．及建成誅，高祖謂裴寂等曰"不圖今日，乃見此事．當如之何．" 蕭瑀陳叔達曰"建成元吉本不預義謀，又無功於天下，疾秦王功高望重，共爲姦謀，今秦王已討而誅之．秦王功盖宇宙，率土歸心，陛下若處以元良，委之國務，無復事矣．" 上曰"善，此吾之夙心也．"
陳叔達은 字가 子聰이며 陳 宣帝의 아들이다. 武德 초기에 判納言을 역임했다. 애초에 李建成 형제가 태종을 헐뜯어 고조가 현혹되자 진숙달이 마음을 다하여 구원해 변호했다. 이건성이 죽임을 당하고 나서 고조가 裴寂 등에게 이르기를 "오늘날 이런 일을 당할 줄을 예상하지 못했으니 어찌 해야겠는가?"라고 하자, 蕭瑀와 진숙달이 말하기를 "이건성과 李元吉은 본디 의병의 모의에 참여하지 않았고, 또 천하에 공로가 없어서, 공이 높고 신망이 두터운 秦王(太宗)을 질시하여 함께 간악한 모의를 획책하다가 지금 진왕이 성토해서 죽였습니다. 진왕은 공로가 우주를 덮어 온 누리가 귀의했으니, 폐하께서 元良(太子)으로 처우하여 국가의 업무를 맡기신다면 다시 아무 일이 없을 것입니다."라고 하니, 고조가 말하기를 "좋다. 이것이 나의 오래된 마음이다."라고 하였다.

② 公曾進直言於太上皇：曾，音層．
曾(일찍이)은 음이 層이다.

③ 恐不勝憂憤：勝，平聲．
勝(견디다, 감내하다)은 平聲이다.

④ 朕知公 非獨爲朕一人：爲，去聲．後同．
爲(위하다)는 去聲이다. 뒤에도 같다.

貞觀 6년(632)에 左光祿大夫 陳叔達을 禮部尙書에 임명하고 나서 말하였다.

"武德 연간에 공이 일찍이 太上皇께 직언을 아뢰어, 짐이 큰 공을 세웠으므로 내쳐서는 안 된다고 천명해주었소. 짐은 본성이 강렬해서 꺾임을 당하면 걱정과 분노를 견디지 못하고 병나서 죽을 위험에 이르게 되오. 지금 공의 충성과 정직을 가상히 여겨 이와 같이 승진시키는 것이오."

진숙달이 대답했다.

"신은 隋氏(隋나라) 집안의 父子가 서로 죽임을 일삼아 멸망에 이르렀다고 여기니, 어떻게 전복된 수레를 목도하고서 앞 수레가 지나간 길을 바꾸지 않을 수 있겠습니까. 이는 신이 정성을 다해 간언을 올린 이유입니다."

태종이 말하였다.

跡可見 然而不避 是後車又將覆也]"라고 하였다.

"짐이 공을 알아주는 것은 다만 짐 한 사람을 위한 것일 뿐만 아니라, 실로 사직을 위한 계책이오."

【集論】

胡氏寅曰 人臣之義는 無私交어늘 而況藩王與太子有隙之時乎아 言所左右는 疑所集也어늘 而陳叔達은 無是心하여 特以秦王有功不可黜이요 恐生後悔하니 是皆天下之公論이요 亦初無贊高祖廢立之意니 於秦王에 非私交也라 以叔達端良으로 自宜在親近之地요 苟欲敍遷이면 何患無名이리오 而太宗이 乃擧武德中直言은 是以危疑向背로 誘臣下하여 爲後日計니 豈君道哉리오

胡寅이 말하였다.

"신하의 의리는 사적 교감이 없어야 하는 것인데, 더구나 藩王과 太子가 틈이 발생한 즈음이야 더 말할 나위가 있겠는가. 말이 좌나 우로 나뉘는 것은 의심이 모이는 것이거늘, 陳叔達은 이러한 마음이 없어서, 다만 '秦王이 공로가 있으니 내쳐서는 안 되며, 훗날 후회가 생길까 염려된다.'고 한 것은 세상이 공통적인 평판이었고, 또한 애초에 고조가 현재의 태자를 폐위시키고 새로운 태자를 옹립하는 것을 찬동하고픈 마음도 없었으니, 진왕에게 사사로운 교감이 있었던 것이 아니다.

진숙달처럼 단정하고 곧은 사람이라면 임금과 가까운 곳에 있는 것이 마땅하며, 정말 승진시키고 싶다면 명분 없는 것을 걱정할 필요가 어디 있겠는가. 그런데 태종이 武德 연간의 직언을 거론한 것은 위기에 처했을 때 취하는 태도를 들어 신하를 유인하여 훗날에 대한 계책으로 삼으려는 것이니, 어찌 임금의 도리라 하겠는가."

愚按 時平先長嫡이요 世亂先有功이라 陳叔達當時之直言은 意固有在矣니 誠公論이요 非私計也라 太宗이 於是臨御已六年矣라 揚其忠謇而遷秩之가 雖用得其人이나 而心若私也라 言者는 心之聲이니 可不愼哉아

내가 생각하건대, 평화로운 시대에는 長子와 嫡子를 우선시하지만 혼란스러울 때는 공이 있는 자를 우선시한다. 당시 진숙달의 직언은 본디 원칙이 존재한 것으로서, 진정 公論이요 사사로운 계책이 아니다. 태종이 제위에 오른 지 이미 6년째인데, 그 충성스럽고 정직한 것을 선양하여 승진시킨 것이 비록 제대로 된 인물을 얻기는 했으나 속마음은 사사로운 생각이 있는 듯하다. 말은 마음의 소리인데 신중하지 않아

서야 되겠는가.

14-6-1

貞觀八年이라 **先是桂州**①**都督李弘節**이 **以清愼聞**이러니 **及身歿後**에 **其家賣珠**어늘 **太宗聞之**하고 **乃宣於朝曰 此人生平**을 **宰相皆言其清**②이나 **今日旣然**하니 **所擧者**가 **豈得無罪**리오 **必當深理之**하여 **不可舍也**로다 **侍中魏徵承間**③**言曰 陛下生平言此人濁**이나 **未見受財之所**요 **今聞其賣珠**하시고 **將罪擧者**하시니 **臣不知所謂**니이다 **自聖朝以來**로 **爲國盡忠**④하고 **清貞愼守**하여 **終始不渝**는 **屈突通張道源而已**⑤로되 **通子三人來選**⑥에 **有一匹羸馬**하고 **道源兒子**는 **不能存立**이로되 **未見一言及之**시니이다 **今弘節**이 **爲國立功**하여 **前後大蒙賞賚**하고 **居官歿後**에 **不言貪殘**하니 **妻子賣珠**는 **未爲有罪**⑦니이다 **審其清者**하여 **無所存問**하고 **疑其濁者**하여 **旁責擧人**하시니 **雖云疾惡不疑**나 **是亦好善不篤**⑧이니 **臣竊思度**(탁)⑨컨대 **未見其可**요 **恐有識聞之**하면 **必生橫議**니이다 **太宗**이 **撫掌曰 造次不思**⑩하여 **遂有此語**니 **方知談不容易**⑪로다 **竝勿問之**하고 **其屈突通張道源兒子**는 **宜各與一官**⑫하라

① 先是桂州：桂州, 今仍舊隸廣西.
桂州는 지금도 예전대로 廣西에 속한다.

② 宰相皆言其清：相, 去聲.
相(재상)은 去聲이다.

③ 侍中魏徵承間：間, 去聲.
間(빈틈)은 去聲이다.

④ 爲國盡忠：爲, 去聲. 後同.
爲(위하다)는 去聲이다. 뒤에도 같다.

⑤ 張道源而已：張道源, 幷州人. 初守幷州, 賊平, 拜大理卿. 時何稠得罪, 籍家屬以賜群臣, 道源曰 "禍福無常, 安可利人之亡, 取其子女自奉! 仁者不爲也." 更資以衣食遣之. 家無貲產. 比亡, 餘粟二斛[23].
張道源은 幷州 사람이다. 처음 幷州太守로 있다가 적이 평정되자 大理卿에 임명되었다. 당시 何稠가 죄를 받아 家屬들을 몰수하여 신하들에게 나누어주자, 장도원이 말하기를 "재앙과 복록은 일정하지 않은데, 어떻게 다른 사람의 망한 것을 이익으로 취하고 그 자녀를 취하여 자신을 모시도록 할 수 있겠는가. 仁者는 하지 않는다."라고 하고 입을 것과

---

23) 斛：용량의 단위로 10斗이다.

먹을 것을 마련하여 보내주었다. 집안에 재산이 없어서 세상을 떠날 즈음에 남은 곡식이 2斛뿐이었다.

⑥ 通子三人來選 : 選, 去聲.
選(선발하다)은 去聲이다.

⑦ 未爲有罪 : 爲, 如字.
爲(되다)는 본래 音義대로 독해한다.

⑧ 是亦好善不篤 : 好, 去聲.
好(좋아하다)는 去聲이다.

⑨ 臣竊思度 : 度, 待洛切.
度(헤아리다)은 待와 洛의 반절이다.

⑩ 造次不思 : 造, 七到切.
造(순간, 경황없음)는 七과 到의 반절이다.

⑪ 方知談不容易 : 易, 以豉切.
易(쉽다)는 以와 豉의 반절이다.

⑫ 貞觀八年……宜各與一官 : 舊本此章附直諫類, 今附入此.
舊本에 의하면, 이 장은 直諫類 부분에 편집되어 있지만, 지금 여기에 편집해 넣는다.

貞觀 8년(634)이다. 앞서 桂州都督 李弘節이 청렴하고 신중하다는 소문이 있었는데, 세상을 떠난 뒤 그 집안 식구가 珠玉을 내다팔았다. 太宗이 그 소문을 듣고 조정에 선포하였다.

"이 사람의 평생에 대해 재상들이 모두 청렴함을 말했지만, 지금 이미 저렇게 주옥이 나왔으니 그를 천거한 이들에게 어찌 죄가 없다 할 수 있겠소. 반드시 엄밀하게 조사해서 그냥 넘어가서는 안 될 것이오."

그러자 侍中 魏徵이 기회를 엿보아 말하였다.

"폐하께서 평소에 이 사람이 혼탁하다고 말씀하셨지만 뇌물을 받은 사실을 발견하지 못했는데, 지금 주옥을 내다판다는 소식을 듣고 천거한 자들을 처벌하려 하시니, 신은 그 이유를 잘 모르겠습니다. 聖朝 이후로 국가를 위해 충성을 다하고 청렴, 정직, 신중, 지조를 지녀 시종 변함이 없는 이는 屈突通과 張道源뿐입니다. 굴돌통의 세 아들이 과거시험에 응시하러 올 때 한 필의 파리한 말만 있었고, 장도원의 아들은 생존할 수도 없는 처지였지만 폐하께서 한마디 말씀도 하신 것을 보지 못했습니다.

지금 이홍절이 국가를 위해 공을 세워 전후에 걸쳐 큰 상을 받았으며, 관직

생활을 하다 세상을 떠난 뒤에 탐욕과 잔학을 거론한 일이 없었으니, 그의 아내와 자식들이 주옥을 내다판 것은 죄가 되지 못합니다.

청렴한 자를 알고도 위로한 일이 없고 혼탁한 자인지 의심하여 천거한 사람까지 문책하려 하시니, 비록 의심할 여지없이 악을 미워한 것이라 하겠지만, 이 또한 선을 좋아하기를 돈독하게 하지 않는 것입니다. 신이 살며시 헤아려보건대, 그 처분이 옳은 것인지 모르겠으며, 식견 있는 사람이 이 이야기를 들으면 반드시 비난이 일지 않을까 염려됩니다."

태종이 손뼉을 치며 말하였다.

"경황없는 상태에서 생각 없이 있다가 결국 이런 말을 하게 되었으니, 비로소 말하기가 쉽지 않다는 것을 알겠소. 모두 문책하지 마시오. 굴돌통과 장도원의 아들에게는 각기 관직 하나씩을 내려주도록 하시오."

【集論】

愚按 皐陶之稱堯舜에 有曰 罰弗及嗣하고 賞延於世[24)]라하니 蓋善善之意長하고 惡惡之心短也라 太宗이 知屈突道源之善이로되 而不能錄其子弟하고 聞弘節曖昧之過어든 則遽欲罪及擧官하니 此豈唐虞賞罰之道乎아 向非魏徵之言이면 亦足爲太宗君德之累矣라

내가 살펴보건대, 皐陶가 堯舜을 일컬으며 "벌은 후손에게 미치지 않고, 상은 후세까지 미친다."라고 했으니, 선을 선하게 대하는 마음은 크고, 악을 미워하는 마음은 작은 것이다.

태종이 굴돌통과 장도원의 선행을 알고서도 그 자제들을 거두어 쓰지 않고, 이홍절의 불분명한 과실을 듣고는 대뜸 천거한 관리를 처벌하려 하니, 이것이 어찌 唐·虞의 상과 벌을 주는 도리이겠는가. 위징의 건의가 아니었다면 태종에게 임금이 갖추어야 할 덕성의 결함이 되기에 충분했을 것이다.

14-7-1

貞觀七年에 太宗이 將發諸道①黜陟使②할새 畿內道③가 未有其人이어늘 太宗이 親定問於房玄齡等曰 此道事가 最重하니 誰可充使아 右僕射李靖曰 畿內事大하여 非魏

24) 罰弗及嗣 賞延於世 : ≪書經≫ 〈虞書 大禹謨〉에 보인다.

徵이면 **莫可**니이다 **太宗**이 **作色曰 朕今欲向九成宮**도 **亦非小**니 **寧可遣魏徵出使**아 **朕**이 **每行**에 **不欲與其相離者**는 **適爲其見朕是非得失**④이라 **公等**이 **能正朕**이어든 **不可因輒有所言**이니 **大非道理**라하고 **乃卽令李靖充使**⑤하다

① 太宗將發諸道：唐分天下爲十道, 一曰關內, 二曰河南, 三曰河東, 四曰河北, 五曰山南, 六曰隴右, 七曰淮南, 八曰江南, 九曰劍南, 十曰嶺南, 皆因山川形便, 而併省之也.
唐나라는 천하를 10개의 도로 나누었으니, 첫 번째는 關內, 두 번째는 河南, 세 번째는 河東, 네 번째는 河北, 다섯 번째는 山南, 여섯 번째는 隴右, 일곱 번째는 淮南, 여덟 번째는 江南, 아홉 번째는 劍南, 열 번째는 嶺南이다. 모두 山川의 형태에 따라 아우르고 줄인 것이다.

② 黜陟使：使, 去聲. 後同. 將命而出掌黜陟臧否, 故曰黜陟使.
使(사신)는 去聲이다. 뒤에도 같다. 명령을 가지고 나가 잘잘못에 대해 권장하고 축출하는 일을 담당하므로 黜陟使라 하는 것이다.

③ 畿內道：畿內道, 唐建都之地, 卽關內道也.
畿內道는 唐나라의 建都 지역이니, 바로 關內道이다.

④ 適爲其見朕是非得失：爲, 去聲.
爲(때문에)는 去聲이다.

⑤ 乃卽令李靖充使：令, 平聲. 按, 通鑑 "貞觀八年, 太宗欲分遣大臣爲諸道黜陟使, 未得其人, 李靖薦魏徵, 上曰 '徵箴規朕失, 不可一日離左右.' 乃命靖與蕭瑀等凡十三人, 分行天下, '察長吏賢不肖, 問民疾苦, 禮高年, 振窮乏, 褒善, 起淹滯, 俾使者所至如朕親睹.'" 與此小異.
令(하여금)은 平聲이다. 살펴보건대 ≪資治通鑑≫에 "貞觀 8년(633)에 太宗이 대신들을 諸道의 黜陟使로 나누어 파견하려 할 때 알맞은 사람을 찾지 못하고 있었는데 李靖이 魏徵을 추천하자, 태종이 '위징은 朕의 잘못을 지적하고 바로잡아 주어 하루도 곁을 떠날 수 없소.'라고 하고, 李靖과 蕭瑀 등 13인을 선발해 각지에 나뉘어 가도록 한 뒤, '長吏들의 잘잘못을 살피고 백성이 아파한 곳을 물어보고 나이가 많은 사람을 예우하고 궁핍한 사람을 도와주고 선한 자를 포상하고 침체돼 있는 현자를 발탁해서, 출척사가 이르는 곳마다 짐이 직접 보는 것처럼 하게 하시오.'"라고 하여, 이 내용과 약간 차이가 있다.

貞觀 7년(633)에 太宗이 諸道의 黜陟使를 파견하려 할 때 畿內道에 적합한 사람이 없었는데, 태종이 직접 물색하고 나서 房玄齡 등에게 물었다.

"이 道의 일은 가장 중요하니 누가 출척사를 충당할 만하겠는가."

右僕射 李靖이 말했다.

"기내도는 일이 커서 魏徵이 아니면 감당할 수 없습니다."

태종이 엄숙한 얼굴로 말하였다.

"朕이 지금 九成宮으로 향하려 한 것 또한 작은 일이 아닌데 어떻게 위징을 출척사로 내보낼 수 있겠소. 짐이 행차 때마다 그와 떨어지고 싶지 않은 것은 단지 짐의 옳고 그름과 잘되고 잘못된 점을 파악하고 있기 때문이오. 공 등이 짐을 바로잡으려면 이런 말을 해서는 안 되니, 전혀 도리가 아니오."

그리고는 즉시 이정을 기내도의 출척사로 충당하게 했다.

【集論】

愚按 太宗이 嘗問群臣호대 魏徵與諸葛亮孰賢가하니 岑文本이 對曰 亮은 才兼將相하여 非徵所及이라하니 斯言이 是已라 然嘗論之컨대 太宗有餘於才나 而不足於德하고 勇於敢爲나 而不能不爲러니 當時에 能攻其所短하고 救其所偏은 惟徵一人而已라 使徵生於三國之時하면 未必能勝武侯之任이나 然使武侯生於太宗之時면 不過爲徵之所爲耳라 故以唐之時勢로 觀之컨대 則二子는 政未易優劣也라 李靖之才는 兼資文武하여 非徵所能及也나 然貞觀之時에 可以無靖이나 不可以無徵이니 何也오 盖靖之才能은 不過增太宗之所有餘나 徵之諫爭은 乃能補太宗之所不足也라 是以로 畿內之使를 太宗寧使靖이언정 而不使徵은 豈非自知之明哉아

내가 살펴보건대, 太宗이 일찍이 뭇 신하들에게 묻기를, '魏徵과 諸葛亮 중에 누가 더 훌륭하오.'라고 하자, 岑文本이 대답하기를, '제갈량의 재능은 장수와 재상을 겸하여서 위징이 미칠 바가 아닙니다."라고 했으니, 이 말이 맞다.

하지만 일찍이 논하기를, 태종은 재능에는 여유가 있지만 德이 부족하고 과감하게 실천하는 데는 용맹하지만 하지 말아야 할 것을 말지 못하니, 당시에 그 단점을 고치고 치우친 면을 구제할 수 있는 사람은 오직 위징 한 사람뿐이었다. 위징이 三國시대에 태어났다면 반드시 諸葛武侯(제갈량)의 임무를 해낼 것은 아니겠지만, 제갈무후가 당 태종의 시대에 태어났다면 위징이 행한 것을 행하는 데에 지나지 않았을 것이다. 따라서 唐나라의 시대와 형세로 관찰해보면 두 사람은 정녕 그 우열을 논하기가 쉽지 않다.

李靖의 재능은 문무를 겸하고 있어서 위징이 미칠 수 있는 것이 아니다. 하지만 貞觀의 시대엔 이정은 없어도 되지만 위징은 없어선 안 되니, 어째서인가. 이정의 재능은 태종의 남아돈 것을 증가시켜주는데 지나지 않지만, 위징의 諫爭은 태종의 부족한 것을 보완할 수 있기 때문이다. 따라서 기내도의 출척사를 태종이 이정에게 맡길

지언정 위징에게 맡기지 않은 것은, 어찌 스스로 분명하게 간파한 것이 아니겠는가.

14-8-1

貞觀九年에 **蕭瑀爲尚書左僕射**러니 **嘗因宴集**에 **太宗**이 **謂房玄齡曰 武德六年已後**에 **太上皇**이 **有廢立之心**하시니 **我當此日**하여 **不爲兄弟所容**하여 **實有功高不賞**[25]**之懼**어늘 **蕭瑀**는 **不可以厚利誘之**하고 **不可以刑戮懼之**하니 **眞社稷臣也**라하고 **乃賜詩曰 疾風知勁草**[26]요 **板蕩**[27]**識誠臣**이라하니 **瑀拜謝曰 臣特蒙誡訓**하여 **許臣以忠諒**하시니 **雖死之日**이나 **猶生之年**①이니이다

① 貞觀九年……猶生之年 : 舊本, 此章首曰貞觀中, 與第五章合爲一章, 今按通鑑標年[28], 附入于此. 又按史傳, 魏徵曰"臣有逆衆持法, 主恕之以公, 孤特守節, 主恕之以介, 昔聞其言, 乃今見之. 使瑀不遇陛下, 庸自保邪."
舊本에는 이 章 첫머리의 '貞觀中'을 第5章과 한 章으로 만들었는데, 지금 ≪資治通鑑≫에서 표기한 연대에 따라 이곳으로 편집해 넣었다. 또 살펴보건대, ≪新唐書≫ 〈蕭瑀傳〉에 다음과 같이 기술하고 있다. "魏徵이 말하기를 '신이 뭇사람들의 뜻을 거역하여 法을 집행할 때는 주상께선 공평하다고 껴안아주시고 홀로 절의를 지킬 때는 주상께서 절개 있다고 안아주시니, 과거에 말로만 들었다가 지금 그것을 보게 되었습니다. 蕭瑀가 폐하를 만나지 못했다면 어떻게 자신을 보존할 수 있었겠습니까.'라고 했다."

貞觀 9년(635)에 蕭瑀를 尚書左僕射로 삼았다. 일찍이 연회석에서 太宗이 房玄齡에게 말하였다.

"武德 6년(623) 이후로 太上皇이 기존의 태자를 폐위시키고 새로운 태자를 세울 마음을 갖고 계셨소. 나는 당시에 형제들에게 따돌림을 당해 실로 功이 너무 높아 賞을 받지 못할까 하는 두려움을 갖고 있었소. 이때 蕭瑀는 후한 이익으로도 유혹할 수 없었고 형벌과 죽음으로도 두렵게 할 수 없었으니 참으로

25) 功高不賞 : 공로가 너무 높아 상을 받지 못함을 말한다. ≪史記≫ 〈淮陰侯傳〉에 "용맹과 도략이 임금을 떨게 하는 이는 몸이 위태롭고, 공로가 천하를 덮는 이는 상을 받지 못한다.〔勇畧震主者身危 而功蓋天下者不賞〕"라고 하였다.

26) 疾風知勁草 : ≪後漢書≫ 〈王霸傳〉에 보인다.

27) 板蕩 : 어지러움을 말한다. ≪詩經≫ 〈大雅 板〉과 〈蕩〉 두 篇 모두가 문란한 政事를 읊은 데서 유래하였다.

28) 通鑑標年 : ≪資治通鑑≫ 貞觀 9년에 표기한 연대에 위의 記事가 실려 있다.

社稷의 신하이오."

그리고는 시를 하사하였다.

세찬 바람 앞에서 질긴 풀을 알아보고, 疾風知勁草
혼란 속에서 진정한 신하를 알아본다. 板蕩識誠臣

蕭瑀가 삼가 절을 하고 사례하며 말하였다.

"신이 특별히 가르치심을 입어, 신에게 충성스럽고 믿음직스럽다고 칭찬하시니 비록 죽는 날이라 해도 살아 있는 때와 같습니다."

【集論】

范氏祖禹曰 太宗이 以蕭瑀無二心於己而嘉之하니 可謂能知臣矣라 且太子在어늘 而私於藩王者는 明君之所甚惡也라 或誘以利하고 或脅以死에 而從之者가 不亦多乎아 惟瑀介然自立하여 有隕無二하니 太宗所以知其臨大節而不可奪[29]也라 人君이 以此取人하면 豈不得忠正之士乎아

范祖禹가 말하였다.

"太宗이 蕭瑀가 자신에게 두 가지 마음을 갖지 않는 것을 가상하게 여겼으니 능히 신하를 알아본다고 할 만하다. 또 太子가 존재함에도 藩王에게 사사로이 가까이하는 것은 현명한 군주가 매우 싫어하는 것이다. 이익으로 유인하고 죽음으로 위협할 때 따르는 자가 또한 많지 않았겠는가. 그러나 소우만은 확고하게 자립하여 죽음 앞에서도 두 마음을 갖지 않았으니 태종이 큰 절개를 지킬 때를 당하여 뜻을 빼앗을 수 없음을 알게 된 것이다. 임금이 이러한 기준으로 사람을 채택한다면 어찌 충성스럽고 바른 인물을 얻지 못하겠는가."

唐氏仲友曰 若以隱巢之事[30]에 不可以利怵死懼하니 亦可以爲社稷臣矣라 然太宗此言은 蓋亦有爲瑀初以切詆房杜廢하고 又以痛劾房杜罷라가 至此하여 復參知政事라 太宗賜詩는

29) 臨大節而不可奪 : ≪論語≫ 〈泰伯〉에 보인다.

30) 隱巢之事 : 李建成과 李元吉의 사건으로, 당 고조 李淵의 장자인 隱太子(李建成, 589~626)와 이건성의 동생인 巢剌王(李元吉)이 李世民(太宗)을 모해한 변고를 가리킨다.

欲群臣知委任之意也요 魏徵之言도 亦以發明太宗之意라 若以瑀較揚子雲近世社稷臣之論[31)]인댄 則猶有愧云이라

唐仲友가 말하였다.

"만일 隱太子와 巢刺王의 일에 이익으로 유혹하거나 죽음으로 두렵게 할 수 없었으니 또한 社稷의 신하라 할 만하다. 하지만 태종의 이 말은 蕭瑀가 애초에 房玄齡과 杜如晦를 절실히 비난한 일로 폐기되고, 또 방현령과 두여회를 통렬히 탄핵한 일로 파직되었다가 이때 다시 政事에 참여한 때에 있었다. 태종이 詩를 하사한 것은 뭇 신하들에게 委任한 뜻을 알게 하려는 것이고, 위징의 말 또한 태종의 본의를 밝힌 것이다. 만약 소우를, 揚子雲의 '근세 社稷 신하에 대한 논의'에 견준다면 아직 손색이 있는 것이다."

愚按 武德季年에 高祖가 立秦王爲皇太子는 竟決於瑀之一言이라 瑀以躁狹之量과 剛勁之氣로 罷黜者三이로되 而卒預大政하니 太宗實能容之者가 豈非念夫此耶아 瑀嘗劾奏魏徵之過矣어늘 今觀徵所言하면 若未嘗有隙者라 所謂以義相與하여 不以少嫌置胸中은 徵之謂矣니 然可不謂尤賢乎아

내가 살펴보건대, 武德 말기에 高祖가 秦王을 皇太子로 삼은 것은 결국 蕭瑀의 한마디 말에서 결정난 것이다. 소우가 조급하고 협소한 국량과 강하고 세찬 기개 탓에 파직되고 내쫓긴 것이 세 번이었지만 결국 중요 정사에 관여하는 책무를 맡았으니, 태종이 실로 그를 받아들인 것은 어찌 이것을 생각한 것이 아니겠는가. 소우가 일찍이 위징의 과오를 탄핵하는 상주를 올렸는데 지금 위징이 한 말을 살펴보면 애초에 양자간에 틈새가 없는 것처럼 여겨진다. 이른바 '의리로 어울려 조그만 혐의도 가슴 속에 두지 않는 것'이 위징을 두고 말한 것이니, 그렇다면 더욱더 훌륭하다 하지 않을 수 있겠는가.

14-9-1

貞觀十一年에 太宗이 行至漢太尉楊震墓①하여 傷其以忠非命하여 親爲文以祭之하니

31) 揚子雲近世社稷臣之論 : 漢나라 揚雄이 지은 ≪法言≫에 "어떤 이가 近世의 社稷 신하를 묻자, 대답했다. '張子房의 지혜, 陳平의 그르침이 없음, 絳侯 周勃의 과감, 霍去病 장군의 용맹에다 禮樂으로 마무리하면 社稷 신하라고 말할 수 있습니다.〔或問近世社稷之臣 曰若張子房之智 陳平之無悞 絳侯勃之果 霍將軍之勇 終之以禮樂 則可謂社稷之臣也〕"라는 구절이 보인다.

房玄齡이 **進曰 楊震**이 **雖當年夭枉**이나 **數百年後**에 **方遇聖明**하여 **停輿駐蹕**하사 **親降神作**②하시니 **可謂雖死猶生**이요 **沒而不朽**니 **不覺助伯起**하여 **幸賴欣躍於九泉之下矣**니이다 **伏讀天文**[32]하니 **且感且慰**하노니 **凡百君子**는 **焉敢不勗勵名節**③하여 **知爲善之有效**리오

① 太宗 行至漢太尉楊震墓：楊震，字伯起，弘農人也．好學明經，諸儒稱爲關西夫子．漢安帝時，爲刺史，號淸白吏．後徵爲太常，遷太尉，爲內戚讒譖，遣歸．震曰"死者人之常分，吾蒙恩居上司，姦臣狡猾而不能誅，嬖女傾亂而不能禁，何面目復見日月．"飮酖而卒．[33]
楊震은 字가 伯起이며，弘農 사람이다．공부하기를 좋아하고 경전에 밝아 여러 儒學者들이 '關西夫子'라고 불렀다．漢 安帝 때 刺史가 되었는데 淸白吏로 불렸다．후에 궁내로 불려와 太常이 되고 太尉로 자리를 옮겼으나 內戚들의 참소와 헐뜯음에 의해 내쳐져 귀향하였다．양진이 말하기를 "죽음이란 인간의 일정한 분수이다．내가 은혜를 입어 上司(三公)의 직책을 맡았으나 姦臣이 활개를 치는데도 주벌하지 못하고 여인들이 혼란을 야기하는데도 금지시키지 못했으니，무슨 얼굴로 다시 해와 달을 본단 말인가?"라고 하고，酖酒를 마시고 죽었다．

② 親降神作：神作，一作王趾．
神作은 어느 본에 王趾로도 썼다．

③ 焉敢不勖勵名節：焉，於虔切．
焉(어찌)은 於와 虔의 반절이다．

貞觀 11년(637)에 太宗이 漢나라 太尉 楊震의 묘 앞에 이르러，〈양진이〉 충성하다 비명에 세상을 떠난 것을 슬프게 여겨 직접 제문을 지어 제례를 거행했다．房玄齡이 진언하였다．

"양진이 당시에 억울하게 요절했지만 수백 년 뒤에 聖明(태종)을 만나，어가를 멈추어 머무시어 직접 제문을 내리셨으니 비록 죽어도 여전히 살아 있고，사라져도 없어지지 않았다고 할 수 있을 것입니다．어느덧 伯起(양진의 자)를 부추겨 행여 이에 의해 九泉(저승)에서 기뻐하며 날뛰게 할 것입니다．삼가 지으신 제문을 읽어보니 감격스럽기도 하고 위안이 되기도 합니다．모든 군자들은 어찌 감히 훌륭한 절의를 더욱 갈고 닦아 선행을 하는 효과가 있다는 것을 알지 않겠습니까．"

---

32) 天文：御製로，임금이 지은 글이다．

33) 震曰……飮酖而卒：≪後漢書≫ 〈楊震傳〉에 보인다．

【集論】

愚按 太宗이 **經異代名臣之墓**하여 **親爲文以祭之**하니 **是可以見其惓惓於忠貞之臣矣**라 **異世相望**이라도 **且企敬如此**어늘 **況凡百君子**가 **列于庶位者乎**아

내가 살펴보건대, 太宗이 다른 시대에 살았던 명신의 무덤을 지나면서 직접 제문을 지어 제례를 거행했으니 충성하고 올곧은 신하에게 정성을 보이는 것을 알 수 있다. 다른 시대의 사람을 바라볼 때도 이와 같이 존경의 마음을 일으키거늘, 더구나 뭇 군자들이 각 지위에 나열되어 있는 경우야 더 말할 나위 있겠는가.

14-10-1

貞觀十一年에 **太宗**이 **謂侍臣曰 狄人**이 **殺衛懿公**①하여 **盡食其肉**하고 **獨留其肝**한대 **懿公之臣弘演**[34]이 **呼天大哭**하고 **自出其肝**하여 **而內**(납)**懿公之肝於其腹中**②하니 **今覓此人**하면 **恐不可得**이로다 **特進魏徵**이 **對曰 昔豫讓**이 **爲智伯報仇**③[35]하여 **欲刺趙襄子**④한대 **襄子**가 **執而獲之**하여 **謂之曰 子昔事范中行氏乎**⑤아 **智伯**이 **盡滅之**어늘 **子乃委質智伯**하여 **不爲報仇**하고 **今卽爲智伯報仇**는 **何也**오 **讓**이 **答曰 臣**이 **昔事范中行**(항)할새 **范中行**이 **以衆人遇我**하니 **我以衆人報之**하고 **智伯**이 **以國士遇我**어늘 **我以國士報之**⑥라 **在君禮之而已**니 **亦何謂無人焉**이리오

① 狄人 殺衛懿公：衛懿公, 名赤.
衛 懿公은 이름이 赤이다.

② 內懿公之肝於其腹中：內, 讀曰納.
內(들이다)은 읽기를 納으로 한다.

③ 昔豫讓 爲智伯報仇：爲, 去聲. 後同. 豫讓, 智伯之臣. 智伯, 名瑤, 號襄子, 晉智宣子之後, 爲韓趙魏所滅.
爲(위하다, 때문에)는 去聲이다. 뒤에도 같다. 豫讓은 智伯의 신하이다. 智伯은 이름이 瑤이며 襄子라 불린다. 晉나라 智宣子의 후예인데, 韓·趙·魏에게 멸망당했다.

④ 欲刺趙襄子：趙襄子, 名無恤, 晉趙簡子之後.

---

34) 弘演：春秋時代 衛 懿公의 忠臣으로, 그가 타국에 사신으로 가 있는 동안 狄人이 쳐들어와서 毅公을 살해하고는 살을 다 먹어버리고 肝만 남겨놓았다. 홍연이 돌아와서 의공의 간을 향해 復命한 다음, 자신의 배를 갈라 뱃속을 모두 비우고는 의공의 간을 자기 뱃속에 넣고 죽었다고 한다. ≪呂氏春秋≫ 권11 〈忠廉〉 참조.

35) 豫讓 爲智伯報仇：豫讓이 원수 갚은 일은 ≪史記≫ 〈刺客列傳〉에 보인다.

趙襄子는 이름이 無恤이며, 晉나라 趙簡子의 후예이다.

⑤ 中行氏乎 : 春秋之世, 晉有范氏中行氏, 與智氏韓氏魏氏趙氏, 爲六卿. 春秋之末, 晉公室卑, 六卿强, 各據采地, 更相攻伐. 貞定王十一年, 智氏魏氏趙氏韓氏, 共伐范氏中行氏滅之, 而分其地.

春秋時代에 晉나라에 范氏와 中行氏가 있었는데 智氏·韓氏·魏氏·趙氏와 함께 六卿이 되었다. 춘추 말기에 晉나라의 公室은 힘이 약해지고 육경은 힘이 강해져서 제각기 采地를 근거로 삼아 서로 공격했다. 貞定王 11년(B.C. 458)에 智氏·韓氏·趙氏·魏氏가 함께 范氏와 中行氏를 공격해 멸망시키고 그 땅을 나눠 가졌다.

⑥ 我以國士報之 : 事見史記趙世家.

관련 내용이 ≪史記≫ 〈趙世家〉에 보인다.

貞觀 11년(637)에 太宗이 侍臣에게 말하였다.

"夷狄이 衛 懿公을 살해한 뒤 그 살을 모두 먹고 간만 남겨두었는데, 위 의공의 신하 弘演이 하늘을 우러러보고 크게 통곡을 한 뒤 자신의 간을 적출하고 그 뱃속에 위 의공의 간을 집어넣었소. 지금 이런 사람을 찾는다면 아마 만날 수 없지 않을까 싶소."

特進 魏徵이 대답하였다.

"옛날에 豫讓이 智伯의 원수를 갚기 위해 趙襄子를 죽이려 했는데, 趙襄子가 그를 붙잡은 뒤 이르기를, '그대가 지난날 范氏와 中行氏를 섬기지 않았는가. 지백이 그들을 모두 멸망시켰는데, 그대가 지백에게 몸을 바쳐서는 그들의 원수를 갚지 않고, 지금 지백을 위해 원수를 갚는 것은 어째서인가.'라고 하자, 예양이 대답하기를, '신이 지난날 범씨와 중항씨를 모실 때 범씨와 중항씨가 나를 보통 사람으로 대우해서 나도 보통 사람으로 보답한 것이고, 지백은 國士로 나를 대우해서 나도 국사로 보답한 것입니다.'라고 했습니다. 임금의 예우에 달려 있을 뿐이니, 어찌 사람이 없다 할 수 있겠습니까."

【集論】

愚按 夫子曰 君使臣以禮하고 臣事君以忠[36]이라하고 孟子曰 君之視臣如手足이면 則臣視君如腹心[37]이라하니 夫子之言은 涵容하고 孟子之言은 激切이라 大槪忠臣義士가 何代無

36) 君使臣以禮 臣事君以忠 : ≪論語≫ 〈八佾〉에 보인다.

37) 君之視臣如手足 則臣視君如腹心 : ≪孟子≫ 〈離婁 下〉에 보인다.

之리오마는 在上之人이 有以感召之하면 則在下之人이 興起矣라 太宗이 嘉古之忠臣하여 以爲今覓此人하면 恐不可得이라하니 斯言은 固所以激勸天下忠義之士나 而謂世無其人이면 則不可니 宜魏徵引智伯豫讓之事하여 以爲譬也라 雖然이나 爲人臣者之分은 君之待我者가 或有未至라도 而我之所以事君者를 其可不盡心乎아

내가 살펴보건대, 孔子께서 말하기를 "임금은 신하를 禮로 부리고 신하는 임금을 충성으로 섬겨야 한다."라고 하고, 孟子가 말하기를 "임금이 신하를 수족처럼 대하면 신하는 임금을 腹心처럼 대한다."라고 했으니, 공자의 말은 함축적이고 맹자의 말은 격렬하며 절실하다.

忠臣과 義士가 어느 시대인들 없으랴마는 위에 있는 사람이 감동으로 부르면 아래에 있는 사람이 일어나게 된다. 태종이 "옛 충신을 가상히 여기며, 지금 이런 사람을 찾으면 아마 만날 수 없지 않을까 싶다."라고 했는데, 이 말은 본디 세상에 충성스럽고 의로운 인물을 격려하고 권장하려는 것이다. 하지만 세상에 그런 사람이 없다고 하면 안 되니, 魏徵이 智伯과 豫讓의 고사를 인용하여 비유로 든 것은 마땅한 것이다. 비록 그러나 신하의 분수에 있어서는 임금이 나를 대한 것이 더러 미진한 바가 있다고 해도 내가 임금을 섬기는 것에 있어서는 마음을 극진히 하지 않아서야 되겠는가.

14-11-1

貞觀十二年에 **太宗**이 **幸蒲州**①하여 **因詔曰 隋故鷹擊郎將**②**堯君素**③가 **往在大業**에 **受任河東**하여 **固守忠義**하여 **克終臣節**하니 **雖桀犬吠堯**④하여 **有乖倒戈之志**⑤나 **疾風勁草**가 **實表歲寒之心**이라 **爰踐茲境**하여 **追懷往事**하노니 **宜錫寵命**하여 **以申勸獎**이니 **可追贈蒲州刺史**하고 **仍訪其子孫以聞**하라

① 太宗 幸蒲州 : 蒲州, 今爲解州, 隷河東.
蒲州는 지금의 解州이며 河東에 속한다.

② 隋故鷹擊郎將 : 將, 去聲. 隋制, 親侍置鷹揚府, 有鷹揚郎將, 後改副郎將爲鷹擊郎將.
將(장수)은 去聲이다. 隋나라 제도에 의하면 親衛 侍從 안에 鷹揚府를 개설하고 鷹揚郎將을 두었는데 뒤에 副郎將을 鷹擊郎將으로 바꿨다.

③ 堯君素 : 堯君素, 魏郡人. 煬帝爲晉王時, 君素以左右從, 及嗣位, 累遷鷹擊郎將. 及天下大亂, 君素所部獨全. 後從屈突通, 守河東, 通敗, 通誘之降, 君素責通不義, 卒無降心. 其妻誘之降, 乃引弓射殺之. 嘗曰 "大義不得不死." 後爲左右所害.

堯君素은 魏郡 사람이다. 煬帝가 晉王이었을 때 요군소가 左右에서 모셨는데 煬帝가 재위에 오르고 나서는 여러 번 승진하여 鷹擊郎將이 되었다. 天下가 크게 혼란에 빠졌을 때도 요군소가 거느리는 곳만은 홀로 온전했다. 뒤에 屈突通을 따라가 河東을 지켰는데 굴돌통이 패하고 굴돌통이 항복하라고 달래었지만 요군소는 굴돌통에게 의롭지 못하다고 꾸짖고 끝내 항복할 마음이 없었다. 그의 아내가 항복하라고 달래자 활을 당겨 쏘아 죽였다. 일찍이 말하기를 "대의를 위해선 죽지 않을 수 없다."라고 했다. 뒤에 측근에게 살해되었다.

④ 雖桀犬吠堯 : 漢書曰 "桀犬吠堯, 堯非不仁, 特吠非其主耳."[38)]
≪漢書≫에 "桀王의 개가 堯임금을 보고 짖는 것은 堯임금이 어질지 못해서가 아니라 그 주인이 아닌 사람을 보고 짖은 것일 뿐이다."라고 했다.

⑤ 有乖倒戈之志 : 周書曰 "前徒倒戈." 言衆服周仁政, 無有戰心, 前徒倒戈, 自攻于後也.
≪尙書≫ 〈周書 武成〉에서 "앞에 가는 무리들이 창을 거꾸로 겨누었다."라고 했는데, 뭇사람들이 周나라의 仁政에 탄복한 나머지 싸울 마음이 없어, 앞에 있는 무리가 창을 거꾸로 들고 후방에 있는 군사들을 직접 공격했다는 말이다.

貞觀 12년(638)에 太宗이 蒲州에 巡幸하여 다음과 같이 조칙을 내렸다.

"隋나라 故 鷹擊郎將 堯君素가 지난 大業(605~616) 때 河東에서 임무를 맡으며 충성과 의리를 굳건히 지켜 신하의 절의를 끝까지 다했다. 비록 桀王의 개가 堯임금에게 짖어 창을 거꾸로 잡아드는 뜻을 어겼지만, 세찬 바람 앞의 굳센 풀이 실로 추위에도 시들지 않는 마음을 표출했다. 이곳에 와서 지난날을 떠올릴 때 의당 영예로운 命을 내려 권면과 장려의 뜻을 밝혀야 할 것이니, 蒲州刺史에 追贈하고 아울러 그의 자손들을 찾아 보고토록 하라."

【集論】

愚按 漢高祖가 赦季布[39)]하고 唐太宗이 褒堯君素는 皆帝王盛德事也라 然合二子而論之컨대 則君素爲賢하니 何也오 季布는 身爲楚將하여 數窘沛公하니 此人臣之常事요 國亡不能死而逃하니 何足深取哉리오 唐室方興에 兵精將勇하여 戰無不勝하고 攻無不破어늘 君素가 以區區一城之衆으로 外無彊援이로대 徒以忠義로 激勵士卒하여 自義寧元年으로 至武德三年히 始

---

38) 漢書曰……特吠非其主耳 : ≪漢書≫ 〈鄒陽傳〉에는 "桀之犬 可使吠堯"라는 구절만 보이고, ≪史記≫ 〈淮陰侯傳〉에 위의 내용 전체가 보인다.

39) 漢高祖 赦季布 : 계포는 본래 項羽의 부하 장수로 여러 번 劉邦, 즉 한 고조를 곤경에 몰아넣었다. 유방이 항우를 멸하고 천하를 정하자 계포를 잡아들인 자에게 千金을 주겠다고 하였다. 그러자 藤公이 그의 어짊을 알고 고조에게 간하여 죄를 용서하고 郎中으로 삼았다. ≪史記 권100 季布傳≫

終四載를 唐朝凡易數將하여 僅能克之하니 此不唯忠義可嘉라 其知勇才能도 亦古今所罕有也니 嗚呼難哉로다 太宗이 不惟褒贈이라 又訪錄其子孫하니 忠義之士가 其有不興起者乎아

내가 살펴보건대, 漢 高祖가 季布를 사면하고 唐 太宗이 堯君素를 표창한 것은 모두 제왕의 성대한 덕과 관련된 일이다. 하지만 두 사람을 아울러서 논한다면 요군소가 더 훌륭하니, 어째서인가.

계포는 楚나라 장수로 있을 때 沛公(劉邦)을 여러 차례 궁지에 몰아넣었으니 이는 신하의 일상적인 행동이다. 하지만 국가가 망했는데도 죽지 않고 도망갔으니 어찌 크게 취할 만한 것이 있겠는가.

唐나라 황실이 막 흥기하여 병사들이 정예롭고 장수들이 용맹스러워서 전쟁에 이기지 못한 것이 없고 공격해서 격파하지 못한 것이 없었다. 그런데 요군소는 단지 일개 작은 성곽의 무리만으로, 밖으로는 강한 응원도 없는 상태에서 한낱 충성과 의리로 병사들을 격려했다. 義寧 원년(617)에서부터 武德 3년(620)에 이르는 4년 동안 당나라에서 여러 사람의 장수를 바꾸고 나서야 겨우 정복할 수 있었으니 이는 그 忠義만 가상할 뿐만 아니라 그 지혜와 용기와 재능 또한 고금에 드문 것이니 아, 어려운 일이다. 태종이 포상하여 증직을 내렸을 뿐만 아니라 그 자손까지 찾아 錄用하게 했으니 충성과 의로운 인물들이 흥기하지 않을 수 있겠는가.

14-12-1

貞觀十二年에 太宗이 謂中書侍郞岑文本曰 梁陳[①]名臣에 有誰可稱이며 復有子弟堪招引否아 文本이 奏言호대 隋師入陳에 百司奔散하여 莫有留者로되 惟尙書僕射袁憲이 獨在其主之傍하고 王世充이 將受隋禪하여 群僚表請勸進하되 憲子國子司業承家가 托疾獨不署名하니 此之父子가 足稱忠烈이니이다 承家弟承序가 今爲建昌令[②]하여 淸貞雅操가 實繼先風이니이다 由是召拜晉王友하고 兼令侍讀[③]이라가 尋授弘文館學士하다

① 梁陳 : 梁, 姓蕭氏, 受齊禪. 陳, 姓陳氏, 受梁禪.
梁은 姓이 蕭氏이며 齊나라의 제위를 물려받았다. 陳은 姓이 陳氏이며 梁나라의 제위를 물려받았다.

② 今爲建昌令 : 建昌, 縣名, 今陞州, 屬南康路, 隸江西.
建昌은 縣 이름으로 지금의 陞州이고 南康路에 소속되어 있고 江西에 속한다.

③ 兼令侍讀 : 令, 平聲. 唐制, 諸王友, 掌陪侍遊居規諷道義. 侍讀, 掌講道經學.
令(하여금)은 平聲이다. 唐나라 제도에 의하면, 諸王友는 평소에 노닐고 지낼 때 모시는 일과 도덕과 의리를 일깨워주는 일을 담당하며, 侍讀은 경전을 강론하는 일을 관장한다.

貞觀 12년(638)에 太宗이 中書侍郎 岑文本에게 말하였다.

"梁나라와 陳나라의 명신 가운데 누가 거론할 만하며, 불러들일 만한 자제들이 또 있소?"

잠문본이 아뢰었다.

"隋나라 군사가 陳나라로 쳐들어가자 모든 관리들이 뿔뿔이 흩어져 남아 있는 사람이 없었는데, 오직 尙書僕射 袁憲만이 홀로 그 군주의 곁에 있었고, 王世充이 隋나라의 선위를 받으려 할 때 뭇 신료들이 표문을 올려 제위에 오를 것을 요청했는데, 원헌의 아들 國子司業 袁承家만이 병이라 핑계대고 홀로 서명하지 않았으니 이들 부자는 忠烈이라 일컬을 만합니다. 원승가의 아우 袁承序가 지금 建昌令으로 있는데 청렴하고 곧고 고상하고 지조가 있어 실로 선대의 기풍을 계승하고 있습니다."

그리하여 그를 불러 晉王友에 임명하고 侍讀을 겸임케 했다가 뒤이어 弘文館學士로 임명하였다.

【集論】

唐氏仲友曰 古人이 云 一心可以事百君[40]이라하니 其袁氏子弟之謂歟인저 忠謹風操가 不忍負主하니 誰不欲之爲人臣乎아 爲之者는 勉之而已라

唐仲友가 말하였다.

"옛사람이 이르기를 '한마음으로 수많은 임금을 섬길 수 있다.'고 했는데 袁氏 子弟를 두고 말한 것이리라. 충성스럽고 삼가고 지조가 있어 차마 군주를 저버리지 않았으니, 누가 신하로 삼고 싶지 않겠는가. 신하로 삼으려는 자는 힘써 노력해야 할 것이다."

愚按 梁陳이 於唐에 相距頗遠이로되 猶有招引名臣子孫之言하니 太宗之意가 深遠矣라 岑文

40) 一心可以事百君 : ≪晏子春秋≫ 〈內篇 問下〉에 보인다.

本이 謂隋師入陳에 袁憲이 有獨侍其主之忠하고 王世充이 受禪에 憲之子가 獨不署名하고 其弟가 又淸貞雅操라하여 一門父子兄弟가 忠義傳家로대 而不著聞하니 向非太宗心存忠義之臣하여 而興言及此하고 非文本之公忠이 不揜人善如此하면 則袁氏之忠節이 何由著聞哉아

내가 살펴보건대, 梁과 陳은 唐과의 시간적 거리가 꽤 먼데도 훌륭한 신하들의 자손을 불러들이라는 말을 했으니 太宗의 생각은 멀고 깊다 할 것이다.

岑文本이, '隋나라 군사가 陳나라로 쳐들어갈 때 袁憲이 홀로 그 군주를 모시는 충성을 보이고 王世充이 자리를 물려받을 때 袁憲의 아들만이 홀로 서명하지 않고 그 아우는 또 청렴하고 곧고 고아하고 지조가 있다.'고 하여, 한 집안의 부자와 형제가 충성과 의리를 대대로 전했음에도 드러나지 않았었다.

만일 태종이 마음속에 충성과 의로운 신하를 간직하여 이를 언급하지 않고, 잠문본의 공평함과 충성함이 이와 같이 다른 사람의 선행을 덮어두지 않는 것이 아니었다면, 袁氏 집안의 충성과 절의가 어떻게 드러날 수 있겠는가.

14-13-1

貞觀十五年에 詔曰 朕聽朝之暇에 觀前史할새 每覽前賢佐時하고 忠臣徇國하면 何嘗不想見其人하여 廢書欽歎이리오 至於近代以來엔 年歲非遠하니 然其胤緖가 或當見(현)存[①]이라 縱未能顯加旌表나 無容棄之遐裔라 其周隋二代名臣及忠節子孫에 有貞觀已來에 犯罪配流者어든 宜令[②]所司하여 具錄奏聞하라 於是에 多從矜宥[③]하다

① 或當見存 : 見, 音現.
見(나타나다, 현재)은 音이 現이다.

② 宜令 : 令, 平聲.
令(하여금)은 平聲이다.

③ 貞觀十五年……多從矜宥 : 舊本, 此章, 在刑法篇, 今附入于此.
舊本에는 이 章이 〈刑法〉편에 있었는데 지금 여기에 편집해 넣었다.

貞觀 15년(641)에 다음과 같이 조칙을 내렸다.

"짐이 조정의 일을 처리하는 틈틈이 지난 역사를 살펴보고 있는데, 과거 현자들이 당시의 정책을 보좌하고 충신이 국가를 위해 몸을 바친 내용을 볼 때마다 어찌 그 사람을 떠올리며 책을 덮은 채 찬탄하지 않은 적이 있었겠는가. 근대 이후는 세월이 오래지 않으니 그러면 그 자손이 현재 살아 있을 수도 있을

것이다. 비록 크게 표창하지는 못한다고 해도 외진 곳에 버려둘 수는 없는 것이다. 周(北周)나라와 隋나라 두 시대의 명신과 충절을 지킨 자손들 가운데 貞觀 이후에 죄를 범하여 유배당한 자가 있으면 해당 부서에게 모두 조사해서 보고하도록 하라."

그리하여 돌봐주고 사면해주는 예가 많았다.

愚按 太宗好賢은 可以爲至矣니 不唯尊榮其朝臣이라 又能上及於前朝焉하고 不唯登崇其一身이라 又能下及於後裔焉이라 是故로 祭比干之靈[41)]하고 封楊震之墓하고 褒贈君素之官爵하고 錄用諸儒之子孫하며 今也엔 又詔周隋名臣之後配流者를 悉從矜宥하니 則凡列在庶位者가 孰不知所勸乎아 宜其忠良之士가 彬彬輩出하여 有以開三百年之休運也니 嗚呼盛哉로다

내가 살펴보건대, 太宗이 현자를 좋아한 것은 지극하다고 할 만하니, 그 조정의 신하를 높이고 영화스럽게 할 뿐만 아니라 이전의 조정까지 소급하고, 그 한 몸만 높일 뿐만 아니라 후예에게까지 미치고 있다. 이 때문에 比干의 영령에게 제사를 거행하고 楊震의 무덤을 증수하고, 堯君素의 작위를 추증하고, 여러 유학자들의 자손들을 등용시켰으며, 지금은 또 周나라와 隋나라 명신의 후예로써 유배를 당한 자들에 대해 모두 돌봐주고 사면케 했으니, 뭇 지위에 있는 자들 가운데 어느 누가 권장하는 내용을 모르겠는가. 충성스럽고 어진 인물들이 화려하게 배출되어 당나라 300년의 길운을 연 것이 당연한 것이니, 아, 성대하도다.

14-14-1

貞觀十九年에 太宗이 攻遼東安市城①할새 高麗人衆이 皆死戰이어늘 詔令耨薩延屬惠眞等降(항)②하고 衆止其城下以招之하되 城中堅守不動하고 每見帝幡旗하면 必乘城鼓譟③하니 帝怒甚하여 詔江夏王道宗④하여 築土山하여 以攻其城하되 竟不能剋이라 太宗이 將旋師할새 嘉安市城主堅守臣節하여 賜絹三百匹하여 以勸勵事君者⑤하다

---

41) 祭比干之靈 : ≪舊唐書≫ 〈太宗本紀〉에 "殷나라 比干에게 太師를 추증하고 忠烈이라고 시호를 주었다. 담당 관청에 명하여 무덤을 봉토하고 祠堂을 수리하며 春秋에 少牢로 제사하도록 하고 태종이 직접 제문을 지어 제사하였다.〔贈殷比干爲太師 謚曰忠烈 命所司 封墓 葺祠堂 春秋祠以少牢 上自爲文以祭之〕"라고 하였다.

① 太宗 攻遼東安市城：今爲安市州, 隷鎭東.
安市城은 지금의 安市州이며 鎭東에 속한다.
② 詔令耨薩延屬惠眞等降：降, 音杭. 耨薩高延壽北部, 耨薩高惠眞南部.
降(항복)은 音이 杭이다. 耨薩 高延壽는 北部이고, 耨薩 高惠眞은 南部이다.
③ 必乘城鼓譟：乘, 平聲.
乘(오르다)은 平聲이다.
④ 詔江夏王道宗：道宗, 高祖從兄弟, 字承範. 年十七, 從秦王, 討賊有功. 初封任城, 後封江夏郡. 道宗, 好學, 接士不倨于貴, 爲宗室最賢.
李道宗은 高祖의 從兄弟로 字는 承範이다. 17세 때 秦王을 따라 적을 토벌하는 데 功을 세웠다. 처음엔 任城에 책봉되었고 뒤이어 江夏郡에 책봉되었다. 李道宗은 배우기를 좋아했고, 학자들을 접할 때 귀한 지위로 거만하지 않았으니 宗室 가운데 가장 현자였다.
⑤ 貞觀十九年……以勸勵事君者：舊本, 此章, 與第十二章, 合爲一章, 今按通鑑標年, 附入于此. 又按通鑑, 太宗, 親征遼東, 令李勣攻安市, 安市人望見旗盖, 輒乘城鼓譟, 上怒, 勣請克城之日, 男子皆阬之. 安市人聞之, 益堅守久不下. 江夏王道宗, 築土山於城東, 浸逼其城, 城中亦增高其城以拒之. 又衝車礮石, 壞其城堞, 城中隨立木柵以塞之. 築山晝夜不息凡六旬, 用功五十萬, 山頹壓城崩, 城中數百人出戰, 遂奪據土山而守之, 諸將攻三日不克. 上以天寒糧盡, 先拔遼盖二州戶口渡遼, 乃耀兵城下而旋. 城中皆屛跡不出, 城主登城拜辭, 上嘉其固守, 賜縑百匹.
舊本엔 이 章이 第12章과 한 章으로 되어 있었는데 지금 ≪資治通鑑≫의 貞觀 19년의 연대표기에 의거하여 여기에 편집해 넣었다. 또 살펴보건대, ≪資治通鑑≫에선 다음과 같이 기록했다.
"太宗이 직접 遼東 정벌에 나서 李勣에게 安市城을 공격하도록 했는데 안시성 사람들이 태종의 깃발과 수레덮개를 보고 바로 성 위로 올라가 북을 치며 야유했다. 太宗이 노여워하자, 이적이 성을 정복하는 날 남자들을 모두 땅에 묻을 것을 요청했다. 안시성 사람들이 이 말을 듣고 더욱더 견고하게 지켜 오랫동안 함락되지 않았다. 江夏王 李道宗이 성 동쪽에 土山을 쌓아 성곽을 점차 압박해 들어가자 성 안에서도 성곽을 더욱 높이 쌓아 막았다. 또 衝車와 大砲, 돌 탄환으로 성가퀴를 파괴하자 성 안에서는 木柵을 세워 막았다. 土山을 쌓기를 밤낮 쉬지 않고 60일에 걸쳐 50만을 동원하였는데, 토산이 무너지며 성곽이 눌려 붕괴되자, 성 안에 있는 수백 명이 나와 싸워서 결국 土山을 점령하여 지켰고, 장수들이 3일에 걸쳐 공격했지만 이기지 못했다. 태종이 날씨가 추워지고 양식이 다 떨어지자 遼州와 盖州 두 곳에 戶口들을 먼저 징발해 遼河를 건너가게 한 뒤, 바로 성 아래에서 병사의 위세를 떨치며 회군했다. 성 안에서 모두 자취를 감춘 채 나오지 않았고, 城主가 성 위로 올라와 인사를 하자 태종이 굳건히 지킨 것을 가상히 여겨 비단 100匹을 하사했다."

貞觀 19년(645)에 太宗이 遼東 安市城을 공격했는데 高麗 사람들이 모두 목숨을 걸고 싸웠다. 태종이 耨薩(관직 이름) 高延壽과 耨薩 高惠眞 등에게 투항하라고 하고, 많은 唐나라 군사들이 성 아래까지 가서 멈추어 그들을 불러댔지만 성 안에서 견고하게 지킨 채 동요하지 않았으며, 당 태종의 깃발을 볼 때마다 반드시 성곽 위로 올라가 북을 치며 욕을 했다. 태종이 매우 노하여 江夏王 李道宗에게 명하여 土山을 쌓아 성을 공격하게 했지만 끝내 이기지 못했다.

태종이 군사들을 이끌고 되돌아가려는 즈음에 安市城 城主가 신하의 절의를 굳건히 지킨 것을 가상히 여겨, 비단 300필을 하사하여 임금을 섬긴 자들을 권장하고 격려했다.

愚按 遼東之役은 與前日義師[42)]로 有間矣라 夫以太宗之英武로 戡定禍亂於群雄競起之日엔 天戈所指에 夷貊이 不能嬰其鋒이나 而晩年에 悉乃心力하되 不能制服一遠國은 何哉오 退而嘉安市城主堅守之節하여 賞賜以旌之하여 以勵事君者하니 斯意固美矣나 然不若不黷武之尤全美也라

내가 살펴보건대, 遼東의 征伐은 이전의 義兵과 차이가 있다. 태종이 뛰어난 무예로 군웅들이 앞다퉈 일어나는 때 난리를 평정하는 데에는 태종의 창날이 가리키는 곳에 오랑캐들이 그 예봉을 당해낼 수가 없었다. 그런데 만년엔 온 정성과 힘을 다했음에도 외진 나라 하나를 굴복시키지 못한 것은 어째서인가. 물러나며 安市城 城主의 굳건히 지킨 절의를 가상히 여겨 상을 내려 표창해서 임금을 섬기는 자들을 격려했으니 이 뜻은 본디 훌륭한 것이다. 하지만 武를 함부로 쓰지 않을 때의 온전한 아름다움만 못한 것이다.

42) 前日義師 : 隋나라에 항거하여 일어났을 때의 唐나라 군사를 말한다.

제15편 論孝友　孝道와 友愛를 논하다

이 편에서는 효도와 우애에 대해 논하였다.

司空 房玄齡은 계모를 모실 때 정성을 다했고, 虞世南은 그의 兄 虞世基를 위해 자신의 목숨을 내놓을 정도로 우애가 강했다는 사실을 제시하고 있는데, 사회유지의 근간으로서 효도와 우애가 기본 질서이자 군왕에게 충성하는 바탕임을 논증하고 있다. 또 韓王 李元嘉와 霍王 李元軌의 효성과 우애가 뛰어났다는 사실과, 突厥 史行昌이 모친을 위해 자신의 고기를 챙겨놓았던 일화를 대비함으로써 仁孝의 본성은 모든 인간에게 내재하고 있음을 밝히고, 효행에 대해 포상함으로써, 효심을 권면하려 했던 의도를 확인할 수 있다.

凡五章.
모두 5章이다.

15-1-1

司空房玄齡이 **事繼母**할새 **能以色養**①[1]하여 **恭謹過人**이라 **其母病**하여 **請醫人至門**이면 **必迎拜垂泣**하며 **及居喪**②하얀 **尤甚柴毁**③라 **太宗**이 **命散騎常侍劉洎**하여 **就加寬譬**하고 **遺寢床粥食鹽菜**④하다

① 能以色養：養, 去聲.
養(봉양)은 去聲이다.
② 及居喪：喪, 平聲.
喪(초상)은 平聲이다.
③ 尤甚柴毁：柴毁, 言毁瘠如柴也.
柴毁는 몸이 마른나무처럼 야윈 것을 말한다.
④ 遺寢床粥食鹽菜：遺, 去聲.
遺(보내다)는 去聲이다.

司空 房玄齡이 계모를 모실 때 기쁜 태도로 봉양하여 공손 근실이 남보다 뛰

1) **色養**：부모를 봉양하는 태도의 하나로, 언제나 기쁜 얼굴로 부모를 대하는 것이다.

어났다. 계모가 병이 들어, 의원을 청해 집에 올 때면 반드시 마중하여 절을 하고 눈물을 떨구었다. 喪을 당해서는 슬픔이 더욱 심하여 마른나무처럼 몸이 야위었다. 太宗이 散騎常侍 劉洎에게 찾아가서 위로하며 달래게 하고 寢床・粥・食鹽・채소 등을 보냈다.

【集論】

愚按 孝經傳曰 事親孝라 故忠可移於君[2]이라하니 蓋天理根於人心하여 其發見於事親者가 此理也요 發見于事君者가 此理也니 忠孝가 豈二道哉리오 故求忠臣於孝子之門이니 未有事親孝而事君不忠者라 思修身인댄 不可以不事親이니 未有身不修而可以治國平天下者라 房玄齡은 唐之名相으로 而孝之至어든 固宜忠之盡也라 且昔之以孝聞者로 如閔損[3]王祥[4]之類는 皆繼母也요 夫是之謂孝니 玄齡이 其知此矣라

내가 살펴보건대, ≪孝經傳≫에 이르기를 "부모를 섬길 때 효도하므로, 충성을 임금에게 옮길 수 있다."라고 했으니, 天理가 사람의 마음에 뿌리를 두고 있어, 어버이를 섬기는 것으로 나타나는 것이 이 天理이고, 임금을 섬기는 것으로 나타나는 것이 이 천리이다. 충성과 효도가 어찌 두 갈래 길이겠는가. 따라서 忠臣은 효자의 집안에서 찾는 것이니 어버이를 섬길 때 효도하는 사람이 임금을 섬길 때 충성하지 않는 경우가 없는 것이다. 몸 닦기를 생각할 때 어버이를 섬기지 않을 수 없으니 몸이 닦이지 않고서 국가를 다스리고 천하를 평안히 할 수 있는 경우는 없다.

房玄齡은 唐나라의 유명한 재상인데 효도가 지극하다면 충성이 극진한 것이 본디 당연한 것이다. 또 지난날 효도로 명성을 드날린 이로 閔損과 王祥 등의 경우도 모두 繼母였다. 이러한 경우를 효도라 할 수 있었던 것이니 방현령이 이를 알았던 것이다.

15-2-1

虞世南이 初仕隋하여 歷起居舍人①이러니 宇文化及이 殺(시)逆之際②에 其兄世基가

2) 事親孝 故忠可移於君 : ≪孝經≫ 〈開宗明義章〉에 보인다.

3) 閔損 : 孔子의 제자로, 字는 子騫이며 덕행에 뛰어나다는 평가를 받았다.

4) 王祥 : 晉나라의 이름난 효자이다. 어머니가 한겨울에 생선을 먹고 싶어 해, 얼음을 깨고 강물로 뛰어 들어갔는데, 잉어 두 마리가 얼음 위로 튀어나오는 기이한 일이 있었다 한다. ≪晉書 王祥列傳≫

時爲內史侍郞③하여 **將被誅**어늘 **世南**이 **抱持號泣**④하여 **請以身代死**하되 **化及**이 **竟不納**하니 **世南**이 **自此哀毁骨立者數載**라 **時人稱重焉**이러라

① 歷起居舍人：隋制，掌書王言動作之事，以爲國志.
隋나라 제도에 의하면, 王의 말과 행동거지를 기록해서 國志를 만드는 일을 담당했다.
② 宇文化及 殺逆之際：殺，讀曰弑.
殺(시해하다)는 읽기를 弑로 한다.
③ 其兄世基時爲內史侍郞：隋改中書爲內史.
隋나라 때에 中書省을 內史省으로 바꿨다.
④ 世南 抱持號泣：號，平聲.
號(울부짖다)는 平聲이다.

虞世南이 애초에 隋나라에 벼슬해서 起居舍人을 역임했다. 宇文化及이 煬帝를 시해할 즈음에 그의 兄 虞世基가 당시 內史侍郞으로 있었는데 죽임을 당하려 하자, 우세남이 형을 안고 울부짖으며 자신을 대신 죽여달라고 했으나 우문화급이 끝내 받아들이지 않았다. 우세남이 이때부터 슬픔에 지쳐 뼈만 앙상한 채로 몇 년을 지내니 당시 사람들이 칭찬하고 중시했다.

【集論】

愚按 虞世基兄弟가 **出于吳中**하여 **嘗從顧野王**[5]**學**하여 **一時文學才譽**를 **人比之晉二陸**[6]하고 **入隋而俱登班列**이라 **世基**가 **與宇文化及之難**할새 **世南**이 **不愛其身**하여 **求代其兄**하니 **其孝友**가 **可尙已**라 **世南**이 **歸唐**하여 **爲唐名卿**하니 **盖其溫恭豈弟**가 **出於天性云**이라

내가 살펴보건대, 虞世基 형제는 吳中에서 배출되었고 일찍이 顧野王을 찾아가 배웠는데 당대에 문학과 재능과 기예를 갖춰 사람들이 晉의 二陸에 견주었고, 隋나라에 들어와 모두 조정의 班列에 올랐다. 우세기가 우문화급의 難에 연관될 때 우세남이 자신의 몸을 아끼지 않고 형을 대신해줄 것을 요청했으니 그 효심과 우애는 숭상할 만하다. 우세남이 唐나라에 귀의하여 당의 유명한 卿이 되었으니 온후하고 공손하고 화락함이 천성에서 우러나왔던 것이다.

---

5) 顧野王：梁나라 사람으로, 漢字字典 ≪玉篇≫의 저자이다.
6) 二陸：陸機와 陸運 형제로, 西晉의 대표적인 문학가이다.

15-3-1

韓王元嘉①가 貞觀初②에 爲潞州刺史③하니 時年十五라 在州에 聞太妃有疾④하고 便涕泣不食이러니 及至京師發喪⑤하여는 哀毁過禮커늘 太宗이 嘉其至性하여 屢慰勉之러라 元嘉는 閨門修整하여 有類寒素士大夫하고 與其弟魯哀王靈夔⑥로 甚相友愛하여 兄弟集見에 如布衣之禮하여 其修身潔己가 內外如一하니 當代諸王이 莫能及者러라 霍王元軌⑦가 武德中에 初封爲吳王⑧하고 貞觀七年에 爲壽州刺史⑨러니 屬高祖崩하여 去職하여 毁瘠過禮하고 自後常衣布服⑩하여 示有終身之戚이러라 太宗이 嘗問侍臣曰 朕子弟孰賢가 侍中魏徵이 對曰 臣이 愚暗하여 不盡知其能이나 惟吳王이 數(삭)與臣言⑪에 臣未嘗不自失이니이다 太宗이 曰 卿以爲前代誰比아 徵이 曰 經學文雅는 亦漢之間平⑫이요 至如孝行⑬하야는 乃古之曾閔⑭也니이다 由是로 寵遇彌厚하고 因令妻徵女焉⑮하다

① 韓王元嘉：元嘉, 高祖第十一子也. 少好學, 藏書至萬卷, 皆以古文參定同異, 當世稱之.
元嘉는 高祖의 11번째 아들이다. 어려서부터 공부하기를 좋아했고 장서가 만권에 이르렀는데 모두 古文을 근거로 그 차이점을 참고하며 교정해서, 당시 사람들이 칭찬하였다.

② 貞觀初：史[7]作六年.
史書에서는 貞觀 6년(632)으로 되어 있다.

③ 爲潞州刺史：潞州, 今仍舊隷河東.
潞州는 지금도 그대로 河東에 속한다.

④ 在州 聞太妃有疾：太妃, 韓王之母, 隋大將軍宇文述之女也. 爲昭儀, 有寵, 高祖卽位, 欲立爲后, 固辭不受. 韓王以母有寵, 而爲帝所愛.
太妃는 韓王의 어머니로 隋大將軍 宇文述의 딸이다. 昭儀가 되어 총애를 받았는데 高祖가 즉위하며 황후로 세우려 했으나 굳이 사양하며 받아들이지 않았다. 韓王은 어머니가 총애를 입음으로 인해 高祖로부터 사랑을 받았다.

⑤ 及至京師發喪：喪, 平聲.
喪(초상)은 平聲이다.

⑥ 與其弟魯哀王靈夔：靈夔, 高祖第十九子, 韓王同母弟也, 好學善音律. 後以謀欲起兵, 應接越王貞父子, 事洩, 自縊, 諡曰哀.
靈夔는 高祖의 19번째 아들로, 韓王의 동복아우이며 공부를 좋아하고 음률에 뛰어났다.

---

7) 史：≪舊唐書≫ 〈韓王元嘉傳〉을 말한다. 그 기사에 "貞觀 6년에 實封 7百戶를 하사하고 潞州刺史로 임명하였는데 당시 나이가 15세였다.〔貞觀六年 賜實封七百戶 授潞州刺史 時年十五〕"라고 하였다.

뒤에 병사를 일으켜 越王 李貞의 父子를 응접하려는 모의를 했다가 일이 발각되자 스스로 목을 매어 죽었다. 시호는 哀이다.

⑦ 霍王元軌：元軌, 高祖第十四子也, 多才藝. 出爲刺史. 所至閉閤讀書, 與處士劉玄平爲布衣交. 或問王所長. 玄平曰"王無不備, 吾何以稱之."
元軌는 高祖의 19번째 아들이며 재능이 많았다. 지방으로 나가 刺史가 되었는데, 이르는 곳마다 문을 닫은 채 독서에 몰두했고 處士 劉玄平과 布衣의 교류를 맺었다. 누군가 霍王의 장점에 대해 묻자 玄平이 말하였다. "곽왕은 갖추지 않은 것이 없으니, 내가 무엇이라 칭하겠는가."

⑧ 初封爲吳王：元軌, 武德六年, 封蜀王, 八年, 徙封吳王.
元軌는 武德 6년(623)에 蜀王에 책봉되었다가 8년(625)에 다시 吳王에 책봉되었다.

⑨ 爲壽州刺史：壽州, 今爲安豐路, 隷淮西.
壽州는 지금의 安豐路이며 淮西에 속한다.

⑩ 自後常衣布服：衣, 去聲.
衣(입다)는 去聲이다.

⑪ 惟吳王 數與臣言：數, 音朔.
數(자주, 여러 번)은 음이 朔이다.

⑫ 亦漢之間平：間平, 漢河間獻王德, 東平獻王蒼也.
間平은 漢나라 河間獻王 劉德과 東平獻王 劉蒼이다.

⑬ 至如孝行：行, 去聲.
行(행실)은 去聲이다.

⑭ 乃古之曾閔也：曾閔, 曾參閔損也
曾閔은 曾參과 閔損이다.

⑮ 因令妻徵女焉：令, 平聲. 妻, 去聲.
令(하여금)은 平聲이고, 妻(아내 삼다)는 去聲이다.

韓王 李元嘉가 貞觀 초에 潞州刺史가 되었는데 당시 나이 15세였다. 潞州에 있을 때 太妃가 아프다는 소식을 듣고 눈물을 흘린 채 음식을 먹지 않았더니, 京師에 와서 發喪하게 되어서는 슬픔에 몸이 야위는 정도를 정해진 禮보다 과도하게 하였다. 太宗이 그 극진한 성품을 가상히 여겨 여러 차례 위로하고 권면했다.

이원가는 집안을 정갈하게 다스려 한미한 士大夫와 같았고, 아우 魯哀王 李靈夔와 매우 우애 있게 지내서 형제들이 만날 때는 평민의 예절과 같았고 몸을 닦으며 자신을 정갈하게 함이 안팎으로 한결같았으니, 당시의 諸王들 가운데 미칠 자가 없었다.

霍王 李元軌가 武德 연간에 吳王에 책봉되었고 貞觀 7년에 壽州刺史가 되었는데, 마침 唐 高祖가 붕어하자 관직을 그만두어 몸이 야위는 정도를 정해진 예보다 과도하게 하고, 그 뒤에 언제나 평민의 옷을 입고 일생 동안 슬픔을 안고사려는 모습을 내보였다.

태종이 일찍이 侍臣에게 묻기를 "朕의 자제 가운데 누가 훌륭하오?"라고 하니, 侍中 魏徵이 대답하기를 "신이 어리석고 혼미하여 그 능력을 다 알진 못합니다만 吳王이 여러 번 신과 이야기를 나눌 때 신이 일찍이 자괴감이 들지 않은 적이 없었습니다."라고 하였다.

태종이 말하기를 "卿은 지난 시대의 누구와 견줄 수 있다고 보오?"라고 하자, 위징이 말하기를 "經學과 文學의 소양은 漢나라의 河間獻王과 東平獻王이고, 孝行에 있어선 고대의 曾參과 閔損일 겁니다."라고 했다. 이로 말미암아 총애가 더욱 두터웠고 위징의 딸을 아내로 삼아주게 했다.

【集論】

愚按 孟子言性善하여 堯舜至于塗人히 一也[8]라하니 王孫公子之貴도 其性이 豈與人異哉리오 孟子所謂其居使之然也[9]라 觀太宗諸弟에 若韓王元嘉와 霍王元軌는 天性之孝友와 居處之儉約과 操履之修潔이 有一介之士所難能者하니 可謂賢也已矣요 是尤見人性之初無爾殊也니 彼昏不知者는 乃自絶其天理耳라

내가 살펴보건대, 孟子가 본성이 善한 것을 이야기하여, "堯·舜에서부터 길 가는 사람까지 똑같다."라고 했으니, 王孫과 公子의 고귀한 이들이라도 그 본성이 어찌 뭇 사람들과 다르겠는가. 맹자가 말한 그 환경이 그렇게 만든 것일 뿐이다.

太宗의 아우들 가운데 韓王 李元嘉와 霍王 李元軌는 타고난 품성이 효도하고 우애 있고 일상생활이 검소하고 소략하며 지조와 행동거지가 잘 닦이고 정갈하여 일개 선비가 능하기 어려운 면모를 갖추고 있으니 훌륭하다 할 만하며, 여기에서 사람의 본성이 애초에 다름이 없음을 보다 확실히 확인할 수 있다. 저 혼미하여 무지한 자들은 스스로 그 天理를 단절할 뿐이다.

---

8) 堯舜至于塗人 一也 : ≪孟子≫ 〈告子 上〉 '詩曰天生蒸民'의 ≪集註≫에 보인다.

9) 其居使之然也 : ≪孟子≫ 〈盡心 上〉에 보인다.

15-4-1

貞觀中에 **有突厥史行昌**①이 **直玄武門**②이러니 **食而舍肉**커늘 **人問其故**한대 **曰 歸以奉母**로라 **太宗**이 **聞而歎曰 仁孝之性**이 **豈隔華夷**리오하고 **賜尚乘馬一匹**③하고 **詔令給其母肉料**④하다

① 有突厥史行昌 : 突厥阿史那氏, 此因以史爲姓, 行昌, 其名也.
突厥 史行昌은 突厥 阿史那氏인데 여기서는 史를 그대로 姓으로 삼은 것이고, 行昌은 그의 이름이다.

② 直玄武門 : 玄武, 北方宿(수)名, 取以名門也.
玄武는 北方의 宿(별자리) 이름인데, 이것을 취택해 문 이름으로 삼은 것이다.

③ 賜尚乘馬一匹 : 乘, 去聲, 尚乘, 主車乘之官.
乘(수레)은 去聲이며, 尙乘은 수레 따위를 주관하는 관직이다.

④ 詔令給其母肉料 : 令, 平聲.
令(하여금)은 平聲이다.

貞觀 연간에 突厥 史行昌이 玄武門의 숙위를 맡고 있었는데 밥을 먹을 때 고기를 별도로 놓아 챙겨서 그 까닭을 묻자, "가지고 가서 모친을 봉양하려 한다."고 하였다.

太宗이 이 이야기를 듣고 감탄하기를 "仁孝의 본성에 어찌 중화와 오랑캐의 차이가 있겠는가."라고 하고, 尙乘의 말 1필을 하사하고 그 모친에게 고기류를 주도록 했다.

【集論】

愚按 一直門之士는 **夷貊之人也**요 **而有孝于其母之心**이러니 **事聞於萬乘**하여 **獲仁孝之褒**와 **優賜之厚**하니 **則有人心者**가 **孰不感發於孝乎**아

내가 살펴보건대, 궁문에 숙직하는 일개 병사는 오랑캐 사람이었고, 모친에게 효도하는 마음을 가지고 있었는데, 그 사연이 萬乘 천자에게 알려져 仁孝라는 포상과 넉넉한 하사품을 받았으니, 사람의 마음을 가진 자 가운데 어느 누가 감동하여 효심을 발휘하지 않겠는가.

제16편 論公平　公平을 논하다

이 편에서는 공평에 대해 논하였다.

太宗이 천하를 한 집으로 인식하고 있다고 발언함으로써 公平性이 사회를 유지하기 위한 기본 가치임을 闡明하고 있다. 또한 佩刀를 풀지 않은 채 閤門으로 들어갔던 長孫無忌를 처벌하는 과정에서 발생한 불공정을 바로잡았던 일화, 그리고 長樂公主와 長公主의 예물의 형평성 문제를 조정하였던 사실을 통해 신뢰를 회복하고 선을 모으고자 노력한 태종의 의지를 확인할 수 있다.

이어 魏徵은 선을 권면하고 악을 퇴출시키려는 노력을 경주할 것을 권하고, 軒轅과 唐堯의 기풍을 계승하고 舜과 禹의 자취를 좇아, 道와 德, 仁과 義를 통치의 기본이념으로 삼아 정사에 임해야 한다고 극간하였다.

凡八章.

모두 8장이다.

16-1-1

太宗이 初卽位에 中書令房玄齡이 奏言호대 秦府[1]舊左右未得官者가 竝怨前宮[2]及齊府[3]左右處分之先己①라한대 太宗이 曰 古稱至公者는 蓋謂平恕無私니 丹朱와 商均은 子也로되 而堯舜이 廢之②하고 管叔과 蔡叔은 兄弟也로대 而周公이 誅之③하니 故知君人者는 以天下爲公이요 無私於物이라 昔에 諸葛孔明은 小國之相④이로되 猶曰 吾心如稱⑤하여 不能爲人作輕重⑥[4]이라커늘 況我今理大國乎아 朕이 與公等으로 衣食이 出於百姓하니 此則人力이 已奉於上이로되 而上恩이 未被於下라 今所以擇賢才者는 蓋爲求安百姓也라 用人에 但問堪否니 豈以新故異情이리오 凡一面도 尙且相親이어늘

---

1) 秦府 : 太宗이 秦王이었을 때의 官府인 秦王府를 말한다.

2) 前宮 : 이전의 궁이라는 뜻으로, 李建成의 太子宮을 말한다.

3) 齊府 : 太宗의 아우 李元吉이 齊王이었을 때의 官府인 齊王府를 말한다.

4) 吾心如秤 不能爲人作輕重 : ≪太平御覽≫ 권376 〈心〉에 보인다.

況舊人을 **而頓忘也**아 **才若不堪**이면 **亦豈以舊人而先用**이리오 **今不論其能不能**하고 **而直言其嗟怨**이면 **豈是至公之道耶**아

① 竝怨前宮及齊府左右處分之先已：處, 上聲. 分, 先, 竝去聲.
處(처리하다)는 上聲이고, 分(명분, 분수)과 先(앞서 하다)은 모두 去聲이다.

② 堯舜 廢之：堯知子丹朱之不肖, 不足授天下, 卒授舜. 舜之子商均, 亦不肖, 乃以天下授禹.
堯가 아들 丹朱가 착하지 못해 천하를 전해줄 수 없음을 알고 결국 舜에게 주었고, 舜의 아들 商均 역시 어질지 못하자 천하를 禹에게 전해주었다.

③ 周公 誅之：管叔, 名鮮, 蔡叔, 名度, 皆文王之子也. 武王旣克殷, 封鮮于管, 封度于蔡, 相紂子武庚祿父, 治殷遺民. 武王崩, 成王少, 周公旦專王室, 叔疑之, 乃挾武庚作亂, 周公, 承王命, 遂誅武庚, 殺管叔, 流蔡叔.
管叔은 이름은 鮮이고, 蔡叔은 이름이 度이니, 모두 文王의 아들이다. 武王이 殷나라를 무찌른 뒤 鮮은 管에 책봉하고 度는 蔡에 책봉하여, 紂의 아들 武庚과 祿父를 도와 殷나라의 遺民을 다스리게 했다. 武王이 붕어할 때 成王이 어려서 周公 旦이 王室을 전담하자, 관숙・채숙이 의심을 품고 무경을 끼고 반란을 일으켰다. 주공이 王의 命을 받들어 결국 무경을 제거하고 관숙을 죽이고 채숙을 유배시켰다.

④ 小國之相：相, 去聲. 諸葛, 複姓, 字孔明, 名亮, 琅琊人, 爲蜀丞相.
相(재상)은 去聲이다. 諸葛은 複姓이고, 字는 孔明, 이름이 亮이고 琅琊 사람이며 蜀의 丞相이었다.

⑤ 猶曰吾心如稱：稱, 與秤同.
稱은 秤과 같다.

⑥ 不能爲人作輕重：爲, 去聲. 後同.
爲(때문에)는 去聲이다. 뒤에도 같다.

太宗이 막 즉위한 즈음에 中書令 房玄齡이 아뢰었다.

"秦府의 옛 참모들 가운데 관직을 얻지 못한 자들이, 이전의 태자궁과 齊府의 측근들에 대한 처우가 자기들보다 앞서는 것을 모두 원망합니다."

태종이 말하였다.

"예로부터 지극히 공정하다고 함은 공평 관용하여 사심 없는 것을 이르는 것이오. 丹朱와 商均은 아들이지만 堯와 舜이 퇴출시켰고, 管叔과 蔡叔은 형제이지만 周公이 죽였소. 그래서 임금은 천하를 공정한 것으로 여기고 사물을 사적으로 생각하는 일이 없다는 것을 알 수 있소. 옛날 諸葛孔明은 작은 나라의 재상이었지만 '내 마음은 거울과 같아서 다른 사람 때문에 무게를 달리할

수가 없다.'라고 했는데, 지금 큰 나라를 다스리는 나의 경우야 더 말할 나위가 있겠소.

짐과 公等이 입는 것과 먹는 것은 백성에게서 나온 것이니 이는 백성들의 힘이 이미 윗사람에게 봉헌된 것인데, 윗사람의 은혜는 아랫사람에게 미치지 못하고 있소. 오늘날 훌륭한 인재를 추려 뽑으려는 것은 백성들을 편안히 할 방법을 찾으려 하기 때문이오. 사람을 등용할 땐 다만 임무를 감당할지 없는지만 물을 뿐이지, 어찌 新進과 古參에 대해 다른 마음을 둘 수 있겠소. 한 번만 얼굴을 보아도 서로 친한 것이거늘 더구나 오래된 사람을 갑자기 잊을 수가 있겠소. 만일 재능이 감당할 수 없는 정도면 또한 어찌 오래된 사람이라고 하여 우선적으로 등용할 수 있겠소. 지금 그 능력 여부는 논하지 않은 채 아쉬움과 원망만을 곧장 이야기하면 어찌 지극히 공정한 도리이겠소."

16-2-1

貞觀元年에 **有上封事者**가 **請秦府舊兵竝授以武職**하여 **追入宿衛**한대 **太宗**이 **謂曰 朕**은 **以天下爲家**하여 **不能私於一物**하여 **惟有才行**을 **是任**⑦하노니 **豈以新舊爲差**리오 **況古人云 兵猶火也**라 **弗戢**이면 **將自焚**[5]이라하니 **汝之此意**는 **非益政理**로다

⑦ 惟有才行 是任 : 行, 去聲.
行(실행, 덕행)은 去聲이다.

貞觀 원년(627)에 封事를 올린 자가 秦府의 옛 병사들에게 모두 武官職을 제수하고 宿衛에 충당할 것을 요청하자, 太宗이 말하였다.

"짐은 천하를 한 집으로 여겨, 특정한 이에게 사적으로 대할 수가 없다. 오직 재능과 덕행이 있는 자만을 임명할 뿐, 新進과 古參에 어찌 차별을 두겠는가. 더구나 옛사람이 이르기를, '兵士는 불과 같아서 추스르지 않으면 스스로 불타 버린다.'라고 하지 않았는가. 그대의 이러한 의견은 정사를 하는 데 보탬이 되는 것이 아니다."

---

5) 兵猶火也 弗戢將自焚 : ≪春秋左氏傳≫ 隱公 4년에 보인다.

【集論】

愚按 書曰 天視自我民視하고 天聽自我民聽이라하니 天無視聽하여 以民爲視聽은 一至公而已라 太宗이 踐祚之初에 首發至公無私之論하니 古帝王이 憲天聰明[6]에 用是道也라 房玄齡이 言秦府未得官者가 共怨前宮齊府左右之先已엔 則曰 用人惟才요 不論舊故라하니 不如是면 則私故府之士矣라 有請秦府舊兵授以武職하여 追入宿衛엔 則曰唯有才行是任이니 豈以新舊爲差리오하니 不如是면 則私故府之兵矣라 君天下者가 每以至公存心하면 何往而不當於人心乎리오

내가 살펴보건대, ≪書經≫ 〈周書 泰誓〉에 이르기를 "하늘이 보기는 우리 백성이 보는 것으로 보고, 하늘이 들음은 우리 백성이 듣는 것으로 듣는다."라고 했으니, 하늘은 보고 듣는 것이 없이 백성의 것으로 보고 듣는 것을 삼는다는 것은 하나의 지극히 공정함일 뿐이다.

太宗이 즉위 초에 가장 먼저 '지극히 공평하고 사심 없음'에 대한 말을 꺼냈는데, 옛 제왕이 하늘의 聰明을 법으로 삼을 때도 이러한 방법을 썼다. 房玄齡이, '秦府에 있으면서 관직을 얻지 못한 자들이 모두 이전의 태자궁(李建成)과 齊府(李元吉)의 측근들이 자신보다 앞서는 것을 원망한다.'고 하자, '인재의 등용은 오직 재능이요, 오래된 정도를 논하지 않는다.'고 했으니, 이와 같이 하지 않으면 옛 秦府의 사람들을 사사로이 대하는 것이다.

'秦府의 옛 병사에게 무관직을 제수하여 宿衛 직책에 충당할 것'을 요청할 때는, '오직 재능과 덕행을 갖춘 자를 임명할 뿐이니 어찌 신진과 고참으로 차등을 삼겠는가.'라고 했으니, 이와 같이 하지 않으면 옛 秦府의 병사들을 사사로이 대하는 것이다. 천하의 임금인 자가 언제나 최고의 공정심을 마음에 간직한다면 어떤 일이든 사람의 마음에 합당하지 않겠는가.

16-3-1

貞觀元年에 吏部尙書長孫無忌가 嘗被召하여 不解佩刀하고 入東上閤門이라가 出閤門後에야 監門校尉가 始覺이러라 尙書右僕射封德彝가 議以監門校尉不覺은 罪當死요

---

6) 天聰明 : ≪書經≫ 〈虞書 皐陶謨〉에 "하늘이 듣고 봄이 우리 백성의 듣고 봄을 통해 하며, 하늘이 선한 이를 밝혀주고 악한 자를 두렵게 함이 우리 백성의 밝혀주고 두렵게 함을 통해 한다.〔天聰明 自我民聰明 天明畏 自我民明威〕"라고 하였다.

無忌誤帶刀入은 徒[7]二年과 罰銅二十斤이라커늘 太宗從之한대 大理少卿①戴胄가 駁曰 校尉不覺과 無忌帶刀入內는 同爲誤耳라 夫臣子之於尊極②에 不得稱誤하나니 准律云 供御湯藥飮食舟船이 誤不如法者는 皆死라하니 陛下若錄其功이면 非憲司所決이요 若當據法이면 罰銅이 未爲得理니이다 太宗이 曰 法者는 非朕一人之法이라 乃天下之法이어늘 何得以無忌國之親戚으로 便欲撓法耶야하고 更令定議③하니 德彝가 執議如初하여 太宗이 將從其議어늘 胄가 又駁奏曰 校尉가 緣無忌以致罪하니 於法當輕이요 若論其過誤면 則爲情一也④로되 而生死頓殊하니 敢以固請하노이다 太宗이 乃免校尉之死하다 是時에 朝廷이 大開選擧할새 或有詐僞階資者어늘 太宗이 令其自首⑤하고 不首면 罪至於死러니 俄有詐僞者가 事泄하여 胄據法斷流[8]以奏之한대 太宗이 曰 朕初下勅에 不首者死어늘 今斷從法하면 是示天下以不信矣로다 胄曰 陛下가 當卽殺之하시면 非臣所及이어니와 旣付所司라 臣不敢虧法이니이다 太宗이 曰 卿自守法하여 而令朕失信耶아 胄曰 法者는 國家所以布大信於天下요 言者는 當時喜怒之所發耳니 陛下가 發一朝之忿⑥하사 而許殺之라가 旣知不可하고 而置之以法하시니 此乃忍小忿而存大信이니 臣이 竊爲陛下惜之⑦하노이다 太宗이 曰 朕法有所失이어늘 卿能正之하니 朕復何憂也리오

① 大理少卿 : 少, 去聲, 卿之貳也.
少(버금)는 去聲이며, 少卿은 卿의 다음 지위이다.

② 夫臣子之於尊極 : 夫, 音扶.
夫(무릇)는 音이 扶이다.

③ 更令定議 : 令, 平聲. 後同.
令(하여금)은 平聲이다. 뒤에도 같다.

④ 則爲情一也 : 爲情, 如字.
爲情의 爲(되다)는 본래 音義대로 독해한다.

⑤ 太宗 令其自首 : 首, 去聲. 後同.
首(자수하다)는 去聲이다. 뒤에도 같다.

⑥ 陛下 發一朝之忿 : 朝, 音昭.
朝(아침)는 音이 昭이다.

---

7) 徒 : 徒刑으로 징역을 사는 것이다.

8) 流 : 流刑으로 유배형을 뜻한다.

⑦ 臣 竊爲陛下惜之 : 爲, 去聲.
爲(위하다)는 去聲이다.

貞觀 원년(627)에 吏部尙書 長孫無忌가 부름을 받아 들어갈 때에 佩刀를 풀지 않은 채 東廡 위 閤門으로 들어갔다가 각문을 나가고 나서야 문을 지키던 校尉가 비로소 이 사실을 알아차렸다. 尙書右僕射 封德彝가 문제를 제기하여, 문을 지키는 교위가 사실을 알아채지 못한 죄는 사형에 해당하고 실수로 칼을 차고 들어간 장손무기는 徒刑 2년에 벌금 銅 20斤에 해당한다고 건의하자, 太宗이 그대로 따랐다.

그러자 大理少卿 戴胄가 논박하였다.

"교위가 사실을 알아차리지 못하고, 장손무기가 칼을 차고 大內로 들어간 것은 모두 착오입니다. 하지만 신하는 지극히 존귀한 분(황제)에 대하여 과오라고 칭할 수 없습니다. 법률에 의하면 '임금의 湯藥과 飮食과 선박 등을 제공해드림에 있어 착오를 범해 法대로 하지 못한 자들은 모두 사형에 처한다.'라고 했습니다. 폐하께서 만일 그 공로를 고려하신다면 사법 기관에서 결정할 내용이 아니지만, 만일 법에 의거해야 한다면 銅 벌금의 처분은 사리에 맞지 않습니다."

태종이 말하였다.

"법은 짐 한 사람의 법이 아니고 천하의 법이오. 어떻게 장손무기가 국가의 친척이라 하여 법을 좌절시키려 할 수 있겠소."

그러고는 다시 죄를 논하여 정하도록 했는데, 봉덕이가 애초의 의견을 견지하여, 태종이 그 의견을 따르려 하자, 대주가 다시 논박하여 아뢰었다.

"교위가 장손무기로 인해 죄를 얻었으니 처벌법을 마땅히 가벼이 해야 합니다. 만일 그 과오만을 논한다면 내용은 같은 것인데 삶과 죽음이 전혀 다르니, 감히 굳게 청합니다."

그러자 태종이 교위의 사형을 면죄시켰다.

당시 朝廷이 대대적으로 관리의 선발을 개시했는데 허위로 직위와 자격을 꾸민 자가 있었다. 태종이 그들에게 자수하도록 하고 자수하지 않으면 사형죄에 처할 것이라고 했다. 이윽고 거짓을 꾸민 자가 탄로나자 대주가 법에 의거하여 流刑에 판결하여 아뢰었다. 태종이 말하였다.

"짐이 칙서를 내릴 때 자수하지 않는 자들은 사형에 처하겠다고 했는데 지금 법에 의거하여 流刑으로 판결하면 천하에 불신을 보여주는 것이오."

대주가 말하였다.

"폐하께서 바로 죽이신다면 신이 미처 관여할 바가 아닙니다만 이미 담당부서에 맡겼다면 신이 감히 법에 어긋나게 할 수 없습니다."

태종이 말하였다.

"卿은 혼자 법을 지키면서, 짐에게 신의를 잃게 한단 말이오!"

대주가 말하였다.

"법은 조정에서 천하에 큰 신뢰를 펼쳐 보이는 것이며, 말은 당시의 기쁨과 노여움을 표한 것일 뿐입니다. 폐하께서 순간의 분노를 발하여 죽이도록 하셨다가 그것이 옳지 않은 것임을 알고 법에 의거해 처단하라고 하시니 이는 작은 분노를 참고 큰 신뢰를 보존한 것입니다. 이는 신이 적이 폐하를 위해 애석해하는 점입니다."

태종이 말하였다.

"짐이 법 집행에 잘못한 것이 있거늘 경이 바로잡아주니 짐이 다시 무엇을 걱정하겠소."

【集論】

張氏九成이 曰 法者는 天下公共이니 雖天子喜怒도 不得輕重이라 胄가 爲大理之議는 可謂用法平允矣라 守所司之法하여 不顧天子之詔하고 救上之失하고 達君之聽하여 使四海取信하고 民不寃濫하니 爲吏若此면 國家가 何所患哉리오

張九成이 말하였다.

"법은 천하 모두에게 공정 공유한 것이니, 비록 天子의 기쁨과 노여움이라도 그것에 경중을 가할 수가 없다. 戴胄가 大理少卿으로서의 논의를 펼친 것은 법의 집행이 공평하다 할 만하다. 맡고 있는 법을 지키며 천자의 조칙을 고려하지 않고, 임금의 잘못을 구제하고 임금의 귀를 트이게 해서, 온 누리가 신뢰할 수 있게 하고 백성이 법의 범람을 억울하지 않게 했으니, 관리가 이러하다면 국가가 무엇을 걱정하겠는가."

唐氏仲友曰 書曰 無虐煢獨이요 而畏高明[9)]이라하니 蓋小人之情은 必虐煢獨而畏高明이나 君子는 反是라 向無冑之言이면 則太宗爲失刑하여 背皇極之訓矣니 其爲利害가 豈淺哉리오

唐仲友가 말하였다.

"≪書經≫ 〈周書 洪範〉에 이르기를, '외로운 사람을 학대하지 말고, 高明한 사람을 두려워하라.'라고 했으니, 小人의 마음은 반드시 외로운 사람을 학대하고 고명한 사람을 두려워하지만 君子는 이와 상반된다. 만일 대주의 말이 없었다면 太宗이 형벌을 잘못 가하게 되어 皇極의 훈계에서 벗어나게 되니 그 利害의 정도가 어찌 작은 것이겠는가."

愚按 封德彝는 隋之佞人[10)]也나 及唐之興하여 以秘策而見用하여 遂移其所以事隋者事唐하니 勸用法律之說이 若行이면 則仁義之效民生을 不覩於貞觀之世矣리라 今觀德彝與戴冑論無忌校尉之罪컨대 用捨之間에 其得失이 視仁義法律之說하여 未相輕重也라 爲國은 在于用人하니 用人을 豈容輕哉아 非戴冑執法之公과 太宗從善之速이면 其不寃人者가 幾希矣리라

내가 살펴보건대, 封德彝는 隋나라의 佞人인데 唐나라가 흥기하자 秘策을 건의하여 등용되어, 결국 隋나라를 섬겼던 것을 그대로 옮겨 唐나라를 섬긴 것이다. 만일 法律을 활용해야 한다고 권한 말이 시행됐다면 仁義의 효과가 백성에게 미치는 것을 貞觀의 시대에선 보지 못했을 것이다. 지금 봉덕이가 戴冑와 長孫無忌·校尉의 죄를 논단한 것을 살펴보면, 법 적용의 선택에 있어서 잘잘못의 차이가 仁義와 法律의 설에 견주어 그 輕重을 이야기할 수 없을 정도이다.

국가를 다스리는 것은 사람의 등용에 달려 있으니 사람의 등용을 어찌 가벼이 할 수 있겠는가. 대주가 法의 집행을 공정하게 하고 태종이 선을 따르기를 신속히 하지 않았다면 억울하지 않을 사람이 거의 드물었을 것이다.

16-4-1

貞觀二年에 太宗이 謂房玄齡等曰 朕比見①隋代遺老하니 咸稱高熲(경)[11)]善爲相

---

9) 無虐煢獨 而畏高明 : ≪書經≫ 〈周書 洪範〉 '五皇極' 조항에 보인다.

10) 佞人 : 아첨꾼을 말한다.

11) 高熲 : 隋나라 사람으로, 자는 昭元이다. 陳나라 武帝 때 齊나라를 평정한 공이 있어 開府知事

者②라 遂觀其本傳③하니 可謂公平正直이요 尤識治體하니 隋室安危가 系其存沒이라 煬帝가 無道하여 枉見誅夷하니 何嘗不想見此人하여 廢書欽歎이리오 又漢魏已來로 諸葛亮이 爲丞相도 亦甚平直하니 嘗表廢廖立④李嚴⑤於南中이러니 立聞亮卒하고 泣曰 吾其左衽矣[12]라하고 嚴聞亮卒하고 發病而死[13]라 故陳壽⑥稱호대 亮之爲政이 開誠心하고 布公道하여 盡忠益時者는 雖仇必賞하고 犯法怠慢者는 雖親必罰[14]이라하니 卿等이 豈可不企慕及之리오 朕이 今每慕前代帝王之善者하노니 卿等도 亦可慕宰相之賢者하라 若如是하면 則榮名高位를 可以長守하리라 玄齡이 對曰 臣聞理國要道는 在於公平正直이라 故尙書云⑦無偏無黨하면 王道蕩蕩하며 無黨無偏하면 王道平平⑧이라하고 又孔子稱호대 擧直錯諸枉이면 則民服⑨[15]이라하니이다 今聖慮所尙은 誠足以極政敎之源하고 盡至公之要하여 囊括區宇하여 化成天下니이다 太宗이 曰 此直朕之所懷니 豈有與卿等言之而不行也리오

① 朕比見 : 比, 音鼻.
比(근래)는 音이 鼻이다.

② 咸稱高熲善爲相者 : 相, 去聲. 後同. 高熲, 字昭玄, 隋之賢相, 煬帝以其忠諫爲謗訕, 誅之.
相(재상)은 去聲이다. 뒤에도 같다. 高熲은 字가 昭玄이며 隋나라의 훌륭한 재상이다. 煬帝가 그의 충직한 간언을 헐뜯는 것이라 여겨 처형하였다.

③ 遂觀其本傳 : 傳, 去聲.
傳(전기)은 去聲이다.

④ 嘗表廢廖立 : 廖立, 字公淵, 武陵人, 仕蜀爲長水使者.
廖立은 字가 公淵이고 武陵 사람이며, 蜀나라에 벼슬하여 長水使者가 되었다.

⑤ 李嚴 : 李嚴, 字正方, 南陽人, 仕蜀爲中都護.
李嚴은 字가 正方이고 南陽 사람이며, 蜀나라에 벼슬하여 中都護가 되었다.

⑥ 陳壽 : 陳壽, 晉人, 撰三國志.

가 되었고, 隋 文帝가 즉위하자 尙書左僕射가 되었고, 煬帝 때에는 太常에 임명되었다. 20년 동안 요직을 편력하면서 조야의 추앙을 받았다. 논자들은 모두 眞宰相이라 일컬었다. ≪隋書 권41≫ ≪北史 권72≫

12) 吾其左衽矣 : ≪三國志 蜀志≫ 권10 〈廖立傳〉에 "吾終爲左衽矣"라고 하였는데, ≪論語≫ 〈憲問〉의 "微管仲 吾其被髮左衽矣(관중이 없었다면 나는 머리를 풀고 옷깃을 왼쪽으로 하는 오랑캐가 되었을 것이다.)"에서 유래한 것이다. '左衽'은 오랑캐의 미개한 풍속이 됨을 말한다.

13) 聞亮卒 發病而死 : ≪三國志≫ 〈蜀志〉 권10 〈廖立傳〉에 보인다.

14) 開誠心……雖親必罰 : ≪三國志≫ 〈蜀志〉 권5 〈諸葛亮傳〉에 보인다.

15) 擧直錯諸枉 則民服 : ≪論語≫ 〈爲政〉에 보인다.

陳壽는 晉나라 사람이며 ≪三國志≫를 지었다.

⑦ 故尙書云 : 尙, 如字.

尙(숭상)은 본래 音義대로 독해한다.

⑧ 王道平平 : 周書洪範篇之辭.

≪書經≫ 〈周書 洪範〉에 나오는 내용이다.

⑨ 擧直錯諸枉 則民服 : 錯, 讀曰措. 孔子對魯哀公之辭.

錯(버려두다)는 措로 읽는다. 孔子가 魯 哀公에게 답한 내용이다.

貞觀 2년(628)에 太宗이 房玄齡 등에게 말하였다.

"朕이 근래 隋나라의 유신들을 살펴보니 모두가 高熲이 훌륭한 재상이었다고 칭찬했소. 그 本傳을 살펴보니 공평하고 정직하다고 말할 수 있으며, 더욱이 정치의 본질을 잘 알고 있었으니 隋나라 황실의 안위가 그의 생사에 달려 있었던 것이오. 煬帝가 무도하여 억울하게 죽임을 당했으니 어찌 그를 떠올리며 책을 덮고 안타까워하지 않을 수 있었겠소!

또 漢·魏 이후로 諸葛亮이 승상을 역임할 때도 매우 공평하고 정직했소. 일찍이 表文을 올려 廖立과 李嚴을 南中으로 폐출시켰는데, 요립은 제갈량이 세상을 떠났다는 소식을 듣고 울며, '우리는 이제 옷깃을 왼쪽으로 여미는 오랑캐가 되겠다.'라고 하고, 이엄은 제갈량이 세상을 떠났다는 소식을 듣고 병이 나서 죽었소. 그래서 陳壽가 제갈량의 정치를 일컫기를, '진실한 마음을 열고 공평한 도리를 펼쳐, 충성을 다하고 시대에 이익을 준 자는 원수라도 해도 반드시 상을 내리고 법을 범하고 태만한 사람은 가까운 사람이라도 반드시 벌을 주었다.'라고 했으니, 경들은 어찌 그를 추모하고 따라가지 않아서야 되겠소!

짐이 이제 지난 시대의 훌륭한 제왕들을 흠모하려 하니 경들도 훌륭한 재상들을 흠모해야 할 것이오. 이렇게 한다면 영예로운 이름과 높은 지위를 오랫동안 지킬 수 있을 것이오."

방현령이 대답하였다.

"신이 들으니, 국가를 다스리는 중요한 방법은 공평과 정직에 있다 했습니다. 그래서 ≪尙書≫ 〈洪範〉에 이르기를, '치우침이 없고 당파적인 것이 없으면 王道가 넓게 되며, 당파적인 것이 없고 치우침이 없으면 王道가 공평하다.' 라고 했으며, 또 孔子께서 말씀하시기를 '정직한 사람을 들어 쓰고 부정한 사람을 놓아버리면 백성이 복종한다.'라고 했습니다. 지금 성상께서 숭상하시는 것은 참으로 정치와 교육의 근원을 다 드러내고 지극히 공정한 요체를 극진히 밝혀, 우주를 포괄하여 천하를 완전히 교화할 수 있을 것입니다."

태종이 말하였다.

"이는 바로 짐이 마음먹고 있는 바이니, 어떻게 경들과 말을 하고 나서 실행에 옮기지 않을 리가 있겠소."

【集論】

愚按 昔에 傅說이 告商宗曰 事不師古하여 以克永世는 匪說攸聞[16]이라하니 太宗이 謂朕每慕前代帝王之善者하노니 卿等도 可慕宰相之賢者는 其有合於師古者乎인저 前代帝王之善者는 若堯舜禹湯文武成康이요 降是면 則漢七制之主[17]是已며 前代宰相之賢者는 若皐夔稷契伊傅周召요 降是면 則蕭曹丙魏是已라 高熲之公平正直도 亦可謂賢相矣나 惜昧于不可則止[18]之義라 諸葛亮은 王佐才也라 誠有古良相之遺風이요 三代而下에 所不常見이라 太宗이 令相臣企慕之하니 亦知人哉인저 嗚呼라 二帝三王之相을 不得而見之矣인댄 得見如武侯者면 斯可矣라

내가 살펴보건대, 옛날에 傅說이 殷 高宗에게 아뢰기를 "일을 할 때 옛 것을 스승삼지 않은 채 능히 오랫동안 유지할 수 있는 예를 제가 듣지 못했습니다."라고 했는데, 太宗이 "짐이 매번 지난 시대의 훌륭한 제왕들을 사모하노니 경들도 훌륭한 재상들을 사모해야 하오."라고 한 것은, 옛것을 스승 삼는 것에 부합한 일일 것이다.

지난 시대의 훌륭한 제왕이란 堯·舜·禹·湯·文·武·成·康과 같은 이이며, 이보다 한 등급 아래로는 漢나라 七制의 군주들이 해당된다. 지난 시대 훌륭한 재상들은 皐陶·夔·后稷·契·伊尹·傅說·周公·召公 등이며, 이보다 한 단계 아래로는 蕭何·曹參·丙吉·魏相이 이에 해당한다.

高熲의 公平하고 正直함도 훌륭한 재상이라 할 만하지만 애석하게도 불가능하면 멈춰야 하는 의리에 어두웠다. 諸葛亮은 王을 보좌할 인재로 참으로 옛날 훌륭한 재

16) 事不師古……匪說攸聞 : ≪書經≫ 〈商書 說命 中〉에 보인다.

17) 漢七制之主 : 漢나라를 대표하는 일곱 군주로, 高祖·惠帝·文帝·景帝·武帝·昭帝·宣帝이다.

18) 不可則止 : ≪論語≫ 〈顔淵〉에 "충심으로 말해주고 잘 인도하되 불가능하면 멈춘다.〔忠告而善道之 不可則止〕"라는 구절이 보인다.

상의 遺風을 가져서 三代 이후에 쉽게 볼 수 없는 인물이다. 태종이 정승들에게 그를 추모하고 따라가도록 했으니 또한 인물을 안다고 할 것이다. 아, 二帝와 三王의 재상들을 볼 수가 없는 상황에서 諸葛武侯 같은 사람이나마 보게 된다면 좋을 것이다.

16-5-1

長樂公主①는 文德皇后所生也라 貞觀六年에 將出降②할새 勅所司에 資送이 倍於長公主③어늘 魏徵이 奏言호대 昔에 漢明帝[19]가 欲封其子할새 帝曰 朕子가 豈得同於先帝子乎아 可半楚淮陽王④[20]이라하니 前史以爲美談이니이다 天子姊妹가 爲長公主요 天子之女가 爲公主니 旣加長字하니 良以尊於公主也라 情雖有殊나 義無等別⑤이니 若令公主之禮⑥로 有過長公主면 理恐不可니 實願陛下思之하노이다 太宗이 稱善하고 乃以其言告后하니 后歎曰 嘗聞陛下敬重魏徵이나 殊未知其故러니 而今聞其諫하니 乃能以義制人主之情하니 眞社稷臣矣니이다 妾이 與陛下로 結髮爲夫妻하여 曲蒙禮敬하여 情義深重하되 每將有言이면 必俟顏色하여 尙不敢輕犯威嚴이어늘 況在臣下情疏禮隔이리잇가 故韓非가 謂之說(세)難⑦[21]이라하고 東方朔이 稱其不易⑧는 良有以也니이다 忠言은 逆耳나 而利於行[22]은 有國有家者가 深所要急이니 納之면 則世治하고 杜之면 則政亂이니 誠願陛下詳之하시면 則天下幸甚이니이다 因請遣中使⑨하여 賫帛五百匹하여 詣徵宅以賜之하다

① 長樂公主 : 樂, 音洛. 公主, 太宗第五女, 封長樂郡, 下嫁長孫沖.
樂(락)은 음이 洛이다. 公主는 太宗의 다섯째 딸로 長樂郡에 책봉되고 長孫沖에게 下嫁(공주 같은 지위 높은 사람이 지위가 낮은 사람과 결혼함)하였다.

② 貞觀六年 將出降 : 出降, 謂下嫁也.
出降은 下嫁를 말한다.

③ 倍於長公主 : 長, 音掌. 後同. 通鑑作永嘉長公主, 乃高祖之女也.
長(윗사람)은 音이 掌이다. 뒤에도 같다. ≪資治通鑑≫ 194권 貞觀 6년에서는 永嘉長公主로 쓰여 있으며, 高祖의 딸이다.

---

19) 漢明帝 : 後漢 제2대 황제를 말한다.

20) 朕子……可半楚淮陽王 : 이 내용은 ≪後漢書≫ 권10下 〈明德馬皇后傳〉에 보인다.

21) 說難 : 遊說하기가 어렵다는 뜻으로, 韓非가 지은 ≪韓非子≫의 篇名이 되었다.

22) 忠言逆耳 而利於行 : ≪史記≫ 〈留侯世家〉에 보인다.

④ 可半楚淮陽王：楚王柳英, 淮陽王柳昞, 皆光武子.
楚王은 柳英이고 淮陽王은 柳昞이니, 모두 光武帝의 아들이다.
⑤ 義無等別：別, 彼列切.
別(구별)은 彼와 列의 반절이다.
⑥ 若令公主之禮：令, 平聲.
令(하여금)은 平聲이다.
⑦ 韓非 謂之說難：韓非, 戰國時刑名之學者.
韓非는 戰國시대의 刑名 학자이다.
⑧ 東方朔 稱其不易：易, 以豉切. 東方朔, 字曼倩, 平原人, 漢武帝時爲大夫.
易는 以와 豉의 반절이다. 東方朔은 字가 曼倩이고 平原 사람이며, 漢 武帝 때 大夫를 역임했다.
⑨ 因請遣中使：使, 去聲.
使(사신)는 去聲이다.

長樂公主는 文德皇后의 소생이다. 貞觀 6년(632)에 出降하려 할 적에 담당기관에 황제의 명령으로 관련 예물을 준비하도록 했는데 長公主(唐 高祖의 공주)보다도 갑절이나 되었다. 魏徵이 아뢰었다.

文德皇后(長孫皇后)가 唐 太宗에게 魏徵을 칭찬하다

"옛날 漢 明帝가 그 아들을 책봉하려 할 때, 明帝가 말하기를, '짐의 아들이 어떻게 先帝의 아들과 같을 수 있겠는가. 楚王과 淮陽王의 절반 정도로 하라.'고 했는데, 지난 역사의 미담으로 전해지고 있습니다. 天子의 자매가 長公主이고 천자의 따님이 公主인데, 이미 長字를 추가

했으니 진실로 公主보다 존귀합니다. 人情에는 다름이 있겠지만 의리에는 구별이 없으니, 만일 공주의 혼례의식이 長公主보다 지나치다면 도리상 옳지 않을 듯하니 폐하께서 잘 생각해보시기를 진실로 바라옵니다."

태종이 훌륭하다고 하고 그 말을 文德皇后에게 전하니 문덕황후가 찬탄하며 말하였다.

"일찍이 폐하께서 위징을 존경하고 중시한단 말만 들었으나 그 이유를 잘 몰랐는데 지금 그 간언을 들으니, 의리로 임금의 감정을 제어하니, 참으로 社稷의 신하입니다. 妾이 폐하와 머리를 묶어 부부가 되고 나서 예우와 존경을 곡진히 입어 인정과 의리가 깊고 중함에도 매번 말을 할 때면 반드시 안색의 변화를 살피며 감히 가볍게 威嚴을 범하지 못했거늘, 인정이 성글고 예절에 간격이 있는 신하의 경우야 더 말할 나위가 있습니다.

그래서 韓非子가 '설득시키기가 어렵다.'라고 하고, 東方朔이 '쉽지 않다.'라고 한 것은 진정 이 때문입니다. '충직한 말은 귀에 거슬려도 행동에는 이롭다.'는 말은 국가를 가진 이에게 매우 긴요하고 시급한 것이니 이를 받아들이면 세상이 다스려지고 막으면 정치가 혼란해집니다. 참으로 폐하께서 이를 자상하게 받아들이신다면 천하에 더없이 행복일 것입니다."

그러면서 中使를 보내어 비단 500匹을 가지고 魏徵의 집으로 가서 하사할 것을 요청하였다.

【集論】

愚按 易之歸妹에 曰帝乙歸妹니 其君之袂가 不如其娣之袂良이라하니 蓋謂王姬下嫁에 位雖至貴나 不事容飾也라 娣媵[23]은 以容飾爲事요 而衣袂所以爲容飾者也니 尙禮而不尙飾이라 故其袂가 不及其娣之袂良이니 以儉德也라 太宗이 於公主之降에 勅所司하여 資送이 倍長公主하니 雖以后之所生이나 毋乃牽于愛而不節以制度乎이 是道之以踰禮越法矣라 幸魏徵之忠諫과 太宗之聽從과 而文德皇后가 又從而褒賞之也라 若后之德은 雖漢之陰馬[24]도 亦不能及이니 可謂無愧周之任姒[25]邑姜[26]者矣라 正家而天下定[27]은 后之謂歟인저

23) 娣媵 : 媵妾으로, 원래 중국의 고대 풍습에서 여자가 시집갈 때 같이 따라가던 자매 등을 말하는데, 시중드는 여인들을 포괄적으로 지칭하기도 한다.

24) 陰馬 : 陰은 光武帝 劉秀의 妃인 陰皇后이고, 馬는 明帝 劉莊의 妃인 馬皇后이다. 음황후는

내가 살펴보건대, ≪周易≫ 歸妹卦 六五爻辭에 "帝乙이 누이동생을 시집보내는 것이니, 그 嫡妻의 소매가 그 누이의 좋은 소매만 못하다."라고 했으니, 王姬가 시집갈 때 지위가 비록 대단히 존귀하지만 꾸밈을 일삼지 않음을 말한 것이다. 娣媵은 꾸미는 것을 일삼으며 옷소매는 꾸밈을 나타내는 것인데, 예의를 중시하고 꾸밈을 중시하지 않으므로 그 소매가 그 娣媵의 좋은 소매만 못한 것이니, 검소한 덕성 때문이다.

太宗이 公主를 시집보낼 때 담당기관에 명령하여 보낸 치장품이 長公主보다 갑절이 되게 했으니, 황후의 소생이긴 하지만 사랑에 이끌려 정해진 制度로 이를 절제하지 못한 것이 아니겠는가. 이것은 예를 벗어나고 법도를 벗어나는 것으로 인도하는 것이다.

다행히도 魏徵이 충직하게 간언하고 태종이 그 말을 따르고 文德皇后가 또다시 따르고 포상까지 내렸다. 문덕황후의 덕성이야말로 漢나라의 陰皇后・馬皇后도 미칠 수 없으니, 周나라의 太任・太姒와 邑姜에게도 손색이 없다 할 것이다. '집안을 바르게 해야 천하가 안정된다.'는 말은 문덕황후를 두고 말한 것일 것이다.

16-6-1

刑部尙書張亮이 **坐謀反下獄**①할새 **詔令百官議之**②하니 **多言亮當誅**하되 **惟殿中少監**③ **李道裕奏**호대 **亮反形未具**라하여 **明其無罪**하니 **太宗**이 **旣盛怒**라 **竟殺之**러라 **俄而刑部侍郎有闕**④하여 **令宰相妙擇其人**⑤할새 **累奏不可**러니 **太宗**이 **曰 吾已得其人矣**니 **往者李道裕議張亮云 反形未具**라하니 **可謂公平矣**라 **當時**에 **雖不用其言**이나 **至今追悔**라하고 **遂授道裕刑部侍郎**하다

① 刑部尙書張亮 坐謀反下獄 : 亮, 爲相州刺史, 假子公孫節, 以讖有"弓長之主當別都." 亮自以相舊都, 弓長其姓, 陰有怪謀. 陜人常德, 告發其謀, 幷言亮養假子五百, 太宗曰"正欲反耳." 遣房玄齡謂曰"法者, 天下平, 與公共爲之. 公不自修, 乃至此, 將奈何." 於是斬之, 籍其家. 張亮이 相州刺史로 있을 때 假子(養子) 公孫節이, 讖言에 "弓長이란 주인이 별도의 도읍을 주관할 것이다."라는 말이 있다고 하자, 장량이 스스로 舊都의 재상이 되고 그 성을 궁장

光武帝를 도와 漢나라를 중흥시키는 데 일조한 陰識의 누이이고, 마황후는 後漢의 명장인 馬援의 딸이다.

25) 任姒 : 周 文王의 모친 太任과 武王의 모친 太姒 합쳐서 부른 말로, 모두 현숙한 왕후의 전형으로 꼽힌다.

26) 邑姜 : 周 武王의 妃이다.

27) 正家而天下定 : ≪周易≫ 家人卦 〈彖傳〉에 보인다.

이라 하여 남몰래 기괴한 모의를 했다. 陝人 常德이 그 모의를 고발하고, 아울러 장량이 假子 500을 기른다고 하자, 太宗이 "모반을 일으키려는 것이다." 하고 房玄齡을 보내 이르기를 "법은 천하에 공평한 것으로, 공정 공유하는 것인데, 公이 스스로를 닦지 않아 여기에까지 이르렀으니, 이를 어찌해야 하겠는가?"라고 한 뒤 그를 참수하고 그 집안을 籍沒했다.

② 詔令百官議之 : 令, 平聲. 後同.
令(하여금)은 平聲이다. 뒤에도 같다.

③ 惟殿中少監 : 少, 去聲. 唐制, 殿中監, 掌天下服御之事. 少監, 其貳也.
少(버금)는 去聲이다. 唐나라 제도에 의하면, 殿中監은 천하의 곡식과 車馬 따위의 일을 관장하며, 少監은 그곳의 두 번째 관직이다.

④ 俄而刑部侍郎有闕 : 侍郎, 尙書之貳.
侍郎은 尙書의 다음 관직이다.

⑤ 令宰相妙擇其人 : 相, 去聲.
相(재상)은 去聲이다.

張亮

刑部尙書 張亮이 모반에 연좌되어 옥에 갇혔고, 조칙을 내려 百官들이 이를 논하게 했는데, 대부분 장량을 사형에 처해야 한다고 했지만, 殿中少監 李道裕만 장량의 모반 형상이 아직 구비되지 않았다고 하며 그의 무죄를 증명했다. 太宗이 매우 노여워한 상태여서 결국 장량을 죽였다.

그 뒤에 刑部侍郎에 빈자리가 나자 재상들에게 적임자를 잘 선택하게 해서, 여러 번 해당자를 보고했지만 결재가 되지 않았다. 태종이 말하기를 "내가 이미 적임자를 찾았소. 지난번 이도유가 장량을 논죄할 때 '모반 형상이 아직 구비되지 않았습니다.'라고 했으니, 공평하다 말할 만하다. 당시엔 그의 말을 받아들이지 않았지만 지금까지도 후회하고 있소."라고 하고, 결국 이도유에게 형부시랑을 제수했다.

【集論】

唐氏仲友曰 道裕議張亮反形未具나 太宗不暇省이라가 歲餘에 乃以刑部命道裕하니 太宗은

可謂能改過요 道裕는 可謂善議刑矣로다

唐仲友가 말하였다.

"李道裕가 張亮의 모반 형상이 아직 구비되지 않았다는 의견을 냈으나 太宗이 틈내어 살피지 못했다가 해를 넘겨 이도유를 刑部侍郎에 임명했으니, 태종은 과실을 잘 고친다고 할 만하고 이도유는 형벌에 대해 잘 논한다고 할 만하다."

愚按 因李道裕議張亮之獄하여 遂有刑部侍郎之除하니 不唯見太宗悔過之心이라 亦足見太宗擇人之術이며 又所以示天下以明愼用刑之意요 開人臣以有過必諫之路也라 唐之刑部는 周官司寇요 掌邦禁之職이니 妙擇其人하여 而不輕授라 帝舜之命皐陶도 由此其選也니 太宗是擧는 衆善集焉이라

내가 살펴보건대, 李道裕가 張亮의 옥사를 논한 것을 통해 결국 刑部侍郎에 제수했으니, 여기에서 太宗이 과오를 뉘우치는 마음을 볼 수 있을 뿐만 아니라 태종이 사람을 추려 뽑는 법을 볼 수도 있다. 또 이를 통해 천하 형벌의 사용을 분명하고 신중히 해야 한다는 뜻을 보여주고 신하들에게 과오가 있으면 반드시 간하게 하는 길을 열어준 것이다.

唐나라의 刑部는 ≪周官(周禮)≫의 司徒에 해당되는 관직으로 국가의 법을 관장하는 직책이기에 적임자를 잘 선택해야 하고 아무에게나 줄 수 없는 것이다. 帝舜이 皐陶를 임명한 것도 이러한 선발에 의한 것이었으니 태종의 이러한 조치는 모든 선을 모이게 하는 것이다.

16-7-1

貞觀初에 太宗이 謂侍臣曰 朕이 今孜孜求士하여 欲專心政道하여 聞有好人하면 則抽擢驅使호대 而議者多稱彼者皆宰臣親故로라 但公等이 至公하여 行事에 勿避此言하고 便爲形迹하라 古人이 內擧不避親하고 外擧不避仇[28]하니 而爲擧得其眞賢故也라 但能擧用得才하면 雖是子弟及有仇嫌이나 不得不擧로다

貞觀 초에 太宗이 侍臣에게 말하였다.

---

28) 內擧不避親 外擧不避仇 : ≪春秋左氏傳≫ 襄公 21년의 "祁大夫는 외부 사람을 천거할 적에 원수도 버리지 않았고, 내부 사람을 천거할 적에 친척도 빠뜨리지 않았다.〔祁大夫外擧不棄讎 內擧不失親〕"에서 유래한 것이다.

"짐이 지금 힘써 인물을 찾는 것은 정치에 마음을 전념하고자 함이며, 좋은 사람이 있다는 말을 들으면 바로 발탁해서 일을 시키는데, 논자들이, '그들은 모두 정승들의 친구들이다.'라고들 말을 하오. 하지만 公들은 지극히 공평하니 일을 행함에 있어 이러한 말에 구애받지 말고 실상을 드러내도록 하시오. 옛사람이 내부 사람을 천거할 적에 친척을 회피하지 않고 외부 사람을 천거할 적에 원수를 회피하지 않았으니 천거할 때 진정한 현자를 얻었기 때문이오. 천거할 때 제대로 된 인재를 얻게 된다면 그들이 자제이건 원수의 혐의가 있건 천거하지 않을 수 없는 것이오."

愚按 祁奚[29)]가 擧賢에 不避祁午[30)]하고 謝安[31)]이 擧將에 不避謝玄[32)]하니 大臣之用人은 唯其公而已矣라 苟得其人이면 雖子弟可也어든 況親戚乎아 太宗이 謂侍臣但能擧用得才요 勿避形迹이라하니 斯言이 當矣라 異時에 或告魏徵阿黨親戚커늘 太宗이 命案驗한대 無狀이어늘 乃使謂徵曰 自今宜存形迹[33)]하라하니 則又與斯言相戾矣라 使非鄭公[34)]直言不撓면 果得以踐斯言否乎아

내가 살펴보건대, 祁奚가 현자를 천거할 때 祁午를 회피하지 않았고 謝安이 장수를 천거할 때 謝玄을 회피하지 않았으니, 大臣이 사람을 등용할 땐 오직 公正을 기준으로 할 뿐이다. 정말 제대로 된 사람을 얻는다면 子弟도 가능할 일인데 친척이야 더 말할 나위가 있겠는가.

太宗이 侍臣에게 "천거할 때 제대로 된 인재만 얻으면 되고 실상을 회피하지 말라."라고 했으니 이 말이 타당한 것이다. 그런데 훗날 누군가가 魏徵이 친척들에게 아부한다고 고발하자, 태종이 사실을 확인하라고 명을 내렸고 실상이 없는 것으로 확인

29) 祁奚 : 春秋시대 晉나라 大夫이다. 그는 공평무사해서 원수인 解狐와 자기 아들인 祁午를 晉 悼公에게 천거했다. 《春秋左氏傳 襄公 21년》

30) 祁午 : 春秋시대 때 晉나라 사람으로, 中軍尉 祁黃羊의 아들이다. 祁黃羊이 퇴직한 뒤 아버지의 직책을 이어받았다. 《春秋左氏傳 襄公 21년》

31) 謝安 : 東晉시대 문무를 겸비한 명신으로, 자는 安石, 시호는 文靖이다. 《晉書 謝安列傳》

32) 謝玄 : 東晉의 명신인 謝安의 조카로, 자는 幼度, 시호는 獻武이다. 前秦의 苻堅이 남하하여 晉나라를 공격할 때 사안의 지휘에 따라 8만의 군사로 백만 대군을 淝水에서 격파하여 용맹을 떨쳤다. 《晉書 謝玄列傳》

33) 自今宜存形迹 : 《資治通鑑》 貞觀 원년에 보인다.

34) 鄭公 : 鄭國公으로, 魏徵의 封號이다.

되자, 사람을 시켜 위징에게 이르기를 "지금부터 마땅히 혐의스러운 자취를 잘 보존하라."라고 했으니, 이 말과는 서로 위배된 것이다. 만일 굽힘 없이 직언을 하는 鄭公(魏徵)이 아니었다면 과연 이러한 말을 실천할 수 있겠는가.

16-8-1

貞觀十一年에 **時屢有閹宦**이 **充外使**(시)①하여 **妄有奏**라가 **事發**하여 **太宗**이 **怒**어늘 **魏徵**이 **進曰 閹豎雖微**나 **狎近左右**하여 **時有言語**하면 **輕而易**(이)**信**②하니 **浸潤之譖**[35]이 **爲患特深**이니이다 **今日之明**에 **必無此慮**나 **爲子孫教**인댄 **不可不杜絶其源**이니이다 **太宗**이 **曰 非卿**이면 **朕**이 **安得聞此語**리오 **自今已後**로 **充使宜停**이라 **魏徵**이 **因上疏曰 臣**이 **聞爲人君者**는 **在乎善善而惡**(오)**惡**③하고 **近君子而遠小人**④이라하니 **善善明**이면 **則君子進矣**이요 **惡惡著**면 **則小人退矣**며 **近君子**하면 **則朝無粃政**이요 **遠小人**이면 **則聽不私邪**니이다 **小人**이 **非無小善**이요 **君子**가 **非無小過**나 **君子小過**는 **蓋白玉之微瑕**요 **小人小善**은 **乃鉛刀之一割**이니 **鉛刀一割**은 **良工之所不重**이니 **小善**이 **不足以掩衆惡也**요 **白玉微瑕**는 **善賈**(고)**之所不棄**⑤니 **小疵**가 **不足以妨大美也**니이다 **善小人之小善**을 **謂之善善**하고 **惡**(오)**君子之小過**⑥를 **謂之惡惡**하면 **此則蒿蘭同臭**요 **玉石不分**이니 **屈原所以沈江**⑦이요 **卞和所以泣血者也**⑧니이다 **旣識玉石之分**하고 **又辨蒿蘭之臭**하여 **善善而不能進**하고 **惡惡而不能去**⑨하면 **此郭氏所以爲墟**⑩요 **史魚所以遺恨也**⑪니이다

① 時屢有閹宦 充外使 : 閹, 音淹. 使, 去聲. 後同.
閹(환관)은 音이 淹이다. 使(사신)는 去聲이다. 뒤에도 같다.

② 輕而易信 : 易, 以豉切.
易(쉽다)는 以와 豉의 반절이다.

③ 在乎善善而惡惡 : 惡, 烏, 去聲. 下如字. 後同.
위의 惡(미워하다)는 烏의 去聲이고, 아래의 爲는 본래 音義대로 독해한다. 뒤에도 같다.

④ 近君子而遠小人 : 遠, 去聲. 後同.
遠(멀리하다)은 去聲이다. 뒤에도 같다.

⑤ 善賈之所不棄 : 賈, 音古.
賈(좌상)는 音이 古이다.

⑥ 惡君子之小過 : 惡, 烏去聲.

---

35) 浸潤之譖 : 물이 종이에 스며들듯 조금씩 오래 두고 하는 참소함을 말한다. ≪論語 顔淵≫

惡(미워하다)는 烏의 去聲이다.

⑦ 屈原所以沈江：屈原，名平，楚懷王大夫．王信讒而不見用，乃自沈汨羅江而死．
屈原은 이름이 平이며 楚 懷王의 大夫이다. 楚王이 참소하는 자를 신임하여 등용되지 못하자, 스스로 汨羅江에 몸을 던져 죽었다.

⑧ 卞和所以泣血者也：卞和，楚人．得玉璞，獻厲王，王以爲僞，刖其足，和抱璞而泣，繼之以血．
卞和는 楚나라 사람이다. 옥덩이를 얻어 厲王에게 바치자 여왕이 허위라 여겨 그의 발꿈치를 잘랐고, 변화가 옥덩이를 안고 울자, 계속 피가 나왔다.

⑨ 惡惡而不能去：去，上聲．
去(버리다)는 上聲이다.

⑩ 此郭氏所以爲墟：事見納諫篇．
이 일과 관련된 내용은 〈納諫〉편에 보인다.

⑪ 史魚所以遺恨也：家語曰"史魚病將卒，命其子曰'吾不能進蘧伯玉，退彌子瑕，是吾爲臣不能正其君也．生不能正其君，則死無以成禮，我死，汝置屍牖下．' 靈公弔，其子以告公，公曰'寡人之過也．' 命殯之客位，進遽伯玉而用之，退彌子瑕而遠之．孔子聞之曰'古之諫者，死則已矣，未有若史魚死而尸諫[36)]，忠感其君者也，可不謂直乎．'"
≪孔子家語≫〈困誓〉편에 다음과 같이 기술하였다.
"史魚가 병으로 죽으려 할 때 그 아들에게 명하기를, '내가 蘧伯玉을 진출시키는 일과 彌子瑕를 물리치는 일을 하지 못했으니 이는 내가 신하로서 그 임금을 바로잡지 못한 것이다. 살아서 그 임금을 바로잡지 못하였으니 죽어서 장례 禮節을 이룰 수 없다. 내가 죽으면 너는 시신을 창문 아래에 두도록 하라.'라고 하니, 그 아들이 명대로 했다. 靈公이 조문을 오자, 그 아들이 영공에게 사실을 아뢰니, 영공이 '과인의 과실이다.'라고 하고, 객의 위치에 빈소를 마련하라고 명한 뒤, 거백옥을 나오게 해서 등용하고 미자하를 물리쳐 멀리했다. 공자가 이를 듣고 말하였다. '옛날 간언한 자는 죽으면 그만이어서, 사어처럼 죽어서도 시신으로 간언하여 그 임금을 충성으로 감동시킨 자가 없었으니, 곧다고 말하지 않을 수 있겠는가.'"

貞觀 11년(637)에 당시 환관들이 곧잘 外使에 충당되어 제멋대로 上奏를 했다가 사실이 발각되곤 해서 太宗이 노여워하니, 魏徵이 진언하였다.

"환관들이 한미한 이들이긴 하지만 임금 가까이에 있으며 이따금 건의를 하면 가볍게 믿기가 쉬우니, 어느 사이에 조금씩 스며드는 讒訴의 우환거리가 특히 깊습니다. 지금 聖明의 시대에는 반드시 이러한 걱정거리가 없겠습니다만

---

36) 未有若史魚死而尸諫：당시 풍속에 시신은 正堂에 두어야 하는 것인데 사어는 이를 일부러 어겨 창문 아래에 두게 하고 영공이 조문을 오면 그 어긋난 것을 물을 때 거백옥과 미자하의 일을 거론케 하여 사어의 아들이 그 말대로 했던 것이다. 이렇게 죽은 시체로 간하는 것을 尸諫이라 한다.

자손에게 가르침을 남기기 위해선 그 근원을 단절하지 않아서는 안 됩니다."

태종이 말하였다.

"卿이 아니면 짐이 어떻게 이런 말을 들을 수 있겠소. 이제부터는 外使에 충당하는 일을 멈춰야 할 것이오."

위징이 이에 의해 다음과 같은 疏를 올렸다.

"신이 들으니, 임금 노릇을 한다는 것은 善을 좋아하고 惡을 미워하며 군자를 가까이하고 소인을 멀리하는 데에 있다고 했습니다. 선을 좋아하는 것이 분명하면 군자가 나오고, 악을 미워하는 것이 확실하면 소인이 물러납니다. 군자를 가까이하면 조정에 몹쓸 정치가 없고 소인을 멀리하면 들을 때 사사롭거나 사악하지 않게 됩니다.

소인에게도 작은 선이 없지 않고 군자에게도 작은 과실이 없지는 않습니다. 하지만 군자의 작은 과실은 白玉의 작은 흠이고 소인의 작은 선은 무딘 칼로 한 번 베는 것입니다. 무딘 칼로 한 번 베는 것은 훌륭한 장인이 중요시하지 않는 일인데 작은 선이 수많은 악을 가릴 수 없기 때문이며, 백옥의 작은 흠은 훌륭한 상인이 버리지 않는 것인데 작은 흠이 큰 아름다움을 방해할 수 없기 때문입니다.

소인이 작은 선을 좋아하는 것을 두고 '선을 좋아한다.'라고 하고, 군자가 작은 허물을 미워하는 것을 두고 '악을 미워한다.'라고 한다면, 이는 쑥과 난초의 냄새를 함께 간주하고 옥과 돌을 구분하지 않는 것이니 屈原이 강물에 빠져 죽고 卞和가 울며 피를 흘린 예에 해당합니다. 옥과 돌의 구분을 인식하고 또 쑥과 난초의 냄새를 분별하여 선을 좋아하면서도 진출시키지 않고 악을 미워하면서도 버리지 못한다면 이는 郭氏가 빈터가 되고 史魚가 한을 남긴 것에 해당합니다.

16-8-2

陛下가 聰明神武하시고 天姿英睿하시며 志存泛愛하여 引納多途하사 好善而不甚擇人⑫하고 疾惡而未能遠佞하시며 又出言無隱하고 疾惡太深하사 聞人之善에 或未全信하고 聞人之惡에 以爲必然하시니 雖有獨見之明이라도 猶恐理或未盡이니 何則고 君子는 揚人之

善하고 小人은 訐人之惡하나니 聞惡必信이면 則小人之道長矣⑬요 聞善或疑면 則君子之道消矣니 爲國家者는 急於進君子하고 而退小人이어늘 乃使君子道消하고 小人道長하면 則君臣失序하고 上下否(비)隔⑭하여 亂亡不卹이니 將何以理乎리잇가 且世俗常人은 心無遠慮하고 情在告訐하여 好言朋黨이니이다 夫以善相成⑮을 謂之同德이요 以惡相濟를 謂之朋黨이어늘 今則淸濁共流하고 善惡無別⑯하여 以告訐爲誠直하고 以同德爲朋黨하니 以之爲朋黨이면 則謂事無可信이요 以之爲誠直이면 則謂言皆可取니 此君恩所以不結於下요 臣忠所以不達於上이니이다 大臣이 不能辯正하고 小臣이 莫之敢論하여 遠近承風하여 混然成俗하니 非國家之福이요 非爲理之道라 適足以長姦邪하고 亂視聽하여 使人君不知所信하고 臣下不得相安이니 若不遠慮하여 深絶其源이면 則後患이 未之息也리이다 今之幸而未敗者는 由乎君有遠慮하여 雖失之於始나 必得之於終故也니이다 若時逢少隳하여 往而不返이면 雖欲悔之나 必無所及이니 旣不可以傳諸後嗣어든 復何以垂法將來리잇가 且夫進善黜惡은 施於人者也⑰요 以古作鑑은 施於己者也니이다 鑑貌는 在乎止水[37]하고 鑑己는 在乎哲人하니 能以古之哲王으로 鑑於己之行事하면 則貌之姸醜가 宛然在目하고 事之善惡이 自得於心하여 無勞司過之史[38]하고 不假芻蕘之議[39]하여 巍巍之功이 日著하고 赫赫之名이 彌遠하리니 爲人君者가 不可務乎잇가

⑫ 好善而不甚擇人 : 好, 去聲. 後同.
好(좋아하다)는 去聲이다. 뒤에도 같다.

⑬ 則小人之道長矣 : 長, 音掌. 後同.
長(자라다)은 音이 掌이다. 뒤에도 같다.

⑭ 上下否隔 : 否, 音粃.
否(막히다)는 音이 粃이다.

⑮ 夫以善相成 : 夫, 音扶. 後同.

---

37) 鑑貌 在乎止水 : 괴어 있는 물로 자신의 모습을 비춰 살필 수 있음을 말한다. ≪莊子≫ 〈德充符〉의 仲尼의 말에 "흐르는 물에는 자신의 모습을 비춰볼 수 없고, 잔잔하게 고여 있는 물이라야 비춰볼 수 있다.〔人莫鑑於流水 而鑑於止水〕"라고 하였다.

38) 司過之史 : 과실을 맡아 기록하는 관리이다. ≪新書≫ 〈保傅〉에 "司過의 史가 있다.〔有司過之史〕"라고 하였다.

39) 芻蕘之議 : 미천한 사람의 의견도 겸허히 들어야 함을 말한다. ≪詩經≫ 〈大雅 板〉에 "先賢들이 말하기를 나무꾼에게도 물으라 하였다.〔先民有言 詢于芻蕘〕"라고 하였다.

夫(발어사)는 音이 扶이다. 뒤에도 같다.

⑯ 善惡無別 : 別, 彼列切.

別(구별)은 彼와 列의 반절이다.

⑰ 施於人者也 : 施, 平聲. 後同.

施(베풀다)는 平聲이다. 뒤에도 같다.

폐하께서는 총명함과 신묘한 무예를 갖추셨고 타고난 바탕이 영매하시며 뭇 사람들을 널리 사랑하는 데 뜻을 두시고 다양한 길을 통해 인재들을 받아들이십니다. 하지만 선을 좋아하면서도 그다지 인재를 잘 선발하지 못하고 악을 미워하면서도 아양 떠는 자들을 멀리하지는 못하시며, 또 말을 하실 때 서슴없이 하고 악을 미워하기를 너무 깊이 하셔서, 다른 사람의 선행을 듣고는 온전히 믿지 않기도 하고 다른 사람의 악행을 듣고는 반드시 그럴 것이라고 여기십니다. 비록 홀로 간파하시는 밝은 눈을 가지셨지만 사리에 혹시라도 미진한 바가 있지 않을까 싶으니, 그것은 어째서입니까.

君子는 다른 사람의 선행을 드날리고 小人은 다른 사람의 악행을 까발립니다. 악행을 듣고 반드시 믿게 되면 소인의 도가 자라나고, 선행을 듣고 의심하게 되면 군자의 도가 수그러듭니다. 국가를 다스리는 이는 군자를 진출시키고 소인을 퇴출시키는 데 급급해야 하는데, 군자의 도가 수그러들고 소인의 도가 자라게 하면 임금과 신하가 질서를 잃고 위와 아래가 가로막혀, 혼란과 멸망이 돌아볼 겨를 없이 올 터인데 장차 무엇으로 다스릴 수 있겠습니까.

그 뿐만 아니라 세속의 보통 사람들은 마음에 깊은 고려가 없이 마음먹고 잘못을 까발려서 朋黨을 이야기하기를 좋아합니다. 선으로 서로 완성시켜주는 것을 同德이라 하고, 악으로 서로 구제하는 것을 朋黨이라 합니다. 그런데 지금은 淸流와 濁流가 함께 흐르고 선과 악의 구별이 없어 까발리는 것을 진실하고 정직한 것이라 하고 同德을 붕당이라 합니다. 그것을 붕당이라고 하면 믿을 만한 일이 없다고 할 수 있으며, 그것을 진실하고 정직한 것이라 하면 그 말이 모두 취할 만하다 할 것입니다. 이는 임금의 은혜가 아랫사람에게 연결되지 못하고 신하의 충성이 윗사람에게 전달되지 못하는 이유이며, 大臣이 변론해 바로잡을 수 없고 小臣이 감히 논할 수 없어서, 원근 사람들이 그 기풍을 이어받아 온통 풍습을 이룹니다.

이는 국가를 위한 복이 아니고 다스리는 도가 아니어서, 다만 간악하고 사악함을 자라게 하고 임금의 눈과 귀를 혼란시켜서, 임금에게는 믿어야 할 것을 모르고 신하에게는 편안함을 얻을 수 없게 하니, 만일 깊이 고려해서 그 근원을 확실하게 도려내지 않으면 후환이 사라지지 않을 것입니다.

오늘날 다행히 패망하지 않은 것은 임금이 깊은 고려를 하여 비록 시작에서 실수가 있었지만 뒤에서 반드시 방법을 터득했기 때문입니다. 만일 조금 쇠락한 때를 만나 앞으로만 내달려서 되돌아오지 못한다면 후회한다고 해도 반드시 미처 수습하지 못할 것이니, 이것은 후계자에게도 전할 수 없는데 다시 어찌 미래에 모범을 보일 수 있겠습니까.

선을 진출시키고 악을 퇴출시키는 것은 남에게 시행하는 일이고, 옛것으로 거울을 삼는 것은 자신에게 시행하는 일입니다. 모습을 비춰보는 것은 멈춰 있는 물에게 있고, 자신을 비춰보는 것은 哲人에게 있습니다. 옛 哲王으로 자신이 행한 일을 비춰보면 모습의 좋고 나쁨이 눈앞에 완연하게 나타나고 일의 선과 악이 저절로 마음속에서 이해될 것입니다. 애써 과오를 맡아 기록하는 사관의 손을 빌릴 필요도 없고 꼴꾼과 나무꾼의 이야기를 빌리지 않아도 드높은 공로가 나날이 드러나고 혁혁한 명성이 갈수록 커질 것이니, 임금 되는 이가 힘쓰지 않아서야 되겠습니까.

16-8-3

臣이 **聞道德之厚**는 **莫尙於軒唐**이요 **仁義之隆**은 **莫彰於舜禹**라하니 **欲繼軒唐之風**하고 **將追舜禹之跡**인댄 **必鎭之以道德**하고 **弘之以仁義**하여 **擧善而任之**하고 **擇善而從之**니 **不擇善任能**하고 **而委之俗吏**하면 **旣無遠度**요 **必失大體**니이다 **惟奉三尺**[40]**之律**하여 **以繩四海之人**하여 **欲求垂拱無爲**[41]면 **不可得也**니이다 **故聖哲君臨**하여 **移風易俗**[42]할새 **不資嚴刑峻法**하고 **在仁義而已**니 **故非仁**이면 **無以廣施**(이)⑱요 **非義**면 **無以正身**[43]이니

40) 三尺 : 法律을 말한다. 옛날에 법률을 석 자짜리 竹簡에 썼던 데서 유래하였다.

41) 垂拱無爲 : 聖君이 옷을 늘어뜨리고 팔짱을 낀 채 아무 일도 하지 않으면서도 세상이 잘 다스려지게 하는 無爲之治를 말한다. ≪書經 周書 武成≫

42) 移風易俗 : ≪禮記≫ 〈樂記〉에 보인다.

43) 非仁無以廣施 非義無以正身 : ≪漢書≫ 〈杜欽傳〉에 보인다.

惠下以仁하고 正身以義하면 則其政이 不嚴而理하고 其教가 不肅而成矣리이다 然則仁義는 理之本也요 刑罰은 理之末也니 爲理之有刑罰은 猶執御之有鞭策也니 人皆從化하면 而刑罰이 無所施요 馬盡其力하면 則有鞭策無所用이니이다 由此言之컨대 刑罰이 不可致理가 亦已明矣니이다 故로 潛夫論⑲에 曰 人君之理는 莫大於道德教化也라 民은 有性有情有化有俗하니 情性者는 心也며 本也요 化俗者는 行也며 末也⑳라 是以로 上君撫世에 先其本而後其末하고 順其心而履其行하나니 心情苟正이면 則姦慝이 無所生하고 邪意가 無所載矣라 是故로 上聖은 無不務治民心이라 故曰 聽訟이 吾猶人也나 必也使無訟乎㉑[44]인저 道之以禮[45]하여 務厚其性하고 而明其情하여 民相愛하면 則無相傷害之意하고 動思義하면 則無畜姦邪之心이니 若此는 非律令之所理也요 此乃教化之所致也라 聖人이 甚尊德禮하고 而卑刑罰이라 故舜이 先勅契(설)以敬敷五教㉒하고 而後任咎繇以五刑也㉓니 凡立法者는 非以司民短而誅過誤也라 乃以防姦惡而救禍患하고 檢淫邪而內(납)正道㉔니 民蒙善化면 則人有士君子之心이나 被惡政이면 則人有懷姦亂之慮라 故善化之養民은 猶工之爲麴豉也라 六合[46]之民은 猶一蔭[47]也요 黔首之屬㉕은 猶豈豆麥也니 變化云爲[48]는 在將者耳라 遭良吏하면 則懷忠信而履仁厚하고 遇惡吏하면 則懷姦邪而行淺薄하니 忠厚積이면 則致太平이나 淺薄積이면 則致危亡이라 是以로 聖帝明王이 皆敦德化하고 而薄威刑也니 德者는 所以循己也요 威者는 所以治人也라 民之生也는 猶鑠金在爐하여 方圓薄厚 隨鎔制耳라 是故로 世之善惡과 俗之薄厚는 皆在於君하니 世之主가 誠能使六合之內와 擧世之人으로 感忠厚之情하여 而無淺薄之惡하고 各奉公正之心하여 而無姦險之慮하면 則醇釀之俗㉖을 復見於茲矣[49]라 後王이 雖未能遵하여 專尙仁義나 當愼刑恤典하여 哀敬無私니 故管子曰 聖君은 任法이요 不任智하며 任公이요 不任私[50]라하니 故王天下㉗하고 理國家니이다

---

44) 德訟……必也使無訟乎 : ≪論語≫ 〈顔淵〉에 보인다.

45) 道之以禮 : ≪論語≫ 〈爲政〉에 "백성들을 덕으로 인도하고 예로 단속하면 백성들이 부끄러움을 느껴서 더욱 선해질 것이다.〔道之以德 齊之以禮 有恥且格〕"라고 하였다.

46) 六合 : 天·地·東·西·南·北을 가리킨다.

47) 蔭 : 누룩과 메주를 발효시키는 움집을 말한다.

48) 變化云爲 : ≪周易≫ 〈繫辭傳 下〉에 보인다.

49) 潛夫論曰……復見於茲矣 : ≪潛夫論≫ 〈德化〉에 나오며, 일부 글자에 出入이 있다.

⑱ 無以廣施：施, 如字.
施(뻗다, 미치다)는 본래 音義대로 독해한다.

⑲ 故潛夫論：夫, 如字. 後漢王符, 字節信, 著書號潛夫論.
夫(지아비, 남편)는 본래 音義대로 독해한다. 後漢시대 王符의 字가 節信인데 저서를 ≪潛夫論≫이라 했다.

⑳ 化俗者 行也末也：行, 去聲. 後同.
行(행실)은 去聲이다. 뒤에도 같다.

㉑ 聽訟……必也使無訟乎：孔子之辭.
孔子의 말이다.

㉒ 故舜 先勑契以敬敷五教：契, 音泄, 舜臣名. 五教, 謂父子有親君臣有義夫婦有別長幼有序朋友有信.
契(설)은 音이 泄이며 舜의 신하 이름이다. 五教는 父子有親, 君臣有義, 夫婦有別, 長幼有序, 朋友有信을 말한다.

㉓ 而後任咎繇以五刑也：咎繇, 與皐陶同. 五刑, 謂墨劓剕宮大辟也.
咎繇는 皐陶와 같은 말이다. 五刑은 墨刑(죄인의 얼굴에 문신을 새겨 넣는 형벌), 劓刑(코를 베는 형벌), 剕刑(종지뼈를 베는 형벌), 宮刑(생식기에 가하는 형벌), 大辟(사형)을 말한다.

㉔ 而內正道：內, 讀曰納.
內(받아들이다)은 읽기를 納으로 한다.

㉕ 黔首之屬：秦稱民曰黔首.
秦나라에선 백성들을 黔首라 부른다.

㉖ 則醇釅之俗：醇, 音淳. 釅, 音驗. 言俗如酒味之和也.
醇(순박하다)은 음이 淳이며, 釅(순한 술맛)은 音이 驗이니, 풍속이 맛 좋은 술맛과 같다는 말이다.

㉗ 故王天下：王, 去聲.
王(왕이 되다)은 去聲이다.

신이 들으니, '道와 德이 후한 것은 軒轅과 唐堯보다 앞선 이가 없고, 仁과 義가 융성한 것은 舜과 禹보다 현창된 이가 없다.'고 했습니다. 헌원과 당요의 기풍을 계승하려 하고 순과 우의 자취를 뒤쫓으려 하면 반드시 道와 德으로 진압하고 仁과 義로 넓혀서 善者를 추천해 임용하고 善者를 선택해 따라야 합니다. 선자를 선택하거나 능력 있는 자에게 맡기지 않고 저속한 관리에게 맡긴다면 원대한 도량이 없어서 반드시 大體를 잃게 될 것입니다.

오직 三尺의 법률을 받들어 四海 백성들을 규제하여 편안한 無爲의 정치를

50) 聖君……不任私：≪管子≫ 〈任法〉에 보인다.

구하려 하면 불가능합니다. 그래서 성스럽고 명철한 임금이 백성을 다스리면서 풍습을 바꿀 때 엄한 刑罰과 준엄한 法則에 힘입지 않고 인과 의에 의거했을 뿐입니다. 따라서 인이 아니면 널리 베풀 수 없고 의가 아니면 몸을 바로잡을 수 없으니 아랫사람을 인으로 사랑하고 자신을 의로 바로잡으면, 그 정치가 엄하지 않아도 다스려지고 그 가르침이 엄숙하지 않아도 완성될 것입니다.

그렇다면 仁과 義는 다스림의 근본이고 刑과 罰은 다스림의 말단입니다. 다스림에 형과 벌이 있는 것은 말을 탈 때 채찍이 있는 것과 같습니다. 사람들이 모두 따르고 교화된다면 형과 벌을 베풀 곳이 없고, 말이 온 힘을 다한다면 채찍을 쓸 곳이 없게 됩니다. 이로 말미암아 말해본다면 형과 벌이 다스림을 이룰 수 없는 것이 분명해집니다. 그래서 ≪潛夫論≫ 〈德化〉에서 다음과 같이 말했습니다.

'임금의 다스림은 도덕의 교화보다 더 중요한 것이 없다. 백성에겐 性이 있고 情이 있으며 教化가 있고 習俗이 있으니 情과 性은 마음이며 근본이고 教化와 習俗은 행동이고 말단이다. 이 때문에 상등의 임금이 세상을 다스릴 때 그 근본을 우선하고 그 말단을 뒤로 하며 그 마음을 순응하고 그 행동을 실천하니 마음과 정이 진실로 바르면 간악함과 사특함이 생겨날 수 없고 사악한 생각이 머물 곳이 없게 된다. 그래서 상등의 성인은 모두 백성의 마음을 다스리는 것에 힘쓰지 않은 적이 없다. 그래서 「訟事를 듣는 것은 내 여느 사람과 다름없지만 반드시 송사 자체가 없게 할 것이다.」라고 하고, 예의로 인도해서 그 성을 후하게 하고 그 정을 밝히는 것에 힘쓴다. 백성들이 서로 사랑하면 서로가 손상하고 해치는 생각이 없고 곧잘 의를 생각하면 간악하고 사악한 마음을 쌓는 일이 없게 된다. 이러한 것은 법률과 명령으로 다스리는 것이 아니며, 이것은 바로 교화로 이룩되는 것이다.

성인은 덕과 예의를 대단히 존중하고 형과 벌을 천시한다. 그래서 舜임금은 우선 契에게 五教를 삼가 펼치라고 명령을 내렸고, 뒤에 咎繇(皐陶)에게 五刑을 맡겼다. 무릇 법률을 제정해 만드는 것은 백성의 단점을 살피고 그 과오를 처벌하려 함이 아니라 간악을 방지하여 재앙과 환란을 구제하고 음탕함과 사악함을 검속하여 바른 도를 받아들이게 하기 위함이다. 백성들이 선의 교화를 받게 되면 사람들은 저마다 士君子의 마음을 갖게 되지만, 악의 정치를 받게 되면 사람들은 저마다 간악하고 혼란한 생각을 품게 된다. 따라서 선한 교화로 백성을 기르는 것은 장인이 누룩과 메주를 만드는 것과 같다. 六合의 백성들은 움집 안에 있는 것과 같으며 뭇 백성들은 콩이나 보리와 같으니, 변화시키는 언동은 조절하는 자에게 달려 있다. 훌륭한 관리를 만나면 충성과 신의를 마음에 품으며 실천이 인자하고 후할 것이고, 악한 관리를 만나면 간악하며 사특한 마음을 품고 행동이 천박할 것이다. 충직과 후덕함이 쌓이면 태평을 이룰 것이나 천박함이 쌓이면 위기와 멸망을 이룰 것이다. 그래서 성스러운 황제와 현명한 왕은 모두 덕의 교화를 돈독히 하고 위엄과 형벌을 천시한다.

덕은 자신을 循良하게 하는 것이고 위엄은 남을 다스리는 것이다. 백성의 삶은 마치 쇳물이 용광로에 있을 때 모나고 둥글며 얇고 두터운 것이 거푸집에 따라 결정되는 것과 같다. 그래서 세상이 좋아지고 나빠지는 것과 풍속이 박해지고 후해지는 것은 모두 임금에게 달려 있다. 세상을 다스리는 군주가 정말로 六合의 이내와 온 세상 사람들에게 충성스럽고 후덕한 정을 가져 천박한 악행이 없고, 공정한 마음을 각기 받들어 간악하고 험악한 생각이 없도록 한다면 순박한 풍속을 여기에서 다시 볼 수 있을 것이다.'

후대의 왕이 비록 이를 행하여 오로지 인의만을 숭상하지는 못한다고 해도 마땅히 형벌을 신중히 하고 법을 두려워하며 가엾게 여기고 존경하는 것을 사심 없이 해야 합니다. 그래서 管子가, '성스러운 군주는 법에 의하지 지혜에 의하지 않고, 공정에 의하지 사심에 의하지 않는다.'라고 하였으니, 이 때문에 천하의 왕이 되어 국가를 다스릴 수 있는 것입니다.

16-8-4

貞觀之初에 **志存公道**하사 **人有所犯**하면 **一一於法**하사 **縱臨時處斷**㉘에 **或有輕重**이나 **但見臣下執論**하면 **無不忻然受納**하시니 **民**은 **知罪之無私**라 **故甘心而不怨**하고 **臣下**는 **見言無忤**라 **故盡力以效忠**이니이다 **頃年以來**로 **意漸深刻**하사 **雖開三面之網**㉙이나 **而察見川中之魚**[51]하여 **取舍在於愛憎**하고 **輕重由乎喜怒**하여 **愛之者**는 **罪雖重**이나 **而強爲**

51) 察見川中之魚 : 깊은 연못 속 물고기를 살펴 구한다는 뜻으로, 도움이 되지 않음을 말한다.

之辭[30]하고 惡(오)之者는 過雖小나 而深探其意[31]니이다 法無定科하여 任情以輕重하고 人有執論하면 疑之以阿僞라 故受罰者는 無所控告하고 當官者는 莫敢正言이니이다 不服其心하고 但窮其口하여 欲加之罪하면 其無辭乎잇가 又五品已上有犯에 悉令[32]曹司聞奏는 本欲察其情狀하여 有所哀矜이어늘 今乃曲求小節하여 或重其罪하고 使人攻擊호대 惟恨不深이요 事無重條하면 求之法外所加가 十有六七이니이다 故頃年에 犯者가 懼上聞하여 得付法司를 以爲多幸이니이다 告訐無已하고 窮理不息하여 君私於上하고 吏姦於下하여 求細過而忘大體하고 行一罰而起衆姦은 此乃背公平之道[33]요 乖泣辜之意[34]니 欲其人和訟息인댄 不可得也니이다

㉘ 縱臨時處斷：上, 上聲. 下, 去聲.
위의 글자(處, 처리하다)는 上聲이고, 아래의 글자(斷, 결단하다)는 去聲이다.
㉙ 雖開三面之網：見規諫篇註.
관련 내용은 〈規諫〉편 주석에 보인다.
㉚ 而强爲之辭：强, 上聲.
强(억지 부리다)은 上聲이다.
㉛ 惡之者……而深探其意：惡, 烏, 去聲. 後同. 探, 平聲.
惡(미워하다)는 烏의 去聲이다. 뒤에도 같다. 探(탐색하다)은 平聲이다.
㉜ 悉令：令, 平聲.
令(하여금)은 平聲이다.
㉝ 此乃背公平之道：背, 音倍.
背(배반하다)는 음이 倍이다.
㉞ 乖泣辜之意：見封建篇註.
관련 내용이 〈封建〉편 주석에 보인다.

貞觀 초기엔 공정한 법도에 뜻을 두시어 범법자가 있으면 하나하나 법에 의거해 처리했습니다. 비록 임시로 처단하는 것에 더러 지나치게 가볍거나 무거운 경우가 있어도 다만 신하들이 굳건히 논의를 견지하는 것을 보시면 흔쾌히 받아들이지 않으신 적이 없었습니다. 백성들은 죄가 사심 없이 처리되는 것인 줄을 알고 달갑게 받아들이며 원망하지 않고, 신하들은 건의한 말이 거슬리게 받아들이지 않는 것을 보고 온 힘을 다하여 충성을 바쳤습니다.

≪列子≫ 〈說符〉에 "깊은 연못 속 물고기를 살펴 구하는 이는 상서롭지 못하다.〔察見淵魚者不祥〕"라고 하였다. 川은 唐 高祖의 이름 淵을 피한 것이다.

그런데 근래 들어 폐하께서 생각이 점차 각박해지시며 삼면의 그물을 제거하였지만 물속의 물고기를 세심히 관찰하여 취하고 버리기를 愛憎에 두어 하고, 가볍게 하고 무겁게 하는 것을 喜怒에 의거하십니다. 사랑하는 사람에게는 죄가 무거워도 억지로 변명을 해주고, 미워하는 사람은 과오가 작아도 그의 속을 깊게 추궁합니다. 법에 정해진 조문이 없어서 인정이 가는 대로 경중을 정하고, 사람들이 굳건하게 의견을 견지하면 아부와 허위라고 의심하십니다. 그래서 벌을 받은 자는 하소연할 곳이 없고 관직을 맡은 자는 감히 바른말을 할 수가 없습니다. 그의 마음을 승복시키지 않은 채 다만 그의 입만 막아서 죄를 주려 하면 당사자가 할 말이 없겠습니까?

또 5품 이상의 관원이 범법을 했을 때 모두 해당 관청에게 조사해서 보고토록 한 것은 본디 그 정상을 살펴 그들을 불쌍히 여기려는 뜻이 들어 있습니다. 그런데 지금은 작은 행동거지까지 찾아내어 혹은 그 죄를 중하게 처리하고 사람들이 그를 심하게 공격하지 않는 것을 한스러워하고 있습니다. 해당사항에 중하게 다룬다는 조문이 없으면 법 이외의 것에서 가중하는 것이 10에 6, 7이나 됩니다.

그래서 근래 법을 범한 자는 임금께서 들을까 두려워하여 司法 기관에 송부되는 것을 큰 다행으로 여깁니다. 고발하는 것이 끝이 없고 끝까지 심리하기를 쉼 없이 하여, 임금은 위에서 사심을 갖고 관리는 아래에서 간악을 행하여, 작은 과오만 찾고 大體를 잊으며, 하나의 벌을 시행함으로써 수많은 간악을 일으키는 것은 바로 공평의 도를 위배하는 것이고 泣辜(죄인을 보고 눈물 흘림)의 뜻을 어기는 것이니, 이렇게 하고서 사람들이 화목하며 송사가 없게 하려 한다면 불가능합니다.

16-8-5

故體論[52]에 云 夫淫泆盜竊은 所惡也라 我從而刑罰之가 雖過乎當㉟이나 百姓이 不以我爲暴者는 公也요 怨曠[53]饑寒은 亦百姓之所惡也라 遁而陷之法할새 我從而寬

52) 體論 : 三國시대 魏나라 杜恕가 지은 책으로 전4권이다.

53) 怨曠 : 婚期가 지났는데도 시집 장가가지 못한 사람으로, 곤궁한 사람을 말한다. ≪孟子≫

宥之를 百姓이 不以我爲偏者는 公也니이다 我之所重은 百姓之所憎也요 我之所輕은 百姓之所憐也니 是故賞輕而勸善이요 刑省而禁姦이니이다 由此言之컨대 公之於法에 無不可也라 過輕亦可나 私之於法에 無可也라 過輕則縱姦이요 過重則傷善이니이다 聖人之於法也에 公矣나 然猶懼其未也하여 而救之以化하나니 此上古所務也니이다 後之理獄者는 則不然하여 未訊罪人하여 則先爲之意하고 及其訊之하얀 則驅而致之意를 謂之能하고 不探獄之所由㊱生爲之分하여 而上求人主之微旨하여 以爲制를 謂之忠하니 其當官也能하고 其事上也忠이면 則名利隨而與之나 驅而陷之니 欲望道化之隆이 亦難矣니이다

㉟ 雖過乎當 : 當, 去聲.
當(합당, 타당)은 去聲이다.
㊱ 不探獄之所由 : 探, 平聲.
探(탐색하다)은 平聲이다.

그래서 ≪體論≫에서 다음과 같이 말했습니다.

'음탕하고 도적질하는 것은 백성들이 미워하는 것이어서 내가 그들에게 刑을 내리고 罰을 줄 때 조금 지나치다고 해도 백성들이 나를 포악하다고 여기지 않은 것은 공평함 때문이며, 억울한 여인과 빈털터리 사내가 굶주리고 추위에 떠는 것은 백성들이 싫어하는 것인데, 이를 모면하려다 법의 함정에 빠졌을 때 내가 너그럽게 용서한 것을 백성들이 치우쳤다고 하지 않은 것은 공평함 때문이다. 내가 중하게 처단한 것은 백성들이 미워하는 것에 대한 것이고, 내가 가볍게 처리한 것은 백성들이 가엾게 여긴 것에 대한 것이다. 따라서 賞은 가벼워도 善을 권장하고 刑罰은 줄여도 奸惡을 금할 수 있는 것이다.'

이것으로 본다면, 법을 공평하게 집행하면 안 될 것이 없어서 지나치게 가벼워도 괜찮지만, 법을 사적으로 집행하면 안 되어서 지나치게 가벼우면 방종과 간악이 발생하고, 지나치게 무거우면 선을 손상합니다. 성인은 법에 대해 공정하지만 여전히 완전하지 못할까 두려워해서 教化로 구제하니, 이것이 상고시대에 힘썼던 것입니다.

〈梁惠王 下〉에 "안에는 남편 없어 원망하는 여자가 없었고, 밖에는 아내 없어 혼자서 사는 사내가 없었다.〔內無怨女 外無曠夫〕"라고 하였다.

후대에 獄事를 다루는 이는 그렇지 않아서, 죄인에게 심문도 하지 않은 채 먼저 의견을 만들어내고 심문할 때는 압박해서 의사를 관철시키는 것을 능력이라 하고, 옥사의 원인은 탐구하지 않은 채 분석해내어 위로 군주의 은밀한 뜻을 찾아 판결하는 것을 충성이라 합니다. 그와 같이 관직을 담당하는 것을 능력이라 하고 그와 같이 윗사람 섬기는 것을 충성이라 한다면, 그에겐 명예와 이익이 뒤따라 함께하겠지만 당한 사람들을 압박해서 함정에 빠뜨리게 되니, 그렇게 해서 도덕의 교화가 융성하기를 바라는 것은 또한 어려운 일입니다.

16-8-6

凡聽訟理獄에 **必原父子之親**하고 **立君臣之義**하고 **權輕重之序**하고 **測淺深之量**하여 **悉其聰明**하고 **致其忠愛**하여 **疑則與衆共之**하고 **疑則從輕**[54]**者**는 **所以重之也**니이다 **故舜命咎繇曰 汝作士**니 **惟刑之恤**㊲하라하시고 **又復加之以三訊**㊳하여 **衆所善**이라야 **然後斷之**니 **是以**로 **爲法**에 **參之人情**이요 **故傳**에 **曰**㊴ **小大之獄**을 **雖不能察**이나 **必以情**[55]이라하니이다 **而世俗拘愚苛刻之吏**는 **以爲情也者**가 **取貨者也**요 **立愛憎者也**요 **右親戚者也**요 **陷怨讎者也**㊵니 **何世俗小吏之情**이 **與夫古人之懸遠乎**잇가 **有司**가 **以此情**으로 **疑之群吏**하고 **人主**가 **以此情**으로 **疑之有司**하면 **是君臣上下**가 **通相疑也**니 **欲其盡忠立節**은 **難矣**니이다

㊲ 汝作士 惟刑之恤 : 出虞書.
관련 내용이 ≪書經≫ 〈虞書〉에 나온다.

㊳ 又復加之以三訊 : 周禮, 以三剌斷庶民獄訟之中, 一曰訊群臣, 二曰訊群吏, 三曰訊萬民.[56]
≪周禮≫에 세 번 신문으로 백성들의 송사를 결정했으니, 첫 번째는 뭇 신하들에게 묻고, 두 번째는 뭇 아전들에게 묻고, 세 번째는 온 백성들에게 묻는 것이다.

㊴ 故傳曰 : 傳, 去聲.
傳(기록)은 去聲이다.

㊵ 陷怨讎者也 : 怨, 平聲.

---

54) 疑則從輕 : 죄가 불확실할 때는 가볍게 처벌함을 말한다. ≪書經≫ 〈虞書 大禹謨〉 "죄가 의심스러울 경우에는 가벼운 쪽으로 처벌하고, 공이 의심스러울 경우에는 중한 쪽으로 상을 주었다.〔罪疑惟輕 功疑惟重〕"라고 하였다.

55) 小大之獄……必以情 : ≪春秋左氏傳≫ 莊公 10년에 보인다.

56) 周禮……三曰訊萬民 : ≪周禮≫ 〈秋官 小司寇〉에 보인다.

怨(원수)은 平聲이다.

무릇 송사를 다스려 獄事를 심리할 적에 반드시 부모와 자식의 친근함을 따져보고, 임금과 신하의 의리를 세우고, 가볍고 무거운 순서를 저울질하고, 깊고 낮은 용량을 측량해서 총명함을 다 발휘하고, 충성과 사랑을 극진히 하여 의심스러우면 뭇사람들과 의견을 공유하고, 의심이 들 때 가벼운 형벌을 따르는 것은 옥사의 심리를 중시하기 때문입니다. 그래서 舜임금이 咎繇(皐陶)에게 명하기를 "네가 獄官이 되었으니 형벌의 처단을 신중하게 해야 한다."라고 했습니다.

또 그에 대해 세 번의 심문을 하여 뭇사람들이 동의하고 나서야 결단해야 합니다. 이 때문에 법을 집행할 땐 人情을 참조해야 한다고 한 것이며, 그래서 ≪春秋左氏傳≫에 이르기를 "크고 작은 옥사를 비록 다 살펴내지 못한다 하더라도 반드시 인정으로 해야 한다."라고 했습니다.

그런데 세속의 어리석음에 갇힌 각박한 관리는 인정이란 재화를 취하는 것이고, 애증을 만드는 것이고, 친척을 중시하는 것이고, 원수를 함정에 빠뜨리는 것이라 하고 있으니, 어찌하여 세속의 하찮은 관리의 인정이 옛사람의 그것과 큰 차이가 난단 말입니까? 有司가 이러한 인정으로 뭇 관리들을 의심하고, 임금이 이러한 인정으로 유사를 의심하게 되면 임금과 신하, 윗사람과 아랫사람이 서로 의심하게 되니, 그러한 상태에서 충성을 다하고 절의를 세우기를 바라는 것은 어려운 일입니다.

16-7-7

凡理獄之情은 **必本所犯之事**하여 **以主不嚴訊不旁求不貴多端**하여 **以見聰明**이라 **故律正**이니이다 **其擧劾之法**에 **參伍其辭**는 **所以求實也**요 **非所以飾實也**니 **但當參伍明聽之耳**하여 **不使獄吏鍛煉飾理**하여 **成辭於手**니이다 **孔子曰 古之聽獄**은 **求所以生之也**어늘 **今之聽獄**은 **求所以殺之也**[57]라하니 **故析言以破律**하고 **任案以成法**하고 **執左道以必加也**니이다 **又淮南子**㊶에 **曰 豐水之深**이 **十仞**이나 **金鐵在焉**이면 **則形見**(현)**於外**㊷하나니

57) 孔子曰……求所以殺之也 : ≪漢書≫ 〈刑法志 第3〉에 "孔子曰 今之聽獄者 求所以殺之 古之聽獄者 求所以生"이라고 하였다.

非不深且清이나 而魚鱉莫之歸也[58)]라하니이다 故爲者가 以苛爲察하고 以功爲明하고 以刻下爲忠하고 以訐多爲功은 譬猶廣革이 大則大矣나 裂之道也니이다 夫賞宜從重하고 罰宜從輕이니 君居其厚는 百王通制니이다 刑之輕重과 恩之厚薄과 見思與見疾을 其可同日言哉잇가 且法은 國之權衡也요 時之準繩[59)]也니 權衡은 所以定輕重이요 準繩은 所以正曲直이니이다 今作法은 貴其寬平이어늘 罪人을 欲其嚴酷하여 喜怒肆志하고 高下在心하니 是則舍準繩以正曲直하고 棄權衡而定輕重者也니 不亦惑哉잇가 諸葛孔明은 小國之相㊸이로되 猶曰 吾心如秤하여 不能爲人作輕重㊹[60)]이어늘 況萬乘之主㊺가 當可封之日㊻하여 而任心棄法하여 取怨於人乎잇가

㊶ 又淮南子：漢淮南王安著書曰淮南子.
漢나라 淮南王 劉安이 지은 책을 ≪淮南子≫라 한다.
㊷ 則形見於外：見, 音現.
見(나타나다)은 音이 現이다.
㊸ 小國之相：相, 去聲.
相(재상)은 去聲이다.
㊹ 不能爲人作輕重：爲, 去聲.
爲(위하다, 때문에)는 去聲이다.
㊺ 況萬乘之主：天子畿內之地方千里, 出車萬乘, 故曰萬乘之主.
天子의 畿內 땅은 사방이 천리이고 萬乘의 수레가 나오므로, 만승의 임금이라 한 것이다.
㊻ 當可封之日：唐虞之世, 比屋可封.[61)]
唐・虞의 세상은 집집마다 책봉할 만했다.

무릇 獄事를 심리할 때의 情狀은 반드시 범한 내용에 근거하여, 감히 가혹하게 심문하지 않고 주변 것에서 찾지 않고 다양한 수단 사용을 중시하지 않는 것을 위주로 하여 총명한 것을 드러내야 합니다. 그래야 법이 엄정해집니다.

검거하고 탄핵하는 법칙에 있어 그 말을 종합적으로 참고하는 것은 사실을 밝히려 함이지, 사실을 꾸미려 함이 아닙니다. 단지 귀로 밝게 들은 것을 종합적으로 참조해서, 옥사 담당 관리가 조작해서 내용을 꾸미고 수단으로 말을 만

58) 豐水之深……而魚鱉莫之歸也：≪淮南子≫ 〈道應訓〉에 보인다.
59) 準繩：기준이란 뜻으로, 準은 水準器 즉 水平이고, 繩은 직선을 긋는 먹줄이다.
60) 吾心如秤 不能爲人作輕重：≪諸葛忠武書≫ 권9에 보인다.
61) 唐虞之世 比屋可封：≪漢書≫ 〈王莽傳 上〉에 "唐虞之時 可比屋而封"이라고 하였다.

들어내지 않게 해야 합니다. 孔子가 말씀하시기를 '옛날 옥사 심리는 살리는 것을 추구했는데, 오늘날 옥사 심리는 죽이는 것을 추구한다.'라고 했습니다. 그러므로 말을 멋대로 분석해서 법률을 파괴하고, 안건을 임의대로 조작해서 법을 만들어내고, 부정한 방법을 집행하여 반드시 덧씌웁니다.

또 ≪淮南子≫에서 '豐水의 깊이가 10길이나 되지만 金鐵이 있으면 금철의 형체가 밖으로 드러나니, 이는 깊거나 맑지 않은 것이 아니지만 〈너무 맑아〉 물고기나 자라가 찾아올 수가 없는 것이다.'라고 했습니다. 그래서 옥사를 다스리는 자가 가혹한 것을 잘 관찰하는 것이라 여기고, 효과 내는 것을 총명함이라 여기고, 아랫사람을 각박하게 하는 것을 충성이라 여기고, 많은 것을 까발리는 것을 공로라 여기는 것은, 비유하자면 넓은 가죽이 크긴 크지만 실제 잘라 쓰는 것과 같습니다.

무릇 褒賞은 무거운 쪽을 따르고 刑罰은 가벼운 쪽을 따라야 하니, 임금이 후한 쪽을 선택하는 것은 백대 제왕들의 공통된 원칙입니다. 형벌이 가볍고 중한 것, 은혜가 후하고 박한 것, 그리움을 받는 것과 질시를 받는 것의 차이를 동일하게 이야기할 수 있겠습니까.

그리고 법은 국가의 저울이고 시대의 準繩입니다. 저울은 무게를 확정하는 것이고, 준승은 曲直을 바로잡는 것입니다. 지금 법률을 제정할 때 관대하고 공평함을 중시하는데, 죄인을 엄하고 가혹하게 다루려 하고 기쁨과 노여움의 감정을 멋대로 드러내어 마음속에 높낮이에 대한 평가가 들어 있으니, 이는 준승을 버리고 곡직을 바로잡으려는 것이며, 저울을 버리고 輕重을 결정하려는 격이니, 또한 미혹된 것이 아닙니까. 諸葛孔明은 작은 나라의 재상이었음에도 오히려 '내 마음은 저울과 같아 다른 이유 때문에 경중을 만들어내진 않는다.'라고 했는데, 더구나 만승의 군주가 집집마다 책봉할 만한 때(태평성대)를 당하여 제멋대로 법을 파기하여 사람들에게 원망을 사서야 되겠습니까.

16-8-8

又時有小事하여 **不欲人聞**인댄 **則暴作威怒**하사 **以弭謗議**하시니 **若所爲是也**댄 **聞於外**나 **其何傷**이며 **若所以非也**인댄 **雖掩之**나 **何益**이리잇가 **故諺**에 **曰 欲人不知**인댄 **莫若不**

爲요 欲人不聞인댄 莫若勿言[62]이라하니 爲之而欲人不知하고 言之而欲人不聞은 此猶捕雀而掩目[63]하고 盜鍾而掩耳[64]者라 只以取誚니 將何益乎리잇가 臣又聞之하니 無常亂之國이요 無不可理之民者니이다 夫君之善惡은 由乎化之薄厚라 故禹湯이 以之理하고 桀紂가 以之亂하고 文武가 以之安하고 幽厲가 以之危하니이다 是以古之哲王이 盡己而不以尤人하고 求身而不以責下하며 故曰 禹湯이 罪己라 其興也勃焉하고 桀紂가 罪人이라 其亡也忽焉㊼[65]이라하니이다 爲之無已면 深乖惻隱之情하고 實啓姦邪之路니이다 溫舒가 恨於曩日㊽[66]이러니 臣亦欲惜不用이요 非所不聞也니이다 臣이 聞堯有敢諫之鼓㊾하고 舜有誹謗之木㊿하고 湯有司過之史51하고 武有戒愼之銘52이라하니 此則聽之於無形하고 求之於未有하여 虛心以待下하여 庶下情之達上하여 上下無私하고 君臣合德者也니이다 魏武帝云 有德之君이 樂聞逆耳之言53과 犯顔之諍하고 親忠臣하고 厚諫士하고 斥讒慝하고 遠佞人者54는 誠欲全身保國하여 遠避滅亡者也라하니이다 凡百君子가 膺期統運할새 縱未能上下無私하고 君臣合德이나 可不全身保國하여 遠避滅亡乎잇가 然自古聖哲之君이 功成事立에 未有不資同心하여 予違汝弼[67]者也니이다

㊼ 禹湯……其亡也忽焉：左傳臧文仲告魯君之辭.
≪春秋左氏傳≫에서, 臧文仲이 魯나라 임금에게 고한 말이다.

㊽ 溫舒 恨於曩日：溫舒, 前漢人, 嘗上書言獄吏之害.
路溫舒는 前漢시대의 사람이며 일찍이 글을 올려 獄官의 폐해에 대해 이야기했다.

㊾ 臣聞堯有敢諫之鼓：通曆曰 "堯定四岳, 置諫鼓."[68]

---

62) 欲人不知……莫若勿言：≪漢書≫ 〈枚乘傳〉에 "欲人勿聞 莫若勿言 欲人勿知 莫若勿爲"라고 하였다.

63) 捕雀而掩目：자기를 속임을 말한다. ≪後漢書≫ 〈何進傳〉에 "諺有掩目捕雀"이라고 하였다.

64) 盜鍾而掩耳：역시 자기를 속임을 말한다. ≪呂氏春秋≫ 〈自知〉에 "范氏가 죽자 어떤 이가 그의 종을 얻어 짊어지고 달아나려고 하였다. 그러나 종이 커서 짊어질 수 없어 몽둥이로 종을 부수니 종에서 소리가 났다. 그러자 이 사람은 종소리를 듣고 남들이 빼앗아갈까 봐 얼른 자기 귀를 막았다.〔百姓有得鍾者 欲負而走 則鍾大不可負 以椎毁之 鍾況然有音 恐人聞之而奪已也 遽揜其耳〕"라고 하였다.

65) 禹湯……其亡也忽焉：≪春秋左氏傳≫ 莊公 11년에 보인다.

66) 溫舒 恨於曩日：≪漢書≫ 〈路溫舒傳〉에 "獄은 천하의 중요하고도 큰일입니다. 죽은 사람은 다시 살릴 수 없고 몸이 절단된 사람은 다시 붙일 수 없습니다.〔夫獄者 天下之大命也 死者不可復生 絶者不可復屬〕"라고 하는 등의 말이 보인다.

67) 予違汝弼：나의 잘못을 그대가 바로잡아 주어야 한다는 뜻으로, ≪書經≫ 〈虞書 益稷〉에 보인다.

≪通曆≫에 "堯가 四岳을 정한 뒤 간언하는 북을 설치했다."라고 하였다.

㊿ 舜有誹謗之木 : 淮南子曰 "舜立誹謗之木."[69]

≪淮南子≫ 〈主術訓〉에 "舜이 誹謗木을 세워두었다."라고 하였다.

51 湯有司過之史 : 淮南子曰 "湯有司直之人."

≪淮南子≫ 〈主術訓〉에 "湯이 司直을 담당하는 사람을 두었다."라고 하였다.

52 武有戒愼之銘 : 太公述丹書之言曰 "敬勝怠者吉, 怠勝敬者滅, 義勝欲者從, 欲勝義者凶. 武王聞之, 退而爲戒, 乃書於几鑑盂槃爲銘." 出大戴禮.

太公이 丹書의 내용을 기술하기를 "'공경이 태만을 이기는 사람은 길하고 태만이 공경을 이기는 사람은 멸하며, 의리가 욕심을 이기는 사람은 순조롭고 욕심이 의리를 이기는 사람은 흉합니다.'라고 하자, 武王이 그 말을 듣고 물러나 경계로 삼으며 几(의자)·鑑(거울)·盂(사발)·槃(쟁반)에 써서 좌우명으로 삼았다."라고 하였다. 관련 내용이 ≪大戴禮記≫ 〈武王踐祚〉에 나온다.

53 有德之君 樂聞逆耳之言 : 樂, 音洛.

樂(즐거워하다)은 음이 洛이다.

54 遠佞人者 : 遠, 去聲. 後同.

遠(멀리하다)은 去聲이다. 뒤에도 같다.

또 당시에 작은 일이 벌어져 남들에게 알리고 싶지 않았을 땐 위엄과 노여움을 갑자기 발산하여 비난을 막아버리십니다. 만일 행한 것이 옳다면 밖에 소문이 퍼진다 하더라도 무슨 손상이 있겠습니까. 하지만 만일 행한 것이 잘못된 것이라면 가린다고 한들 무슨 이익이 있겠습니까. 그래서 속담에 '남들에게 알리지 않고 싶을 땐 애초에 그러한 일을 하지 않는 것만 못하고, 남들에게 들려주고 싶지 않을 땐 애초에 그러한 말을 하지 않는 것만 못하다.'라고 했습니다. 일을 해놓고 남들이 알지 못하게 하려 하고, 말을 해놓고 남들이 듣지 못하게 하려는 것은 마치 참새를 잡으면서 눈을 가리고, 종을 훔치면서 귀를 막는 것과 다름없는지라, 이는 비난만 자초할 뿐 무슨 이익이 있겠습니까.

신이 또다시 들으니, 언제나 혼란한 국가는 없고, 다스리지 못할 백성이 없다고 했습니다. 임금의 善惡은 敎化의 박함과 후함에서 연유합니다. 그래서 禹王과 湯王이 이것으로 다스렸고, 桀王과 紂王이 이것으로 혼란하였으며, 文王

68) 通曆曰……置諫鼓 : ≪淮南子≫ 〈主術訓〉에 "堯置敢諫之鼓"라고 하였다. 諫鼓은 諫言하고자 하는 사람들이 칠 수 있도록 궁문에 설치한 북을 말한다.

69) 誹謗之木 : 임금의 잘못에 대해서 누구든지 비판하는 글을 쓸 수 있도록 세워둔 나무를 말한다.

과 武王이 이것으로 편안하였고, 幽王과 厲王이 이것으로 위태로웠습니다.

그래서 옛날 명철한 제왕은 자신의 책무를 다할 뿐 남을 탓하지 않고, 자신에게서 본질을 찾고 아랫사람에게 책임 지우지 않았습니다. 그러므로 ≪春秋左氏傳≫ 莊公 11년에 '우왕과 탕왕은 자신에게 죄를 물었기에 그 흥기가 빨랐고, 걸왕과 주왕은 남에게 죄를 돌렸기에 그 멸망이 갑자기 닥쳤다.'라고 했습니다. 이렇게 하기를 끊임없이 하게 되면 惻隱의 감정을 크게 위배하고, 간악과 사악의 길을 실제로 열어주게 됩니다. 路溫舒가 지난날 한스러워하는 글을 올렸는데, 신 또한 쓰이지 않는 것을 애석하게 여기고자 하며, 이러한 정책의 실현을 듣고 싶지 않은 것이 아닙니다.

신이 들으니, 堯帝에겐 감히 간언하는 북이 있고, 舜帝에겐 비판을 적는 나무가 있고, 탕왕에겐 과실을 담당하는 史官이 있고, 무왕에겐 경계하며 삼가는 銘이 있었다고 합니다. 이러한 것은 형태가 나타나기 전에 그 사실을 듣고, 일이 발생하기 전에 원인을 찾아서 마음을 비워 아랫사람을 대우해서 아랫사람의 심정이 윗사람에게 전달되도록 하여 윗사람과 아랫사람이 사심이 없고, 임금과 신하가 덕을 하나로 합하는 것입니다.

魏 武帝(曹操)가 이르기를, '덕이 있는 임금은 귀에 거슬리는 말과 면전에 대드는 간언을 듣기 좋아하며, 충신을 가까이하며 간언하는 인물을 후대하고, 참소함과 사특함을 물리치며 말 잘하는 사람을 멀리하는 것은 실로 자신을 온전히 하고 국가를 보호하여 멸망을 멀리 피하려는 것이다.'라고 했습니다.

모든 군자들이 하늘이 정한 기회에 응하고 하늘이 정한 운명을 통괄함에 있어, 비록 윗사람과 아랫사람이 사심이 없고 임금과 신하가 덕을 하나로 합하지는 못했다고 해도, 몸을 온전히 하고 국가를 보위하여 멸망을 멀리 피하지 않을 수 있겠습니까. 그러나 예로부터 성스럽고 밝은 군주가 공을 세우고 사업을 확립함에 있어, 윗사람과 아랫사람들이 마음을 합동하여 나(임금)의 잘못을 네(신하)가 바로잡는 것에 의지하지 않는 경우가 없었습니다.

16-8-9

昔在貞觀之初엔 **側身勵行**하고 **謙以受物**하사 **蓋聞善必改**하고 **時有小過**어든 **引納忠**

規하시며 每聽直言하면 喜形顏色이라 故凡在忠烈이 咸竭其辭니이다 自頃年海內無虞하여 遠夷慴服하니 志意盈滿하고 事異厥初하사 高談疾邪하여 而喜聞順旨之說하고 空論忠讜하여 而不悅逆耳之言하시며 私嬖之徑이 漸開하고 至公之道가 日塞하여 往來行路가 咸知之矣니이다 邦之興衰는 實由斯道하니 爲人上者가 可不勉乎잇가 臣數年以來로 每奉明旨할새 深懼群臣이 莫肯盡言이니이다 臣切思之하니 自比來⑤로 人或上書할새 事有得失이어든 惟見述其所短이요 未有稱其所長이니이다 又天居自高하사 龍鱗[70]難犯이라 在於造次⑥에 不敢盡言하고 時有所陳이라도 不能盡意하고 更思重竭⑦이나 其道無因이니이다 且所言當理⑧나 未必加於寵秩하고 意或乖忤하면 將有恥辱隨之하니 莫能盡節은 實由於此니이다 雖左右近侍가 朝夕階墀나 事或犯顏이어든 咸懷顧望이어늘 況疏遠不接이 將何以極其忠款哉리잇가 又時或宣言云 臣下見事면 只可來道나 何因所言을 即望我用가하시니 此乃拒諫之辭요 誠非納忠之意니이다 何以言之잇가 犯主嚴顏하여 獻可替否[71]는 所以成主之美요 匡主之過어늘 若主聽則惑하여 事有不行하면 使其盡忠讜之言과 竭股肱之力으로 猶恐臨時恐懼하여 莫肯效其誠款이니이다 若如明詔所道하면 便是許其面從이요 而又責其盡言하시니 進退將何所據리잇가 欲必使乎致諫인댄 在乎好之而已⑨니이다 故齊桓이 好服紫커늘 而合境이 無異色[72]하고 楚王이 好細腰커늘 而後宮이 多餓死⑩[73]니이다 夫以耳目之玩도 人猶死而不違어늘 況聖明之君이 求忠正之士할새 千里斯應은 信不爲難이니이다 若徒有其言하고 而內無其實이면 欲其必至나 不可得也니이다

⑤ 自比來 : 比, 音鼻.
比(근래)는 음이 鼻이다.

⑥ 在於造次 : 造, 七到切.
造(별안간, 갑자기)는 七과 到의 반절이다.

---

70) 龍鱗 : 용 비늘이라는 뜻으로, 임금의 위엄을 말한다. 특히 용의 턱 아래에 거꾸로 서 있는 비늘〔逆鱗〕 하나가 있는데, 사람이 그것을 건드리면 성을 내며 사람을 죽인다고 한다. ≪韓非子 說難≫

71) 獻可替否 : 군왕에게 행해야 할 것은 進獻하고, 행해서는 안 될 것은 폐기토록 하는 것을 말한다.

72) 齊桓好服紫 而合境無異色 : ≪韓非子≫ 〈外儲說 左上〉에 "齊桓公好服紫 一國盡服紫"라고 하였다.

73) 楚王好細腰 而後宮多餓死 : ≪韓非子≫ 〈二柄〉에 "楚靈王好細腰 而國中多餓人"이라고 하였다

⑰ 更思重竭 : 重, 平聲.
重(거듭)은 平聲이다.
⑱ 且所言當理 : 當, 去聲.
當(합당하다)은 去聲이다.
⑲ 在乎好之而已 : 好, 去聲. 後同.
好(좋아하다)는 去聲이다. 뒤에도 같다.
⑳ 齊桓好服紫……而後宮多餓死 : 言上有好者, 下必有甚[74)]之意.
윗사람이 좋아하는 것이 있으면 아랫사람은 반드시 그보다 심하게 반응한다는 것을 말한다.

과거의 貞觀 초기엔 몸가짐을 조심하며 행동을 엄격하게 하고 겸손함으로 남을 받아들이시어, 좋은 말을 들으면 반드시 고치고, 이따금 작은 잘못이 있을 땐 충성스러운 지적을 받아들이셨으며, 직언을 들으실 때마다 기쁨을 얼굴에 나타내셨습니다. 그래서 충성스럽고 열렬한 신하들이 모두 하고 싶은 말을 다했습니다.

그런데 근래 들어 세상에 별 걱정이 없고 먼 곳 오랑캐들이 굴복해오니 의지와 생각이 자만에 차서 일이 애초의 모습과 다릅니다. 그래서 사악한 것을 싫어한다고 크게 말하지만 자신의 뜻에 순응하는 이야기를 듣기 좋아하고, 충직한 말을 공연히 논하기만 할 뿐 귀에 거슬리는 말을 좋아하지 않으시며, 사적으로 친근한 무리의 길이 점차 열리고, 지극히 공정한 도리가 나날이 막혀서, 길을 오가는 사람들도 모두 그 사실을 알고 있습니다. 국가의 흥폐는 실로 이 방도에 달려 있으니, 임금 되는 분이 노력하지 않아서야 되겠습니까.

신이 근래 수년 동안 성상의 가르침을 받들 때마다 뭇 신하들이 마음속 이야기를 다하려 하지 않을까 두려웠습니다. 그런데 신이 유심히 생각해보니, 근래 사람들이 글을 올려 그 내용에 잘잘못이 있을 때 오직 그 단점만 지적하시고 장점은 거론한 적이 없으셨습니다. 또 궁궐이 스스로 드높아 龍鱗을 범하기 어려운 터에 신하들이 경황없는 상황에서 감히 하고 싶은 말을 다하지 못하고, 이따금 진술해야 할 것이 있음에도 뜻을 다 밝히지 못하며, 다시 진심을 다하려고 하지만 방법을 찾을 수가 없습니다. 그리고 말한 것이 사리에 합당해도 반드시 영화로운 포상이 가해지는 것이 아니고, 내용이 혹시라도 거슬리면 치

74) 上有好者 下必有甚 : ≪孟子≫ 〈滕文公 上〉에 보인다.

욕이 뒤따르게 되니, 신하들이 절의를 다하지 않는 것은 실로 여기에서 연유합니다.

비록 좌우에서 가까이 모시는 이들이 아침저녁 궁궐 계단에 있지만 혹 龍顔을 범하며 간언해야 할 일이 발생할 때 모두가 두리번거리는 생각을 갖는데, 더구나 접하지 못한 먼 곳에 있는 이들이 어떻게 충성스러운 마음을 다 드러낼 수 있겠습니까. 또 이따금 말씀하시기를, '신하들이 일을 보면 다만 와서 이야기하는 것은 좋지만, 어떻게 하는 말마다 내가 다 적용하기를 바란단 말인가.'라고 하시니, 이것은 諫言을 거부하는 말씀이고, 실로 忠言을 받아들이려는 뜻이 아닙니다. 어찌하여 이러한 말을 하십니까?

군주의 엄한 얼굴에 대들고 다른 말을 올리는 것은 군주의 아름다움을 완성시켜주고 군주의 잘못을 바로잡기 위함인데, 만일 군주가 듣고는 의혹하여 일이 실행되지 못하게 되면, 충성스러운 말을 다하고 온몸의 힘을 다하는 이들이 일에 임하여 두려운 나머지 갖고 있는 정성을 바치고 싶지 않게 할 것입니다. 조칙에서 말씀하신 바와 같이 하면 목전에서 순종하는 것을 허락하고 또다시 할 말을 다하도록 요구하시니, 처신을 어디에 의거해야 합니까.

반드시 간언을 다하게 하려면 그들을 좋아하는 것에 달렸을 뿐입니다. 그래서 齊 桓公이 자색 옷을 좋아하여 입자 온 경내가 다른 색의 옷이 없었고, 楚나라 왕이 허리 가는 여인을 좋아하자 후궁에 굶어 죽은 자가 많았습니다. 귀와 눈으로 즐기시는 완상물조차도 사람들이 죽는 한이 있어도 어기지 않고 마련하는데, 더구나 성스럽고 현명하신 군주가 충성스럽고 정직한 인물을 구할 때 천 리 먼 곳에서 호응해오는 일은 실로 어렵지 않습니다. 만일 한낱 말만 있고 내면에 진실이 뒷받침되지 않으면 반드시 이르게 하고자 해도 불가능할 것입니다."

16-8-10

太宗이 **手詔曰 省前後諷諭**㉖하니 **皆切至之意**니 **固所望於卿也**로다 **朕昔在衡門**[75]엔 **尙惟童幼**라 **未漸師保之訓**㉗하고 **罕聞先達之言**이러니 **値隋主分崩**하여 **萬邦塗炭**하여

75) 衡門 : 두 개의 기둥에 한 개의 橫木을 가로질러 만든 사립문으로, 재야 생활을 말한다.

慄(접)慄黔黎⑥³가 庇身無所할새 朕이 自二九之年으로 有懷拯溺하여 發憤投袂하여 便提干戈하고 蒙犯霜露하여 東西征伐에 日不暇給하고 居無寧歲로다 降蒼昊之靈하고 稟廟堂之略하니 義旗所指에 觸向平夷라 弱水流沙⑥⁴에 竝通輶軒之使(시)⑥⁵하고 被髮左衽⑥⁶이 皆爲衣冠之域하여 正朔所班에 無遠不屆라 及恭承寶曆[76]하고 寅奉帝圖하여 垂拱無爲하여 氛埃靖息이 於玆十有餘年이니 斯蓋股肱이 罄帷幄之謀하고 爪牙가 竭熊羆之力하여 協德同心하여 以致於此로다 自惟寡薄이 厚享斯休하니 每以撫大神器하여 憂深責重이라 常懼萬機多曠하고 四聰不達[77]하여 戰戰兢兢하여 坐以待旦[78]하여 詢于公卿하고 以至隷皀히 推以赤心이로다 庶幾明賴하여 一動以鍾石하고 淳風至德이 永傳於竹帛하여 克播鴻名하여 常爲稱首로다 朕以虛薄으로 多慚往代어늘 若不任舟楫이면 豈得濟彼巨川이며 不藉鹽梅면 安得調夫五味⑥⁷리오하고 賜絹三百匹하다

⑥¹ 省前後諷諭：省，悉井切.
省(살피다)은 悉과 井의 반절이다.

⑥² 未漸師保之訓：漸，音尖.
漸(스며들다, 받아들이다)은 음이 尖이다.

⑥³ 慄慄黔黎：慄，音蝶.
慄(두려워하다)은 音이 蝶이다.

⑥⁴ 流沙：今屬甘肅.
지금 甘肅省에 속한다.

⑥⁵ 竝通輶軒之使：使，去聲. 輶，輕車也.
使(사신)는 去聲이다. 輶는 가벼운 수레이다.

⑥⁶ 被發左衽：四夷之人也.
〈被發左衽은〉 사방 오랑캐에 속한 사람들이다.

⑥⁷ 安得調夫五味：商書高宗命傅說曰 "若濟巨川, 用汝作舟楫." 又曰 "若作和羹, 爾唯鹽梅."
≪書經≫ 〈商書 說命 上〉에서, 高宗이 傅說에게 명하기를 "만일 큰 강물을 건너게 되면 그대를 배와 노로 삼겠다."라고 하고, 또 〈說命 下〉에 이르기를 "만일 국의 맛을 조절하게 되면 그대가 소금과 매실이 되어야 한다."라고 했다.

太宗이 손수 쓴 조서에서 다음과 같이 말하였다.

---

76) 寶曆：帝位의 다른 표현이다.

77) 四聰不達：≪書經≫ 〈虞書 舜典〉에 "사방으로부터 잘 들리도록 하셨다.〔達四聰〕"라고 한 것에 '不'을 보태 그것을 못했다고 겸손하게 표현한 것이다.

78) 坐以待旦：≪孟子≫ 〈離婁 下〉에 보인다.

"전후에 걸친 권면의 글을 살펴보니, 모두 간절하고 극진한 내용으로, 본디 경에게 바랐던 것이오. 짐이 지난날 衡門(재야)에 있을 땐 아직 어려서 스승의 가르침에 젖어들지 못하고 선현의 말씀을 듣는 경우가 드물었소.

隋나라 군주가 몰락하자 온 나라가 도탄에 빠져 두려움에 떤 백성들이 몸을 보호할 곳도 없었소. 짐이 18세 때부터 도탄에 빠져 있는 이들을 구제해야겠다는 생각을 갖고 분발하여 소매를 떨치고 일어나 창과 칼을 잡고, 서리와 이슬을 뒤집어쓰면서 동쪽과 서쪽을 정벌하느라 날마다 여유가 없고 편안히 지내는 해가 없었소. 하늘의 영령이 내려오시게 되어 廟堂의 책략을 아뢰니, 의로운 깃발이 가리켜 향하는 곳마다 모두 평정하게 되었소. 弱水와 流沙(사막) 지역도 모두 輶軒(唐 황제 수레)의 사신이 왕래하였고 머리를 풀어헤치고 옷깃을 왼쪽으로 여미는 오랑캐 지역도 모두 衣冠(문물)을 갖춘 지역이 되어서 正朔을 나타내는 책력의 반포가 닿지 않는 곳이 없었소.

삼가 寶曆을 받들고 조심히 帝業을 받들며 편안한 無爲의 정치를 하며 혼란이 정돈된 지 어느덧 10여 년이 되었으니, 이는 股肱(팔다리 같은 文臣)의 신하들이 천막 안에서 계책을 극진히 마련하고, 爪牙(짐승 발톱 이빨 같은 武臣)의 대신들이 熊羆(맹수)의 힘을 다 바쳐 덕과 마음을 하나로 뭉쳐 이런 결과를 이룩한 것이오.

덕이 부족하고 재능이 빈약한 내가 이런 아름다움을 후하게 누리고 있는데, 매번 위대한 神器(제위)를 어루만지며 걱정이 깊고 책임이 무거워서, 萬機에 빈틈이 많고 사방의 총명한 말들이 도달하지 못할까 두려워하여 전전긍긍하며 앉아서 아침이 오기를 기다렸다가 공과 경들에게 묻고, 노예들에게도 다가가 진심을 내보였소. 그리하여 밝게 보필자들에게 의뢰해서 하나의 행동거지도 종과 돌에 새겨져 순박한 풍습과 극진한 덕이 竹帛(역사)에 영원히 전해져서, 능히 큰 이름을 전파해서 언제나 으뜸이라고 일컬어지기를 바랐소.

짐이 공허하고 빈약한 재능으로 지난 시대에 견주어 손색이 많은데, 만일 배와 노에 의지하지 않는다면 어떻게 저 큰 강물을 건널 수 있으며, 소금과 매실을 빌리지 않는다면 어떻게 다섯 가지 맛을 조절할 수 있겠소."

그러면서 비단 300필을 하사했다.

【集論】

愚按 春秋之世에 衛至弱也러니 季子가 知其後亡[79)]하고 齊至强也로되 周公이 知其後多簒弑[80)]하니 夫所貴乎聖賢者는 以其見禮知政하여 而前知于未然之先也라 善乎라 魏徵之言曰 閹宦이 雖微나 爲患特深하니 今日之明에 必無此慮나 爲子孫計인댄 不可不杜絶其源이여 厥後에 唐之中葉에 竟以宦者而亂하고 及其末世하여 遂以宦者而亡하니 徵之明見은 雖周公季子라도 何遠之有哉리오 太宗이 斯時에 正當著之爲令하여 俾後之子孫으로 世世無得使宦者與政可也어늘 乃不過停其充使하니 是特一時之計耳니 豈貽厥孫謀[81)]者耶아 徵이 旣言閹宦之禍하고 復上疏數千言하여 極陳當時之失하니 史稱徵諫疏二百餘篇이로되 其見於世者는 則此其最詳者也라 太宗答詔丁寧하고 寵賜優渥하니 君臣相與之際가 何其盛哉아

내가 살펴보건대, 春秋시대에 衛나라가 매우 쇠약했는데 延陵季子(季札)는 〈衛나라가〉 가장 나중에 멸망할 것을 미리 알았고, 齊나라가 지극히 강력했지만 周公은 〈齊나라에〉 훗날 찬탈과 시해가 많이 벌어질 줄 알았으니, 성현에게 중요시되는 것은 예절을 보고 그 정치를 파악해서 일이 벌어지기 전에 결과를 알아차린다는 점이다.

훌륭하도다, 魏徵이 한 말에, '환관이 미약한 직책이긴 하나 걱정거리는 매우 크니 오늘날 현명하신 성상에게는 반드시 이러한 우려가 없겠지만 자손을 위한 계책을 세운다면 그 근원을 끊지 않아서는 안 됩니다.'고 한 말이여! 그 뒤 唐나라 중엽에 결국 환관 때문에 혼란이 발생하고 말기엔 마침내 환관 때문에 멸망했으니, 위징의 밝은 견해는 周公과 季子에 견준다 해도 어찌 그 차이가 크겠는가.

太宗이 이때 명령으로 확실하게 법령을 만들어, 후대의 자손들에게 대대로 환관이 정치에 참여할 수 없도록 해야 했는데, 外使에 충당하는 것을 멈추는 데 지나지 않았

---

79) 衛至弱也 季子知其後亡 : ≪御選古文淵鑒≫ 권49 〈上神宗皇帝書〉 徐乾學의 注에 "季札이 衛나라에 가서 말하기를 '衛나라는 君子가 많아서 걱정이 없다. 衛나라는 戰國에서 가장 뒤에 망할 것이다.' 하였다.〔季札適衛曰 衛多君子 未有患也 衛於戰國 爲最後亡〕"라고 하였다. 이는 고매한 인품으로 중국의 훌륭한 사대부와 교분을 맺고 외교적 사명을 완수할 것이라는 뜻이다. 季子는 季札로, 春秋시대 吳王 壽夢의 넷째 아들인데, 왕위를 전해주려 함에도 받지 않고 延陵에 봉해져서 호를 延陵季子라고 하고, 魯 襄公 29년에 魯나라에 사신으로 가서 음악을 청해 듣는 등 上國을 歷聘하며 당시의 현인들과 교유하였다. ≪史記 권31≫

80) 齊至强也 周公知其後多簒弑 : ≪漢書≫ 〈地理志〉에 "옛적에 太公이 처음 봉지를 받자, 周公이 어떻게 齊나라를 다스릴지를 물었는데, 태공이 말하기를 '현자를 등용하고 공로를 숭상하겠소.'라고 하니, 周公이 말하기를 '後世에 반드시 찬탈과 시해하는 신하가 있을 것이오.' 하였다.〔昔太公始封 周公問何以治齊 太公曰 擧賢而上功 周公曰 後世必有簒殺之臣〕"라고 하였다.

81) 貽厥孫謀 : ≪詩經≫ 〈大雅 文王有聲〉에 보인다.

으니, 이는 단지 한순간을 위한 계책일 뿐 어찌 먼 후손에게 끼쳐준 도모라 하겠는가. 위징이 환관의 재앙에 대해 이야기하고 나서 다시 수천 마디 말을 올려 당시의 문제점에 대해 극진하게 진술하였는데, 역사 기록에 위징이 간언한 상소가 200여 편이라 일컬어지지만 세상에 뚜렷이 나타난 것은 이것이 가장 상세하다. 태종이 답한 조칙이 간곡하고 총애로 하사한 것이 넉넉하니, 임금과 신하가 서로 어울린 관계가 어찌 이토록 성대하단 말인가.

責任飜譯者 略歷

李忠九

京畿 果川 出生
中央大學校 教育學科 國語國文學 副專攻
成均館大學校 大學院 國語國文學 碩士, 博士
民族文化推進會 國譯研修院
誠信女子大學校 研究教授(現)
傳統文化研究會 講師(現)

論文 및 譯書
〈經書諺解 研究〉〈說文解字에 나타난 漢字字源 研究〉등 多數
譯書 《東山先生奏議》《선비 安濂 日誌》《小學集註》
《註解千字文》등 多數
共譯 《國語》《國譯 治平要覽》《增補四禮便覽 譯註本》
《爾雅注疏》등 多數

共同飜譯者 略歷

金奎璇

韓國外國語大學校 中國語科 學士, 碩士, 博士
鮮文大學校 教養學部 副教授(現)

論文 및 譯書
〈王士禎의 文學批評 연구〉등 多數
譯書 《歷代詩話》《秋史派의 글씨》등 多數
共譯 《日省錄》《毅庵集》《秋史 金正喜 研究》등 多數

黃鳳德

全州大學校 漢文教育科 卒業
成均館大學校 大學院 漢文學科 碩士, 博士 修了

論文 및 譯書
〈柳得恭의 二十一都懷古詩 研究〉
共譯 ≪文苑叢寶≫ ≪千字文字解說≫ ≪國譯 通鑑節要增損校註 I≫ 등

李承容

嶺南大學校 漢文教育科 卒業
成均館大學校 大學院 漢文學科 碩士, 博士 修了
韓國古典飜譯院 專門課程 卒業
檀國大學校 東洋學研究院 古典飜譯研究室 研究員(現)

論文 및 譯書
〈李匡師 流配期 漢詩의 抒情性 研究〉
共譯 ≪自著實紀≫ ≪寒溪日記≫ ≪國譯 通鑑節要增損校註 I≫ ≪晝永編≫
≪樂全堂集≫ 등

東洋古典譯註叢書 83

譯註 貞觀政要集論 2　　　정가 26,000원

2015년 12월 30일 초판 발행
2016년 2월 29일 초판 2쇄

責任飜譯　李忠九
共同飜譯　金奎璇 黃鳳德 李承容
編　　輯　古典國譯編輯委員會
發 行 人　李啓晃
發 行 處　社團法人 傳統文化研究會
서울시 종로구 삼일대로 428 낙원빌딩 411호
전화 : (02)762-8401　전송 : (02)747-0083
전자우편 : juntong@juntong.or.kr
홈페이지 : juntong.or.kr
사이버書堂 : cyberseodang.or.kr
온라인서점 : book.cyberseodang.or.kr
등　록 : 1989. 7. 3. 제1-936호

인쇄처 : 한국법령정보주식회사(02-462-3860)
총　판 : 한국출판협동조합(070-7119-1750)

ISBN 979-11-5794-092-9 94910
978-89-85395-71-7(세트)

※ 이 책은 2015년도 교육부 고전문헌 국역지원사업 지원비에 의해 초판(비매품) 간행.